novum pro

matthias alexander pauqué

Fraktale ZEIT

Faszinierende Einblicke in ein allgegenwärtiges Phänomen

novum pro

Bibliografische Information
der Deutschen Nationalbibliothek:

Die Deutsche Nationalbibliothek
verzeichnet diese Publikation in
der Deutschen Nationalbibliografie.
Detaillierte bibliografische Daten
sind im Internet über
http://www.d-nb.de abrufbar.

ISBN 978-3-95840-322-2
Lektorat: Andrea Herbst
Umschlagfotos: Tamara Kulikova,
Markus Schieder | Dreamstime.com,
Matthias Alexander Pauqué
Umschlaggestaltung, Layout & Satz:
novum Verlag
Innenabbildungen:
Matthias Alexander Pauqué

Die vom Autor zur Verfügung gestellten Abbildungen wurden in der
bestmöglichen Qualität gedruckt.

Gedruckt in der Europäischen Union
auf umweltfreundlichem, chlor- und
säurefrei gebleichtem Papier.

www.novumverlag.com

INHALT

VORWORT

Zeit – ein ruhig vor sich hin plätscherndes Kontinuum, das den neutralen Hintergrund für alle Vorgänge im Universum darstellt. So wird die Zeit herkömmlicherweise gesehen und verstanden. Daß es spürbare Zeitqualitäten gibt, liegt nach diesem allgemeinen Verständnis an vielerlei Dingen, nur nicht an der Zeit selbst.

In dem vorliegenden Buch vermittelt der Autor jedoch ein völlig anderes Bild. Er zeigt, daß Zeit eine Struktur besitzt, die quasi inhärent in ihr ist und damit für alle Vorgänge und Prozesse eine Rolle spielt. Diese Struktur läßt sich sogar mathematisch beschreiben und berechnen, sodaß man von einer Ordnung sprechen kann, die bislang nicht bekannt war und daher auch nicht beachtet wurde – zumindest in unserem Kulturkreis. Bei anderen Kulturen war das aber offensichtlich anders, wie der Autor am Beispiel der Mayas zeigt, die sehr wohl von dieser Struktur wußten und sie in ihrem Zeit- und Kalendersystem umsetzten.

Bei solchen allgemeinen und theoretischen Aussagen beläßt es der Autor aber keineswegs. Er zeigt vielmehr, welch tiefgreifende Schlußfolgerungen und Erkenntnisse sich gewinnen lassen, wenn man das Wissen über die fraktale Zeitstruktur auf die christliche und jüdische Zeitrechnung, sowie auf konkrete geschichtliche Vorgänge anwendet. Dies tut er anhand einer Detailanalyse des 30jährigen Krieges, des 7jährigen Krieges und der beiden Weltkriege. Er stellt dabei fest, daß die übliche Bewertung dieser Kriege nicht mit den errechneten Zeitstrukturen übereinstimmt. Außerdem zeigen diese Strukturen, daß diese Kriege in ihren Ursachen und Auswirkungen keineswegs einer so weit zurückliegenden abgeschlossenen Vergangenheit zuzuordnen sind, wie wir gemeinhin glauben. Vielmehr kristallisiert er mit mathematischer Präzision einen durchgehenden roten Faden heraus, der nicht nur bis in die heutige Zeit reicht, sondern dabei Themen von brennender Aktualität berührt und offenbar in den kommenden Jahren endlich seine Auflösung finden wird.

Diese Analyse ergibt ein ganz neues Verständnis für die gegenwärtige außergewöhnliche Zeitqualität und die Möglichkeiten und Potentiale, die sich für uns alle – und ganz besonders für die Deutschen – in den bevorstehenden Jahren eröffnen.

Das Buch stellt eine gut ausgewogene Mischung dar und bietet interessanten Stoff für verschiedene Leserkreise: für die naturwissenschaftlich Interessierten mit mathematischen Grundkenntnissen, wie auch für die mathematisch weniger Bewanderten, die vielleicht den einen oder anderen Absatz nur überfliegen werden, um dann jedoch tiefe, lohnende geschichtliche Einblicke erhalten und diese auch qualitativ nachvollziehen zu können.

Dr. Thomas Herb

VORWORT DES VERFASSERS

Als Forscher ist man leicht verleitet, Ergebnisse im Sinne des Gewünschten zu interpretieren. Dieser Gefahr muß man sich bewußt sein und deshalb immer wieder ein paar Schritte zurücktreten, die Ergebnisse aus der Ferne betrachten und selbst Gegenpositionen einnehmen.

Besonders gilt dies, wenn man in einem Fach schreibt, in dem man nur zum Teil zuhause ist. In meinem Fall absolvierte ich zwar ein gutes Abitur in Mathematik und Physik. Auch ist mir bis heute meine Liebe zu diesem Themengebiet mit zahlreichen Kenntnissen und diesbezüglichen Fähigkeiten erhalten geblieben. Jedoch fehlt mir ein Hochschulstudium in diesen Fächern, was ich gelegentlich als Mangel empfunden habe, gerade wenn es um die Erforschung und das Nachvollziehen der Grundlagen der in diesem Buch verwendeten und beschriebenen Global-Scaling-Theorie geht.

Andererseits kann dies auch als Vorteil gesehen werden, da ich dadurch bestimmt andere Blickwinkel eingenommen habe. Die konventionelle Schulwissenschaft geht in vielen Bereichen über meines Erachtens wunderbare Zusammenhänge hinweg, weil sie nicht in ihr Weltbild passen. Zählt z. B. die 0 zu den geraden Zahlen, nur weil man dies so definiert? Was ist die 0 wirklich? Oder warum zählt man die 1 nicht zu den Primzahlen?

Diese Ignoranz ist kaum faßbar, stellt sie doch einen eklatanten Verstoß gegen das wissenschaftliche Grundprinzip der objektiven und freien Forschung dar. Jedoch kann dies erklären, warum nicht selten wichtige Erkenntnisse von Außenseitern gefunden werden und es Jahrzehnte braucht, bis diese Akzeptanz in der Wissenschaft gefunden haben. Häufig läßt sich die Haltung in der heutigen Schulwissenschaft finden, daß alle Kulturen, die vor uns gelebt haben, automatisch nicht so weit entwickelt sein konnten wie wir. Daß man beispielsweise bis heute nicht annähernd in der Lage ist, die in Ägypten stehenden Pyramiden exakt nachzubauen, wird einfach übergangen. Meines Erachtens sind wir keine besonders weit entwickelte Kultur und beginnen heute erst, viele Hinterlassenschaften unserer Vorgänger zu verstehen.

Das erinnert an die spirituelle Einsicht, daß man immer nur sich selbst in allem anderen sieht und sehen kann. Wie soll man eine mathematische Arbeit beurteilen können, wenn man die darin beschriebene Mathematik nicht verstehen kann? Für ein zweijähriges Kind ist ein tragbarer Computer einfach nur eine graue Platte, die man auseinanderklappen kann. Nicht im geringsten ahnt es, was damit erreicht werden kann. Wie soll man einen Jesus erkennen, wenn man nicht seinen Entwicklungsstand hat? Wenn Jesus heute während einer Messe in eine Kirche liefe und sagte: „Hallo ihr Lieben, hier bin ich. Nachdem ihr mich schon so lange anbetet, bin ich nun gekommen und wir können loslegen!" Würden die heutigen Christen dann jubeln und sich freuen, oder würden sie den Mann als verrückten, überheblichen Scharlatan aus der Kirche werfen?

Immer wieder hatte ich Zweifel, ob meine Ergebnisse tatsächlich richtig sind und ob die Global-Scaling-Theorie an sich stimmt. Global Scaling[1] ist bis heute in der westlichen wissenschaftlichen Fachwelt nicht anerkannt und vermutlich auch noch nicht Gegenstand der Untersuchung. Lediglich in Rußland, woher auch der überwiegende Teil der experimentellen Grundlagen der Theorie stammt, scheint man schon umfassend damit zu arbeiten. Dies stellt jedoch nur eine Vermutung dar, wenngleich diese nicht unbegründet ist: Der deutsche Naturwissenschaftler Hartmut Müller entwickelte die

---

1 Global = überall; Scaling = logarithmische Skaleninvarianz; unter Global Scaling versteht man die Beschreibung eines selbstähnlichen, sich in unterschiedlichen Größenordnungen wiederholenden, strukturbildenden Zusammenhangs, wobei der Abstand der in unterschiedlichen Größenordnungen auftretenden Wiederholungen logarithmisch gleichmäßig ist. Eine genaue Erklärung erfolgt ab Kapitel 2.

Global-Scaling-Theorie in den 1980er Jahren in der Umgebung der wissenschaftlichen Fachwelt Rußlands.

In meinem konkreten Fall war es die Menge an verblüffenden Übereinstimmungen, die ich finden konnte, die mich am Ball bleiben ließen. Sie gehen meiner Ansicht nach über eine versehentliche Übereinstimmung hinaus. Deshalb bin ich heute von der Richtigkeit der Global-Scaling-Theorie und der hier dargestellten Zeitanalyse überzeugt.

Die Zeit, um die es in diesem Buch in der Hauptsache geht, wird zeigen, ob ich richtig liege.

Meine Begeisterung für Mathematik und Physik liegt wahrscheinlich auch daran, daß ich ein „Zahlenmensch" bin. Als in den 80er Jahren Digitaluhren auf den Markt kamen, war das für mich wie eine Offenbarung. Dadurch konnte ich den jede Wahrscheinlichkeit übersteigenden *Zufall*[2] erleben, meistens zu Zeiten auf die Uhr zu blicken, wenn interessante Zahlenkombinationen zu sehen waren; z. B. 3:33, 11:11, 12:34, 12:51 (achsensymmetrisch), 1:51 (punktsymmetrisch) usw. Oft geschah und geschieht dies auch an Orten, wo ich zunächst gar nichts von einer Uhr weiß. Aber nicht nur bei Uhren war das so. In meiner Pilotenausbildung erhielt ich einen Helm und Fallschirm mit der Nummer 333.

2 Zufall bedeutet heute für mich nicht mehr eine versehentliche Übereinstimmung oder ein versehentliches Zusammentreffen, sondern bedeutet, daß etwas *zu-fällt*, weil es angezogen wird.

Abb. 1 – Flug in der T38 mit Fallschirm 333

Mit diesem Umstand hatte ich lange zu kämpfen, weil ich bis in meine späte Jugend ein sehr rationaler Mensch war, Religion und Spiritualität ablehnte. Heute weiß ich, daß Gott mein innerster Wesenskern ist und u.a. zu mir in Zahlen spricht.

So gelangte ich eines Tages, noch mehr rational und verstandesgelenkt, zu der beeindruckenden Maya-Pyramide in Chichén Itzá auf der mesoamerikanischen Halbinsel Yukatan. Während meiner Ausbildung zum Strahlflugzeugführer in den USA hatte ich Zeit für einen Kurzurlaub nach Mexiko und flog Anfang September 1996 für ein paar Tage dorthin ans Meer. Zu diesem Zeitpunkt hatte ich keine Kenntnis von der Maya-Zeitrechnung und der Maya-Kultur an sich. Umso mehr beeindruckte mich diese Pyramide. Auf ihr sitzend und über den yukatanischen Dschungel blickend, fragte ich mich, was das wohl für Menschen gewesen waren, die derartige Bauwerke errichtet und vermutlich eine völlig andere Lebensweise als die unsere an den Tag gelegt hatten.

Abb. 2 – Die Pyramide von Chichén Itzá

Damals war mir noch nicht bewußt, daß dieser Besuch eine Art Initiation war.

Ein Dreivierteljahr später lernte ich in Indien erstmalig einen Teil der Maya-Zeitrechnung kennen. Ein Amerikaner erläuterte mir den 13-Monde-Kalender[3] des Friedens von José Argüelles, der wesentliche Maya-Zeitzyklen integrierte. Zu diesem Zeitpunkt hatte auch meine Öffnung für die Spiritualität begonnen. Die Maya-Zeitrechnung ließ mich von da an nicht mehr los.

Meine Faszination vertiefte sich erheblich, als ich im Jahre 2000 auf das phantastische Buch *Maya Cosmogenesis 2012* von John Major Jenkins stieß. Er beschreibt darin als einer der Ersten unglaubliche astronomische Zusammenhänge, die er beispielsweise in Chichén Itzá und Izapa entdecken konnte.[4] Es gibt also für die Kalender und Zeitzyklen der Maya bemerkenswerte astronomische Hintergründe.

So hat das mayanische Denken durch das Beobachten vieler verschiedener, ineinandergreifender Zyklen vielmehr ein zyklisches Element und erfährt eine, die menschliche Intelligenz fördernde

---

3 Siehe den Anhang 7.2

4 Siehe die Anhänge 7.3, 7.4 und 7.5

Rückkopplung durch den Kalender. Man achtete auf die Wiederkehr bestimmter Zeitqualitäten[5] und brachte sie mit darüberliegenden, größeren Zyklen stets in einen kosmischen Kontext. Vergleicht man dies mit unserer profanen Kalenderrechnung, muß man der Maya-Kultur, zumindest ihrer Kernkultur bis ca. 1000 n. Chr., ein höheres Bewußtsein zugestehen.

Im Jahre 2005 stieß ich auf eine neue mathematisch-physikalische Grundlagentheorie, *Global Scaling*, die mich sofort und intuitiv faszinierte. Ich absolvierte die Ausbildung dazu bei ihrem Entdekker Hartmut Müller. Leider findet dieser bemerkenswerte Zusammenhang bislang wenig bis keine Aufmerksamkeit in der etablierten westlichen Schulwissenschaft.

In der Folge gelang es mir, den Schlüssel zu finden, mithilfe dessen die Analyse der Geschichte mit der Global-Scaling-Mathematik möglich wurde. Seitdem entdecke ich immer wieder erstaunliche Übereinstimmungen, die jedes Mal auf die Richtigkeit des Global-Scaling-Zusammenhanges hinweisen. Die immer größer werdende Anzahl an verblüffenden, erstaunlichen und in sich schlüssigen Übereinstimmungen in der Geschichts- und Zeitzyklenanalyse bewogen mich dazu, immer weiter zu forschen und meine bisherigen Erkenntnisse in diesem Buch niederzuschreiben. So wage ich es zu behaupten, daß zukünftige Geschichtsforschung nicht mehr ohne die in diesem Buch erstmals veröffentlichten Verfahren und Ergebnisse auskommen will und wird. Die Geschichte wird zu einem großen Teil neu geschrieben werden müssen.

5 Unter Zeitqualität ist die Qualität einer bestimmten Zeitdauer zu verstehen. Verschiedene Zeitqualitäten werden ausführlicher ab Kapitel 2.2.8.2 erläutert. Z. B. repräsentiert die Dauer eines Tages die Qualität eines Endes, ein Tag geht zu Ende. Diese Zeitqualität wird deshalb „finales Reifestadium" genannt.

1 EINFÜHRUNG

Mit einem Messer kann man Brot schneiden, eine schöne Holzfigur schnitzen oder einen Apfel in Stücke schneiden. Genauso kann man jemanden damit verletzen. Es ist ein mächtiges Instrument. Ähnlich verhält es sich mit diesem Buch, das Sie gerade in Ihren Händen halten. Die Informationen darin stellen ein mächtiges Instrument dar.

Gerade in der heutigen Zeit ist es wichtig zu begreifen, wo die Menschheit geschichtlich steht, in welchem historischen Fahrwasser sie sich bewegt und welche Konsequenzen daraus zu ziehen sind, will sie nicht weiter auf den zu erahnenden Abgrund zusteuern. Einblicke in bislang verborgenes Geschichtswissen in ungeahntem Ausmaß konnten gefunden werden. Daraus entstand regelrecht der Drang, diese Einsichten in einem Buch zu präsentieren. Die Zeit ist reif.

Der Leser kann leicht nachvollziehen, welche Verwunderung entstehen kann, wenn man plötzlich auf einen Zeitrahmen für den Zweiten Weltkrieg stößt, der in der christlichen Zeitrechnung von 1891 bis 2031 n. Chr. und in der jüdischen Zeitrechnung von 1760 bis 2006 reicht, wird er doch gewöhnlich mit den Jahreszahlen 1939 bis 1945 angegeben. So kam es des öfteren dazu, daß zuerst das Zeitfenster für ein Ereignis gefunden wurde, oft ganz anderer Dauer aber mit passendem Höhepunkt, und später erst erweiterndes, passendes Geschichtswissen, daß das gefundene Zeitfenster tatsächlich bestätigte. Immer mehr wurde mir klar, wieviel historische Informationen noch im Verborgenen liegen. Es war eine förderliche Fügung, daß ich immer wieder Bücher fand, die Wissenslücken füllten und Erklärungen für die gefundenen Analyseergebnisse lieferten. Sieger schreiben die Geschichte, so heißt es, und das tun sie nicht zu ihrem Nachteil! Wie sich gezeigt hat, wurden und werden dadurch viele Informationen im Verborgenen gehalten. Der hierin zur Anwendung gebrachte Global-Scaling-Zusammenhang wurde dadurch zu einem Wegweiser in einem Labyrinth oder zu einem Nachtsichtgerät in der Dunkelheit und gab Hinweise, wo als nächstes nach tiefer liegenden Informationen zu suchen war.

Seit Beginn der Zeit- und Geschichtsanalysen lassen sich immer wieder erstaunliche Übereinstimmungen finden, die den Antrieb zum Weiterforschen nicht nur erhielten, sondern noch deutlich verstärkten.

Global Scaling läßt in gewissem Maße auch Prognosen zu, die bislang hauptsächlich im Bereich der Mystik, der Numerologie und Astrologie angesiedelt waren. Beispiele dazu finden Sie in den Kapiteln 4 und 5, wo der Verlauf des Goldpreiskurses analysiert und ein ratsuchender Mensch in seiner aktuellen Lebensphase analytisch und prognostisch unterstützt wird.

So geht es also in diesem Buch um das allgegenwärtige Phänomen und große Thema Zeit, die ihr zugrundeliegenden Dynamiken in Verbindung mit geschichtlichen Ereignissen und ihre mathematische Beschreibung.

Die Wirklichkeit von Raum und Zeit scheint nur ein kleiner Teil der gesamten Wirklichkeit zu sein. Die Welt der Raumzeit[6] und der Materie ist der Teil der Wirklichkeit auf **energetisch niedrigstem Niveau**, auf der niedrigsten Schwingungsebene sozusagen. Man könnte sie auch als grobstoffliche Welt bezeichnen. Und eben diese Welt auf energetisch niedrigstem Niveau beschreibt der Global-Scaling-Zusammenhang so vortrefflich.

Das, was allgemein als Tod bezeichnet wird, ist lediglich das Ende eines Schwingungsprozesses, das Ende einer Widerspiegelung eines Teils unserer Gesamtheit auf energetisch niedrigstem Niveau. In der Existenz höherer Daseinsebenen liegt auch der Grund für

6 Es gibt diese nur zusammen, siehe das Kapitel 2.2.8.3

die Erwähnung der Seele des Menschen und deren Fortbestehen nach dem Tod in so zahlreichen religiösen und spirituellen Schriften. Unter dem Kommando der Seele taten diese Schwingungsprozesse im Verbund ihren Dienst und ermöglichten damit ein körperliches Dasein in diesem Entwicklungsspielfeld. Was wir Tod nennen, ist lediglich das Auflösen dieses Verbundes, weil die Seele ihr „Kommando" abzieht, dem diese Schwingungsprozesse folgten.

Im nächsten Schritt geht es um die Grundlagen des Global Scaling, gefolgt von interessanten Bestätigungen aus Natur und Umwelt, um die im Hauptteil des Buches dargestellten Ergebnisse der Zeitanalyse verstehen zu können. Jedoch sollte auch der mathematisch wenig begeisterte Leser bei der Lektüre dieses Buches auf seine Kosten kommen, da die Erkenntnisse aus den Analysen ausführlich beschrieben werden. Dem mathematisch geneigten Leser sollte es nach dem Studium möglich sein, selbst Zeitanalysen zu erstellen und den Global-Scaling-Zusammenhang zur Anwendung zu bringen.

Aus den nachfolgend dargelegten Erkenntnissen läßt sich großer Nutzen ziehen, egal, ob es sich dabei um kleine oder große, kurze oder lange Projekte handelt. Alles, was sich in der Zeit entfaltet und weiterentwickelt, kann zum Vorteil dessen analysiert werden. Als Beispiele seien hier angeführt der eigene Lebenslauf, eine Firmenentwicklung, eine Reise oder eben die Weltgeschichte.

Das vorrangige Ziel dieses Buches ist es jedoch, die bemerkenswerten, bislang verborgenen geschichtlichen Zusammenhänge ans Licht zu holen.

2 ANALYSEVERFAHREN DER GLOBAL-SCALING-THEORIE

In diesem Kapitel werden die Grundlagen der Global-Scaling-Theorie (GST) erläutert. Dadurch können das verwendete Analyseverfahren und die nachfolgenden Analyseergebnisse besser verstanden und nachvollzogen werden. Auch ermöglicht die Kenntnis von Global Scaling (GS) eine bessere Erfassung der Tragweite der Analyseergebnisse.

Der Leser möge sich jedoch nicht entmutigen lassen, wenn das mathematische Verständnis schwer fällt. Die darauf folgenden Schlußfolgerungen und Interpretationen der Analyseergebnisse können auch ohne Kenntnis der Global-Scaling-Theorie verstanden werden.

Durch die Klärung von Grundbegriffen wird an die GST von verschiedenen Seiten herangeführt. Im besten Falle versteht man diese dann als unterschiedliche Seiten des gleichen Berges. So gilt es zu erläutern, was die Begriffe **Fraktal, Kettenbruch, Kettensystem, Eigenschwingungen** und **logarithmisch[7] skaleninvariant** bedeuten. Des weiteren ist es von großer Bedeutung, die zentrale Rolle des Atomkernbausteins **Proton** zu erfassen.

7 Der Logarithmus (griech. „Verhältniszahl") einer Zahl a ist ihr Exponent x in Bezug auf eine Basis oder Grundzahl b, also $a=b^x$ oder $\log_b a = x$. Nimmt man als Basis die Eulersche Zahl e=2,7182818… spricht man vom natürlichen Logarithmus; man ersetzt dann die Schreibweise $\log_e a$ durch ln a.

2.1 Fraktale

Es war der Mathematiker Benoît Mandelbrot[8], der den Begriff „Fraktal“ prägte; er stammt aus dem Lateinischen.[9] Damit umschreibt man bislang hauptsächlich in der Naturwissenschaft, allen voran in der Mathematik und Physik, jene Eigenschaft im Aufbau sämtlicher Strukturen in unserer Schöpfung, wonach Bruchteile nach dem Zerlegen wieder Formen und Strukturen aufweisen, die der Ausgangsstruktur gleichen oder sehr ähnlich sind. Natürlich kann man auch den umgekehrten Weg der Vergrößerung gehen. Der strukturbildende Faktor durchzieht folglich sämtliche Größenordnungen bzw. Maßstäbe. Alles in der Natur, in der Schöpfung ist fraktal aufgebaut.

Die Global-Scaling-Theorie erklärt, warum sich diese strukturbildenden Kräfte in unterschiedlichen maßstäblichen Ebenen, und wie später noch zu sehen sein wird, in logarithmisch regelmäßigen Abständen, wiederholen. Das Analyseinstrument des Global Scaling selbst ist bzw. erzeugt ein Fraktal. Dies war und ist auch ein Indiz für die Richtigkeit der Global-Scaling-Theorie in ihrem Anwendungsbereich. Wenn die Natur fraktal beschaffen ist, muß auch ein sie beschreibender, wesentlicher Zusammenhang dies widerspiegeln.

Dieses Phänomen der Fraktalität läßt sich im Grunde in allem wiederfinden. Genauso bildet die Zeit ein Fraktal.

Beispiele für Fraktale in der Natur

Ein Baum, dessen Ast mit seinen Zweigen wieder dem ganzen Baum gleicht, ist ein anschauliches Beispiel; genauso verhält es sich mit dem nächstkleineren Zweig, der dem größeren Zweig

---

8 Benoit B. Mandelbrot, * 20.11.1924 in Warschau, † 14.10.2010 in Cambridge, Massachusetts; Mathematiker, der als Schöpfer der fraktalen Geometrie bekannt wurde

9 *fractus* = gebrochen, *frangere* = brechen, zerbrechen, *fragmentum* = Bruchstück

gleicht. Der Baum ist also ein Fraktal bzw. fraktal aufgebaut. Auch bei anderen Pflanzen sind mitunter eindrucksvoll fraktale Strukturen zu erkennen. Hierzu der fraktale Aufbau eines grünen Romanesco-Blumenkohls:

Abb. 3 – Fraktaler Aufbau eines Romanesco-Blumenkohls[10]

Im folgenden ist ein Bild der Whirlpool-Galaxie zu sehen, das mit dem Hubble-Teleskop gemacht wurde:

10 Mit freundlicher Genehmigung von G. Hohenwarter, 2016

Abb. 4 – Whirlpool Galaxie[11]

Vergleichend dazu ein Bild des Wirbelsturmes Isabel vom 14.09.2003 nördlich von Puerto Rico:

11 Hubble Teleskop, 2001, Whirlpool Galaxie

Abb. 5 – Wirbelsturm Isabel vom 14.09.2003[12]

Eindrucksvoll ist zu erkennen, daß beiden Prozessen eine Wirbelstruktur zugrunde liegt, sie sich also nach dem gleichen Gesetz verhalten. Hinzu kommt, daß eine Galaxie um viele Größenordnungen größer ist, als ein Wirbelsturm. Es ist ein wunderschöner Hinweis aus der Natur, wie groß der maßstäbliche Unterschied zweier sich gleichender Strukturen sein kann.

In den Kapiteln 2.2.3.4, 2.2.5 und 2.2.6 wird aufgezeigt, wie sich diese Zusammenhänge auch in dem verwendeten Analyseinstrument, dem **Global-Scaling-Kettenbruch**, und dem von diesem generierten Spektrum, dem **Fundamentalen Fraktal**, widerspiegeln.

12 NASA, 2003a

Die Erkenntnis, daß alles in unserer Schöpfung fraktal aufgebaut ist, führt zu weiteren erstaunlichen Einsichten.

Die fraktale Gestalt der Schöpfung deutet darauf hin, daß jeder kleinste Bruchteil von der gleichen Kraft gestaltet wird. Respektive ist es die gestaltende Kraft, die sich selbst in unterschiedlichen Größenordnungen, auch materiell, ausdrückt. Das eine Ganze ist also nicht wirklich geteilt, auch wenn es so erscheint. Vielmehr drückt sich die EINE, allem zugrundeliegende Kraft selbstähnlich wiederholend auf allen maßstäblichen Ebenen aus. Nimmt man in seiner Umwelt wahr, daß etwas getrennt vom anderen ist, dann ist das folglich eine Illusion. Nimmt der Mensch in seiner Umwelt wahr, daß sich etwas unbeeinflußt verändert oder entwickelt, dann erliegt er einer Täuschung. Man kann folglich nicht das eine getrennt vom anderen betrachten.

Die beobachtete Veränderung eines scheinbar abgetrennten Prozesses – sei dies ein Mensch, ein Planet, was auch immer – kann nur die Folge von etwas sein, dessen Auswirkungen durch die Veränderung des betrachteten Prozesses zum Ausdruck kommt. Da dieser Prozeß wiederum mit dem großen Ganzen zusammenhängt, zeigt die beobachtete Veränderung einer Facette gleichzeitig die Veränderung des großen Ganzen an. Alles ist verbunden und beeinflußt sich gegenseitig. Alles ist eins!

Geht man davon aus, daß alles eins ist und alles nur verschiedene, aber verbundene Ausdrucksformen des Einen sind, ergibt sich daraus zwingend ein fraktaler Aufbau der Schöpfung. Umgekehrt läßt ein fraktaler Aufbau der Schöpfung darauf schließen, daß alles eins ist!

Wenn alles mit allem verbunden ist, weiß die ganze Schöpfung unmittelbar und ohne zeitliche Verzögerung Bescheid, wenn sich gerade ein kleines Staubkorn verändert hat. Diese grundlegende Beschaffenheit unserer Schöpfung muß sich auch in der Dimension Zeit widerspiegeln. Wie sich nachfolgend in der Analyse entscheidender Ereignisse in unserer Geschichte zeigen wird, ist dies auch der Fall. Die fraktale Beschaffenheit verrät, daß jede Zeitqualität der Vergangenheit im Jetzt enthalten sein muß. Erst recht trifft das für eine Ausgangszeitqualität, ein markantes Ereignis als Auslöser einer Ereigniskette, zu. Sie müßte jederzeit im Jetzt erkennbar vorhanden sein. Ganz praktisch betrachtet erkennt man das in der täglichen Verwendung einer Jahreszahl im Datum. Die heutige Gesellschaft bezieht sich tatsächlich darin auf ein Ereignis von vor rund 2000 Jahren, das somit Präsenz im Jetzt erlangt!

Alte Weisheitslehren weisen den Weg regelmäßig nach innen. Sie regen die Suche nach Wahrheit und Erkenntnis nach innen an. Hingegen wird regelmäßig die Suche nach Glück und Erfüllung im Außen als Irrweg beschrieben. Und genau dies deckt sich auch mit der fraktalen Beschaffenheit unserer physischen Umwelt. Egal, ob man immer kleinere oder größere Strukturen im Außen betrachtet, es ist lediglich eine unendliche, fraktale Wiederholung der ordnenden Kraft, die allem zugrunde liegt, zu entdecken. Ein Ankommen in dieser Suche kann es nicht geben, weil man nur den Auswirkungen auf der Spur ist.

Erst der Blick auf sich selbst und nach innen bringt den Menschen an den Punkt, die Ursachen für die äußeren Geschehnisse in sich zu entdecken. Man findet schließlich die äußere fraktale Schöpfung eben als seine eigene Schöpfung, als Ausdruck der Modulation der omnipräsenten Schöpferkraft. Durch sein Denken veranlaßt der Mensch sie zur Formgebung, um ihm widerzuspiegeln, was er gedacht hat. Das Denken scheint die formgebende Schablone der durch den Menschen strömenden Schöpferkraft zu sein, die dem Lichtstrahl des göttlichen Projektors ein Bild aufprägt und die schließlich im Schattenwurf an die Projektionsfläche ein Bild sichtbar werden läßt. Die uns umgebende Schöpfung wäre somit ein Spiegel holografischer Natur, ein Fraktal.

Schon im 1. Buch Mose, 5,1 wird der Zusammenhang des fraktalen Aufbaus der Schöpfung beschrieben: *„Als Gott den Menschen schuf, machte er ihn nach dem Bilde Gottes."*

Abschließend ein Zitat von Walter Russell, der schon zu Beginn des 20. Jahrhunderts den universellen fraktalen Aufbau und die logarithmische Skaleninvarianz erkannte, in dem er das Wahrnehmen göttlicher Information wie folgt beschreibt:

> „*Mein Universum ist eines, in dem viele Dinge majestätische Ausmaße haben. Wiederum andere haben Ausmaße, die jenseits der Wahrnehmung liegen. Trotzdem bildet nicht ein Gesetz die großen Dinge und ein anderes Gesetz die kleinen Dinge jenseits unserer sinnlichen Wahrnehmung. Ich habe nur ein Gesetz für alles […]*“[13]

2.2 Global Scaling Grundlagen

Mit Global Scaling wurde ein mathematisch-physikalischer Zusammenhang wiedergefunden, der erklären kann, warum das materielle Universum so aufgebaut ist, wie es ist. Er erklärt, warum sich Materie an bestimmten Stellen ballt und verdichtet bzw. überhaupt bildet, und an anderen Stellen nicht. Auch erklärt er, warum dies in regelmäßigen Abständen auf einer logarithmisch geeichten Skala passiert. Das ist nämlich die Bedeutung des englischen Ausdrucks *Scaling*: logarithmische Skaleninvarianz.

Das heißt, man muß zunächst die „logarithmische Brille“ aufsetzen, um diese Zusammenhänge entdecken zu können: Erst wenn von den Meßergebnissen irgendeiner Untersuchung der Logarithmus berechnet wird, sieht man in der grafischen Darstellung die regelmäßige Verteilung und Häufung. Der Wortzusatz „Global“ soll zum Ausdruck bringen, daß diese Gesetzmäßigkeit überall gilt.

Die GST betrachtet die gesamte Schöpfung als ein harmonikales Zusammenwirken von Schwingungsprozessen. Müller schreibt dazu:

13 Russell, 1953, S. 146; Übersetzung des Autors aus dem Englischen

„Schwingungen sind die energetisch effizienteste Art der Bewegung. Deshalb schwingt alle Materie – nicht nur jedes Atom, sondern auch das Sonnensystem und unsere Galaxie. [...] Aufgrund ihrer energetischen Effizienz determinieren Schwingungsprozesse den Aufbau der Materie in allen Größenordnungen – von den Atomen bis zu den Galaxien. In seinem Werk „Weltharmonik" begründete Johannes Kepler die harmonikale Grundlagenforschung. Aufbauend auf der antiken musikalischen Weltharmonie der Pythagoräer entwickelte Kepler eine harmonikale Kosmologie. Die Global Scaling Forschung setzt diese Tradition fort."[14]

Die Beschreibung von Müller wird auch von Russell (1926) unterstützt, der das Universum als ein Universum der nicht endenden Bewegung beschreibt. Russell führt alles Existierende auf die Wirkungen der Bewegung zurück. Er schrieb vor rund 90 Jahren:

„This is a universe of repetition of motion. This is a universe of reproduction. This universe of cause and effect is perpetual and continuous as to cause, and repeative as to all effects of cause. All effect is caused by thinking and registered in motion [...] No state of motion ever ends. All states of motion are forever reproduced."[15]

Und an anderer Stelle:

„All motion is oscillatory."[16]

Für die logarithmisch regelmäßige Verteilung der Materie vermutet die GST eine **stehende** („Schall-") **Welle** auf exponentieller Ebene, die lediglich ein eindimensionaler Raum der Größenordnungen respektive Maßstäbe ist. Das bedeutet, daß gerade die maßstäblichen

14 Müller, 2009c, S. 34
15 Russell, 1926, S. 27
16 Russell, 1926, S. 106

„Grenzen“ als Grenzen dienen müssen, sodaß sich überhaupt eine stehende Welle herausbilden kann. Denn in einem homogenen Medium können stehende Wellen nur dann entstehen, wenn das Medium in der Ausbreitungsrichtung der Welle begrenzt ist und wenn die Ausdehnung des Mediums einem **ganzzahligen Vielfachen** der halben Wellenlänge entspricht.[17]

Dazu paßt die Beschreibung von Russell, wonach die Natur tonale Wände bildet, mit denen sie ihre Wirkungen der Bewegung unterteilt.[18] Russell führt alles Formhabende in Raum und Zeit auf die Wirkungen zurück, die entstehen, wenn die eine geistige Substanz, aus der alles besteht, auf bestimmte Weise bewegt wird. Eine Weise der Bewegung führt zur Verdichtung der einen geistigen Substanz, sodaß das entsteht, was man Materie nennt. Als Analogie dazu kann man sich das schaumige Wasser hinter einem Schiff vorstellen, dessen Schiffsschraube das Wasser verwirbelt. Die Verwirbelung sorgt für die Blasenbildung. Verschwindet die Wirbelbewegung, verschwinden die Blasen. Genauso verhält es sich mit Materie. Verschwindet oder ändert sich die ihr zugrundeliegende Bewegung, verschwindet oder ändert sich die Materie.

Wenn also das „logarithmische Medium“ begrenzt sein muß, damit sich eine stehende Welle herausbilden kann, muß man des weiteren folgern, daß es einen kleinsten und einen größten Maßstab gibt. Das ist sinnvoll, denn warum sollte man unendlich klein oder groß werden. Vermutlich findet mit dem Erreichen des kleinsten Maßstabes ein „Sprung“ zum größten statt, und umgekehrt. Die Beschränkung der Maßstäbe sollte jedoch nicht mit der Möglichkeit der unendlichen Ausdehnung der Raumzeit innerhalb der maßstäblichen Größenordnungen verwechselt werden.

---

17 Vgl. Müller, 2009c, S. 34

18 Vgl. Russell, 1926, S. 124; darin heißt es: *„Nature builds tonal walls with which she divides her effects of motion.“* Zu deutsch: *„Die Natur bildet tonale Wände, mithilfe derer sie ihre Auswirkungen der Bewegung aufteilt.“*

Das bedeutet auch, daß das sog. physikalische Vakuum – bislang verstand man darunter absolute Leere, auch durch die Abwesenheit von Teilchen – nicht *nichts* ist, sondern die verdünnteste Form des o.g. homogenen Mediums, der einen Grundsubstanz, aus der alles besteht. So wird diese Grundsubstanz in diesem Buch fortan **Äther** genannt. Auch Russell spricht von der EINEN Substanz, aus der alles besteht und verneint ein Nichts.[19]

Dieser Äther wird nun durch die stehende Welle im logarithmischen Raum in deren Schwingungsknoten komprimiert, sodaß das entsteht, was Materie genannt wird. So ist es ferner verständlich, daß das Vakuum selbst auch noch schwingt. Vakuum und Materie sind also keine Gegensätze, sondern lediglich verschiedene Extremalzustände des EINEN Äthers. Da alles auch noch ohne Zutun schwingt, spricht man von Eigenschwingungen, den Schwingungen auf energetisch niedrigstem Niveau.

Nebenbei sei erwähnt, daß darin eine Analogie zur Erwähnung der Welt von Raum, Zeit und Materie in spirituellen Schriften als Ausdruck der Schöpfung auf niedrigster Ebene, zu erkennen ist. Es existiert also eine universelle Grundschwingung, die ihre Arbeit verrichtet, ohne zu beantworten, woher sie stammt und warum sie das tut.

Global Scaling betrachtet also immer den Eigenschwingungsmodus, weshalb man eine Energiemenge (des geringsten Niveaus) zuordnen kann, die im Grundton und allen Obertönen der Schwingung zum Ausdruck kommt. Gemäß dem Gesetz der Energieerhaltung muß also bei der Betrachtung einer Eigenschwingung mit einem bestimmten Quantum an Energie mit Erhöhung der Frequenz die Amplitude entsprechend abnehmen und umgekehrt.[20]

---

19 Vgl. Russell, 1926, S. 158

20 Dazu wird hier schon im Hinblick auf die unten beschriebene Analyse von Zeitzyklen erwähnt: Übertragen auf die Betrachtung von Zeiträumen, also Schwingungsperioden, bedeutet dies, daß Veränderungen, die mit dem Abschluß längerer Zyklen einhergehen, mit entsprechend größerer Mächtigkeit respektive größerer Amplitude geschehen, als Veränderungen im Zuge des Abschlusses kleinerer Zyklen.

Betrachtet man die Frequenz f_0 einer stehenden Welle als eine Eigenschwingungsfrequenz, so gibt es eine Frequenz f_1 einer höheren Mode, sodaß $n = f_1 / f_0$ **ganzzahlig** ist.[21]

Die Frequenzen dieser Moden erzeugen Exponentialfolgen der Form

$$f_{n,k} = f_0 \cdot n^k.$$

Für n = 3 und k = 0, 1, 2, … für transversale Schwingungen ergibt sich die nachfolgende Grafik:

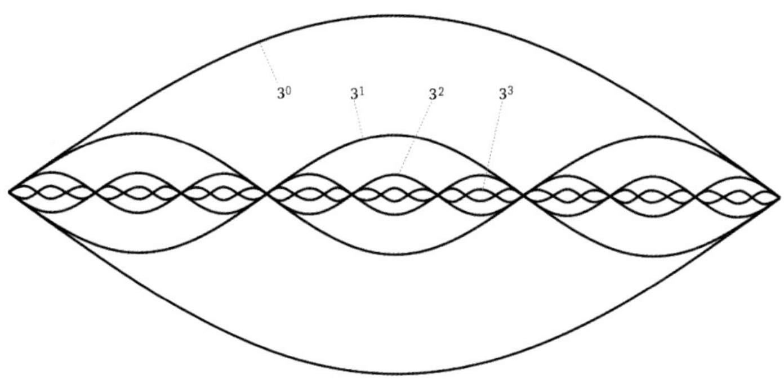

Abb. 6 – Transversale Schwingung mit Obertönen[22]

Das Beispiel zeigt den Fall, in dem die Schwingungsdauer der 1. Mode dreimal / neunmal / 27mal länger ist, als die Schwingungsdauer der 2. / 3. / 4. Mode.

Gut zu erkennen ist der sich ergebende, **logarithmisch fraktale** Aufbau des Schwingungsbildes, indem Resonanzfrequenzen als ganzzahlige Vielfache abgebildet werden. „Fraktal" bedeutet selb-

21 Vgl. Müller, 2009c, S. 35

22 In Anlehnung an Müller, 2009c, S. 5

stähnlich, man erhält also in unterschiedlichen Größenordnungen immer wieder das gleiche Bild, wie in Kapitel 2.1 beschrieben. In Abb. 6 des Schwingungsbildes wird deutlich, wie es entstand. Der größte Schwingungsbauch entspricht n=3 und k=0, also $f_{3,0}/f_0=3^0$. Das Bild für die nächsthöhere Frequenz erhält man, indem der Exponent bzw. Logarithmus um 1 vergrößert wird, $f_{3,1}/f_0=3^1$. Sodann folgen $f_{3,2}/f_0=3^2$ und $f_{3,3}/f_0=3^3$. Ein Schritt im Logarithmus um eine Einheit bewirkt folglich eine Wiederholung des Schwingungsbildes auf maßstäblich niedrigerer oder höherer Ebene. Die maßstäblichen Ebenen der selbstähnlichen bzw. fraktalen Wiederholungen haben den gleichbleibenden Abstand der Größe 1 im Logarithmus k. So ist hier der Begriff „logarithmisch fraktal" zu verstehen.

In diesem Zusammenhang spricht man von **Skaleninvarianz** (engl. Scaling). Da **Scaling** praktisch überall wiederzufinden ist, von den Elementarteilchen bis zu den Galaxien, spricht man von **Global Scaling**.[23]

Dazu sei wiederum Müller zitiert:

> *„Deshalb kann das komplette Spektrum der Resonanzfrequenzen als Menge logarithmisch fraktaler Spektren mit natürlichen n = 1, 2, 3, … dargestellt werden. In dieser Vorstellung kann die Erzeugung des kompletten Spektrums der Resonanzfrequenzen als arithmetische Aufgabe verstanden werden, die auf das fundamentale Theorem der Arithmetik reduziert werden kann, dass jede natürliche Zahl n>1 als einzigartiges Produkt von Primfaktoren darstellbar ist."*[24]

Und weiter:

23 Vgl. Müller, 2009c, S. 35

24 Müller, 2009c, S. 35

„In realen Medien werden Grundton und Ober- oder Untertöne gleichzeitig erzeugt. Dadurch entstehen Konsonanzen bzw. Dissonanzen. Nicht nur unser Gehör ist in der Lage, Konsonanz von Dissonanz zu unterscheiden, diese Fähigkeit besitzt alle Materie. Dabei geht es um den energetischen Aufwand, der notwendig ist, einen Oberton zu erzeugen. Eine Quinte entsteht am leichtesten (geringster energetischer Aufwand pro Schwingungsperiode), weil lediglich eine Frequenzverdopplung und -verdreifachung notwendig ist, um einen Oberton im Abstand von 3/2 der Grundfrequenz zu erzeugen. Etwas mehr Energie ist notwendig, um eine Quarte 4/3 zu erzeugen, weil sie zusätzliche eine Vervierfachung der Grundfrequenz erfordert. Noch mehr Energie ist zur Erzeugung der großen Terz 6/5 gleicher Amplitude notwendig, u.s.w. Die musikalischen Intervalle spielen also im Spektrum der Eigenschwingungsmoden eine energetische Schlüsselrolle. In der Tat ist dieses Spektrum so aufgebaut, wie das Spektrum einer Melodie. Eigenschwingungen der Materie sind der wahrscheinlich wichtigste strukturbildende Faktor im Universum. Aus diesem Grund findet man überall in der Natur fraktale Proportionen. Die logarithmisch fraktale Verteilung der Materie im Universum ist eine Folge von Eigenschwingungsprozessen in kosmischen räumlichen und zeitlichen Maßstäben. In diesem Zusammenhang spricht man von der ‚Melodie der Schöpfung'."[25]

2.2.1 Logarithmisch periodischer Strukturwechsel

An dem oben gezeigten Schwingungsbild sieht man, daß sich nur an bestimmten Stellen Schwingungsknoten befinden, an denen sich in der Folge Materie verdichtet. In Schwingungsbäuchen hingegen tritt diese Verdichtung nicht auf. Das Auftreten der Knoten ist logarithmisch fraktal und skaleninvariant verteilt.

25 Müller, 2009c, S. 35, 36

Der Übergang von einem Wellenbauch zu einem Knoten legt nahe, daß in diesem Bereich eine Fusions- bzw. Kompressionstendenz besteht. Hingegen erzeugt der Übergang vom Knoten zum Wellenbauch eine Dekompressionstendenz. Diesem Umstand ist es geschuldet, daß in natürlichen Strukturen komprimierte und dekomprimierte Gebilde zu entdecken sind. Heute weiß man, daß ein Atom überwiegend leer ist. Es wäre also den dekomprimierten Strukturen zuzurechnen. Dagegen gehören Atomkerne zu den komprimierten Strukturen. Müller führt dazu weiter aus:

> *„Komprimierte Atomkerne mit einer Dichte im Bereich von 10^{14} g/cm³ bilden größere dekomprimierte Atome, deren Dichte zum Beispiel für Metalle zwischen 0,5 und 20 g/cm³ liegt. Kleine Moleküle sind in der Regel komprimierter als Makromoleküle. Komprimierte Zellkerne (und andere Zellorganellen) bilden relativ dekomprimierte Zellen. Organismen bilden (relativ dekomprimierte) Populationen. Himmelskörper (Monde, Planeten und Sterne) bilden dekomprimierte Sonnensysteme. Komprimierte Kugelsternhaufen werden im größeren Maßstab von dekomprimierten Galaxien abgelöst, die wiederum relativ komprimierte Galaxienhaufen bilden. Wir haben großes Glück, dass Galaxienhaufen zu den komprimierten Strukturen im Universum gehören. Nur diesem Umstand ist es zu verdanken, dass wir von der Existenz anderer Galaxien überhaupt etwas wissen. Wäre die Materie im Universum nicht logarithmisch skaleninvariant, sondern linear verteilt, wäre der Abstand zwischen den Galaxien verhältnismäßig genau so groß wie der Abstand zwischen den Sternen in unserer Galaxie und wir hätten keine Chance, jemals etwas von der Existenz anderer Galaxien zu erfahren. Scaling ist also ein globales Phänomen, quasi der Bauplan des Universums.“*[26]

26 Müller, 2009c, S. 36, 37

2.2.2 Logarithmische Welt

Der Mensch nimmt seine Umwelt durch seine Sinnesorgane war. Sie erzeugen Signale, die über die Nervenbahnen an das Gehirn übertragen und dort ausgewertet werden. Bei der Menge an ständig und gleichzeitig eintreffenden Signalen erscheint es wie ein Wunder, daß der Mensch mit dieser Menge an Informationen umgehen kann. Und genau an dieser Stelle macht sich die Natur eine Vorgehensweise zu Nutze, die die Auswertung enorm erleichtert: Unsere Sinne funktionieren logarithmisch! Das heißt, unsere Sinne nehmen den Logarithmus eines Signals wahr und nicht dessen lineare Veränderung der Intensität.[27] Mißt man beispielsweise die Veränderung irgendeiner Reizstärke in ihrer Intensität von 10^6 auf 10^7, so zählt unser Körper nur die Veränderung des Exponenten von 6 auf 7. Die Lautstärke wird deshalb in der logarithmischen Einheit Dezibel gemessen.

Unterscheiden sich die Frequenzen von Tönen um das Doppelte, Vier- oder Achtfache, spricht man z. B. vom gleichen Ton a, a' und a''. Die Beschaffenheit unserer Hörorgane ermöglicht dem Menschen so die Unterscheidung von Harmonie und Disharmonie.

27 Vgl. Müller, 2009c, S. 31

Oktave, Quinte, Quarte und Terz sind logarithmisch-hyperbolisch[28] skaleninvariant.[29]

Müller schreibt dazu:

„Logarithmisch geeicht ist auch unser Tastsinn. Angenommen, man hält in der linken Hand 100 Gramm und in der rechten 200 Gramm. Gibt man nun links 10 Gramm hinzu, muß man rechts 20 Gramm auflegen, um den gleichen Gewichtszuwachs zu verspüren. Diese Tatsache ist in der Sinnesphysiologie als Weber-Fechner-Gesetz bekannt (Ernst Heinrich Weber, 1795–1878, Gustav Theodor Fechner, 1801–1887): Die Reizstärke einer Sinnesempfindung ist proportional dem Logarithmus der Reizstärke. Das Weber-Fechner-Gesetz trifft auch für unseren Geruchssinn und unser Sehvermögen zu. Die Netzhaut meldet nur den Logarithmus, nicht die Anzahl der auftreffenden Photonen. Deshalb können wir nicht nur bei Sonnenschein, sondern auch nachts sehen. Die Anzahl der auftreffenden Photonen ändert sich dabei um das Milliardenfache, der Logarithmus hingegen nur um das Zwanzigfache (ln 1000.000.000 = 20,72).“[30]

---

28 Hyperbolisch bedeutet in diesem Zusammenhang, daß weitere Resonanzfrequenzen einer betrachteten Hauptfrequenz durch Wahl bestimmter Frequenzverhältnisse zur Hauptfrequenz gefunden werden. Die Wahl der Frequenzverhältnisse ist dadurch gekennzeichnet, daß sich diese weiteren Resonanzfrequenzen asymptotisch der Hauptfrequenz nähern, sie jedoch nie erreichen. Das könnte man in etwa mit der Annäherung an einen Berg vergleichen, indem man immer wieder den Abstand zum Berg halbiert. Man nähert sich dadurch dem Berg, erreicht ihn aber nie.

29 Vgl. Müller, 2009c, S. 31
Warum sind Tonintervalle logarithmisch skaleninvariant verteilt? Wählt man die Frequenz eines beliebigen Tones, so findet man die nächste Tonfrequenz, die einen Halbtonschritt höher liegt, indem man mit $2^{1/12}$ multipliziert. Auf diesem Wege findet man sämtliche Intervalle wie Sekunde, Terz, Quarte usw. Führt man dies zwölfmal durch erhält man $2^{1/12 \cdot 12} = 2$ und damit die doppelte Frequenz, also eine Oktave höher. Die logarithmische Skaleninvarianz liegt also in dem logarithmisch konstanten Halbtonabstand von 1/12.

30 Müller, 2009c, S. 31

Dabei gilt die logarithmische Eichung für das menschliche Sehvermögen nicht nur im Hinblick auf die Intensität des Lichtes, sondern auch auf dessen Wellenlänge, wodurch verschiedene Farben gesehen werden können.[31]

Zu unserer Fähigkeit, Entfernungen zu schätzen, beschreibt Müller weiter:

> *„Unsere Fähigkeit, lineare Entfernungen zu schätzen, basiert auf der Möglichkeit, Größen von Objekten zu vergleichen und so relative Maßstäbe zu ermitteln. Das heißt, ohne die Möglichkeit, Größen in der Perspektive zu vergleichen, sind Entfernungsschätzungen nicht möglich. Die lineare Perspektive setzt ein konstantes Größenverhältnis voraus, das durch einen Vergrößerungs- oder Verkleinerungsfaktor definiert ist. Dieser Faktor wird in der Perspektive mehrmals mit sich selbst multipliziert. So entsteht eine Exponentialfunktion, deren Argument ein Logarithmus ist. […] Die logarithmisch skaleninvariante Wahrnehmung der Welt ist eine Folge des logarithmisch skaleninvarianten Aufbaus der Welt.“* [32]

Auch ist man in vielen verschiedenen naturwissenschaftlichen Bereichen auf die logarithmische Skaleninvarianz gestoßen. Logischerweise muß dies zwingend geschehen, wenn die Natur so beschaffen ist.

2.2.2.1 *Erstmalige Entdeckung der logarithmischen Skaleninvarianz*

In unserem Kulturkreis war es vermutlich das Universalgenie Walter Russell, der die logarithmische Skaleninvarianz erstmals als grund-

31 Vgl. Müller, 2009c, S. 31

32 Müller, 2009c, S. 32

legendes Ordnungsprinzip entdeckte. Auch er stellte fest, daß das Universum ein Universum der Maßstäbe ist. Bezogen auf ein Gravitationszentrum gibt es nach Russell unterschiedliche Druckzonen, die tonaler Natur sind, weil sie durch die Bewegung eines Gravitationszentrums entstehen.[33] Auch Müller erkennt ein Druckgefälle, das durch die Knotenpunkte eines schwingenden Mediums erzeugt wird und mit dem von ihm gefundenen Global-Scaling-Zusammenhang beschrieben wird.[34]

Ändert nun ein Objekt seine Position relativ zu seinem Gravitationszentrum, lassen sich seine Dimensionen leicht umrechnen. Dazu stellte Russell universelle Größenverhältnisse fest und beschrieb sie wie folgt:

> *„Expansion pressure is in direct ratio to the square of the distance, area, plane, orbit or time unit, and to the cube of the volume. Contraction pressure is in inverse ratio to the square of the distance, area, plane, orbit or time unit, and to the cube of the volume. Every mass in the universe occupies a measurable potential position.“*[35]

Übersetzt:

> *„Der Ausdehnungsdruck steht in direktem quadratischen Verhältnis zu Abstand, Fläche, Ebene, Umlaufbahn oder Zeiteinheit, und hinsichtlich des Volumens im Verhältnis der dritten Potenz. Der Kompressionsdruck steht in reziprokem quadratischen Verhältnis zu Abstand, Fläche, Ebene, Umlaufbahn oder Zeiteinheit, und hinsichtlich des Volumens im Verhältnis der dritten Potenz. Jede Masse im Universum nimmt eine meßbare Potentialposition[36] ein.“*[37]

---

33 Vgl. Russel, 1926, S. 124

34 Vgl. Müller, 2009d, S. 72

35 Russell, 1926, S. 162

36 Hier ist das Potential im physikalischen Sinne gemeint.

37 Übersetzung durch den Verfasser

Nach Russell verhält es sich wie folgt: Würde man beispielsweise den Abstand des Planeten Merkur zur Sonne verdoppeln ($\cdot 2^1$), würde sich sein Volumen verachtfachen ($\cdot 8^1 = \cdot 2^3$). Ein erneutes Verdoppeln ($2^1 \cdot 2^1 = \cdot 2^2$) des Radius' ergäbe wieder eine Verachtfachung, schließlich ein 64-faches ($\cdot 8 \cdot 8 = 8^2 = 2^6$) des Ausgangsvolumens.

Eine Verdopplung des Radius ($\cdot 2^1$) würde seine Umlauffrequenz vierteln ($\cdot 2^{-2}$). Ein erneutes Verdoppeln des Radius ($\cdot 2^1 \cdot 2^1 = 2^2$) würde seine Umlauffrequenz ($\cdot 2^{-4}$) auf 1/16 verringern usw.. Die Veränderung der Dimensionen basiert also auf einem konstanten Größenverhältnis, das die Basis eines Logarithmus bildet, in o.g. Beispiel der Volumenänderung die Basis 8 ($= 2^3$).[38]

2.2.2.2 *Logarithmische Skaleninvarianz in der Wissenschaft*

Logarithmische Skaleninvarianz in der Biologie

Die wohl in dieser Hinsicht bedeutendste Entdeckung machte der russische Biologe Leonid L. Chislenko 1981. Er konnte nachweisen, daß sich die Arten von Lebewesen in Abhängigkeit von ihrer Körpergröße und -masse in regelmäßigen Abständen, nämlich in 0,5 Einheiten des Zehnerlogarithmus, häufen.[39] Dazu veröffentlichte er die nachfolgende Grafik:

38 Vgl. Russell, 1926, S. 161–163

39 Vgl. Chislenko, 1981, zitiert nach Müller, 2009c, S. 32

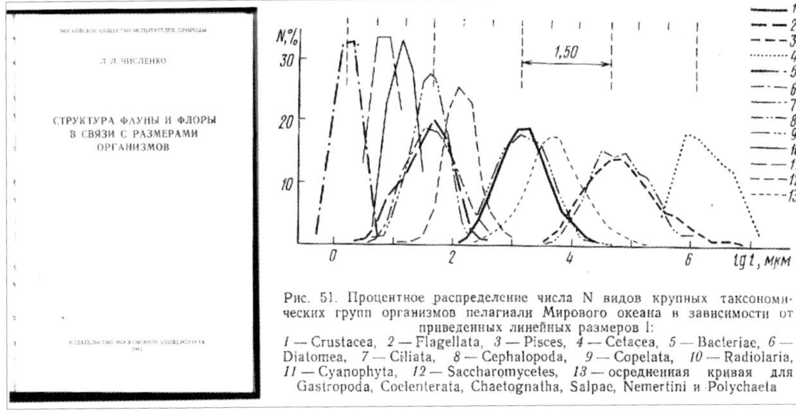

Abb. 7 – Aus der Arbeit von Leonid Chislenko[40]

Auch Knut Schmidt-Nielsen zeigte 1984 die logarithmische Skaleninvarianz im Aufbau der Organismen und in Stoffwechselprozessen[41] und wie Chislenko hinsichtlich der Körpergröße von Lebewesen.[42]

Alexander Zhirmunsky und Viktor Kuzmin konnten 1981 in den Entwicklungsetappen der Embryogenese, Morphogenese, Ontogenese und in der Erdgeschichte prozeßunabhängige logarithmische Skaleninvarianz nachweisen.[43]

40 Chislenko, 1981, zitiert nach Müller, 2009c, S. 32

41 Vgl. Schmidt-Nielsen, 1984, zitiert nach Müller, 2009c, S. 31

42 Vgl. Schmidt-Nielsen, 1984

43 Vgl. Zhirmunsky/Kuzmin, 1982, zitiert nach Müller, 2009c, S. 32

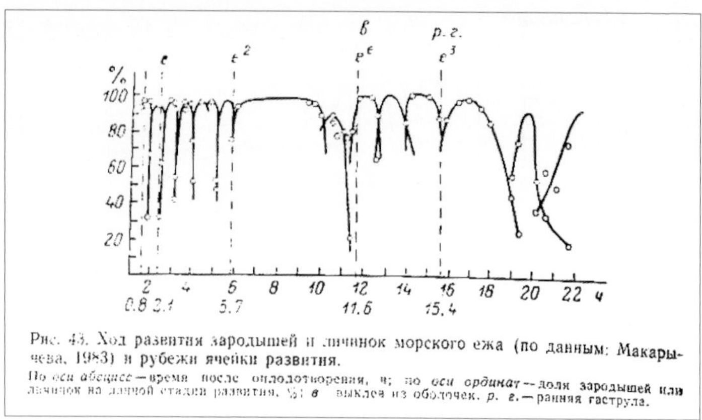

Abb. 8 – Aus der Arbeit von Zhirmunsky[44]

Logarithmische Skaleninvarianz in der Physik

In den Häufigkeitsverteilungen verschiedener Teilchenresonanzen in Abhängigkeit von ihrer Ruhemasse entdeckten Richard P. Feynman und James Bjorken logarithmische Skaleninvarianz.[45]

Der russische Physiker Simon E. Shnoll begann bereits in den 1950er Jahren mit gleichzeitigen Messungen natürlicher Zufallsprozesse, wie z. B. dem radioaktiven Zerfall und thermischem Rauschen, und entdeckte in deren Häufigkeitsverteilung prozeßunabhängiges Scaling.[46] Dazu nachfolgend ein paar Beispiele seiner Histogramme:

44 Zhirmunsky/Kuzmin, 1982, zitiert nach Müller, 2009c, S. 32

45 Vgl. Feynman/Bjorken, 1969, zitiert nach Müller, 2009c, S. 32

46 Vgl. Shnoll, 1998, S. 1025 ff.

Physics – Uspekhi 41 (10) 1025 – 1035 (1998)

PHYSICS OF OUR DAYS

PACS numbers: **01.90. +g, 06.20. + f, 89.90. + n**

Realization of discrete states during fluctuations in macroscopic processes†

S E Shnoll, V A Kolombet, E V Pozharskiĭ, T A Zenchenko, I M Zvereva, A A Konradov

Contents

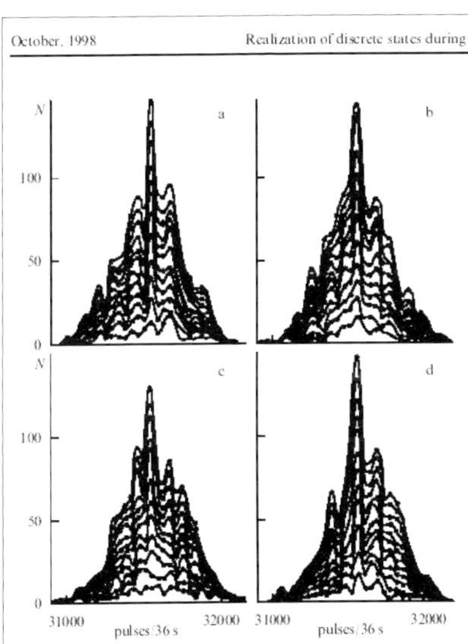

Figure 1. Illustration of the non-randomness of the fine structure of distribution of results of measurements of radioactivity. Four histograms are plotted without shifting and smoothing, each from the results of 1200

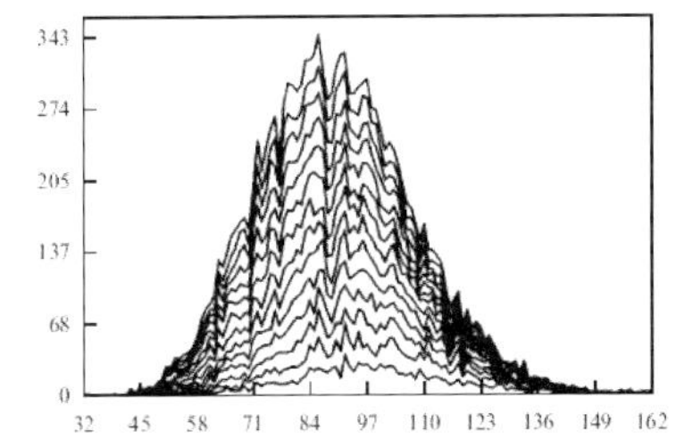

Figure 2. Distribution of results of 15000 measurements of radioactivity of a ^{239}Pu preparation, firmly attached to a solid state detector, without shifting and smoothing. The duration of one measurement is 6 seconds. The horizontal axis is graduated in units of radioactivity (pulses per 6 seconds). The mean activity is about 90 pulses per 6 seconds. The vertical axis shows the number of measurements that yield a given value of alpha activity. Layer lines are drawn after each 1000 measurements.

increases with the number of measurements — the peaks become taller, and the troughs deeper. *Neither can it be attributed to 'statistical inertia'*: the shape of the histograms is independently repeated for simultaneous or nearly simultaneous measurements. Coarsening the histogram (increased pitch or step) smooths out the polyextremity. *The polyextremity of the histograms does not contradict the Poisson*

Abb. 9 – Diagramme aus der Arbeit von Shnoll[47]

47 Shnoll, 1998, S. 1027

Es wurden gleichzeitige Messungen von z. B. Radioaktivitätsraten unabhängig voneinander mit automatischen Zählapparaten durchgeführt. Die Ergebnisse waren beeindruckend:

- Es treten Histogramme mit großen Ähnlichkeiten auf
- Die Aktivitätsmaxima sind Resonanzen der Eigenschwingungen der Materie
- Histogramme physikalischer Zufallsprozesse haben stabile Feinstrukturen.

Die Formen der Histogramme aus Minima und Maxima, wie sie in Abb. 9 gezeigt werden, haben sich mit zunehmender Zahl an Wiederholungen der Zufallsexperimente weiter ausgeprägt und gefestigt, und nicht wie erwartet in Annäherung an eine Gaußsche Glockenkurve geglättet.

- Ähnliche Feinstrukturen entstehen zeitgleich; z. B. entstehen alle 1436 Minuten Histogramme gleicher Form

Daraus konnte man folgern, daß es dafür eine globale Ursache geben muß, die prozeßunabhängig vorhanden sein muß.

Der Entwickler der Global-Scaling-Theorie Hartmut Müller veröffentlichte Arbeiten zum Thema Scaling in den Häufigkeitsverteilungen der Elementarteilchen in Abhängigkeit von ihren Ruhemassen sowie astrophysikalischer Objekte in Abhängigkeit von ihren Orbitalelementen, Radien und Massen.[48] Als auszugsweises Beispiel sieht man in der nachfolgenden Grafik das Auftreten der Elementarteilchen innerhalb der grau markierten Intervalle, während in den Lücken dazwischen keine zu finden sind:

48 Vgl. Müller, 1982, zitiert nach Müller, 2009c, S. 32

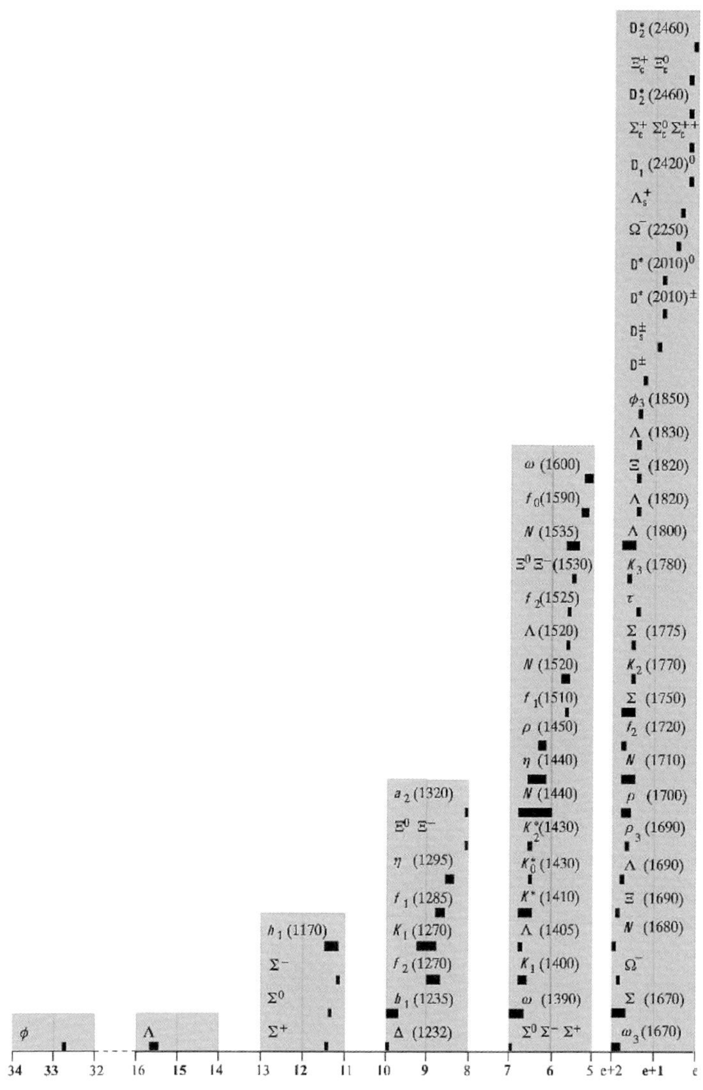

Abb. 10 – Aus der Arbeit von Müller[49]

49 Müller, 1982

Die Skala in Abbildung 10 ist logarithmisch geeicht. Die Elementarteilchen treten in den grau markierten, zwei logarithmische Einheiten breiten Intervallen auf. In den dazwischenliegenden Bereichen der Breite einer logarithmischen Einheit sind keine Elementarteilchen zu finden.

Logarithmische Skaleninvarianz in der Seismologie

Benno Gutenberg und Charles Francis Richter zeigten in den 1950er Jahren, daß zwischen der Energie und der Häufigkeit von Erdbeben pro Region und Zeitraum ein logarithmisch skaleninvariantes Verhältnis besteht.[50] Auch mißt die nach Charles Richter benannte Richter-Skala die Stärke (Magnitude) von Erdbeben nicht linear, sondern in logarithmischen Einheiten zur Basis zehn: Ein um eine Einheit auf der Richter-Skala stärkeres Erdbeben ist tatsächlich zehnmal stärker.[51]

Logarithmische Skaleninvarianz in der Mathematik

Primzahlen

In der Menge der natürlichen Zahlen $\mathbb{N} = \{1, 2, 3, \ldots\}$ ziehen die Primzahlen unsere Aufmerksamkeit auf sich. Primzahlen haben außer der 1 und sich selbst keine anderen Teiler: 1, 2, 3, 5, 7, 11, 13, 17, 19, 23, 29, 31,… Das macht sie zu so etwas wie den Bausteinen des Zahlenkontinuums, weil sich jede Zahl als Produkt von Primzahlen beschreiben läßt. Erst Recht erfüllt diese Eigenschaft die Zahl 1.[52]

Für die Verteilung der Primzahlen unter den natürlichen Zahlen konnte man bislang keine Formel finden, die diese Verteilung

50 Vgl. Gutenberg/Richter, 1954, zitiert nach Müller, 2009c, S. 32

51 Encyclopaedia Britannica, 2016

52 Entgegen der herkömmlichen Auffassung in der Mathematik, wird hier 1 zu den Primzahlen gezählt; das wird weiter unten in diesem Kapitel erläutert. Es wird hier die Auffassung vertreten, daß die 1 sowohl ungerade als auch gerade ist, siehe weiter unten.

exakt beschreibt.[53] Das mathematische Genie Carl Friedrich Gauß[54] fand 1795 die logarithmische Skaleninvarianz in der Verteilung der Menge der Primzahlen, als er den Zusammenhang

$$\pi(n) \cong n / \ln n$$

entdeckte und niederschrieb. Je größer n gewählt wird, umso genauer trifft diese Gesetzmäßigkeit zu: Die Anzahl der Primzahlen $\pi(n)$ in der Menge der natürlichen Zahlen von 1 bis n entspricht dem Quotienten aus der Zahl n und dem natürlichen Logarithmus von n.[55] Wählt man n = 100, erhält man (auf ganze Zahlen aufgerundet) $\pi(n) = 22$ bei einer tatsächlichen Anzahl von 25 Primzahlen. 22/25 ergibt eine Genauigkeit von 88%. Wählt man n = 65.000, erhält man aufgerundet $\pi(n) = 5.866$ bei einer Anzahl von 6.493 Primzahlen; 5.866/6.493 ergibt schon einen erwartungsgemäß höheren Wert für die Genauigkeit dieser Formel von 90,34%. Mit größer werdenden Zahlen sind Primzahlen also immer seltener anzutreffen. Die Verteilung der Menge der Primzahlen unter den natürlichen Zahlen ist logarithmisch skaleninvariant.[56]

Im Zusammenhang mit Primzahlen war dies wohl die erste nicht triviale Aussage über die Menge der Primzahlen.

Mit Peter Plichtas Primzahlkreuz kam eine weitere gewichtige Aussage über Primzahlen ans Tageslicht.[57] Er entdeckte eine kreuzförmige Anordnung von Primzahlen auf einem Kreis, der im 24er-Takt Schale um Schale erweitert wird:

---

53 Vgl. Müller, 2009c, S. 32–33

54 Carl Friedrich Gauß, dt. Mathematiker und Astronom, * 30. 04. 1777 in Braunschweig, †23. 02. 1855 in Göttingen

55 Das sog. Primzahl-Theorem lautet: $\lim_{n \to \infty} \pi(n) / (n/\ln n) = 1$

56 Vgl. Müller, 2009c, S. 33

57 Darüber hinaus fand Plichta noch andere erstaunliche mathematische Zusammenhänge und die Lektüre seiner Bücher (siehe Quellenverzeichnis) kann an dieser Stelle für mathematisch Interessierte sehr empfohlen werden.

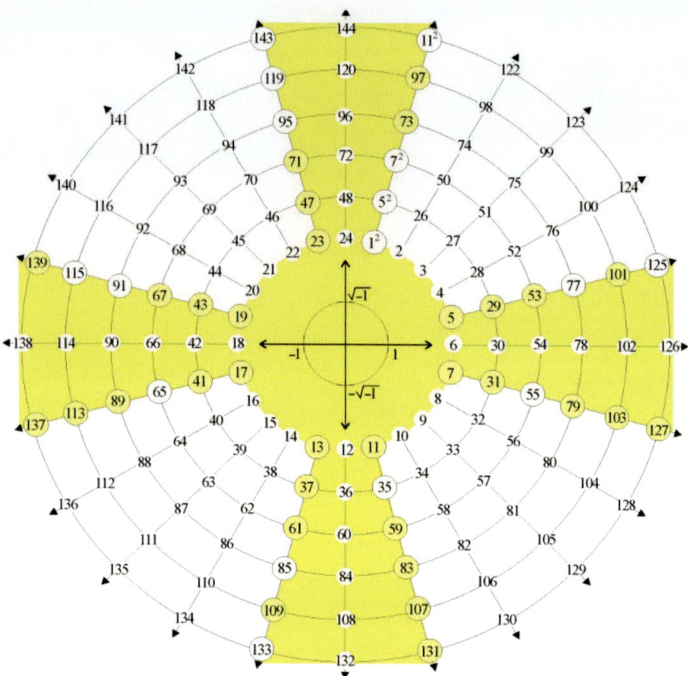

Abb. 11 – Primzahlkreuz von Peter Plichta[58]

Hartmut Müller betrachtete die Menge der Primfaktoren, in die sich alle Nichtprimzahlen zerlegen lassen. Dabei kommt Erstaunliches zum Vorschein, was in der folgenden Abbildung veranschaulicht wird:

58 Plichta, 2015

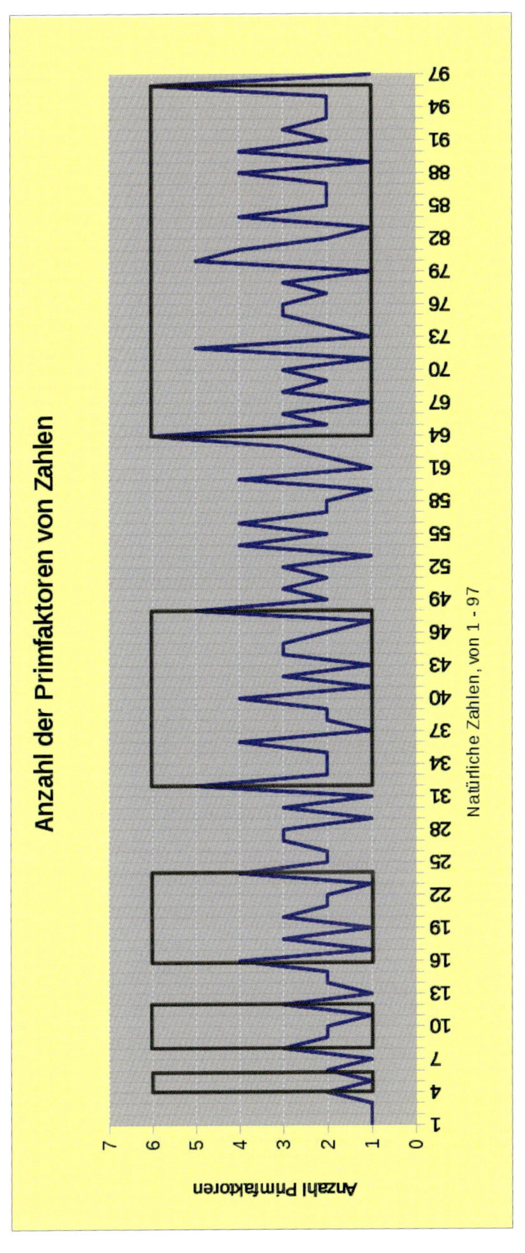

Abb. 12 – Die natürlichen Zahlen und ihre Anzahl an Primfaktoren[59]

59 In Anlehnung an Müller, 2009a, S. 3

Man betrachte darin nun die markierten Abschnitte. Der Grund für das Herausstellen dieser Bereiche ist deren Selbstähnlichkeit, wobei mit zunehmender Größe eine genauere Feinstruktur sichtbar wird. Genauso ähneln sich die Abschnitte zwischen den Markierungen, die gleichzeitig den Abstand zum nächsten selbstähnlichen Bereich bestimmen. Im Vergleich der markierten Bereiche fällt auf, daß sich deren Breite jeweils verdoppelt. Die Breite folgt der Funktion

$$2^n.$$

Der erste Bereich ist 2^1 Einheiten breit, der zweite $4=2^2$, der dritte $8=2^3$, der vierte $16=2^4$ und der fünfte $32=2^5$ usw. Einheiten breit. Gleiches gilt für die Abschnitte dazwischen. Nun sieht man, daß im Logarithmus nur ein Schritt gegangen werden muß, um zur nächsten fraktalen Wiederholung zu gelangen. Die Abbildung der Anzahl der Primfaktoren von Zahlen ergibt also ein fraktales Muster, daß sich in regelmäßigen exponentiellen Abständen wiederholt! Die Verteilung der Anzahl der Primfaktoren ist also logarithmisch skaleninvariant! Daraus wird m.E. ersichtlich, daß man die jeweils gleich breiten Bereiche zusammenfassen kann. Es ergeben sich dadurch breitere Intervalle, die ebenfalls eine Selbstähnlichkeit aufweisen, direkt benachbart sind und sich logarithmisch skaleninvariant entwickeln. Diese Intervalle enden jeweils mit einem Zuwachs der Anzahl der Primfaktoren um 1. Interessant ist, daß diese Maxima an Primfaktoren, also die Enden der Intervalle, mit der Funktion

$$f(x) = \log_2 x$$

beschrieben werden können. Gleichzeitig sind die Intervalle 2^{x-1} Einheiten breit. Zusammenfassend kann man feststellen:

Die Zahl 2^x ist die erste Zahl mit x Primfaktoren in der Menge der natürlichen Zahlen von 1 bis x und beendet ein fraktales Intervall der Breite 2^{x-1}. Alle so beschriebenen Intervalle sind selbstähnlich, also fraktal.

Die nachfolgende Abbildung veranschaulicht diese Zusammenhänge:

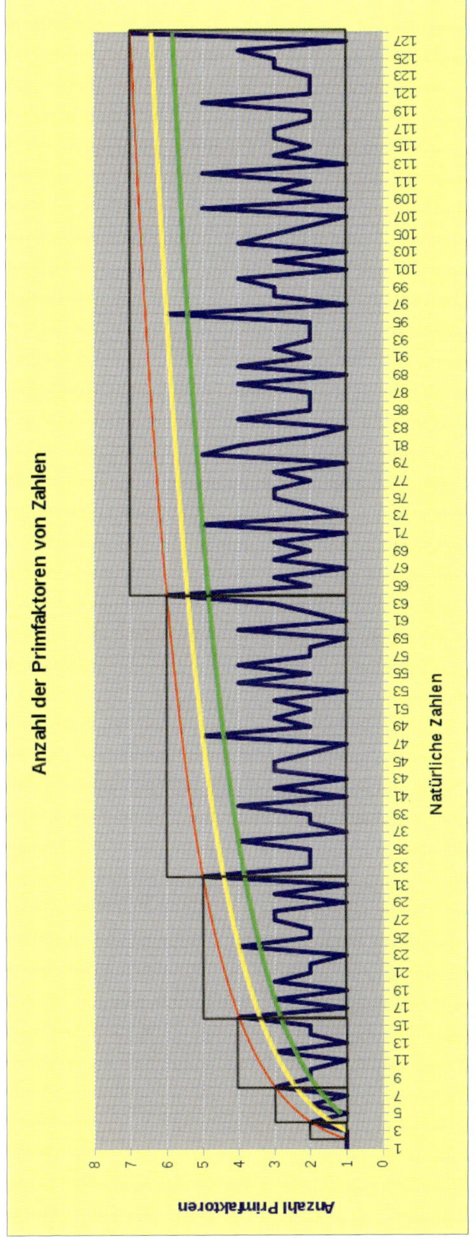

Abb. 13 – Selbstähnliche Intervalle wachsen exponentiell

Gut zu erkennen ist die Lage der oben beschriebenen lokalen Maxima an Primfaktoren jeweils am Ende der Intervalle auf der roten Kurve der Funktion $f(x)=\log_2 x$. Auch die lokalen Maxima in der Mitte der Intervalle liegen auf der Kurve einer Logarithmusfunktion zur Basis 2, welche durch die gelbe Kurve veranschaulicht wird. Beispielhaft wurde noch eine grüne logarithmische Kurve zur Basis 2 eingezeichnet, auf der die lokalen Maxima liegen, die als erste nach Intervallbeginn eine um 1 geringere Anzahl an Primfaktoren als am Intervallbeginn anzeigen. So ließe sich das beliebig für weitere lokale Maxima fortsetzen.

Läßt sich logarithmische Skaleninvarianz im Zusammenhang mit den natürlichen Zahlen auch in Wachstumsprozessen finden? Der Mathematiker Fibonacci gab vor rund 800 Jahren einen interessanten Hinweis.

Zahlenfolge des Fibonacci

Leonardo Fibonacci, auch Leonardo Pisano oder Leonardo von Pisa (Fibonacci von *figlio di Bonacci* = Sohn des Bonacci), war ein italienischer Mathematiker und lebte von 1175 bis 1250. Er überbrachte der abendländischen Kultur zuerst das indisch-arabische Zahlensystem. Er vervollkommnete die Arithmetik und bewies die Heronsche Formel zur Berechnung des Flächeninhalts eines Dreiecks. Nach ihm benannt wird eine bestimmte Folge von natürlichen Zahlen, bei der die nächste Zahl immer die Summe der beiden vorhergehenden ist:

1, 1, 2, 3, 5, 8, 13, 21, 34, 55, 89, 144, 233, 377, 610, 987 usw.

Fibonacci erwähnt sie in seinem Werk „Liber abaci" (Buch der Rechenkunst, 1202-1228 n.Chr.) im Zusammenhang mit der Entwicklung der Kaninchenpopulation, die sich danach vermehrt.[60] Ebenso

60 Vgl. Bertelsmann UL, B10, S. 368 und B6, S. 14; Meyers GKL, 1905, B6, S. 536

beschreibt die Fibonacci-Folge die Ahnenmenge einer männlichen Honigbiene. Auch in der Pflanzenwelt taucht diese Folge immer wieder auf. Betrachtet man beispielsweise die Anordnung der Lamellen eines Kiefernzapfens, erkennt man spiralenförmige Muster, wobei die Anzahl gleicher betrachteter Spiralen Fibonacci-Zahlen ergeben.

Abb. 14 – Die Fibonacci-Zahlen in der Anordnung der Lamellenspiralen im Kiefernzapfen

Zählt man z. B. im Uhrzeigersinn ab der mit den gelben Punkten markierten Lamellenspirale, erhält man insgesamt acht als Anzahl ähnlicher, aneinandergereihter Spiralen, wobei acht eine Fibonacci-Zahl ist. Zählt man die Spiralen ab der mit den roten Punkten markierten Lamellenspirale, erhält man 13 ähnliche Spiralen, wobei 13 eine Fibonacci-Zahl ist.

Bemerkenswert ist ferner der Zusammenhang, daß der Quotient aus einer Fibonacci-Zahl und ihrem Vorgänger immer genauer den Goldenen Schnitt[61] ergibt, je größer die Zahlen werden. Die Folge der Fibonacci-Zahlen nähert sich damit einer geometrischen Folge, deren Quotient aus Folgegliedern konstant ist. Die nachfolgende Tabelle veranschaulicht diese Zusammenhänge:

Quotient	Zahlenfolge	ln	Differenz der Logarithmen
	1	0	0,00000000
2,000000	2	0,69	0,69314718
1,500000	3	1,1	0,40546511
1,666667	5	1,6	0,51082562
1,600000	8	2,1	0,47000363
1,625000	13	2,6	0,48550782
1,615385	21	3,0	0,47957308
1,619048	34	3,5	0,48183809
1,617647	55	4,0	0,48097266
1,618182	89	4,5	0,48130318
1,617978	144	5,0	0,48117693
1,618056	233	5,5	0,48122515
1,618026	377	5,9	0,48120673
1,618037	610	6,4	0,48121377
1,618033	987	6,9	0,48121108
1,618034	1597	7,4	0,48121211
1,618034	2584	7,9	0,48121172
1,618034	4181	8,3	0,48121187
1,618034	6765	8,8	0,48121181
1,618034	10946	9,3	0,48121183

≈1,5 logarithmische Einheiten
=
Hauptknotenabstand im Fundamentalen Fraktal !

Abb. 15 – Analyse der Fibonacci-Folge hinsichtlich ihrer logarithmischen Struktur[62]

61 Der Goldene Schnitt ist eine Verhältniszahl; vergleicht man zwei Größen, die sich zueinander im Goldenen Schnitt verhalten, ergibt sich entweder der Wert 1,618033989… oder 0,618033989…, je nachdem, ob man den größeren Wert durch den kleineren teilt, oder umgekehrt. Man findet den Goldenen Schnitt auch im menschlichen Körper: Oberkörperlänge zu Unterkörperlänge verhalten sich zueinander, wie Unterkörperlänge zu Ober- und Unterkörperlänge zusammengenommen. Der Wert 1,618033989… ergibt sich exakt aus $1/2 \cdot (1+\sqrt{5})$. Der Goldene Schnitt taucht auch immer wieder in Tempeln und Kathedralen auf, die von alten Baumeistern entworfen wurden. Eine Erklärung für die Verwendung des Goldenen Schnitts in der Natur und schließlich auch durch den Menschen in Bauwerken wird in Kapitel 2.2.3.4 im Zusammenhang mit irrationalen Zahlen und Kettenbrüchen gegeben.

62 Das in der Abbildung erwähnte Fundamentale Fraktal wird noch in den Kapiteln 2.2.3.4 und 2.2.6 ausführlich erläutert.

In der 2. Spalte ist die Folge der Fibonacci-Zahlen abgebildet. In Spalte 1 sieht man den Quotienten aus Fibonacci-Zahl und Vorgänger, der sich immer mehr dem Verhältnis des Goldenen Schnittes annähert. Spalte 3 zeigt den natürlichen Logarithmus der entsprechenden Fibonacci-Zahl, Spalte 4 die Differenz der Logarithmen.

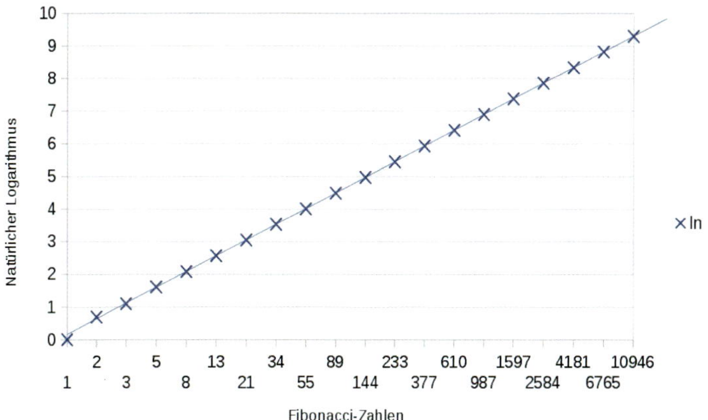

Abb. 16 – Logarithmische Skaleninvarianz der Fibonacci-Zahlen

Die Folge der Fibonacci-Zahlen beschreibt demzufolge natürliche, logarithmisch skaleninvariante Wachstumsprozesse. Umso deutlicher wird dies, bildet man die Differenz der Logarithmen ab:

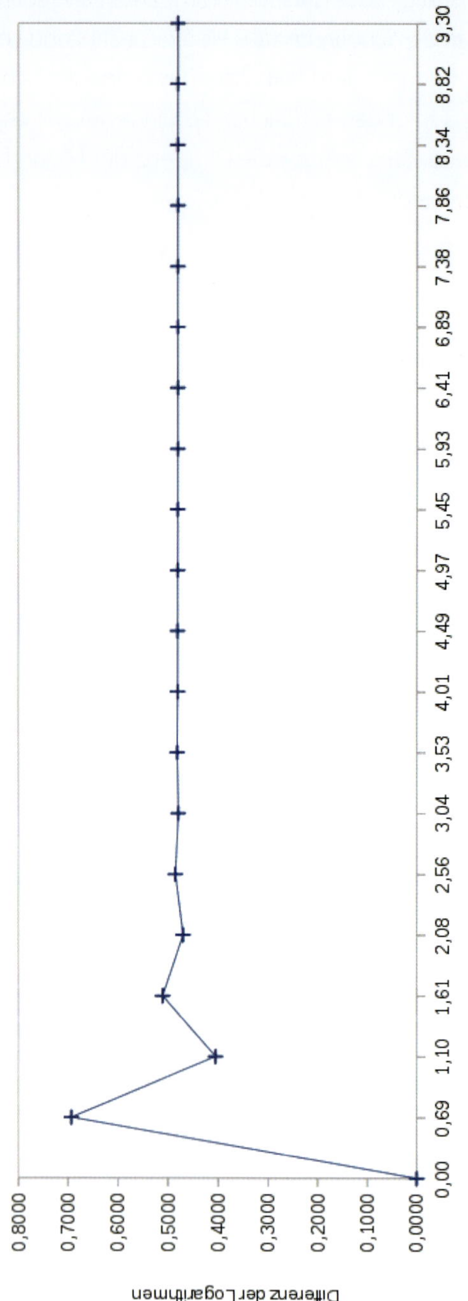

Abb. 17 – Natürliche Logarithmen der Fibonacci-Zahlen und die Differenzen der Logarithmen

Klar ersichtlich ist, wie sich die Differenz alternierend einem Wert von 0,481… annähert, die für immer größere Fibonacci-Zahlen durch

$$\ln [1/2(1+\sqrt{5})] = 0{,}481211825\ldots$$

exakt beschrieben werden kann.

Das oben beschriebene Wachstum der Kaninchenpopulation und auch das Wachstum vieler Pflanzen geschieht folglich auf logarithmisch skaleninvariante Art und Weise.

So wird an dieser Stelle schon vorgegriffen und Bezug genommen auf das noch in den Kapiteln 2.2.3.4, 2.2.5 und 2.2.6 zu beschreibende **Fundamentale Fraktal** der Global-Scaling-Theorie. Im Hinblick darauf ist es außerordentlich interessant, daß der logarithmische Abstand zu jeder dritten Fibonacci-Zahl 3 · 0,481…, also rund 1,5 Einheiten beträgt, z. B. 89 zu 21, was dem Abstand zweier benachbarter **Hauptknoten** im Fundamentalen Fraktal entspricht! So gesehen stellt die Folge der Fibonacci-Zahlen eine Art vereinfachtes **Fundamentales Fraktal** dar! Das Fundamentale Fraktal ist das zentrale Analyseinstrument für die in diesem Buch dargestellten Analysen und wird ausführlich in den o.g. Kapiteln besprochen.

2.2.3 Zahlentheoretische Überlegungen

Bevor auf die faszinierenden mathematischen Gebilde von Kettenbrüchen eingegangen wird, werden zunächst zahlentheoretische Überlegungen angestellt. Sie können das Verständnis der gesamten Thematik vertiefen und es wird nachfolgend die Frage nach der Natur der Zahlen aufgeworfen.

2.2.3.1 *Was sind Zahlen, was ist die 1?*

Während heute nach höchsten Primzahlen gesucht wird, die als Teil eine Zahl mit einem Exponenten jenseits jeder menschlichen Vorstellungskraft besitzen, vergißt man, sich der Grundlagen zu besinnen. Jeder Mathematiker sollte sich die Frage stellen:

Was ist die 1?
Die 1 ist die Zahl der Zahlen. Bei ihr beginnt alles. Folglich kann man die Mathematik erst verstehen, wenn man die 1 verstanden hat. Und das führt genau zu dem Punkt, an dem Mathematik und Philosophie zusammenkommen. Die beiden sind untrennbar miteinander verknüpft. Durch das Verdrängen philosophischer Fragen aus der Mathematik und Naturwissenschaft steckt die wissenschaftliche Grundlagenforschung in einer Sackgasse. Der Ausschluß der Philosophie ist bereits ein unwissenschaftlicher Vorgang.

Was ist die 1?
Um diese philosophische Frage zu beleuchten, wird von der nachfolgenden Grundannahme ausgegangen, um anhand der Schlußfolgerungen diese zu überprüfen:

Alles ist EINS.

Ist unsere Welt der mannigfaltigen Erscheinungen tatsächlich nur Eins, so bedeutete dies, daß alles nur verschiedene Ausdrucksformen des EINEN wären. Die verschiedenen Ausdrucksformen wären also jeweils nur TEIL des Ganzen. So gelangt man zu dem Gedanken der **Teilung** EINER Erscheinung. Viele der Erscheinungsformen sind gleich bzw. ähnlich. Dies nimmt man vor allem bei Erscheinungsformen war, deren Entwicklung leicht beobachtet werden kann, am besten natürliche Wachstumsprozesse wie Bäume, Tiere, Menschen usw. Betrachtet man zwei menschliche Körper, fällt einem sofort die Ähnlichkeit der beiden auf; deshalb spricht man überhaupt vom menschlichen Körper als solchem. Die verschiedenen menschlichen Körper erscheinen wie Kopien EINES Grundmusters. So gelangt man zu dem Gedanken der **Vervielfachung** EINER Erscheinung. Diese Betrachtung läßt wiederum den Schluß zu, daß eine Vervielfältigung mit einer Teilung gleichgesetzt werden kann, wenn alles EINS wäre. Denn alle Erscheinungsformen wären ja nur Teile des EINEN.

Unter dieser Annahme wird nun die Folge der natürlichen Zahlen $\mathbb{N}$ mit 1, 2, 3, … betrachtet. Sie sind abstraktester Ausdruck des zuvor Beschriebenen.

Ist der Schritt von der 1 zur 2 eine Verdopplung, so wie es gewöhnlich verstanden wird? Wenn alles EINS ist, wäre es eher eine Halbierung, oder? Dann wäre der Schritt von der 1 zur 2 eine Aufteilung des Einen in zwei Teile, auch wenn sich diese gleichen. Schon mit diesem Schritt wäre erkennbar, daß mit jedem weiteren Zählschritt eine weitere Teilung stattfindet und keine Vergrößerung oder Zunahme. Wenn alles Eins ist, kann es keine wirkliche Zunahme geben. Wenn alles Eins ist, drücken die Zahlen nur aus, in wie viele Bruchteile das EINE geteilt wird. Dadurch, daß so manche Bruchteile für sich genommen vollständig erscheinen, entsteht die Wahrnehmung der Vermehrung. Jedoch bleibt alles stets das Eine. So sind Teilen und Vervielfachen konsequent betrachtet synonym!

Drückt eine Zahl also aus, in wieviele Teile das Eine geteilt wird, ist es ein leichter Denkschritt festzustellen, daß in jedem Bruchteil erkennbar sein muß, daß es von dem Einen abstammt. Aber woran ist zu erkennen, daß es vom Einen abstammt? Wie sieht der Teil im Bruchteil aus, der die Abstammung vom Einen erkennen läßt? Lassen sich dafür Belege in unserer Umgebung finden?

Wie so oft, gibt ein Blick in die umgebende Schöpfung einen Hinweis. Bei der Betrachtung des Aufbaus irgendeines Objektes stellt man fest, daß kleinere Einheiten dieses Objektes so aufgebaut sind, wie das ganze Objekt selbst, man spricht in diesem Zusammenhang von einem selbstähnlichen, einem fraktalen Aufbau der Schöpfung, wie in Kapitel 2.1 beschrieben. Als weiteres Beispiel aus der Natur wird der Zweig eines Tuja-Baumes gezeigt:

Abb. 18 – Zweig eines Tuja-Baumes

Die Zweige des Zweiges gleichen wieder dem Zweig. Daraus kann man schließen, daß die zugrundeliegende Information oder Ursache für deren Bildung und Entstehung der Zweige auf unterschiedlichen Größenebenen die gleiche ist. Die Ursache selbst ist also größenunabhängig und überall vorhanden. Daraus kann man folgern, daß es nicht mehrere Ursachen gibt, sondern lediglich EINE Ursache des Tujabaumes. Sie führt dazu, daß man in einem Bruchteil eines Tujazweiges die Tujapflanze selbst erkennen kann. Im Teil ist folglich die Abstammung zu erkennen, was eingangs vermutet wurde. Die Fortsetzung der Wiederholungen über mehrere Ebenen legt nahe, daß diese Selbstähnlichkeit auch über sicht- und wahrnehmbare Bereiche hinausgeht. In letzter Konsequenz landet man bei einer Ursache von ALLEM, von der jeder Teil abstammt! Diese EINE Ursache liefert schließlich die Grundlage für die Zahl 1. Die 1 steht für die eine Ursache von allem. Die eine Ursache ist die Idee, die der 1 zugrunde liegt.

Die zuvor angenommene Vermutung, daß alles EINS ist, führt also zu sinnvollen Schlußfolgerungen, die sich überall in der Natur wiederfinden lassen und diese Annahme bestätigen.

Auf die Zahlen zurückkommend, ergeben sich daraus weitere interessante Erkenntnisse:

Die 1 als Ursprung der Zahlen muß folglich auch größte Zahl sein!

Ein Indiz dafür ist, daß es in der Abfolge der Zahlen, so wie der Mensch sie heute zählt und meint, immer größere Zahlen aufzuzählen, keine größte Zahl gibt. In dem Augenblick, in dem man eine größte Zahl zählen würde, erzeugte man damit die nächstgrößere. Man addiert 1 und kann immer eine noch größere Zahl aufzählen. Nach dem hier dargelegten Verständnis bedeutet dieses Zählen hingegen lediglich eine Aufteilung des Einen in immer mehr Bruchteile. Welche Konsequenzen ergeben sich daraus?

Entgegen unserer weitverbreiteten, derzeit konsumorientierten, sinnentleerten gesellschaftlichen Auffassung, daß größer, mehr und weiter immer gut oder besser und mächtiger sind, verhält es sich genau anders herum. Es sind gerade **nicht** die großen Zahlen, die große Mächtigkeit besitzen. Tatsächlich ist es so, daß die Mächtigkeit mit zunehmender Größe – die eben keine Größe ist – abnimmt. Allein die 1 hat alle Macht in sich, ist die Zahl mit größter Mächtigkeit!

Abb. 19 – Die 1 ist die Zahl der Zahlen und repräsentiert das EINE, den Ursprung von allem; viele nennen den Ursprung GOTT

An der Abbildung kann man erkennen, daß die rechte Seite der Vervielfältigung auch mathematisch-formell nur mit Divisionszeichen geschrieben werden kann:

1/(1/2), 1/(1/3), 1/(1/4)…

Die linke Seite hingegen kann man nicht nur mit dem Zeichen der Multiplikation schreiben. Auch diese rein formelle Betrachtung legt nahe, daß es schließlich nur die **Teilung des EINEN** gibt; denn auch darin muß sich die allem zugrundeliegende Wahrheit widerspiegeln.

Krümmt und verbindet man den linken und rechten Ausläufer der o.g. Abbildung, erhält man einen Kreis! Dieser Kreis kann beliebig erweitert werden, je nachdem, in wieviele Teile man eine Schöpfung aufteilen will. Dieser Kreis ist es, der durch die „Zahl" 0 repräsentiert wird. Die 0 ist damit **keine** Zahl im Sinne der anderen Zahlen.

Durch diesen Kreis wird ferner eine Vermutung möglich, warum beim Aufsuchen immer kleinerer Maßstäbe schließlich ein Sprung zum größten Maßstab stattfinden könnte und umgekehrt! Die gesamte Schöpfung hätte damit einen kreisförmigen Abschluß! Diese Vermutung besteht auch in der **Global-Scaling-Theorie**, wie sie bereits in der Einleitung zu Kapitel 2.2 erwogen wurde. Denn das **Fundamentale Fraktal** ist nicht unendlich groß. Nein, es hat eine klar definierte Größe mit einem kleinsten und einem größten Maßstab.[63]

Ebenso wird damit deutlich, daß die 0 nicht NICHTS bedeuten kann!

Wäre 0 wirklich nichts und begänne man dort zu zählen, ist der Schritt von der 0 zur 1 und die Schöpfung als Ganzes gar nicht zu begreifen: Aus NICHTS wird ALLES? Wäre das richtig und würde man dies logisch weiterdenken, so enthielte das NICHTS ja zwingend ALLES und wäre damit schon ALLES. Dann wäre aber das NICHTS nicht NICHTS. Mithin kann es das NICHTS nicht geben!

Mit dem Begreifen der Zahl 1 wird deutlich, daß hier gleichzeitig die Existenz EINES Schöpfers bewiesen ist und es nur diesen geben kann: ALLES-WAS-IST.

Durch diese Betrachtung wird nachvollziehbar, daß größere Zahlen nicht an Mächtigkeit gewinnen können, trägt doch die 1 die größte Mächtigkeit. Vielmehr führt die Aufteilung oder Vermehrung der 1 zu verschiedenen Qualitäten des Ausdrucks der Mächtigkeit, die sich beispielsweise im Teilbarkeitsverhalten einer Zahl zeigt. Zahlen können also gar nicht anders, als ihre Qualitäten zum Ausdruck zu bringen. Die Numerologie als alte Lehre um dieses Wissen beschäftigt sich genau mit diesen Zusammenhängen.

Die Besonderheit der 1 kennt kaum Grenzen. Bei den verschiedenen Zahlenkategorisierungen fällt deshalb auf, scheinbar trivial, daß die 1 alles erfüllt:

- Man kann jede Zahl durch 1 teilen.
- Jede natürliche Zahl ist ein Vielfaches – oder eben ein Bruchteil – der 1.
- Die Zahl 1 ist auch Quadratzahl bzw. kann sie jeden beliebigen Exponenten annehmen und ergibt wieder sich selbst.

63 Dazu mehr in den Kapiteln 2.2.3.4, 2.2.5 und 2.2.6.

- Genauso kann man jede beliebige Wurzel der 1 ziehen und erhält wieder die 1 selbst.
- Da jede Zahl aus der 1 geschaffen werden kann, gerade sowie ungerade Zahlen, **muß die 1 auch gerade sein**, obwohl sie zu den ungeraden Zahlen gezählt wird!
- **Aus den vorgenannten Gründen muß die 1 nicht nur gerade und ungerade, sondern auch Primzahl sein!** Denn die 1 ist auch die Schöpferin der Primzahlen! Außerdem erfüllt sie die Definition der Primzahlen[64].
- Aus dem Vorgenannten kann man feststellen, daß die 1 auch größte Zahl ist!

Gemäß den obigen Ausführungen sind das Teilen und Vervielfachen prinzipiell identisch. Beides ist Schöpfungsakt! ALLES liegt in der 1.

Im übrigen kann man an dieser Stelle auch gut erkennen, warum das Zählen 1, 2, 3, … keine wirklich lineare Angelegenheit ist. Das Zählen hat seine Grundlage im Teilen und Vervielfältigen, im Schöpfungsakt selbst. Ohne diesen gäbe es kein Zählen und keine Zahlen! Damit dreht es sich regelmäßig um Mengen. Das bedeutet, daß man beim Zählen nicht nur die gleichmäßige Zunahme um 1 in Betracht ziehen kann. Gleichzeitig bedarf es der Würdigung der bereits erreichten Menge an Teilen bzw. Vervielfältigungen. Von der 1 zur 2 findet eine Verdopplung statt, eine Zunahme um 100%! Bei zwei benachbarten Zahlen im sogenannten Zahlenkontinuum findet das nie wieder statt! Der relative Zuwachs von Zahl zu Zahl beim Aufsummieren um jeweils 1 nimmt kontinuierlich ab und folgt einer hyperbolischen Funktion:

$$f(x) = 1 / (x - 1) \text{ mit } x \in \mathbb{N} \text{ und } x \geq 2.$$

64 Primzahlen sind jene natürlichen Zahlen, die nur durch 1 und sich selbst teilbar sind.

Damit kann verstanden werden, warum die 0 nicht NICHTS bedeutet: An der o.g. Funktion ist auch deutlich abzulesen, daß 1 die **erste Zahl** ist. Erst für die Zahl 2 kann die relative Zunahme zur 1 berechnet werden. Für x=1 ist sie nicht definiert. Denn zur 1 hin gibt es keine relative Zunahme! Somit wird klar, daß die 0 nicht zu den Zahlen gehört. Dazu paßt als Analogie: Man zählt Weiß zu den Farben, obwohl es nicht im Spektrum der Farben vorkommt! Die 0 dient mithin nur als Platzhalter in einem Zahlensystem mit logarithmischer Basis[65], um auszudrücken, daß ein Stellenwert leer ist.

Ebenfalls legt dies die Vermutung nahe, daß es tatsächlich nur natürliche Zahlen gibt. Wie später in Kapitel 2.2.3.4 aufgezeigt wird, gibt es mit Kettenbrüchen eine Möglichkeit zur Darstellung auch reeller Zahlen ohne den Bereich der natürlichen Zahlen verlassen zu müssen. Davon sind auch komplexe Zahlen umfaßt, haben sie ja nur eine weitere geometrische Komponente, die ebenfalls wieder mit natürlichen Zahlen ausgedrückt werden kann.

Die angestellten Betrachtungen liefern wiederum eine Begründung, warum die uns umgebende Wirklichkeit selbstähnlich bzw. fraktal beschaffen sein muß. Es wurde deutlich, daß in jedem Bruchteil wiederum die Information von allem liegt, des EINEN. Genau darin, im fraktalen Aufbau, kommt zum Ausdruck, daß die Schöpfung, das Eine, nicht wirklich teilbar, alle Teilung Illusion ist. Eine Schöpfung mit vielen verschiedenen illusorischen Erscheinungsformen, die tatsächlich nur unterschiedliche Ausdrucksformen des Einen sind, kann folglich nur fraktal aufgebaut sein. Darin liegt auch in spiritueller Hinsicht eine gewisse Schönheit: Egal, was man betrachtet, man kann in allem das EINE erkennen und zur höchsten Erkenntnis gelangen.

65 Siehe das Kapitel 2.2.3.3

In der Betrachtung und Analyse der zeitlichen Entwicklung von Prozessen kommt man nicht ohne Zahlen(systeme) aus, und so wird in den beiden nachfolgenden Kapiteln noch ein Blick auf unterschiedliche Zahlensysteme geworfen. Überdies ist es von essentieller Bedeutung, die besondere Zahl e = 2,718281828459 … nachfolgend vorzustellen und zu untersuchen, ist sie doch in der Global-Scaling-Theorie ein wesentlicher Grundbaustein.

2.2.3.2 *Die Eulersche Zahl e*

Damit man sich im Bereich von Global Scaling bewegt, ist zur Basis e = 2,718281828459 … zu logarithmieren, der Eulerschen Zahl. Die Skaleninvarianz tritt also im Exponenten auf. Die Skaleninvarianz ist natürlich auch bei der Verwendung einer anderen Basiszahl als e zu beobachten. Jedoch hat dies Einfluß auf die Abstände der Ergebnisse auf der logarithmischen Skala, und e liefert dazu die bequemsten und schönsten: drei ganze Einheiten von Hauptknoten zu Hauptknoten.[66] Des weiteren zeigt gerade die o.g. Gaußsche Formel[67], daß der natürliche Logarithmus eine besondere Rolle im Aufbau des Zahlenkontinuums spielt.

Die Eulersche Zahl e ist in vielerlei Hinsicht eine ganz besondere, zentrale Zahl der Schöpfung. Die Mathematiker wissen, daß die e-Funktion die einzige ist, die abgeleitet wieder sie selbst ergibt. Darin ist vermutlich die Ursache zu suchen, weshalb natürliche Wachstumsprozesse Exponentialfunktionen zur Basis e folgen. Sie ermöglichen so eine Rückkopplung beispielsweise zwischen der Bevölkerungsmenge, ihrer Wachstumsgeschwindigkeit und

66 Siehe die Kapitel 2.2.5 und 2.2.6

67 Siehe das Kapitel 2.2.2.2, S. 49 ff.

ihrer -beschleunigung. Vermutlich ein Garant für Harmonie und das richtige Maß.[68]

Hier sei auf einen besonderen Zusammenhang der Zahl e hingewiesen, den der Chemiker und Mathematiker Peter Plichta fand:

$$e^{0{,}00\underline{123}456\ldots} = 1{,}00\underline{123}533\ldots$$
$$e^{0{,}000\underline{1234}56\ldots} = 1{,}000\underline{1234}6\ldots$$
$$e^{0{,}0000\underline{12345}6\ldots} = 1{,}0000\underline{12345}7\ldots$$

usw.

Im letzten Beispiel: Auf die fünf dezimalen Nullen im Exponenten von e erfolgt eine fünfstellige Übereinstimmung zwischen dem Exponenten und dem Ergebnis der Potenzierung! Die Zahl e ist die einzige, die dieses Ergebnis liefert.[69]

Im übrigen zeigt dieser bemerkenswerte Zusammenhang nicht nur, daß die transzendente Zahl e eine ganz besondere ist, sondern auch, daß das dezimale Zahlensystem ein privilegiertes Zahlensystem ist. Denn die Zahl im Exponenten der Zahl e in obigem Beispiel ist ein Dezimalbruch. Nur ein Dezimalbruch läßt diese Besonderheit erkennen.

Des weiteren ist seit Leonard Euler folgender Kettenbruch bekannt:

68 Siehe das Kapitel 2.2.7.1, S. 106 ff.

69 Vgl. Plichta, 1991, S. 140

$$e = 2 + \cfrac{1}{1 + \cfrac{1}{2 + \cfrac{2}{3 + \cfrac{3}{4 + \cfrac{4}{5 + \cfrac{5}{6 + \dots}}}}}} = 2{,}718281828459\dots$$

Abb. 20 – Kettenbruchentwicklung zu e nach Euler [70]

Damit kommt zum Ausdruck, daß Dezimalsystem, Exponent bzw. Logarithmus und Kettenbrüche miteinander zusammenhängen. Mehr dazu in Kapitel 2.2.3.4.

Im nächsten Schritt wird beleuchtet, was es bedeutet, einem Zahlensystem eine logarithmische Basis zugrunde zu legen. Das Verständnis dessen verdeutlicht umso mehr die Bedeutung von Kettenbrüchen, die unabhängig von einer logarithmischen Basis Anwendung finden. Dieses Verständnis ist auch insofern fundamental, da das zentrale Werkzeug in Global Scaling ein Kettenbruch ist, der in Kapitel 2.2.5 vorgestellt wird.

2.2.3.3 *Logarithmisch gebundene Zahlensysteme*

So werden nachfolgend Einblicke in verschiedene Zahlensysteme gegeben. Durch die Wahl einer bestimmten logarithmischen Basis für ein Zahlensystem wird bereits eine wichtige Vorauswahl getätigt. Denn unsere Zahlensysteme beruhen alle auf einer bestimmten logarithmischen Basis. Diese Vorauswahl hat elementaren Einfluß auf den Informationsgehalt einer Zahl, den der Anwender daraus erkennen oder nicht erkennen kann!

70 In Anlehnung an Müller, 2009a, S. 9

Eine logarithmische Basis legt fest, um wieviel sich die verschiedenen Stellenwerte einer Zahl, besetzt durch Ziffern, unterscheiden. Dies hat den Vorteil, daß es das (Kopf-)Rechnen in der dreidimensionalen Wirklichkeit wesentlich erleichtert: Es muß nicht der Logarithmus als Rechenoperation bemüht werden! Einfache Rechenregeln für Addition, Multiplikation usw. stehen zur Verfügung. Der Preis für diese Erleichterung ist jedoch auch der Verlust von Informationen. Denn eine Zahl eines Zahlensystems mit logarithmischer Basis drückt lediglich das Verhältnis dieser Zahl zu ihrer logarithmischen Basis aus, und nicht ihr eigenes Wesen selbst! Bei den nachfolgenden Betrachtungen von Zahlensystemen mit unterschiedlicher logarithmischer Basis wird dies deutlich werden.

In weiterer Folge wird ein universelles Zahlensystem vorgestellt, daß nicht an eine logarithmische Basis „gefesselt" ist. Es scheint, daß die Schöpfung an vielen Stellen genau dieses universelle Zahlensystem bevorzugt. Zunächst sei jedoch ein Blick auf die gängigsten logarithmischen Zahlensysteme geworfen.

Dezimalsystem

Das Dezimalsystem oder Zehnersystem ist heute wohl das am weitesten verbreitete Zahlensystem auf der Erde. Es ist naheliegend anzunehmen, daß die Wahl dieses Zahlensystems seinen Ursprung (auch) in dem körperlichen Bezug zu unseren zwei mal fünf, also zehn Fingern hat. Anders herum betrachtet liegt die Vermutung nahe, daß es gerade ein universeller Zusammenhang zu sein scheint, der dafür sorgte, daß der Mensch zehn Finger an seinem Körper hat.

Der besondere Zusammenhang zwischen Logarithmus und Dezimalsystem, wie er oben unter Kapitel 2.2.3.2 aufgezeigt wird, kann eine Begründung sein, daß es sich beim Dezimalsystem um ein privilegiertes logarithmisches Zahlensystem handelt. Dafür spricht auch seine weite Verbreitung und Verwendung.

Das Dezimalsystem läßt auf einem Stellenwert die Ziffern 0 bis 9 zu. Würde ein Stellenwert den Wert 10 annehmen, springt dieser auf 0 und der nächste auf 1 usw. Deshalb bedeutet z. B. die Dezimalzahl 1234 = $1 \cdot 10^3 + 2 \cdot 10^2 + 3 \cdot 10^1 + 4 \cdot 10^0$, wobei die letztere Schreibweise die Zahl 10 als logarithmische Basis des Dezimalsystems verdeutlicht.

Binär- oder Dualsystem

Besonders in der Informationstechnologie findet heute das Dualsystem Anwendung. Darauf aufbauend treffen Computer heute Ja-Nein-Entscheidungen und berechnen so sämtliche Prozesse. Das Dualsystem läßt auf einem Stellenwert die Ziffern 0 und 1 zu. Würde ein Stellenwert den Wert 2 annehmen, springt dieser auf 0 und der nächste auf 1 usw. Die folgenden Beispiele zeigen, wie eine gewohnte Dezimalzahl als Dualzahl aussehen würde:

Dezimalzahl	Dualzahl
1	1
2	10
3	11
7	111 = $1 \cdot 2^2 + 1 \cdot 2^1 + 1 \cdot 2^0$
9	1001
13	1101
20	10100
91	1011011
usw.	

Fünfersystem

Bezugnehmend auf die fünf Finger an einer Hand wäre es durchaus denkbar, daß eine Kultur die Fünf als logarithmische Basis für ein Zahlensystem verwendet. Interessant ist, daß im Vigesimalsystem, wie es die Maya verwendeten[71], die Fünf eine „Zwischenstation" ist, bei der ein Wechsel des Zahlensymbols stattfindet: 1 entspricht einem Punkt, 2 zwei Punkten, usw.; für die 5 wird anstelle von fünf Punkten

71 Siehe das Unterkapitel „Vigesimalsystem" auf S. 74

ein Strich geschrieben. Das Fünfersystem läßt auf einem Stellenwert die Ziffern 0 bis 4 zu. Würde ein Stellenwert den Wert 5 annehmen, springt dieser auf 0 und der nächste auf 1 usw. Die folgenden Beispiele zeigen, wie eine gewohnte Dezimalzahl als Fünferzahl aussehen würde:

Dezimalzahl	Dualzahl
1	1
5	10
7	12
9	14
13	23
20	40
91	$331 = 3 \cdot 5^2 + 3 \cdot 5^1 + 1 \cdot 5^0$
1357	20412
usw.	

Hexadezimalsystem

Es ist auch die Computertechnologie, die sich des Hexadezimalsystems bedient. Es läßt auf einem Stellenwert die Ziffern 0 bis 15 zu, ausgedrückt durch 1, 2, 3, 4, 5, 6, 7, 8, 9, A (10), B (11), C (12), D (13), E (14), F (15). Würde ein Stellenwert den Wert 16 annehmen, springt dieser auf 0 und der nächste auf 1 usw. Die folgenden Beispiele zeigen, wie eine gewohnte Dezimalzahl als Hexadezimalzahl aussehen würde:

Dezimalzahl	Dualzahl
1	1
10	A
13	D
17	11
20	14
91	5B
1357	$54D = 5 \cdot 16^2 + 4 \cdot 16^1 + 13 \cdot 16^0$
usw.	

Vigesimalsystem

Als logarithmische Basis wird hier die 20 verwendet. Auch hier könnte man den Körper mit seinen zehn Fingern und zehn Zehen als Referenz und Ursprung dessen vermuten. In der archäologischen Erforschung der Maya-Kultur sieht man diese Herleitung als gesichert an.[72] Schon hier soll auf einen interessanten Zusammenhang großer Tragweite hingewiesen werden: Die Eulersche Zahl e = 2,718281828459... in ihrer 3. Potenz (e^3) ergibt 20,08553629..., also ziemlich genau 20. Wie an späterer Stelle zu sehen sein wird, ist dies m. E. der tiefere Grund, warum die hochentwickelte Mayakultur ein Vigesimalsystem bzw. Zwanzigersystem verwendete, insbesondere mit einer kleinen Modifikation in der Strukturierung ihres Langzählungskalenders.

Es läßt auf einem Stellenwert die Ziffern 0 bis 19 zu. Würde ein Stellenwert den Wert 20 annehmen, springt dieser auf 0 und der nächste auf 1 usw. Die folgenden Beispiele zeigen, wie eine gewohnte Dezimalzahl als Vigesimalzahl aussehen würde:[73]

72 Vgl. Grube, 2006/2007, S. 134

73 Vgl. Argüelles, 1987, S. 26; vgl. Argüelles, 2002, S. 52; vgl. Voß/Grube, 2006/2007, S. 131

Dezimalsystem	Vigesimalsystem	Maya-Symbol
1	1	
13	13	
20	1.0	
91	4.11	
1357	3.7.17 = $3 \cdot 20^2 + 7 \cdot 20^1 + 17 \cdot 20^0$	
144000	18.0.0.0.0	…
usw.		

2.2.3.4 *Kettenbrüche – Kettensysteme – Fundamentales Fraktal*

Kettenbrüche

Zur Erklärung des Begriffes wird zunächst ein besonderes Beispiel für einen Kettenbruch betrachtet:

$$\frac{\sqrt{5}+1}{2} = 1 + \cfrac{1}{1 + \cfrac{1}{1 + \cfrac{1}{1 + \cfrac{1}{1 + \cfrac{1}{1 + \cfrac{1}{1 + \ldots}}}}}} = 1{,}6180339\ldots$$

Abb. 21 – Kettenbruchentwicklung des Goldenen Schnitts[74]

Im Gegensatz zur exakten Darstellung (√5+1)/2 oder der Dezimalbruchdarstellung 1,6180339… ist mit Erstaunen zu erkennen, wie einfach sich das Verhältnis des Goldenen Schnittes mithilfe dieses Kettenbruches beschreiben läßt. Bildet man also einen Kettenbruch mit der göttlichen 1, erhält man den Goldenen Schnitt, der pausenlos in der Schöpfung auftritt. Ein Versehen? Sicher nicht.

Da alle Zähler 1 sind, spricht man in diesem Zusammenhang auch von einem sog. **normierten** Kettenbruch.

Ein Kettenbruch ist also ein Bruch, in dessen Nenner sich wieder ein Bruch befindet, und in dessen Nenner wieder usw.

Kettenbrüche sind faszinierende, besondere mathematische Gebilde. Sie machen Informationen und Qualitäten von Zahlen sichtbar, die in logarithmischen Zahlensystemen – siehe Kapitel 2.2.3.3 – verborgen bleiben. So erkennt man beispielsweise an einem Dezimalbruch nicht ohne weiteres, ob es sich um eine rationale oder irrationale Zahl handelt. Bei Kettenbrüchen ist dies ganz einfach. Leonard Euler zeigte, daß jede reelle Zahl durch einen Kettenbruch dargestellt werden kann, wobei rationale Zahlen normierte Kettenbrüche mit endlicher, irrationale Zahlen Kettenbrüche mit unendlicher Anzahl an Teilnennern ergeben. Man kann sagen, daß Kettenbrüche das Wesen einer Zahl anzeigen.[75]

74 In Anlehnung an Müller, 2009a, S. 9
75 Vgl. Müller, 2004b, S. 27

Kettenbrüche sind an keine logarithmische Basis gebunden, wie etwa das Dezimalsystem an die Basis 10. Ein Nachteil daran ist, daß gerade deshalb das Rechnen schwierig ist; es gibt für Kettenbrüche keine einfachen Rechenregeln der Addition, Multiplikation usw.[76]

Bei der Betrachtung von Kettenbrüchen wird außerdem sichtbar, wie ihre Teilnenner voneinander abhängen, und damit verbunden, wie die übergeordnete Ebene bzw. ein übergeordneter Teilnenner der „Chef" der darunter liegenden Teilnenner ist. Gleichzeitig wird aber auch deutlich, daß jeder noch so kleine Teilnenner auf jeder noch so tiefen maßstäblichen Ebene Einfluß auf das große Ganze hat. Das Staubkorn trägt das ganze Universum in sich!

Die Zahl 1 kann nach Leonard Euler beispielsweise auch als folgender alternierender Kettenbruch geschrieben werden:

$$1 = \cfrac{2}{3 + \cfrac{2}{-3 + \cfrac{2}{3 + \cfrac{2}{-3 + \cfrac{2}{3 + \cfrac{2}{-3 + \dots}}}}}}$$

Abb. 22 – Die Zahl 1 als Kettenbruch nach Euler[77]

Wenn die Zahl 1 als Kettenbruch – natürlich sind neben der von Euler noch weitere Kettenbruchdarstellungen der 1 möglich – darstellbar ist, so gilt das auch für jede andere ganze Zahl, die lediglich eine Vervielfachung oder ein Aufsummieren der 1 ist. Nach der

76 Vgl. Müller, 2004b, S. 27

77 In Anlehnung an Müller, 2009a, S. 9

Eulerschen äquivalenten Transformation kann jeder Kettenbruch in einen normierten umgewandelt werden, dessen Teilzähler 1 sind. Mit Hilfe der Lagrange-Transformation[78] kann jeder Kettenbruch mit ganzen, auch negativen Teilnennern als wertgleicher Kettenbruch mit natürlichen (positiven, ganzzahligen) Teilnennern dargestellt werden .[79]

Das Rechnen mit Kettenbrüchen ermöglicht somit ein Rechnen ohne Bindung an eine logarithmische Basis und ohne ein Verlassen der natürlichen Zahlen![80]

Interessant zu erkennen ist auch, daß die Darstellung ganzer Zahlen, wie die der 1, ebenfalls mit unendlich langen Kettenbrüchen geschieht und sie damit eine gewisse Verwandtschaft zu den irrationalen Zahlen aufdecken, die ihrer Darstellung ebenfalls eines unendlichen Kettenbruches bedürfen!

Besonders faszinierend ist auch die einzigartige Eigenschaft der Kettenbrüche, sich bestmöglich einem Wert anzunähern. Der russische Mathematiker Khintchine[81] konnte beweisen, daß Kettenbrüche als Näherungsbrüche bestmögliche Approximation[82] irrationaler Zahlen liefern.[83] Wie oben beschrieben ist der Kettenbruch einer irrationalen Zahl unendlich lang. Mit jedem weiteren Teilnenner kann sich sein Wert immer genauer dem Wert der irrationalen Zahl annähern. Die Bindung an eine logarithmische Basiszahl bei der Annäherung, wie z. B. bei einer Dezimalzahl mit Zehntel, Hundertstel, Tausendstel usw., entfällt. Der Genauigkeit sind damit kei-

78 de Lagrange, Joseph-Louis, franz. Mathematiker und Astronom, geb. 25.01.1736 in Turin, gest. 10.04.1813 in Paris; neben Leonard Euler der größte Mathematiker seiner Zeit; 1766 von Friedrich dem Großen an die Berliner Akademie berufen, 1787 Prof. in Paris

79 Vgl. Müller, 2009, S. 11

80 Menge der natürlichen Zahlen N = 1, 2, 3 …

81 Khintchine, Alexander Jakowlewitsch, russischer Mathematiker, geb. 19.07.1894, gest. 18.11.1959

82 Annäherung

83 Vgl. Müller, 2009, S. 10

ne Grenzen gesetzt. Die Annäherung ergibt stets den theoretisch bestmöglichen Näherungswert![84]

Im Rahmen dessen sei darauf hingewiesen, daß eine irrationale Zahl als unendlicher Kettenbruch stets die größtmögliche Entfernung zu einer rationalen Zahl einnimmt. Dies ist in der Betrachtung von Resonanzeffekten im Zusammenhang mit Schwingungen von essentieller Bedeutung. Ausgehend von einer beliebigen Frequenz bildet jede mehr oder weniger starke Resonanzfrequenz zu dieser ein rationales Zahlenverhältnis, das mit einem endlichen Kettenbruch beschrieben werden kann. Sucht man den größtmöglichen Abstand zu einem beliebigen Resonanzverhältnis, bleibt einem nichts anderes übrig, als den Kettenbruch durch Hinzufügen weiterer Teilnenner ewig zu verlängern. In dem Moment, in dem man bei einem letzten Teilnenner stehenbliebe, hätte man wieder ein rationales und damit resonantes Zahlen- und Frequenzverhältnis, eine Resonanzfrequenz, die es zu vermeiden galt. Durch Hinzufügen eines weiteren Teilnenners entfernt man sich einen – wenn auch immer kleiner werdenden – Schritt vom vorherigen Resonanzverhältnis. Weil dieses Hinzufügen nicht endet, wird so der maximal mögliche Abstand zu einem Resonanzverhältnis gefunden. Faszinierend, daß dies ein definierter, endlicher Wert sein kann, was durch die Form der Kettenbrüche zum Ausdruck kommt. Nur deshalb sind überhaupt stabile Strukturen in der Natur möglich!

Anschaulich wird die Bedeutung des Gesagten in der Betrachtung eines Bauwerkes, dessen zwei Bauteile beispielsweise im irrationalen Verhältnis des Goldenen Schnittes zueinander stehen. So können nie beide Bauteile gleichzeitig von Resonanzeffekten erfaßt werden. Das verhindert Resonanzkatastrophen und macht Systeme maximal stabil! Deshalb ist der Goldene Schnitt so oft in Proportionen natürlicher Organismen zu finden. Stehen die Maße

84 Vgl. Müller, 2004b, S. 27

der einzelnen Glieder zueinander im Goldenen Schnitt, treten die geringstmöglichen bzw. keine Resonanzeffekte zwischen den Gliedern des Organismus auf.

Was versteht man unter einem Kettensystem?

Dazu beschreibt Müller die historische Entwicklung dieses mathematischen Problems:

> *„In seinen Arbeiten ‚Über Kettenbrüche' (1737) und ‚Über die Schwingungen einer Saite' (1748) formulierte Leonhard Euler Aufgaben, deren Lösung die Mathematik noch 200 Jahre beschäftigen sollte. Euler untersuchte Eigenschwingungen eines mit Perlen besetzten masselosen elastischen Fadens.*
> *[...]*
> *Schier unüberwindbare Probleme entstanden indes immer noch mit Perlen unterschiedlicher Masse und unregelmäßiger Verteilung. Diese Aufgabe führt zu Funktionen mit Lücken. Nach einem Brief von Charles Hermite vom 20. Mai 1893, der dazu aufrief, ‚die beklagenswerte Plage der Funktionen ohne Ableitungen in Angst und Schrecken abzuweisen', untersuchte T. Stieltjes[85] Funktionen mit Unstetigkeiten und fand eine Integrationsmethode solcher Funktionen, die zu Kettenbrüchen führte.*
> *Indes erkannte bereits Euler, dass komplizierte schwingende Systeme auch solche Lösungen (Integrale) enthalten können, die selbst nicht überall differenzierbar sind, und hinterließ der mathematisch begabten Nachwelt ein analytisches ‚Monster' – die so genannten nichtanalytischen Funktionen (dieser Begriff wurde von ihm selbst gewählt).*
> *...*
> *Die Leningrader Mathematiker F. R. Gantmacher und M. G. Krein betrachteten 1950 die Auslenkungslinie einer schwingenden Saite mit Perlen als gebrochenen Streckenzug. Eben dieser Ansatz ermöglichte ihnen eine fraktale Sichtweise des Problems,*

85 Stieltjes, Thomas Jean, niederländischer Mathematiker, geb. 29.12.1856, gest. 31.12.1894

ohne dass sie sich dessen bewusst waren (Mandelbrots Klassiker ‚Les objets fractals' erschien 1975, seine ersten Arbeiten aus den 50ern fielen in den Fachbereich Linguistik). Erst die fraktale Sichtweise brachte sie in die Lage, das 200 Jahre alte Eulersche Problem der schwingenden Perlenschnur für Perlen unterschiedlicher Masse und unregelmäßiger Verteilung vollständig (auch für den allgemeinsten Fall) zu lösen." [86]

Die von Gantmacher und Krein gefundene Lösung sieht wie folgt aus:

$$X_k = l_k/\sigma + \cfrac{1}{\omega^2 m_k + \cfrac{1}{l_{k-1}/\sigma + \cfrac{1}{\omega^2 m_{k-1} + \ddots + \cfrac{1}{l_1/\sigma + \cfrac{1}{\omega^2 m_1 + \cfrac{1}{l_0/\sigma}}}}}}$$

Abb. 23 – Kettenbruch von Gantmacher und Krein[87]

In der Gleichgewichtslage befinden sich die Perlen in den Entfernungen l_0, l_1..., l_k voneinander. X_k ist die Amplitude der Auslenkung der k-ten Perle für transversale Schwingungen. Für longitudinale Schwingungen ist X_k die maximale Verschiebung relativ zur Ruhelage.[88]

Ein Kettensystem ist somit lediglich eine Verkettung von bestimmten Einzelgliedern, dessen **Schwingungsverhalten** sich nur mit Kettenbrüchen untersuchen läßt. Die beiden russischen Mathema-

86 Müller, 2009a, S. 7–9

87 Müller, 2004a, S. 29

88 Vgl. Müller, 2004a, S. 29; dabei ist l_0 der Abstand von der Aufhängung der Perlenschnur bis zur ersten Perle mit m_1, l_1 der Abstand von m_1 bis m_2, usw., σ ist die Spannung der eingespannten Perlenschnur, $\omega = 2\pi/T$ mit T als Schwingungsdauer

tiker F. R. Gantmacher und M. G. Krein zeigten also 1950, daß Stieltjes-Kettenbrüche Lösungen der Euler-Lagrange'schen Bewegungsgleichungen für **Kettensysteme** sind.

So ist heute durch Gantmacher und Krein bekannt, daß **jeder Kettenbruch einen Schwingungsprozeß repräsentiert**, weil er die Frequenzverhältnisse eines schwingenden Kettensystems ausdrückt. Auch läßt sich aus dem Aufbau und der Natur der Kettenbrüche erkennen, daß diese **fraktale Spektren** der Resonanzfrequenzen der durch sie beschriebenen Kettensysteme generieren. Fraktal bedeutet in diesem Zusammenhang, daß die Spektren, die von Teilnennern auf niedriger Ebene erzeugt werden, strukturell den Spektren gleichen, die beispielsweise von Teilnennern auf höherer Ebene erzeugt werden. Beim Vergrößern eines Spektralbildes entdeckt man also im Kleinen wieder das gleiche Spektralbild usw.

Die Verkettung und gegenseitige Abhängigkeit der Einzelglieder eines Kettensystems kommt in einem Kettenbruch auf wunderbar klare Weise zum Ausdruck.

Äußerst wichtig zu erwähnen ist, daß Kettensysteme ein eigenes Schwingungsverhalten haben in Abgrenzung zum Schwingungsverhalten der Einzelglieder, aus denen sie bestehen. Das Bild einer Perlenschnur mit unterschiedlichen Perlen, die durch eine Schnur miteinander verbunden sind, macht dies deutlich.

Als Analogie zur o.g. Perlenschnur stellt sich nun die Frage, ob es so etwas wie ein globales Kettensystem gibt, sozusagen ein Kettensystem der Schöpfung für den allgemeinsten Fall.

Welche wären seine Perlen?

Genau mit dieser Frage gelangt man zu **Global Scaling**. Denn es gibt sie tatsächlich, diese Perlen, die in enorm großer Menge in der Schöpfung vorkommen. Und der Faden, der sie verbindet, ist unsichtbar. Und weil dieses Kettensystem universeller Perlen schwingt, gelangt man zu Betrachtungen, die die Verwendung eines Kettenbruches erfordern. Dieser wird **Global Scaling Kettenbruch** genannt. Dabei wird auf die Maße der universellen Perlen zurückgegriffen, um schließlich in herkömmlichen Einheiten von Länge, Masse und Zeit Betrachtungen anstellen zu können. Worum es sich bei diesen universellen Perlen handelt, beschreibt Kapitel 2.2.4.

Fundamentales Fraktal

Überläßt man ein schwingendes Kettensystem nun sich selbst (keine Energiezufuhr) und beobachtet, welches Schwingungsverhalten es dann an den Tag legt, gelangt man in den Bereich der sog. Eigenschwingungen eines Kettensystems. Eigenschwingungen sind die Schwingungen eines Kettensystems auf energetisch niedrigstem Niveau. Das Faszinierende in der Schöpfung ist, daß nichts wirklich zum Erliegen kommt. Alles schwingt vor sich hin.[89] Und genau darum geht es in der **Global-Scaling-Theorie**. Man untersucht regelmäßig, ob Resonanzen mit den **Eigen**schwingungen der Materie bestehen.

Die Eigenschwingungen der Materie betrachtet man aufgrund o.g. Ausführungen anhand eines Kettenbruches (siehe Kap. 2.2.5), der ein schwingendes Kettensystem aus Protonen beschreibt, welches, wie oben erwähnt, ein fraktales Spektrum erzeugt. Man nennt es in der Global-Scaling-Theorie das **Fundamentale Fraktal**.

89 Siehe das Kapitel 2.2

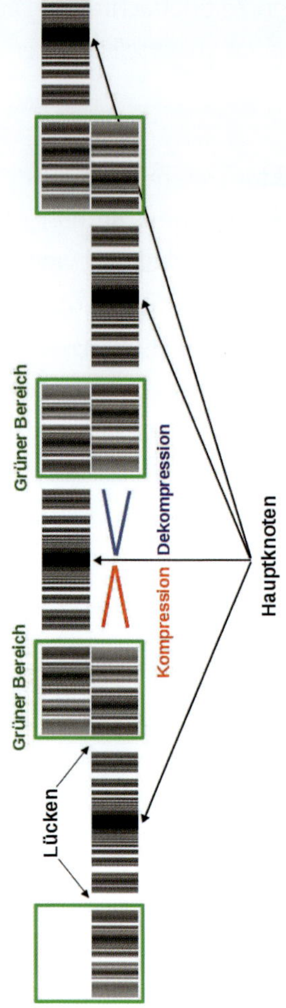

Abb. 24 – Fundamentales Fraktal[90]

Jeder senkrechte schwarze Strich der in Abbildung 24 gezeigten Spektralgrafik repräsentiert eine Resonanzfrequenz eines schwingenden Kettensystems auf energetisch niedrigstem Niveau. Die breiteren Zonen senkrechter schwarzer Striche repräsentieren Ballun-

90 Ausführliche Erklärung der Bereiche in Kapitel 2.2.6

gen von Resonanzfrequenzen, sogenannte Knoten. Die breitesten Ballungen werden Hauptknoten genannt, alle anderen Subknoten. Die weißen Bereiche sind Zonen, in denen keine Resonanzfrequenzen zu finden sind und heißen deshalb Lücken. In Kapitel 2.2.6 wird noch ausführlicher auf die verschiedenen Spektralbereiche und die ihnen zuzuordnenden Qualitäten eingegangen.

Das betrachtete Spektrum ist deshalb **fundamental**, weil es die überwiegende Anzahl an Schwingungsprozessen in unserer materiellen Schöpfung beschreibt. Die meisten Schwingungs-prozesse laufen nämlich auf energetisch niedrigstem Niveau ab. Dazu braucht man lediglich das Leben eines Menschen zu betrachten: Die meiste Zeit verbringt der Mensch mit Schlafen, Liegen oder Sitzen. Des öfteren geht er, schon seltener läuft er. Und ganz selten legt er einen Sprint hin. Hinzukommt, daß unnötige Energieüberschüsse im Laufe der Zeit dissipieren und nach gewisser, endlicher Zeit auslaufen.

Da es sich im Grunde bei allen Schwingungsprozessen um verkettete Systeme handelt, ist die Frage nach den Kettengliedern, den **Perlen** von größter Bedeutung. Diese Perlen wurden mit den Protonen gefunden. In Kapitel 2.2.4 wird dieser Frage nachgegangen.

Zahlentheoretische und philosophische Betrachtung

Wie oben bereits erwähnt, zeigte Leonard Euler, daß jede reelle Zahl durch einen Kettenbruch dargestellt werden kann. Damit repräsentiert jede einzelne Zahl (!) einen Schwingungsprozeß und ist Träger dieser Schwingungsqualität. Dies begründet, warum Deutungssysteme wie die Numerologie oder die Kabbala aufgrund von Zahlen Aussagen treffen können.

Wählt man die Betrachtungsweise, daß 1 die größte Zahl[91] und jede andere Zahl nur ein Bruchteil des EINEN darstellt, sind weitere spannende Denkschritte möglich. Jede Zahl ist nur ein Bruchteil des EINEN und läßt sich als Kettenbruch darstellen. Kettenbrüche

91 Siehe das Kapitel 2.2.3.1

stellen die Frequenzverhältnisse eines schwingenden Kettensystems dar, das, als Bruchteil des EINEN, die Schwingungsqualität des Bruchteils ausdrückt.

Somit drücken Kettenbrüche Modulationen des EINEN, des URTONES aus, sie repräsentieren Ober- und Untertöne des EINEN URTONES. Welches Wesen einer Modulation des EINEN zu Grunde liegt und welche Facette des EINEN damit zum Ausdruck kommen soll, ist der Kettenbruchdarstellung am besten zu entnehmen. Da keine logarithmische Basis notwendig ist, bringt der Kettenbruch das Wesen einer Zahl am klarsten, unverfälschtesten zum Ausdruck. Der Beweis der bestmöglichen Approximation spricht genau dafür. Dabei sind die Zahlen eines Kettenbruches (die selbst wieder als Kettenbruch ausgedrückt werden könnten) die Steuerungsbefehle zur Modulation.

Die Kettenbruchdarstellung zeigt zudem am klarsten, daß alles von Gott stammt, respektive nur eine weitere Phase des göttlichen Selbstausdrucks ist: Jeder Kettenbruch ist als normierter darstellbar. Normierte Kettenbrüche haben lauter Einsen als Teilzähler und die 1 steht für GOTT, ALLES-WAS-IST.

In der indischen Weisheitslehre des Hinduismus, in ihrem zentralen Buch, der Bhagavad Gita, findet man einen Ausspruch des Gottes Krishna zu Arjuna: „Sutra mani gana ivar." Übersetzt: „Alles ruht auf mir, wie Perlen auf einer Schnur." Darauf aufmerksam wurde der Verfasser durch einen Vortrag von Markus Schmieke, der diese Aussage mit der Anmerkung kommentierte, daß bei einer guten Perlenkette keine verbindende Schnur sichtbar ist, sondern nur die Perlen.[92] Kannte man also auch in der altindischen Hochkultur die Zusammenhänge des Global Scaling?

92 Vgl. Schmieke, 2008

2.2.4 Das Proton – universelle Bezugsgröße

In Kapitel 2.2.3.4 wurde die Frage nach den Kettengliedern des betrachteten universellen Kettensystems gestellt, von dem in der GST die Rede ist. Welche Objekte könnten hier als **Perlen** einer **Perlenkette** taugen? Welche Eigenschaft sollten diese Perlen haben?

Die gesamte Materie besteht aus Atomen, die wiederum aus Protonen, Neutronen und Elektronen aufgebaut sind. Für jedes Proton ist auch ein Elektron im Atom vorhanden. Da ein Proton rund 1836mal schwerer ist als ein Elektron, machen etwa 99,9% der Masse Protonen und Neutronen aus, wobei Neutronen lediglich angeregte Protonen sind; hinsichtlich ihrer Masse sind sie fast identisch. Neutronen alleine sind jedoch nicht stabil, sondern zerfallen nach einigen Minuten in ein Proton, ein Elektron und ein Neutrino. Plichta schreibt dazu: „*Wir wissen über das Neutron so gut wie nichts. Wir können damit in Uranmeilern zwar arbeiten, aber stabil ist es nur in Atomkernen.*“[93] Ein einzelnes Neutron schießt nach ca. zwölf Minuten ein Elektron heraus. Warum das so ist, weiß man nicht.

Bei Elektronen beträgt die statistische Mindestlebenserwartung mehr als 10^{26} Jahre[94], mit anderen Worten: ewig. Das Elektron stellt also einen stabilen Schwingungsprozeß dar. Auch konnte noch nie der natürliche Zerfall eines Protons beobachtet werden. Man geht heute bei Protonen von einer statistischen Mindestlebenserwartung von mehr als 10^{32} Jahren aus![95] Und mit jedem Tag, der vergeht, ohne daß ein Zerfall beobachtet werden kann (so z. B. im Kamiokande Japan), steigt dieser Wert. 10^{32} Jahre bedeutet: 100.000.000.000.000.000.000.000.000.000.000 Jahre! In Worten: Einhunderttausend Milliarden Milliarden Milliarden Jahre!

93 Plichta, 2000, S.75

94 Vgl. Particle Data Group, 2014

95 Vgl. Particle Data Group, 2015

Dabei sei erwähnt, daß man den ältesten Prozessen in unserem Universum ein Alter von 10^{15} Jahren zuschreibt. Man kann sagen, daß das Proton ein sehr stabiler Schwingungsprozeß ist. Mit Sicherheit ist es der stabilste bekannte Schwingungsprozeß. Protonen zerfallen vermutlich nicht von sich aus. So sind die Stabilität von Elektron und Proton dafür verantwortlich, daß Materie aus Atomen besteht.[96]

Angesichts dieser Tatsache verwundert es nicht, daß dieser stabilste Schwingungsprozeß erheblichen, wenn nicht sogar den entscheidenden Einfluß auf alles in der materiellen Schöpfung hat. Der Masseunterschied von Elektron und Proton erklärt, warum Elektronen nach der Pfeife der Protonen tanzen! Die materielle Wirklichkeit besteht aus einem Meer von Protonen respektive Nukleonen, die gemeinsam schwingen. Man hat es also, wie oben beschrieben, mit einem schwingenden Kettensystem zu tun, dessen Schwingungsverhalten dank Gantmacher und Krein nun berechnet werden kann.[97] Unsere materielle Schöpfung ist sozusagen ein schwingendes Kettensystem aus Protonen, Neutronen und Elektronen. Und da Protonen die entscheidende Rolle spielen, ist der Gegenstand der Global-Scaling-Theorie das Spektrum der Eigenschwingungen von Kettensystemen, die aus Protonen respektive Neutronen bestehen. Die damit erzielten Analyseergebnisse sprechen für sich!

Mithin wird die Quantenmetrologie des Protons als **globales Eichmaß** verwendet, um aus der Welt unserer physikalischen Einheiten wie Meter, Kilogramm, Sekunden usw. in die Welt universeller Maßstäbe zu gelangen. Dazu Hartmut Müller:

> *„Die Werte der fundamentalen physikalischen Konstanten (Ruhemasse m_p des Protons, Plancksche Konstante h, Lichtgeschwindigkeit im Vakuum c, Boltzmannsche Konstante k, elektrische Elementarladung e) und die transzendenten Zahlen e = 2,71828…*

96 Vgl. Müller, 2009b, S. 80

97 Gantmacher und Krein, 1960

und pi = 3,14159… sind die einzigen physikalischen Eichparameter der Theorie.“[98]

Die aktuellsten dem Verfasser bekannten Meßwerte und daraus hergeleiteten anderen Eichwerte lauten wie folgt:[99]

Einheit	Maximalwert	Minimalwert	Größe
s	7,01515132153317E-025	7,01514893158233E-025	Zeit
Nm	1,50327768456913E-010	1,50327716329113E-010	Drehmoment
Ws	1,50327768456913E-010	1,50327716329113E-010	Energie, Arbeit
MeV	9,38272110000000E+002	9,38271950000000E+002	Energie
Hz	1,42548648610720E+024	1,42548600046656E+024	Frequenz
m	2,10308945792438E-016	2,10308874143514E-016	Länge
H	2,88199114705324E-021	2,88198717666948E-021	Induktivität
N	7,14795174807175E+005	7,14794683424820E+005	Kraft
W	2,14290202421983E+014	2,14290055109259E+014	Leistung
kg	1,67262200000000E-027	1,67262142000000E-027	Masse
K	1,08882023522837E+013	1,08881625899725E+013	Temperatur
2pi	6,28318530700000E+000	6,28318530700000E+000	Bogenmaß
F	1,70758270302757E-028	1,70758151406283E-028	elektrische Kapazität
C	1,60217667000000E-019	1,60217639000000E-019	elektrische Ladung
V	9,38272110000000E+008	9,38271950000000E+008	elektrische Spannung
A	2,28388119144124E+005	2,28388001422305E+005	elektrische Stromstärke
u	1,00727664100000E+000	1,00727629600000E+000	Atommasse

In der Zeitanalyse von Prozessen werden deshalb die Werte der Schwingungsdauer des Protons mit $7{,}01515\ldots \cdot 10^{-25}$ Sekunden verwendet.

---

98 Müller, 2009c, S. 47–48

99 Die Werte wurden dem Global-Scaling-Calculator aus dem Jahre 2008 entnommen, den Hartmut Müller und sein Sohn Erwin Müller zusammen programmiert haben und der vom Verfasser käuflich erworben wurde.

2.2.5 Global-Scaling-Kettenbruch

Basierend auf den o.g. Erkenntnissen wird ein Kettenbruch gesucht, der die Berechnung aller Moden, Ober-und Untertöne eines schwingenden Kettensystems ermöglicht, das auf energetisch niedrigstem Niveau schwingt. Die Betrachtung als stehende Welle zeigte, daß Moden höherer Frequenz Exponentialreihen generieren. Ober- und Untertöne der Moden erzeugen eine hyperbolische Feinstruktur.

Die Herleitung des Global-Scaling-Kettenbruches (fortan GS-Kettenbruch) wurde aus dem Kompendium zu Global Scaling von Hartmut Müller entnommen:

„Das physikalische Vakuum repräsentiert den energetisch niedrigstmöglichen Zustand der Materie. Das bedeutet aber, dass im Vakuum nur Eigenschwingungen möglich sind. Die Plancksche Formel

$$\Delta E = h \cdot \Delta f \quad (1)$$

(h ist das Plancksche Wirkungsquantum) bringt zum Ausdruck, dass die Energie der Eigenschwingung eines Vakuumoszillators frequenzabhängig und gequantelt ist. Energie kann also nur in bestimmten Portionen absorbiert oder emittiert werden. Das bedeutet auch, dass blaues Licht energiereicher ist als rotes.

Basierend auf der Kettenbruchmethode suchen wir das Frequenzspektrum der Eigenschwingungen eines Kettensystems ähnlicher Quantenoszillatoren in der Form:

$$f = f_0 \cdot e^S \quad (2)$$

f ist eine Eigenfrequenz des Kettensystems, f_0 ist die Eigenfrequenz eines isolierten Quantenoszillators, S ist ein Kettenbruch mit ganzzahligen Elementen:

$$S = \frac{n_0}{z} + \cfrac{z}{n_1 + \cfrac{z}{n_2 + \cdots + \cfrac{z}{n_i}}} \qquad (3)$$

Die Teilzähler z, das freie Glied n_0 und alle Teilnenner n_1, n_2, …, n_i sind ganze Zahlen. Wir folgen der Definition eines Kettensystems von Terskich, in dem eine Wechselwirkung zwischen den Elementen nur in deren Bewegungsrichtung stattfindet.“ [100]

Wie oben dargelegt, verwendet man als isolierten Quantenoszillator das Proton als stabilsten bekannten Schwingungsprozeß. Müller fährt fort:

„In diesem Zusammenhang verstehen wir unter dem Begriff „Spektrum“ eine diskrete Verteilung oder Menge von Eigenschwingungsfrequenzen. Die Spektren (2) sind nicht nur logarithmisch invariant, sondern auch fraktal, weil die diskrete hyperbolische Verteilung von Eigenfrequenzen sich selbst auf jeder Spektral-Schicht i = 1, 2, … wiederholt.

Jeder Kettenbruch (3) mit Teilzählern $z \neq 1$ kann mit Hilfe der Eulerschen äquivalenten Transformation in einen Kettenbruch mit $z = 1$ transformiert werden. Mit Hilfe der Lagrange Transformation kann jeder Kettenbruch mit ganzen (auch negativen) Teilnennern als wertgleicher Kettenbruch mit natürlichen Teilnennern dargestellt werden. Diese Kettenbrüche sind stets konvergent. Wir untersuchen Spektren (2), die von konvergenten Kettenbrüchen (3) generiert werden.

Jeder unendliche Kettenbruch ist irrational, und jede irrationale Zahl kann exakt auf eine Weise als unendlicher Kettenbruch dargestellt werden. Die Kettenbruchdarstellung einer irrationalen Zahl

100 Müller, 2009a, S. 10

ist sinnvoll, weil die Näherungsbrüche bestmögliche Approximationen der irrationalen Zahl darstellen. Diese Eigenschaft ist fundamental und trifft nicht auf die Dezimaldarstellung der irrationalen Zahl zu. Die Näherungsbrüche sind rational und generieren ein diskretes Spektrum. Deshalb untersuchen wir Kettenbrüche (3) mit endlicher Anzahl von Teilnennern. In der logarithmischen Darstellung kann so jede Eigenfrequenz als endlicher Satz ganzer Zahlen $z, n_0, n_1, \ldots, n_k$ *notiert werden:*

$$\ln(f/f_0) = \frac{n_0}{z} + \cfrac{z}{n_1 + \cfrac{z}{n_2 + \cdots + \cfrac{z}{n_k}}} = [z, n_0; n_1, n_2, \ldots, n_k] \qquad (4)$$

Die folgende Grafik veranschaulicht die Erzeugung eines solchen fraktalen Spektrums für $z = 1$ *der ersten Schicht* $i = k = 1$ *für* $|n_1| = 1, 2, 3, \ldots$ *und* $n_0 = 0$ *(logarithmische Darstellung):*

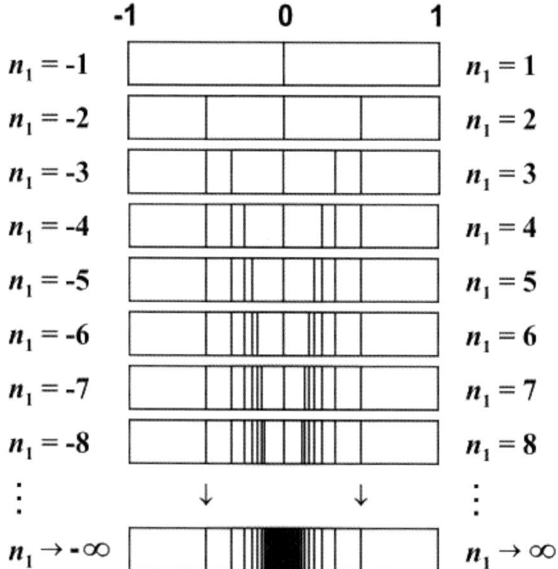

Die Teilnenner n_1 durchlaufen positive und negative ganze Zahlen. Die maximale Spektraldichte wird automatisch im Abstand von einer logarithmischen Einheit erreicht, wo $n_0 = 0, 1, 2, \ldots$ und $|n_1| \rightarrow \infty$. Die nächste Grafik zeigt den Aufbau des Spektrums der ersten Schicht $i = k = 1$ für $|n_1| = 1, 2, 3, \ldots$ und $|n_0| = 0, 1, 2, \ldots$ (logarithmische Darstellung):

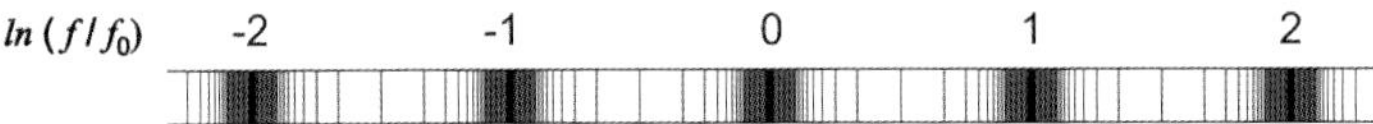

Je mehr Schichten $i = 1, 2, 3, \ldots$ berechnet werden, desto mehr spektrale Details werden sichtbar. In Ergänzung zur ersten Schicht, zeigt die nächste Grafik die zweite spektrale Schicht $i = k = 2$ für $|n_2| = 1, 2, 3, \ldots$ und $|n_1| = 2$ (logarithmische Darstellung):

In jeder Spektralschicht i kann man Bereiche relativ niedriger Spektraldichte (Lücken) und Bereiche relativ hoher Spektraldichte (Knoten) selektieren. Die höchste Spektraldichte entspricht den Knoten der obersten Schicht $i = 0$, wo $|n_1| \rightarrow \infty$. Das nächstniedrigere Niveau der Spektraldichte befindet sich in der Schicht $i = 1$, wo $|n_2| \rightarrow \infty$, und so weiter. Die größten Spektrallücken sind zwischen den Bereichen der Spektralknoten der Schicht n_0. In den Schichten $i = 1, 2, 3, \ldots$ sind die Lücken entsprechend schmaler.

1795 entdeckte Carl Friedrich Gauß die logarithmische Skaleninvarianz der Verteilung der Primzahlen. Gauß bewies, dass sich die Menge $p(n)$ der Primzahlen bis zur Zahl n dem Gesetz $p(n) \cong n/ln(n)$ folgt. Das Gleichheitszeichen ist korrekt für den Grenzfall $n \rightarrow \infty$. Die logarithmische Skaleninvarianz ihrer Verteilung ist die einzige nichttriviale Eigenschaft aller Primzahlen.

Das freie Glied n_0 und alle Teilnenner $n_1, n_2, \ldots, n_k$ sind ganze Zahlen und deshalb können sie als eindeutige Primfaktorprodukte dargestellt werden. Basierend auf dieser Darstellung unterschei-

den wir Spektralklassen in Abhängigkeit von der Prim-Teilbarkeit der Teilnenner.“[101]

An dieser Stelle soll schon erwähnt werden, daß man den Schwingungsknoten repräsentierenden n_i, die Vielfache von 3^m mit m = 2, 3, 4, … sind, jeweils höhere Priorität beimißt. In der Zeitanalyse erkennt man dies z. B. an der Wichtigkeit von dort stattfindenden Ereignissen.

In seinem Kompendium erläutert Müller weiter:

„Generell untersuchen wir Kettenbrüche, die die Markovsche Konvergenzbedingung erfüllen:

$$|n_i| \geq |z_i| + 1 \qquad (5)$$

Kettenbrüche (3) mit $z = 1$ und geraden Teilnennern generieren keine leeren Spektrallücken, weil der alternierende Kettenbruch [1, 0; +2, -2, +2, -2, …] gegen 1 strebt und der Kettenbruch [1, 0; -2, +2, -2, +2, …] gegen -1 strebt.

Durch 3 teilbare Teilnenner mit $z = 2$ bilden die Klasse von Kettenbrüchen (3), die das Spektrum (4) mit den engsten leeren Lükken bilden. Die folgende Grafik[102] *zeigt Fragmente von Spektren, die von Kettenbrüchen (3) mit durch 2, 3, 4, … teilbaren Teilnennern und den entsprechenden Teilzählern $z = 1, 2, 3, \ldots$ der ersten Spektralschicht $i = 1$ für $n_0 = 0$ generiert wurden (logarithmische Darstellung):*

101 Müller, 2009a, S. 11–12

102 Die Schreibweise n_1 mod 3 = 0 bedeutet, daß alle n_1 ohne Rest (= 0) durch 3, n_1 mod 4 = 0 ohne Rest durch 4 usw. dividiert werden können.

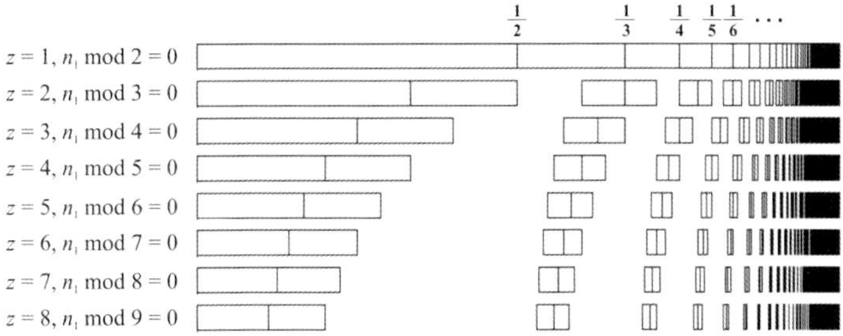

$\frac{1}{2}$ $\frac{1}{3}$ $\frac{1}{4}$ $\frac{1}{5}$ $\frac{1}{6}$ ...

$z = 1,\ n_1 \bmod 2 = 0$

$z = 2,\ n_1 \bmod 3 = 0$

$z = 3,\ n_1 \bmod 4 = 0$

$z = 4,\ n_1 \bmod 5 = 0$

$z = 5,\ n_1 \bmod 6 = 0$

$z = 6,\ n_1 \bmod 7 = 0$

$z = 7,\ n_1 \bmod 8 = 0$

$z = 8,\ n_1 \bmod 9 = 0$

Die Grafik (oben) zeigt die Spektralknoten der ersten Schicht $i = 1$ und auch die Grenzen der Knotenbereiche, damit die Spektrallükken klar zu sehen sind. Die Grenzen der Spektrallücken werden von den folgenden alternierenden Kettenbrüchen definiert ($z \geq 1$):

$$-1 = \cfrac{z}{-z-1+\cfrac{z}{z+1+\cfrac{z}{-z-1+\cdots}}} \qquad 1 = \cfrac{z}{z+1+\cfrac{z}{-z-1+\cfrac{z}{z+1+\cdots}}} \qquad (6)$$

Detaillierter werden wir uns mit dem zweiten Spektrum beschäftigen, welches der Kettenbruch (3) mit durch 3 teilbaren Teilnennern und den entsprechenden Teilzählern $z = 2$ generiert. ***Dieses Spektrum ist besonders interessant, weil mit $z = 2$ und $n_i \bmod 3 = 0$ die Produktion von leeren Spektrallücken beginnt. Vermutlich korrespondieren diese Lückenbereiche mit fundamentalen Eigenschaften von Schwingungsprozessen.*** *[Hervorhebung d. Verf.]*

Die Teilnenner n_1 durchlaufen positive und negative ganze Zahlen. Die maximale Spektraldichte wird automatisch im Abstand von 3/2 logarithmischen Einheiten erreicht, wobei $n_0 = 3j$, ($j = 0, 1, 2, \ldots$) und $|n_1| \rightarrow \infty$. Die folgende Grafik zeigt das Spektrum der ersten Schicht $i = k = 1$ für $|n_1| = 3, 6, 9, \ldots$ und $|n_0| = 0, 3, 6, \ldots$ (logarithmische Darstellung):

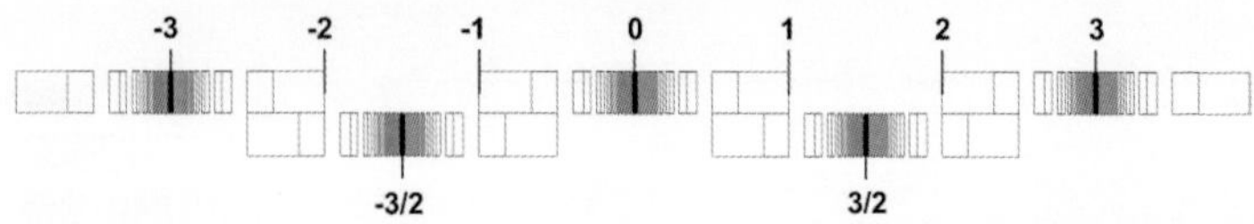

Der alternierende Kettenbruch [2, 0; +3, -3, +3, -3, …] strebt gegen 1, der alternierende Kettenbruch [2, 0; -3, +3, -3, +3, …] strebt gegen -1. Als Folge sind die Spektralbereiche zwischen $|n_1|$ = *3 – 1 und* $|n_1|$ = *3 + 1 doppelt besetzt. Je mehr Schichten i = 1, 2, 3, … berechnet werden, desto mehr spektrale Details werden sichtbar:*

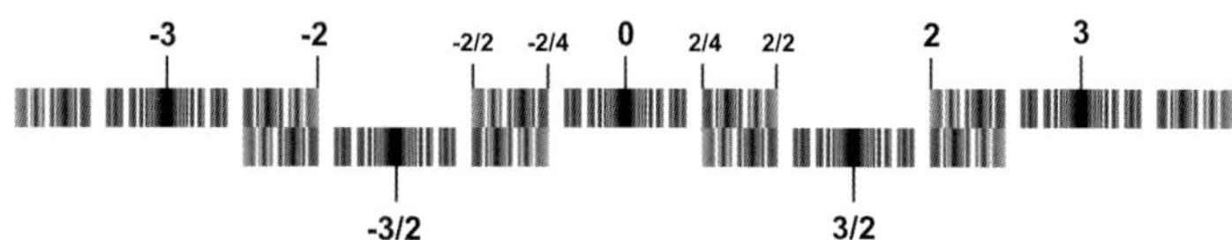

Durch 3 teilbare freie Glieder $|n_0|$ = *3j, (j = 0, 1, 2, …) des Kettenbruchs (3) markieren spektrale Hauptknoten, durch 3 teilbare Teilnenner* $|n_{i>0}|$ = *3j, (j = 1, 2, …) markieren spektrale Subknoten. Alle anderen Teilnenner* $|n_i| \neq 3j$ *markieren Grenzen spektraler Lücken:*

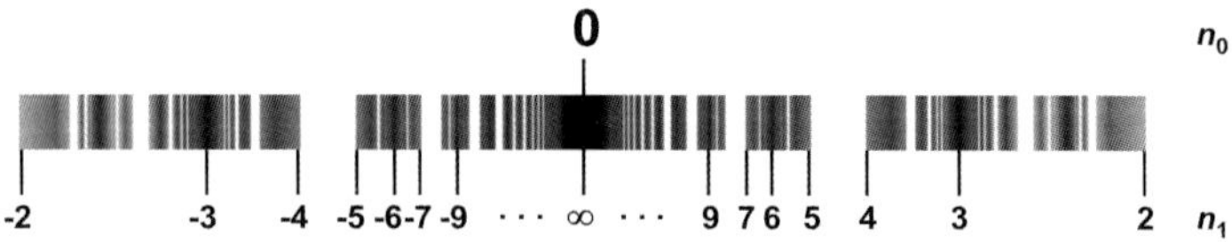

Die folgende Grafik zeigt die Überlappungsbereiche des Spektrums in grüner Farbe, wobei die Kernbereiche der spektralen Hauptknoten rot bzw. blau befärbt sind:

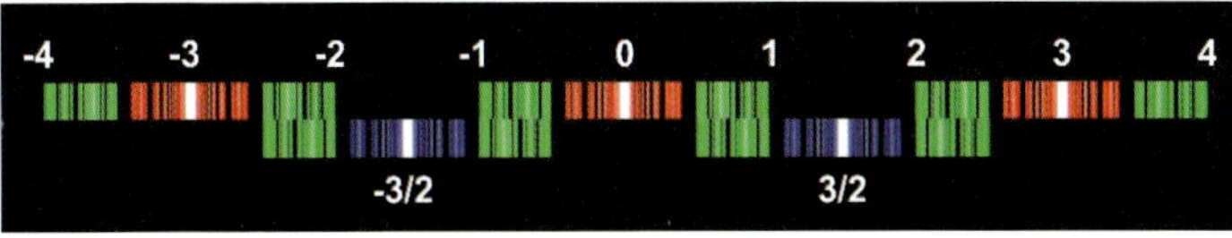

[...]
Gegenstand der Global Scaling Theorie ist das Spektrum der Eigenschwingungen von Kettensystemen, die aus Protonen bestehen. Als Spektrum von Eigenschwingungsprozessen ist es fraktal, das bedeutet lückenhaft, sich selbst ähnlich und logarithmisch skaleninvariant.
Die Global Scaling Theorie sieht in der logarithmischen Skaleninvarianz des Spektrums der Protonenresonanzen die Ursache des Global Scaling Phänomens - der logarithmischen Skaleninvarianz im Aufbau der Materie [...]" [103]

In den nachfolgenden Analysen wird der Kettenbruch verwendet, für den mit z = 2 die Generierung von Spektrallücken beginnt. Der GS-Kettenbruch hat dann die Form

$$\ln\left(\frac{X}{Y}\right) = \varphi + n_0 + \cfrac{2}{n_1 + \cfrac{2}{n_2 + \ldots + \cfrac{2}{n_k}}} = [n_0 + \varphi; n_1, n_2, \ldots, n_k]$$

Abb. 25 – Global Scaling Kettenbruch[104]

Der Kettenbruch ist das zentrale Recheninstrument der Global-Scaling-Theorie. In gewisser Hinsicht könnte man ihn als Weltformel bezeichnen, was daran liegt, daß Materie zu über 99% aus Protonen und deren angeregten Zuständen, den Neutronen, besteht.

103 Müller, 2009a, S. 12–15
104 In Anlehnung an Müller, 2009a, S. 15

Bezugnehmend auf die obigen Ausführungen zu Kettenbrüchen beschreibt er das Spektrum der Schwingungen eines Kettensystems aus Protonen auf energetisch niedrigstem Niveau, dessen Spektrum der Eigenschwingungen.

Y ist ein Eigenwert des Protons, z. B. seine Eigenfrequenz, seine Ruhemasse usw. X ist der Meßwert eines zu untersuchenden Prozesses, z. B. dessen Frequenz, Masse usw. Der Phasenwinkel[105] φ kann im Eigenschwingungsmodus nur die Werte $\varphi = \{0; 3/2\}$ annehmen.[106]

Das freie Glied n_0 und die Teilnenner $n_1, n_2, \ldots, n_k$, sind ganze Zahlen. n_i, deren Werte ganzzahlige Vielfache von 3 sind, entsprechen Knoten im Spektrum. Alle anderen ganzzahligen Werte entsprechen Lückenrändern. Wie oben genannt nehmen alle Teilzähler gemäß der Markovschen Konvergenzbedingung den Wert 2 an.

Zur Verdeutlichung, wie man nun die Lage eines Wertes im Fundamentalen Fraktal bestimmt, und wie man umgekehrt einen Kettenbruchwert aus dem Fundamentalen Fraktal in einen Wert in Raum und Zeit umrechnet, sind in Anhang 7.1 auf S. 419 Beispiele für die Dimension Zeit angeführt.

---

105 Werden beispielsweise Lichtwellen an einem optisch dichteren Medium reflektiert, weist die reflektierte Welle im Vergleich zur Welle vor der Reflexion eine um eine halbe Wellenlänge verschobene Phase auf. Durch die Reflexion geschieht ein Phasensprung. Ähnlich wird in der Global-Scaling-Theorie vermutet, daß durch die Reflexion der im Logarithmus stehenden Welle an den maßstäblichen Grenzen ein Phasensprung um eine halbe Wellenlänge von $\varphi = 3/2$ stattfindet. So ergeben sich aus der stehenden Welle das Hauptfraktal mit $\varphi = 0$ und das phasenverschobene Fraktal mit $\varphi = 3/2$. Es überlagern sich also Hauptschwingung und ihre Reflexion mit einem Phasenunterschied von $\varphi = 3/2$. Analysiert man Resonanzfrequenzen der Hauptschwingung, setzt man $\varphi = 0$, analysiert man Resonanzfrequenzen der Reflexionsschwingung, setzt man $\varphi = 3/2$.

106 Vgl. Müller, 2009a, S. 15

Aufgrund der numerischen Ähnlichkeit zum Global-Scaling-Kettenbruch wird an dieser Stelle erneut ein Bezug zu einem Kettenbruch hergestellt, den Leonard Euler für die Zahl 1 entwickelt hat:

$$1 = \cfrac{2}{3 + \cfrac{2}{-3 + \cfrac{2}{3 + \cfrac{2}{-3 + \cfrac{2}{3 + \cfrac{2}{-3 + \dots}}}}}}$$

Abb. 26 – Eulerscher Kettenbruch zur 1[107]

Diese Ähnlichkeit mit dem Global-Scaling-Kettenbruch ist bemerkenswert, da auch hier 2 als Teilzähler und ±3 – als einfaches Vielfaches von 3 – als Teilnenner verwendet werden. Diese Kettenbruchentwicklung gewährt die schnellstmögliche Annäherung an die Zahl 1 und hat vermutlich auch deshalb eine herausragende Bedeutung. Wie sich später in der Analyse von Zeitzyklen noch zeigen wird, spielt diese Kettenbruchentwicklung auch im Zusammenhang mit finalen Reifestadien[108] eine ganz wesentliche Rolle. Dies hängt mit der oben zitierten Definition der Lückenränder des Spektrums zusammen.

Da beinahe alle Prozesse auf energetisch niedrigstem Niveau ablaufen, spielt der GS-Kettenbruch eine besonders wichtige Rolle. Prozesse auf energetisch höherem Niveau streben danach, wieder ein energetisch niedrigeres Niveau zu erreichen. D.h. Stress soll vermieden werden, so die Interpretation nach Global Scaling.

Zur Erinnerung: Die meiste Zeit seines Lebens schläft, liegt und sitzt der Mensch; nur selten läuft oder gar sprintet er. Im Schlaf tankt

107 In Anlehnung an Müller, 2009a, S. 9

108 Die Herleitung und Definition von finalen Reifestadien erfolgt in Kapitel 2.2.8.2 auf Seite 120

man Energie – durch Resonanz mit der Schöpfung auf energetisch niedrigstem Niveau.

2.2.6 Fundamentales Fraktal

Läßt sich der natürliche Logarithmus des Quotienten X/Y als Kettenbruch in der zuvor genannten Weise darstellen, handelt es sich um eine Protonenresonanz. Bezugnehmend auf die Ausführungen in Kapitel 2.2.3.4 wird erneut an dieser Stelle betont, daß es nur eine von jeglicher logarithmischer Basis gelöste Kettenbruchdarstellung vermag, die hinter einer Zahl verborgene Schwingungsqualität auszudrücken. Das Spektrum der Protonenresonanzen ist, wie in Kapitel 2.2.3.4 auf S. 83 eingeführt, das **Fundamentale Fraktal** der Global-Scaling-Theorie. Beispielhaft seien hier erneut zwei benachbarte Hauptknotenbereiche abgebildet:

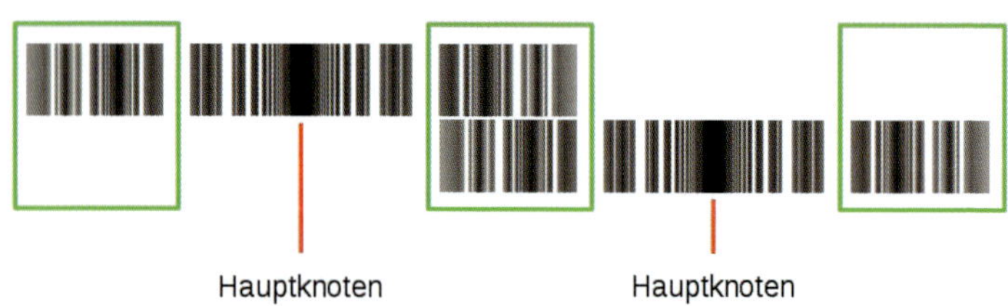

Abb. 27 – Fundamentales Fraktal –
Ausschnitt mit zwei Hauptknoten und drei Grünen Bereichen

Die Hauptknoten haben einen Abstand von drei logarithmischen Einheiten. Durch Reflexion an den maßstäblichen Grenzen und am unteren und oberen Ereignishorizont entsteht ein/e Phasenverschiebung/-sprung um eine halbe Wellenlänge von 3/2 logarithmischen Einheiten. Die *benachbarten* Hauptknoten haben folglich einen Abstand von 3/2 logarithmischen Einheiten und ihre Knotenbereiche überlagern sich an ihren Rändern mit einer Breite von ½ logarithmischen Einheit; diese sind die sogenannten **Grünen Bereiche** des Fundamentalen Fraktals.

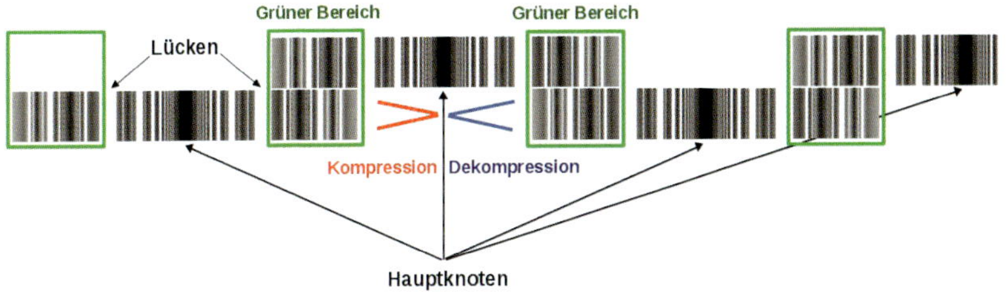

Abb. 28 – Fundamentales Fraktal mit gekennzeichneten Bereichen

Die Grünen Bereiche haben jeweils große Spektrallücken als Nachbarn. Die Bereiche zwischen den großen Spektrallücken und den Knoten nennt man Kompressions- und Dekompressionsbereiche. Den bezeichneten Spektralbereichen ordnet man folgende Eigenschaften[109] zu:

109 Müller, 2009a, S. 18

Spektralbereiche	Zu erwartende Prozeßeigenschaften
Knoten / Subknoten	hohe Eigenresonanzfähigkeit turbulenter Prozeßverlauf hohe Fluktuationswahrscheinlichkeit hohe Wahrscheinlichkeit des Tendenzwechsels hohe innere Ereignisdichte hohe energetische Effizienz Materie- und Ereignis-Attraktor geringe Beeinflußbarkeit / geringe Sensibilität junges Entwicklungsstadium
Lücken / Sublücken	niedrige Eigenresonanzfähigkeit laminarer Prozeßverlauf geringe Fluktuationswahrscheinlichkeit geringe Wahrscheinlichkeit des Tendenzwechsels geringe innere Ereignisdichte hohe Beeinflußbarkeit / hohe Sensibilität spätes Entwicklungsstadium
Grüne Bereiche	hohe Komplexität des Prozeßverlaufs komplexe innere Ereignisstruktur komplexer Verlauf der Fluktuationsintensität laminarer Prozeßverlauf mit schwachen Turbulenzen hohe Beeinflußbarkeit / hohe Sensibilität mittleres Entwicklungsstadium
Lückenränder	Beginn der Kompression der Ereignisdichte Ende der Dekompression der Ereignisdichte Beginn / Abbruch einer Ereigniskette Limit einer Entwicklung Evolution Attraktor hohes Entwicklungsstadium

Verändert sich der betrachtete Meßwert eines Prozesses im Laufe der Analyse oder ist gerade dessen Veränderung Gegenstand der Analyse, wie beispielsweise die Alterung eines Prozesses, so deutet das Fundamentale Fraktal die nachfolgenden Eigenschaften[110] als zu erwartende an:

110 Vgl. Müller, 2009a, S. 19

Veränderungsrichtung des Meßwertes	**Zu erwartende Prozeßeigenschaften**
steigende Spektraldichte (Kompression)	steigende Fluktuationswahrscheinlichkeit steigende Turbulenzwahrscheinlichkeit steigende Wahrscheinlichkeit des Tendenzwechsels steigende energetische Effizienz steigende innere Ereignisdichte steigende Komplexität des Prozessverlaufs steigende Eigenresonanzfähigkeit hohe Fusionswahrscheinlichkeit
fallende Spektraldichte (Dekompression)	fallende Fluktuationswahrscheinlichkeit fallende Turbulenzwahrscheinlichkeit fallende Wahrscheinlichkeit des Tendenzwechsels fallende energetische Effizienz fallende innere Ereignisdichte fallende Komplexität des Prozessverlaufs fallende Eigenresonanzfähigkeit hohe Wahrscheinlichkeit des Materiezerfalls

Der Erkenntnisprozeß hinsichtlich der Qualitäten in den einzelnen Spektralbereichen ist längst nicht abgeschlossen. Vielmehr steht man hier erst am Anfang. Je mehr Prozesse anhand des Fundamentalen Fraktals analysiert werden, umso mehr Erkenntnisse wird man darüber gewinnen.

2.2.7 Logarithmisch skaleninvariante Verteilung natürlicher Phänomene

Im Weiteren werden Analysebeispiele gegeben, die die bislang beschriebene Theorie anschaulich werden lassen. Die Übereinstimmungen gerade mit wesentlichen Prozessen aus der Natur legen nahe, daß der Global-Scaling-Zusammenhang fundamentale Eigenschaften der Natur beschreibt.

Da es in diesem Buch vorrangig um die Zeitanalyse und um das Fundamentale Zeitfraktal geht, wird nachfolgend nur ein kleiner Ausblick in Beispiele auch aus anderen Bereichen gezeigt.

2.2.7.1 *Mengen*

Eine sehr interessante Anwendung findet die Global Scaling Theorie in der Analyse von Mengen. Die mannigfaltige Schöpfung drückt sich oft in Mengen gleicher Elemente aus, seien dies Bäume in einem Wald, Sandkörner in einer Wüste oder Wassermoleküle im Ozean. Und schließlich bestehen chemische Elemente aus lauter gleichen Atomen, deren Atomaufbau wiederum deren chemische Eigenschaften bestimmen. Die Atome selbst bestehen alle, wie bereits angeführt, aus Protonen, Elektronen und Neutronen. Fügt man einem Atom ein Proton hinzu, ändern sich die chemischen Eigenschaften des Elements. Daran kann man schon die Signifikanz der Betrachtung von Mengen erkennen.

Bei der Analyse von Mengen ist zu berücksichtigen, daß sie möglichst aus gleichen oder ähnlichen Elementen bestehen sollten. Erst diese Eigenschaft der Ähnlichkeit läßt überhaupt eine unterscheidbare Menge entstehen. Global Scaling im Zusammenhang mit Mengen bedeutet, daß diese in Abhängigkeit von ihrer Größe unterschiedliche Eigenschaften aufweisen können. Mit den Eigenschaften, die das Fundamentale Fraktal anzeigt, ergibt sich die Vermutung, daß es Mengen geben könnte,

- die mit höherer Wahrscheinlichkeit zunehmen als abnehmen,
- die mit höherer Wahrscheinlichkeit abnehmen als zunehmen,
- die mit höherer Wahrscheinlichkeit gleich bleiben als zu-/abnehmen und

- die mit höherer Wahrscheinlichkeit hinsichtlich ihrer Größe leichter beeinflußbar sind.

Das zu verwendende Eichmaß ist denkbar einfach: 1 Proton, also die Zahl 1.

Periodensystem der Elemente

Betrachtet man die chemischen Elemente hinsichtlich ihrer Protonenzahl, so fällt auf, daß bis zum Element Calcium mit der Ordnungszahl 20 genauso viele Protonen wie Neutronen im Atomkern vorhanden sind. Ab dem Element Scandium mit der Ordnungszahl 21 werden mehr Neutronen als Protonen im Atomkern benötigt, damit dieser stabil ist. Darüber hinaus beginnen ab dem Element 21 die Nebengruppenelemente.

Es ist hier also die Menge der Protonen im Atomkern im Fokus. Dabei ist festzustellen, daß ab der Menge von 21 Protonen ein Tendenzwechsel stattfindet. Mithin würde man vermuten, daß die Menge 20 einen Knotenpunkt repräsentiert. Und genau das ist der Fall. Die Menge 20 ist ein Hauptknoten, wie in der nachfolgenden Abbildung 29 dargestellt wird. Ab der Mengengröße 14 ist die Wahrscheinlichkeit der Zunahme größer als die Wahrscheinlichkeit der Abnahme. Die Mengengröße 20 wirkt als Attraktor. Überschreitet eine Menge die Größe von 20 Elementen und erreicht 21 bis 29 Elemente, so findet ein Trendwechsel statt und die Wahrscheinlichkeit der Abnahme wird größer als die der Zunahme.

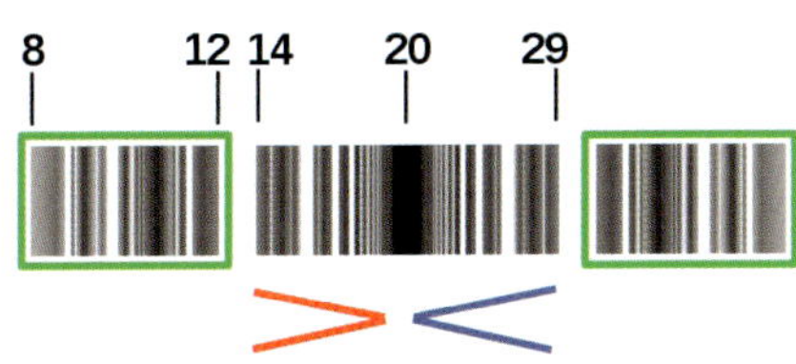

Abb. 29 – Mengenfraktal von 1–29

In Abbildung 29 wird ersichtlich, daß die Menge 20 als Hauptknoten den Kompressionsbereich von 14 bis 19 Elementen und den Dekompressionsbereich von 21 bis 29 Elementen trennt. Die Grünen Bereiche repräsentieren stabile Mengen, die weder zu- noch abnehmen „wollen". Die Menge von 13 Elementen liegt in einer Lücke und ließe demnach mit hoher Wahrscheinlichkeit höhere Beeinflußbarkeit hinsichtlich ihrer Mengengröße erwarten.

Entwicklung der Weltbevölkerung

In diesem Zusammenhang ist auch die Analyse der Weltbevölkerung äußerst interessant. Es handelt sich dabei um die Analyse der Menge von Menschen auf unserem Planeten. Des weiteren soll dieses Analysebeispiel verdeutlichen, daß die Rahmenbedingungen Einfluß auf das Verhalten der Menge haben. Die Fläche der Erde ist begrenzt. So ist der Einfluß dieses Faktors bei größeren Mengen, beispielsweise hinsichtlich einer wachstumsbremsenden Wirkung, eher gegeben, als bei kleineren Mengen. Möchte man daher das Verhalten einer Menge prognostizieren, sind solche Einflußfaktoren zu berücksichtigen.

Zunächst sei ein Blick auf die Entwicklung der Weltbevölkerung geworfen. Die nachfolgende Grafik zeigt mit der roten Fläche die tatsächliche Menge an Menschen an. Die grauen Balken geben Auskunft über die durchschnittliche jährliche Wachstumsgeschwindigkeit bezogen auf einen Zehnjahreszeitraum:

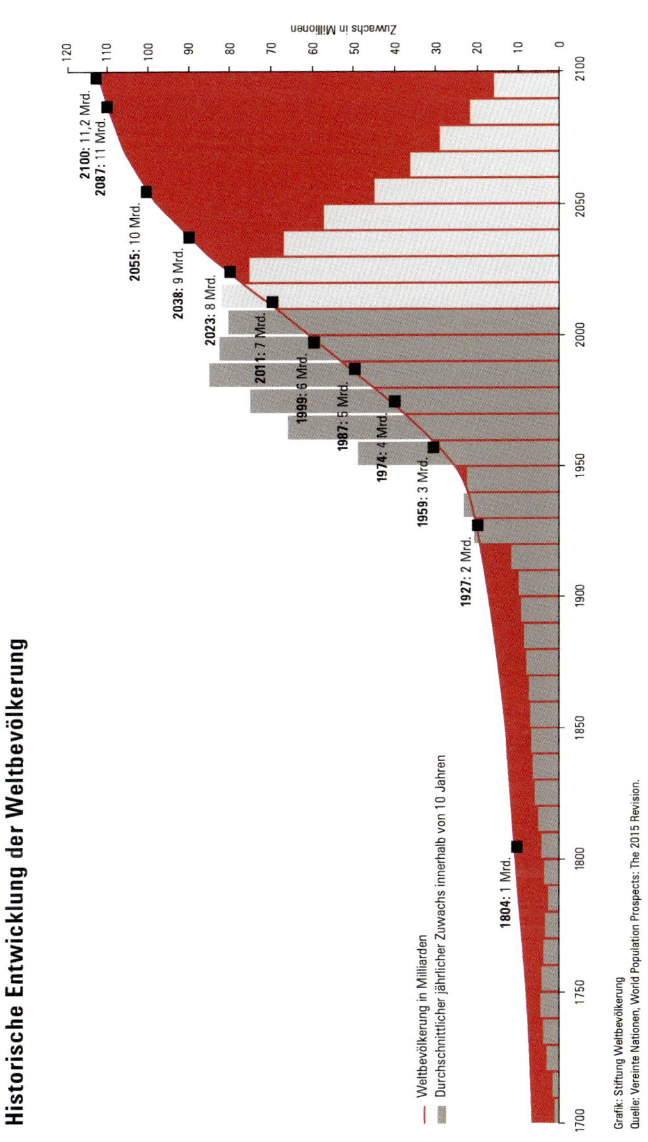

Abb. 30 – Historische Entwicklung der Weltbevölkerung[111]

111 Stiftung Weltbevölkerung, 2016

Das Fundamentale Fraktal der Mengen zeigt bei 5,9 Mrd. einen Hauptknoten an. Das bedeutet, daß mit hoher Wahrscheinlichkeit eine hohe Fluktuationswahrscheinlichkeit vorliegt, die Bevölkerungsmenge könnte also starken Schwankungen unterliegen. Des weiteren ist mit hoher Wahrscheinlichkeit zu erwarten, daß mit Durchschreiten der 5,9 Mrd. ein Trendwechsel sichtbar wird. Außerdem wirkt ein Knoten auch wie ein Attraktor. Ab dem Beginn des Kompressionsbereiches bei rund 4 Mrd. könnte man mit hoher Wahrscheinlichkeit eine Beschleunigung der Zunahme der Weltbevölkerung erwarten.

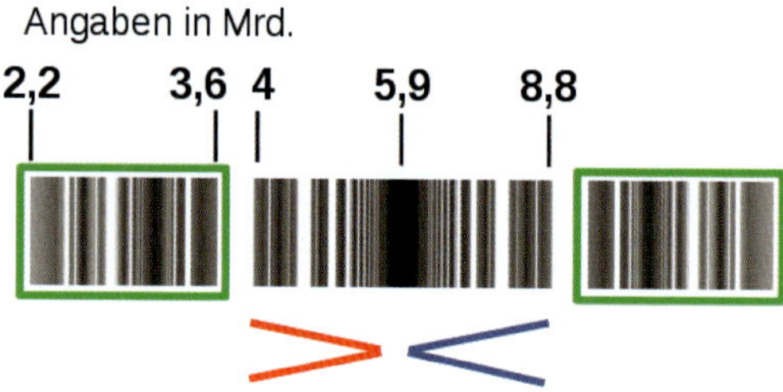

Abb. 31 – Mengenfraktal – Bereich 2,2 bis 8,8 Mrd.

Mit der Markierung der erwähnten Stellen in der Grafik zur Entwicklung der Weltbevölkerung ergibt sich folgendes Bild:

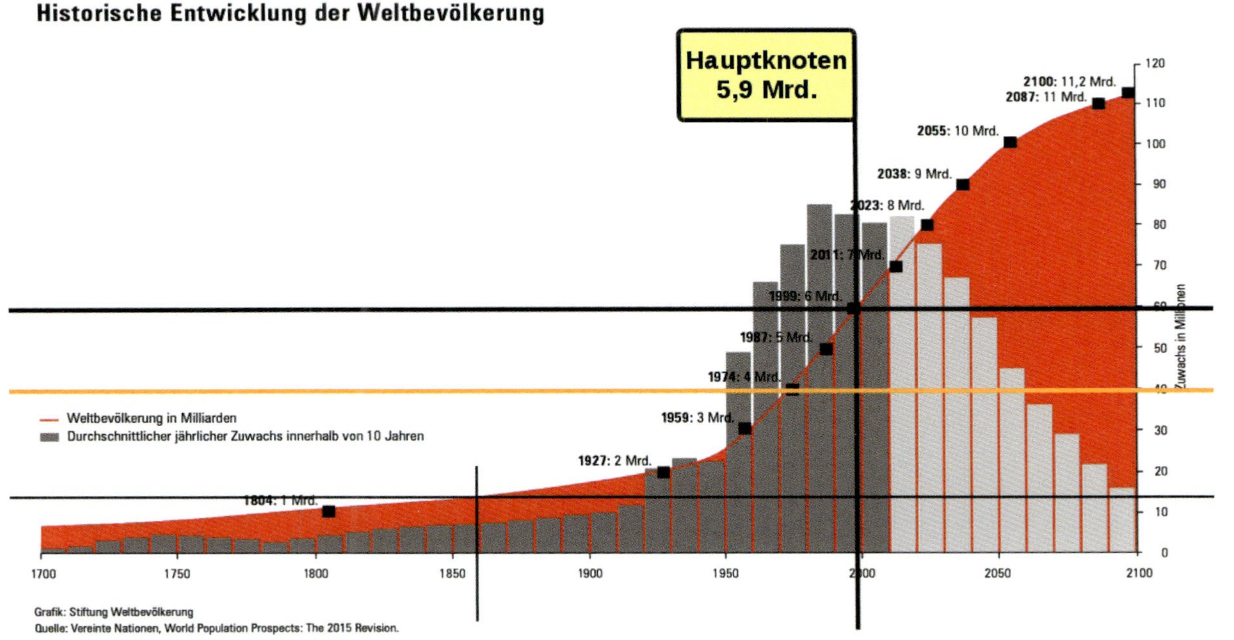

Abb. 32 – Historische Entwicklung der Weltbevölkerung – Trendwende bei 5,9 Mrd.

Die Grafik verrät nun, daß die absolute Menge der Menschen ungefähr zwischen den Jahren 1995 und 2000 mit großer Geschwindigkeit durch die 5,9 Mrd. hindurchwuchs. Es ist sogar ersichtlich, daß die Kurve dort am steilsten ist. Der Verlauf der grauen Balken zeigt an dieser Stelle Besonderes. Die grauen Balken repräsentieren die Wachstumsgeschwindigkeit und damit als Kurve die Ableitung (den Differentialquotienten) der absoluten Bevölkerungsmenge, also die Steigung der Kurve der Bevölkerungsmenge. Es ist gut zu sehen, daß die Wachstumsgeschwindigkeit in etwa bei 5,9 Mrd. ein Maximum erreicht und eine Umkehr vollzieht. Der vermutete Trendwechsel zeigt sich also mit Erreichen der 5,9 Mrd. als tatsächliche Menschenmenge in dem Wechsel von einer zunehmenden hin zu einer abnehmenden Wachstumsgeschwindigkeit. Ein beeindruckendes Ergebnis! Hinsichtlich des Bevölkerungswachstums heißt eine abnehmende Wachstumsgeschwindigkeit aber zunächst weiteres absolutes Wachstum.

Der Prozeß des Bevölkerungswachstums ist ein mächtiger. Es ist leicht nachvollziehbar, daß eine Veränderung eines solchen Prozesses einer gewissen Trägheit unterliegt. Bei 5,9 Mrd. wurde sozusagen ein Schalter umgelegt, die Manifestation in der Materie, in Raum und Zeit jedoch dauert. Ginge die Wachstumsgeschwindigkeit auf null, bliebe die Bevölkerungsmenge erst konstant.

Bei einer Menge von vier Mrd. Menschen zeigt das Mengenfraktal den Eintritt in den Kompressionsbereich an und läßt damit eine beschleunigte Zunahme erwarten. Tatsächlich ist das der Fall. Nicht nur die absolute Menge der Menschen nimmt zu, sondern auch die Wachstumsgeschwindigkeit steigt enorm an. Jedoch ist zu sehen, daß dieser Anstieg bereits früher, ab einer Menge von rund 2,2 Mrd. einsetzt. Dort beginnt ein Grüner Bereich, der sich bis knapp 3,6 Mrd. erstreckt und eigentlich eine Stabilisierung bewirken könnte. Man erkennt jedoch nur ein kurzes Stocken in der Zunahme der Wachstumsgeschwindigkeit, das dann in einen starken Sprung derselben mündet. Die anderen Rahmenbedingungen für ein Bevölkerungswachstum müssen mithin global eher positiv gewesen sein. Dieser Anstieg wird schließlich durch den Kompressionsbereich weiter unterstützt.

Mit Überschreiten der 5,9 Mrd. als absolute globale Bevölkerungsmenge hat eine Trendwende bzw. eine Qualitätsänderung stattgefunden. War die Wahrscheinlichkeit der Zunahme unterhalb von 5,9 Mrd. noch höher als die der Abnahme, so hat sich dies umgekehrt. Diese Menge „will" also nun kleiner werden. Das kann bedeuten, daß grundsätzlich alle Vorgänge leichter zum Tragen kommen, die das begünstigen. Im ungünstigsten Fall kann das eine erhöhte Kriegswahrscheinlichkeit unter verschiedenen Bevölkerungsgruppen bedeuten. Die Menschen lassen sich leichter in verschiedene Gruppierungen aufteilen. Unterschiedliche Glaubensrichtungen können wieder verstärkt hervortreten und eher ihre Unterschiede denn ihre Gemeinsamkeiten betonen. Auch die Bildung neuer Gruppierungen wird begünstigt.

Kann man auf eine Gruppengröße Einfluß nehmen und feststellen, daß diese im Dekompressionsbereich eines Knotens mit den gerade genannten Eigenschaften ist, so empfiehlt es sich, diese Mengeneigenschaft aufzunehmen und geschickt damit umzugehen.

Dazu ein Beispiel:
Eine Schulklasse besteht aus 24 Schülern. Damit liegt sie im Dekompressionsbereich und „möchte" tendenziell kleiner werden. Es ist zu erwarten, daß sich in der Klasse von alleine Untergruppen bilden. Durch die Knotennähe ist auch mit einer generell eher unruhigen Stimmung zu rechnen, was in Kombination mit einer wahrscheinlichen Untergruppenbildung leichter zu Konflikten untereinander führen könnte. Eine Lehrkraft täte in diesem Fall gut daran, die Gruppenqualität für eine gezielte Aufteilung zu nutzen. Dabei wählt sie die Aufteilung möglichst so, daß die Größen der Untergruppen in Grünen Bereichen liegen und die Anzahl der gebildeten Untergruppen ebenfalls wieder einer Menge im Grünen Bereich entspricht. Im Ergebnis wäre einer Lehrkraft zu empfehlen, die Klasse in zwei Zwölfergruppen einzuteilen. Die Menge 12 liegt

im Grünen Bereich wie auch die Menge 2. Ausgerichtet an den Gegebenheiten kann diese Aufteilung durch eine Aufteilung in zwei Sitzreihen zu je zwölf Schülern oder durch zwei Lerngruppen mit ebensolcher Größe erfolgen.

Eine grundsätzliche Empfehlung aus den gewonnenen Erkenntnissen der Global-Scaling-Theorie hinsichtlich der Wahl von Klassengrößen wäre, einer Schulklasse acht bis maximal zwölf Schüler zuzuteilen, das wäre optimal. Wenn es nicht zu vermeiden ist, sind auch noch 13-20 Schüler hinnehmbar. Über 20 Schüler in einer Klasse sind denkbar ungünstig.

2.2.7.2 *Physiologische Rhythmen*

Blickt man auf wesentliche Zyklen bzw. Rhythmen im menschlichen Körper, möchte man annehmen, daß diese vorzugsweise in Bereichen angesiedelt sind, die in Resonanz zu naturgegebenen Schwingungen sind. Damit würden sie energetisch unterstützt und so effizient wie möglich ablaufen können. Deshalb werden im weiteren vor allem die wesentlichen Zyklen des mittleren Herzschlages und der mittleren Atemfrequenz und deren Lage im Fundamentalen Fraktal der Frequenzen betrachtet:

Es wird ersichtlich, daß der mittlere Herzschlag mit rund 67 Schlägen pro Minute und die mittlere Atemfrequenz mit rund 15 Atemzügen pro Minute in Hauptknoten liegen.

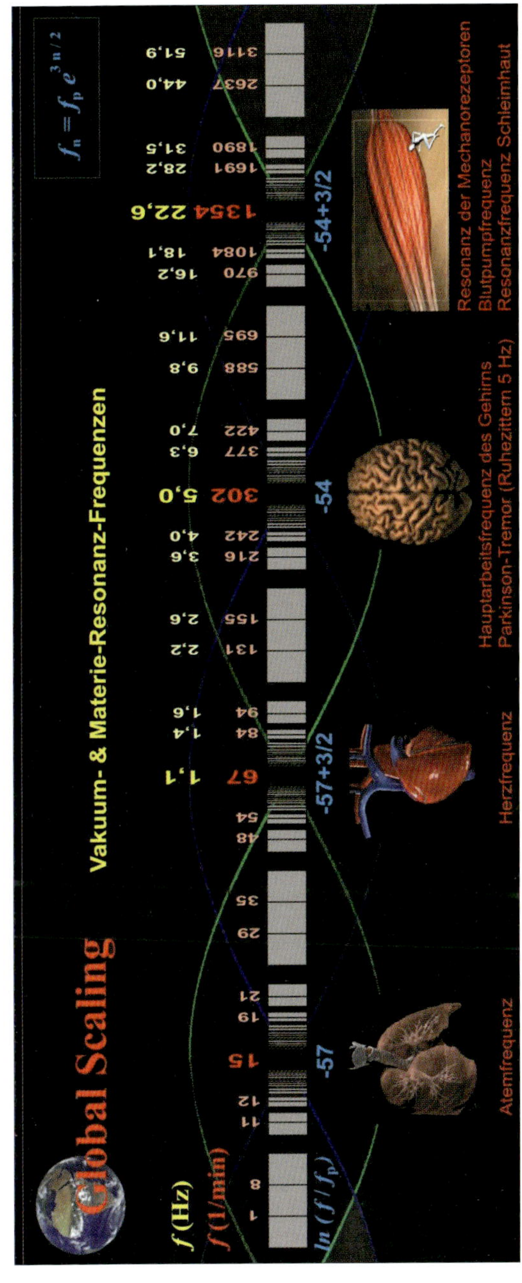

Abb. 33 – Physiologische Rhythmen im Fundamentalen Fraktal der Frequenzen[112]

112 Müller, 2006

Warum liegen diese Frequenzen nicht im Grünen Bereich, würde dieser doch mehr Stabilität versprechen? Wie aus eigener Erfahrung bekannt, können sich Atmung und Herzschlag in einem großen Frequenzbereich bewegen, je nachdem, welcher Belastung der Mensch gerade ausgesetzt ist. Treibt er Sport, steigt der Puls leicht auf 120 Schläge pro Minute an, schläft er, sinkt der Puls mitunter auf 50 Schläge. Genauso verhält es sich mit der Atmung. Die Wahl einer Hauptknotenfrequenz ermöglicht diese Variabilität, ohne dabei den gewünschten Resonanzbereich zu verlassen. Zudem ist eine Rückkehr zur mittleren Frequenz aufgrund der Attraktorwirkung des Hauptknotens erleichtert.

Des weiteren erlaubt die Betrachtung der physiologischen Frequenzen, eine Vermutung aufzustellen. Betrachtet man die Frequenzen der Atmung, des zentralen Nervensystems, der optischen Rezeptoren und des Gehörs[113], so fällt auf, daß es sich dabei regelmäßig um Vorgänge handelt, die den Austausch des menschlichen Körpers mit seiner Umgebung betreffen.

Die Hauptarbeitsfrequenzen des phasenverschobenen Fraktals könnten demnach Prozesse repräsentieren, die vorrangig das Medium (z. B. das Blut) bewegen, mithilfe dessen der Austausch in unserem Körper bewerkstelligt wird. Das Herz pumpt das Blut durch unsere Adern, damit der Stoffwechsel stattfinden kann. Jedoch sind noch umfangreichere Forschungen erforderlich, um diese Vermutung zu verifizieren.

113 Der Frequenzbereich des Hörens ist nur zum Teil auf Abbildung 33 enthalten. Er reicht in etwa von Hauptknoten [-54+3/2] mit 22,6 Hz bis Subknoten [-45+3/2; +3] mit rund 18.000 Hz. Dabei liegt der Bereich mit der höchsten Wahrnehmungsempfindlichkeit mit rund 4 kHz im Subknoten [-48; +3], also im Grünen Bereich, wobei der Hauptknoten [-48] rund 2 kHz entspricht. Die höchste Wahrnehmungsempfindlichkeit liegt damit logarithmisch in etwa in der Mitte des gesamten Hörbarkeitsspektrums. Blauert, Jens (1996). *Spatial hearing: the psychophysics of human sound localization.* Cambridge: MIT Press; S. 423 ff.

2.2.8 Das Zeitfraktal

Die weitere Analyse betrachtet Prozesse in ihrer zeitlichen Entfaltung oder untersucht, in welcher Phase sich ein Prozeß gerade befindet. Oder es wird untersucht, welche Zeitqualität durch das Berücksichtigen eines bestimmten Zyklus gewürdigt wird.

Das Fundamentale Fraktal ist, wie oben dargelegt, ein Spektrum der Frequenzen der Eigenschwingungen eines Kettensystems. Jede schwarze Spektrallinie in der Spektralgrafik (siehe z. B. Abb. 28) repräsentiert eine Eigenschwingungsfrequenz des Kettensystems. Nimmt man die Eigenwerte des Protons als Bezugsgröße, ergibt sich die Betrachtung des Schwingungsverhaltens eines Kettensystems, dessen Glieder Protonen sind. Je nach Wahl des Eigenwertes des Protons, z. B. seiner Masse oder seiner Eigenfrequenz, erhält man mit dem Fundamentalen Fraktal ein Spektrum, das beispielsweise Aussagen darüber trifft, ob eine Masse oder eine Frequenz in Resonanz mit den Eigenschwingungen des Kettensystems aus Protonen steht.

Da in den folgenden Analysen Aussagen über Zeiträume gewünscht sind, wird die Schwingungsdauer des Protons – der Kehrwert seiner Eigenfrequenz – als Eichmaß verwendet. Somit repräsentiert jede Spektrallinie in der Spektralgrafik des Fundamentalen Fraktals die Schwingungsdauer einer Resonanzfrequenz des schwingenden Kettensystems aus Protonen. Durch den Bezug zu dem universell bedeutenden Schwingungsprozeß namens Proton gewinnt man einen universellen Bezug, unabhängig von den willkürlich gewählten Einheiten Sekunden, Minuten, Stunden usw. Derzeit liegen folgende Werte für die Schwingungsdauer der Eigenschwingung des Protons vor:

+ Maximalwert: $7{,}01515132153317 \cdot 10^{-25}$ s
+ Minimalwert: $7{,}01514893158233 \cdot 10^{-25}$ s[114]

114 Siehe Kapitel 2.2.4

Im Bereich der nachfolgenden Analysen ist diese Genauigkeit weit mehr als ausreichend.

Setzt man diesen Wert als Eichmaß für Y in den Global-Scaling-Kettenbruch ein, so kürzen sich die Sekunden heraus und es bleibt eine dimensionslose Verhältniszahl als universeller Bezug in Vielfachen der Schwingungsdauer des Protons. Diese so gewonnene Verhältniszahl wird nun zur Basis e logarithmiert. Als Ergebnis erhält man den Exponenten der Verhältniszahl zur Basis e, den man in Folge als Global-Scaling-Kettenbruch darstellt. Dies geschieht in Analogie zur Darstellung schwingender Kettensysteme nach Gantmacher und Krein[115] aufgrund der Vermutung einer stehenden Welle, also eines Schwingungsprozesses, im Exponenten. Durch den Bezug zur Eigenschwingungsdauer des Protons erhält man mit dem Fundamentalen Fraktal das Fundamentale Zeitfraktal oder kurz, das Zeitfraktal. Es ist dann ein Spektrum von Schwingungsperioden, die mit den Eigenschwingungsperioden eines Kettensystems aus Protonen in Resonanz stehen. In diesem Spektrum repräsentiert jede senkrechte schwarze Linie in den dargestellten Grafiken eine solche resonante Schwingungsdauer bzw. einen dementsprechend maßgeblichen Zeitraum.

2.2.8.1 *Ausschnitt aus dem Zeitfraktal: drei Tage bis 453 Jahre*

Die Beschaffenheit eines logarithmischen Spektrums wird deutlich, wenn man einen Ausschnitt betrachtet und die rasante Zunahme der darin dargestellten Größen feststellt. Hier sei beispielhaft der Bereich von drei Tagen bis hin zu 453 Jahren im Fundamentalen Zeitfraktal dargestellt:

115 Siehe Kapitel 2.2.3.4 ab S. 81

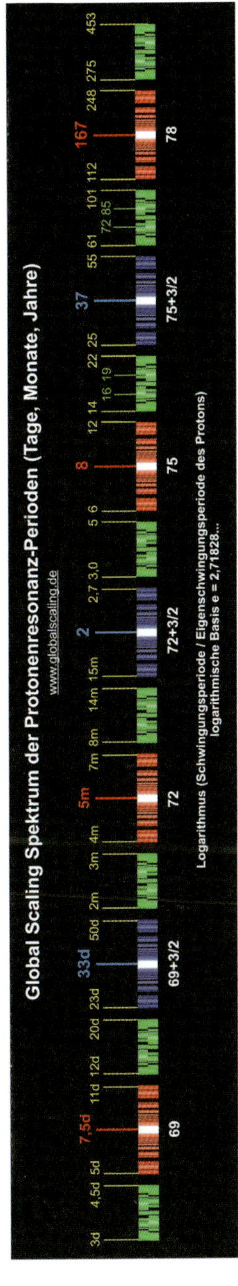

Abb. 34 – Fundamentales Zeitfraktal – 3 Tage bis 453 Jahre[116]
(Resonante Schwingungsperioden sind hier durch senkrechte rote, blaue und grüne Linien dargestellt.)

116 Müller, 2006

Das Zeitfraktal in Abbildung 34 beginnt mit Hauptknoten 69, eine Schwingungsperiode von rund 7,5 Tagen, bzw. mit dessen linkem Grünen Bereich, an dessen Anfang ein Zeitraum von rund 3 Tagen angezeigt wird. Der benachbarte Hauptknoten 69 + 3/2 des phasenverschobenen Fraktals repräsentiert bereits eine Schwingungsperiode von rund 33 Tagen. Um von einem Hauptknoten ausgehend den Wert des nächsten im um den Phasenwinkel $\varphi = 3/2$ verschobenen Fraktal zu berechnen, multipliziert man ersteren mit dem Faktor $e^{3/2} = 4{,}481689\ldots$, um von einem Hauptknoten ausgehend den Wert des nächsten im gleichen Fraktal zu berechnen, multipliziert man ersteren mit dem Faktor $e^3 = 20{,}085537\ldots$

2.2.8.2 *Vier besondere Phasen*

Das Fundamentale Fraktal ist durch seinen fraktalen Aufbau unendlich komplex. Trotzdem lassen sich vier markante Stellen im Zeitfraktal identifizieren, die besondere, unterscheidbare Zeitqualitäten oder Phasen eines Prozesses anzeigen:

Trendwende, Neugeburtsphase, finales Reifestadium und Lücke.

In jeder Zeitanalyse sind diese Phasen von herausragender Bedeutung. Nachfolgend werden sie charakterisiert.

Trendwende

Diese Phase einer Entwicklung läßt sich am besten anhand eines anschaulichen Beispiels erklären. Man stelle sich vor, man unternimmt eine Bergtour. Ziel ist das Erreichen des Gipfels. Es ergibt sich die Phase des Aufstieges. Schließlich erreicht man den Gipfel und verweilt etwas, es ist damit auch meist eine kurze Ruhephase verbunden. Im Anschluß beginnt der Abstieg. Die Phasen des Aufstieges und Abstieges gehören beide zum Gesamtprozeß „Bergtour", jedoch ist ganz klar, daß nach dem Erreichen des Gipfels eine Trendwende vollzogen wurde, es folgt nur noch der Abstieg. Die Prozeßqualität hat sich wesentlich geändert, ist aber trotzdem noch klar dem „Bergtour"-Prozeß zuordenbar.

Im Zeitfraktal identifiziert man eine Trendwende regelmäßig in einem Haupt- oder Subknoten. Trendwenden eines Hauptknotens haben dabei größere Auswirkungen, als die eines Subknotens. Interessant ist auch, daß im Knoten selbst durchaus gewisse kurze Ruhephasen möglich sein können. Auch unterliegen die Prozesse in der Raumzeit einer gewissen Trägheit, sodaß es etwas dauern kann, bis sich die Qualitäten einer Trendwende manifestieren.

Ein weiteres Beispiel wäre das folgende: Geht man in gerader Linie durch einen Wirbelsturm genau auf das Zentrum zu, so bließe der Wind z. B. zuerst von der linken Seite. Im Zentrum herrscht Ruhe vor. Nach Durchschreiten des Zentrums käme der Wind schließlich von rechts. Beide Phasen gehören zum Durchschreiten des Wirbelsturmes, jedoch kann man die Trendwende anhand von „Wind von links" und „Wind von rechts" klar erkennen.

Übertragen auf die zeitliche Analyse eines Prozesses könnte dies folgendermaßen aussehen: Bei einem Fußballspiel mit den Mannschaften A gegen B dominiert Mannschaft A von Beginn an das Spiel. Mit hoher Wahrscheinlichkeit kann man nun nach dem Hauptknoten [63] des Zeitfraktals – ein Hauptknoten höherer Priorität, weil er durch 9 teilbar ist – bei rund 27 Minuten zumindest für kurze Dauer damit rechnen, daß auch Mannschaft B nun dominanter auftreten oder die Dominanz von Mannschaft A schwächer wird. Bei der Analyse von historischen Ereignissen, wie sie in den Kapiteln 3.2 und 3.3 beschrieben werden, konnten derartige Trendwenden in (Sub-)Knoten gefunden werden.

Phase der Neugeburt auf höherer Ebene

Erreicht ein Prozeß in seiner Alterung dieses Stadium, sind ganz bedeutende Veränderungen angezeigt – Veränderungen, die einen Sprung in der Entwicklung eines Prozesses bedeuten. Das m. E. beste Beispiel zur anschaulichen Erklärung dieser Prozeßphase ist der Geburtsprozeß des Menschen. Ein Kind lebt bereits im Mutterleib, jedoch in wässriger Umgebung. Mit der Geburt kommt es aus dem Wasser an die Luft, die Atmung als weiterer zentraler Prozeß beginnt und die physische Verbindung der Nabelschnur zur Mutter wird durchtrennt.

Sicher könnte man diese Phase auch als Trendwechsel bezeichnen. Durch die wesentliche Qualitätsänderung des Prozesses an sich jedoch würde es dem mit dieser Phase einhergehenden Entwicklungsschub nicht gerecht werden. Der Prozeß erlebt einen Entwicklungsschub, der ihn auf höherer Ebene weiterexistieren läßt, im Gegensatz zu einer bloßen Trendwende von „bergauf" zu „bergab".

Im Zeitfraktal identifiziert man den Beginn einer Neugeburtsphase auf höherer Ebene regelmäßig mit dem Beginn des Grünen Bereichs an seinem linken Rand. Ausgehend vom linken Rand kann man in etwa noch das erste Drittel des Grünen Bereichs zu dieser Prozeßqualität hinzuzählen. Auf die Prozeßqualität der Neugeburt wird nochmals detailliert in Kapitel 3.1.2.2 eingegangen, wo der Geburtszyklus in Zusammenhang mit dem Tzolkin-Zyklus der Maya-Zeitrechnung beschrieben und analysiert wird.

Finales Reifestadium

Erfahrungsgemäß sind Phasen bekannt, in denen ganz klar zu erkennen ist, daß etwas zu Ende geht. Auch diese Prozeßphasen sind im Zeitfraktal eindeutig erkennbar. Sie werden hiermit **finale Reifestadien** genannt. Im Zeitfraktal identifiziert man ein finales Reifestadium regelmäßig mit dem rechten Rand des Grünen Bereichs. Wie man in etwa noch das erste, linke Drittel des Grünen Bereichs zur Prozeßqualität der Neugeburt hinzuzählen kann, ist es beim finalen Reifestadium in etwa das letzte, rechte Drittel des Grünen Bereichs, das mit dieser Prozeßqualität in Verbindung gebracht werden kann.

Anschauliche Beispiele dazu liefert wieder die Natur. Jeder weiß, daß ein Tag zu Ende geht und wann er zu Ende ist. Man registriert das Ende einer Jahreszeit und ebenso das Ende eines Jahres. All dies sind finale Reifestadien.

Entwickelt sich ein Prozeß im Laufe seines Älterwerdens in ein finales Reifestadium, ergibt sich mithin auch eine gewisse „Todesgefahr". Nicht selten beendet ein Prozeß in dieser Phase seine Entwicklung in der Raumzeit und stirbt – wobei ein finales Reifestadium nicht automatisch das Ende bedeuten muß. Je nachdem, auf welche Lebensdauer ein Prozeß ausgerichtet ist, kommt es in finalen Reifestadien immer wieder zu einer zwischenzeitlichen Blütephase – je nach Prozeßart ist dies im übertragenen Sinne gemeint –, die mit einem höheren, vollendeten Reifegrad in Verbindung gebracht werden kann. Im Gegensatz zum Stadium einer Neugeburt auf höherer Ebene ist bei einem finalen Reifestadium ein maximaler Reifegrad erreicht. In einem Neugeburtsstadium geht es dagegen erst so richtig los. Der Unterschied wird an einem weiteren Beispiel aus der körperlichen Entwicklung des Menschen deutlich: Mit 22,53 Jahren endet im Leben eines Menschen eines dieser finalen Reifestadien. Zu diesem Zeitpunkt ist die körperliche Entwicklung zur Frau oder zum Mann weitestgehend abgeschlossen, die durchschnittlich mit 13,7 Jahren, einem Neugeburtsstadium begann. Am Rande bemerkt liegt darin der tiefere Hintergrund für das Alter der Volljährigkeit mit 21, wie es früher auch gesetzlich galt. Aber zu dieser Zeit stirbt der Mensch i.d.R. noch nicht, zumindest nicht, weil er seine Lebenserwartung erreicht hat. Dies passiert erst in der Entwicklung zum rechten Rand des nächsten Grünen Bereiches mit 101 Jahren, der im 62. Lebensjahr beginnt.

Diese Prozeßphase wurde auch deshalb finales Reifestadium getauft, weil darin meist eine Reife erreicht wird, die man kurz so umschreiben kann: Es ist fertig!

Auf die Prozeßqualität des finalen Reifestadiums wird auch nochmals detailliert in Kapitel 3.1.2.1 eingegangen, wo der Tageszyklus in Zusammenhang mit der Maya-Zeitrechnung beschrieben und analysiert wird.

Auf eine Besonderheit in dieser Prozeßphase soll abschließend noch hingewiesen werden. Bis zum Ende des Grünen Bereichs, seinem rechten Rand, findet eine besondere Art der Häufung der Ereignisdichte statt. Je weiter man sich dem rechten **Rand** des Grünen Bereichs annähert, umso länger wird der Kettenbruch, um dort ein Zeitfenster zu beschreiben. Das bedeutet, man taucht in immer tiefere und kleinere Zeitmaßstäbe ein. Man klettert also die Treppe der Kettenbruchebenen $n_1, n_2, n_3, \ldots \to \infty$ hinab. Die Annäherung an einen **Knotenrand** ist also eine Besonderheit im Gegensatz zur Annäherung an einen Knoten selbst, bei der man eine Subknoten- und damit Ereignishäufung erlebt, die jedoch auf maßstäblich gleicher Ebene stattfindet. Auch wenn bei der Annäherung an einen Knotenrand die Subknoten auf immer maßstäblich niedrigerer und damit schwächerer Ebene zu finden sind, nimmt hingegen die Anzahl der zu durchlaufenden Subknoten bis ins Unendliche zu. So kann einem Knotenrand ebenso eine gewisse Attraktorwirkung, wenn auch anderer Qualität, als bei der Annäherung an einen „normalen" Knoten, unterstellt werden.

Der mathematische Weg zum rechten Rand eines Hauptknotens [X], der durch den Wert [X; +2] exakt beschrieben wird, sieht folgendermaßen aus:

[X; +3]

[X; +3, -3]

[X; +3, -3, +3]

[X; +3, -3, +3, -3]

usw., in Überlagerung mit den Subknoten des phasenverschobenen Fraktals:

[X+3/2; -3]

[X+3/2; -3, +3]

[X+3/2; -3, +3, -3]

[X+3/2; -3, +3, -3, +3]

usw.

Im Zeitfraktal sieht der Weg in die maßstäbliche Tiefe so aus:

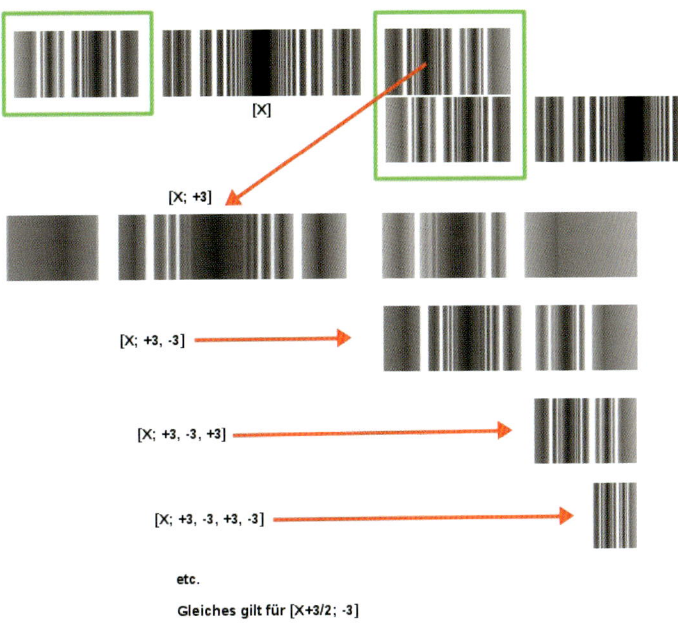

Abb. 35 – Rechter Rand des Grünen Bereichs

Im Zeitfraktal bedeutet dies, daß jeder weitere, maßstäblich tiefere Subknoten am rechten Rand mit dem Teilnenner n_i= +/-3 selbst ein **Reifestadium** des darüberliegenden Subknotens ist. Aufgrund der Selbstähnlichkeit der Subknoten mit ihrem Mutterknoten zeigt dies, daß die kleineren Subknoten immer fraktal komprimierte Wiederholungen der übergeordneten Subknoten sind, deren Reifestadium sie repräsentieren. Die Qualität eines Reifestadiums selbst IST folglich die zeitlich komprimierte, fraktale Wiederholung des Gesamtereignisses.

Lücken

Dieser Bereich läßt sich ungleich schwerer charakterisieren, da in dieser Phase eines Prozeßverlaufs keine neuen Eigenschwingungen hinzukommen, eben eine Lücke. Für Prognosen kann man in dieser Phase nur auf Zyklen zurückgreifen, die der betrachtete Prozeß bereits erlebt hat. Ist ein Prozeß z. B. älter als einen Tag, hat er schon ein finales Reifestadium dieser Länge als Zeitqualität erfahren können. Diese Prozeßqualität erlebt er nun jeden Tag bis nach z. B. 20 Tagen erneut ein weiteres finales Reifestadium erreicht ist und als neue, weitere Prozeßqualität **zusätzlich** erlebt werden kann. Solche maßgeblichen Zyklen kann man ab Prozeßbeginn aufzeichnen und in Lücken zur Analyse verwenden.

Aus der Vedischen Wissenschaft ist bekannt, daß die Lücke der Bereich ist, wo der direkteste Kontakt zum Ursprung der Schöpfung besteht. Dorthin vergeht das Alte und daraus entsteht das Neue. Danach ist in der Lücke ein sehr hohes Potential vorhanden, direkte Impulse vom Ursprung zu bekommen und auch empfänglich dafür zu sein. Übertragen auf das Fundamentale Fraktal wäre die Lücke eine Zeit der hohen Potentialität für ganz neue Impulse, die nicht an prozeßeigenen Schwingungen „abprallen". Mithin kann es auch in Lücken zu tiefgreifenden Wandlungsprozessen kommen, jedoch lassen sich diese kaum prognostizieren. Es bleibt lediglich bei der Feststellung des Beginns und des Endes einer Lücke im Zusammenspiel mit bereits erfahrenen Zyklen.

2.2.8.3 *Gestalt der Zeit*

Die Erde dreht sich um sich selbst und bewegt sich auf einer kreisförmig-elliptischen Bahn um die Sonne. Die Sonne rotiert. Wir erleben den Tagesrhythmus und den Jahresrhythmus. Darin eingebettet spielen sich die vier Jahreszeiten ab. Während die Erde einmal um die Sonne fliegt, umrundet der Mond die Erde 13mal. Im Zusammenspiel mit der Sonne zeigt der Mond sein Gesicht. Das Sonnensystem als Ganzes bewegt sich innerhalb unserer Galaxie.

An unserem Körper beobachten wir den Herzschlag als einen Rhythmus, der sich mit einer bestimmten Geschwindigkeit und Regelmäßigkeit wiederholt. Etwas langsamer läuft unser Atemzyklus ab.

Die Erde rotiert um ihre eigene Achse und umrundet die Sonne schon seit langer Zeit bemerkenswert gleichmäßig. Unser Herzschlag und unsere Atmung können dagegen in ihrem Ablauf stark variieren.

Diese und viele andere Rhythmen um uns und in uns sind es, die das Gefühl von Zeit und von unterschiedlichen Zeitqualitäten vermitteln. Wir bemerken so etwas wie den Fluß der Zeit nur deshalb, weil sich in uns und um uns herum räumlich-materielle Prozesse mehr oder weniger gleich- und regelmäßig verändern.

Es scheint sie also nur zusammen zu geben, Raum und Zeit. Deshalb bietet sich die Verwendung des Begriffes **Raumzeit** an. Raum und Zeit, zwei Seiten einer Münze. Was ist die Münze?

Manche der nachfolgenden Ausführungen mögen vielleicht trivial erscheinen. Beim Studium der Analyseergebnisse jedoch wird dem Leser deren Wichtigkeit klar werden.

Bei der Betrachtung des Fundamentalen Fraktals wird die Gestalt der Zeit deutlich. Vor allem ist es nichts, was nicht schon bekannt wäre, natürlich! Als grundlegende Struktur ist folgender Ablauf verinnerlicht: Vorher – Ereignis – Nachher. Das Ereignis ist oder beinhaltet die Trendwende, die durch die Knoten im Fraktal repräsentiert wird.

Als Beispiel sei die Planung und Durchführung eines Fests betrachtet. Man plant das Fest vorab für einen Zeitpunkt in der Zukunft. Man überlegt, wie man es gestalten möchte, z. B. wieviele Gäste eingeladen werden, wie lange das Fest dauern soll, wo das Fest abgehalten wird, ob eine Band eingeladen wird usw. usf. Dabei wird eines ganz deutlich sichtbar: In Gedanken läuft das Fest bereits vorher ab, von Anfang bis Ende. Und das geschieht immer wieder und wieder, bis es schließlich wirklich in der Raumzeit stattfindet.

So wie in fraktalen Subknoten die Struktur des darüber liegenden Knotens wiedergegeben wird und auf niedrigerer Ebene ein Subknoten eine Vorschau auf den größeren Knotenbereich liefern kann, findet sich diese zeitliche Struktur genau in unserem Denken wieder. Beim Durchlaufen des Zeitfraktals wiederholt sich das gedankliche Planen des Festes genauso, wie sich der Spektralbereich des ganzen Ereignisses in den Subknoten auf verschiedenen maßstäblichen Ebenen wiederholt. Bis zum tatsächlichen Ereignis wird die Dichte der Subknoten immer höher. Weil der geplante Verlauf des Fests immer klarer wird, wird auch der gedankliche Ablauf des Fests immer schneller. Im Zeitfraktal findet dies seine Entsprechung in der hyperbolischen Stauchung der Subknoten. Zudem muß man sich auf verschiedene Details konzentrieren. So kann die Ausarbeitung unterschiedlicher Details evtl. verschiedenen Subknoten zugeordnet werden. Vielleicht werden in einem Subknoten vor dem Fest die Tische und Bänke geliefert, und das Festzelt, das noch aufgebaut werden muß.

Schließlich ist der Zeitpunkt gekommen und das Fest findet tatsächlich statt. Als Teilnehmer fühlt man genau, in welcher Phase sich ein Fest befindet. Ist es noch der Anfang, befindet es sich auf dem Höhepunkt, oder geht es bereits dem Ende zu? Nach dem Fest ist es spätestens klar: Es gab einen Punkt, den man auch als Höhe- und Wendepunkt bezeichnen konnte – einen Zeitpunkt, ab dem man vermehrt an das Ende denkt. Und schließlich kommt der Zeitpunkt, den die Gäste als Ende des Fests bezeichnen würden.

Man sieht dabei klar die übergeordnete Qualität der Trendwende: Phase vor dem Fest, Fest mit Trendwende, Phase nach dem Fest. Denkt man nach dem Fest über das Fest nach, schwingt die Phasenqualität des Danach spürbar mit.

Aber: Obwohl das Fest nun vorbei ist, ist es doch nicht wirklich vorbei. Es wird aufgeräumt, die Band muß bezahlt werden usw. In Gedanken läuft so das Fest wieder und wieder ab. Und auch in den späteren Erinnerungen der Gäste reflektiert jeder das Fest immer wieder, der eine mehr, der andere weniger.

Interessant ist hier wiederum, daß es eigentlich gar nie endet. Die Erinnerung daran ist mehr oder weniger unauslöschlich in verschiedensten Erinnerungsmedien eingebrannt. Natürlich geraten Ereignisse in Vergessenheit. Das liegt aber vor allem daran, daß sie von einprägsameren Ereignissen überlagert werden.

Diese grundlegende Struktur möge der Leser im Hinterkopf behalten. Sie wird später beim Verständnis des Fundamentalen Fraktals der Zeit im Zusammenhang mit der Analyse von geschichtlichen Ereignissen von großer Hilfe sein.

2.2.8.4 *Analyse eines Prozesses mit dem Zeitfraktal*

Wie geht man nun vor, wenn man einen bestimmten, in der Entwicklung befindlichen Prozeß untersuchen möchte?[117]

Zunächst muß man dazu einen Startpunkt finden. Ab diesem Startpunkt kann man ein Zeitfraktal berechnen. Es stellt sich die Frage: Welchen Startzeitpunkt nimmt man, welcher ist als solcher geeignet?

Wie so oft, hilft auch hier der Blick in die Natur, in die Schöpfung. Wieder einmal war es die Beobachtung des irdischen Menschenlebens selbst, die hier weiterhalf. Spricht man vom Alter eines Menschen, rechnet man immer ab dem Geburtstag. Doch ist das der Anfang des Menschenlebens? Bei genauerem Hinsehen muß man feststellen: Der Körper des Kindes kommt aus dem Mutterleib heraus, aus einer wässrigen Umgebung in eine luftige, der Atemprozeß beginnt und der Verdauungstrakt nimmt seine Hauptarbeit[118] auf. Das Herz hat vorher schon geschlagen, das Kind hat auch vor

---

117 Zur Erklärung, wie man einen Wert im Zeitfraktal berechnet und umgekehrt, sei auf Anhang 7.1 verwiesen.

118 Zum Verdauungstrakt: Es ist bekannt, daß auch schon geringfügige Verdauungstätigkeit im Mutterleib beginnt, weil die Kinder Fruchtwasser schlucken. Teilweise sind auch Ausscheidungen des Darmes im Fruchtwasser festzustellen, wenn der Reifegrad der Schwangerschaft schon fortgeschritten ist. Jedoch beginnt die tatsächliche, lebenswichtige Arbeit des Verdauungstraktes, sobald die Nabelschnur und damit die Versorgung durch die Mutter durchtrennt wurde.

der Geburt schon gelebt. Die Geburt ist also nicht der Beginn des Menschenlebens. Eine Abgrenzung, wann das Leben begann, ist schlicht und ergreifend nur schwer möglich, wenn nicht sogar unmöglich, das wird bei diesen Betrachtungen besonders deutlich. Wenn der Reifungsprozeß im Mutterleib der Geburt vorausgeht, könnte es sein, daß dem gebärmütterlichen Reifungsprozeß wiederum ein anderer vorausgeht. Daraus könnte man analog schlußfolgern, daß das Leben keinen Anfang und folglich auch kein Ende haben kann. Es gehen nur unterschiedliche Phasen ineinander über. Das Leben selbst müßte demnach ewig sein!

So kann festgehalten werden: Es handelt sich bei der Geburt lediglich um eine bedeutende Veränderung der Lebensumstände. Die Geburt ist ein besonderes, einschneidendes Ereignis mit erheblichen Auswirkungen auf den weiteren Verlauf des Lebens.[119]

Und so verhält es sich bei allen betrachteten Prozessen in Raum und Zeit: Es gibt immer ein Vorher, eine Vorgeschichte! In der Analyse von Prozeßentwicklungen sucht man deshalb genau nach solchen besonderen Ereignissen und verwendet diese als Startpunkt. Dabei ist es wichtig, sich klar zu machen, welchen Prozeß man in Verbindung mit dem Startereignis nun genau betrachtet und analysiert. Betrachtet man beispielsweise ein Menschenleben, beginnend ab der Geburt, so betrachtet man dessen Prozeß der Atmung, der Verdauung, sein Leben „an der Luft" und in körperlicher Eigenständigkeit. Das Startereignis gibt also den Namen und die Überschrift für die Analyse des damit verbundenen Prozesses.

119 Siehe dazu auch das Kapitel 3.1.2.2, Tzolkin als Neugeburtsstadium

3 ANALYSE VON ZEITZYKLEN UND DER GESCHICHTE

Nachdem das Fundamentale Zeitfraktal als Analyseinstrument vorgestellt wurde, geht es nun daran, es in der Analyse zur Anwendung zu bringen. Es zeigte sich als ein fruchtbarer Weg, zunächst besondere, herausragende und bekannte Zeitzyklen im Zeitfraktal aufzuspüren und zu analysieren. Auf diese Weise war es überhaupt erst möglich, bestimmten Bereichen im Zeitfraktal auch bestimmte Zeitqualitäten zuordnen zu können; die Definitionen des finalen Reifestadiums und des Neugeburtsstadiums, wie sie in Kapitel 2.2.8.2 beschrieben wurden, gehen darauf zurück.

So werden im folgenden zunächst Zyklen der Maya-Zeitrechnung analysiert, um Erkenntnisse über die damit verbundenen Zeitqualitäten zu gewinnen. Diese Einsichten versetzen schließlich in die Lage, in die Analyse unserer Geschichte einsteigen und neue Zusammenhänge entdecken zu können. Nicht selten führte dies zu der einleitend genannten Feststellung, daß die vorherrschende Geschichtsschreibung Lücken und Verzerrungen aufweist, die das Gesamtbild anders erscheinen lassen. Es heißt, Sieger schreiben die Geschichte. Diese Aussage scheint sich auch in der hier dargelegten Analyse zu bestätigen.

Bei der Betrachtung zentraler geschichtlicher Ereignisse werden teilweise umfangreicher als vielleicht erwartet historische Fakten aufgezeigt, wodurch die Analyseergebnisse noch besser nachvollzogen werden können, insbesondere, wenn die betrachteten Ereignisse weiter zurück liegen.

3.1 Analyse der Maya-Zeitrechnung

Ein bedeutender Maya-Gelehrter, J. Eric S. Thompson, äußert sich in seinem monumentalen Werk MAYA HIEROGLYPHIC WRITING wie folgt:

> *„Man staunt über den souveränen Umgang mit unvorstellbaren Größenordnungen, der aus den überlieferten Zahlensymbolen spricht. Es dürfte kaum ein anderes Volk auf vergleichbarer materieller Entwicklungsstufe gegeben haben, das so riesige Zahlenvorstellungen besaß und ein entsprechendes Vokabular, sie zu beschreiben.“* [120]

So viel zur Einschätzung eines Fachmannes zum Zahlensystem der Maya, das ganz eng mit ihren Kalendersystemen zusammenhängt.

Auffällig im Zahlensystem der Maya ist, daß sie im Gegensatz zu unserem Dezimalsystem mit der logarithmischen Basis 10 ein Vigesimalsystem mit der logarithmischen Basis 20 verwendeten. Welche Tragweite die Verwendung der 20 mit sich bringt und welch tiefes mathematisches Wissen darin zum Ausdruck kommt, wird an mehreren Stellen der weiteren Ausführungen gezeigt. Es ist sehr faszinierend, und eine bloße Rückführung auf die 20 Finger und Zehen, wie es in der heutigen Maya-Forschung allein angenommen wird[121], greift m. E. zu kurz. So wird beispielsweise im

---

120 Englischer Originaltext (übersetzt durch den Verfasser): *„One is amazed at the mastery over tremendous numbers implied in the various terms for higher units which have survived. Surely no other people on a comparable level of material culture have had such a concept of vast numbers, and a vocabulary for handling them.“*; Thompson, 1950, zitiert nach Argüelles, 1987, S. 83

121 Vgl. Voß/Grube, 2006/2007, S. 134

nachfolgenden Kapitel 3.1.2.12 mit der Langzählung einer der Maya-Kalender vorgestellt, mit dem unvorstellbar große Zeiträume beschrieben wurden.

3.1.1 Der Begriff „Maya" im Sanskrit

In einer der ältesten und vermutlich am weitesten entwickelten Sprachen auf unserem Planeten, dem Sanskrit, bedeutet das Wort *„Maya"* Illusion und Täuschung. Man beschreibt damit unsere Welt, das, was man allgemein als Realität bezeichnet, die materielle Welt.

Die materielle Welt soll demnach also nicht real sein?

Vermutlich wollte die damalige Kultur damit zum Ausdruck bringen: Solange man nicht begreift, wie die Erscheinungen in der materiellen Welt zustande kommen, versucht man vergeblich, einen Schatten zu fangen, und unterliegt einer illusorischen Wahrnehmung, einer Täuschung. Solange gleicht die Gestaltung des Lebens einem planlosen Umherirren, das wieder entsprechende Erscheinungen verursacht, die genau diese Verwirrung widerspiegeln. Angst, Aberglaube und Suche sind starke Ausdrucksformen dieser Verwirrung.

Welchen Zusammenhang darf man vermuten, wenn sich die Kultur der Maya in Mittelamerika einen Namen gibt, der Bezug nimmt zu einer der ältesten Sprachen der Welt auf einem anderen Kontinent, in der der Name „Illusion, Täuschung" bedeutet? Vorausschauend auf Kapitel 3.1.4, in dem nochmal auf dieses Thema zurückgekommen wird, sei bereits an dieser Stelle erwähnt, daß der Begriff „Maya" gleichzeitig auf einen fundamentalen mathematischen Zusammenhang hindeuten könnte, der die Gestaltung der gesamten Raumzeit und ihres vergänglichen, der ständigen Veränderung unterworfenen Charakters determiniert; es ist die Rede von Global Scaling.

Damit könnte zum Ausdruck kommen, daß zumindest einem Großteil des mayanischen Volkes zu ihrer Blütezeit während des siebten bis zehnten Jahrhunderts nach Christus diese Zusammenhänge bewußt waren. Eine Folge davon ist, daß man dieses Wissen als Erbe hinterlassen möchte, als Botschafter höherer Daseinsebenen. Vermutlich liegt darin auch die Ursache, warum einige Maya-Stätten während des neunten Jahrhunderts unserer Zeitrechnung plötzlich verlassen erschienen. Durch das Erreichen eines höheren Bewußtseinszustandes auch im Kollektiv erhöhte sich die kollektive Schwingung so weit, daß zumindest Teile der Bevölkerung in die geistige bzw. ätherische, höhere Daseinsebene wechseln konnten, ohne zu sterben. Das Volk der Maya ist vermutlich das einzige Volk auf der Erde in unserem historischen Wahrnehmungsbereich, das diesen evolutionären Schritt schaffte. Dieses Phänomen ist auch von einzelnen Generationen der Tsalagi-Indianer bekannt. Sie entzogen sich damit den Übergriffen der Briten und Franzosen, die regelmäßig versuchten, die Indianerstämme in ihre Kämpfe hineinzuziehen.[122]

Wie in Kapitel 3.1.4 zu sehen sein wird, läßt sich des weiteren ein Zusammenhang zwischen dem Begriff „Maya" und einer besonderen Zahl herleiten. Doch zuvor ist es wichtig, das Wissen der Maya um die Zeit kennenzulernen.

122 Vgl. Ywahoo, 2000, S. 13

3.1.2 Prominente Maya-Zeitzyklen und andere wichtige Zyklen

3.1.2.1 *Der Tag – ein Kin*

Einer der bedeutendsten Zyklen

Es bedarf wohl keiner ausführlichen Erklärung, wie bedeutend der Tageszyklus für uns Menschen ist. Und das war er nicht erst in der Mayaepoche. Die Maya nannten den Tag **Kin**. Dieser essentielle Zyklus wird durch die natürliche Umgebung vorgegeben, unser Körper mit all seinen physiologischen Vorgängen ist perfekt darauf abgestimmt. Der Zeitraum eines Tages enthält für uns Menschen einen Zeitraum der Aktivität und einen der Ruhe, wenn wir schlafen gehen. Wir unterteilen den Tageszyklus in Tag und Nacht. Es ist die Dauer, die unser Planet Erde für eine Drehung um seine eigene Achse benötigt, für eine Rotation.

Wenn man abends zu Bett geht, weiß man, daß dieser Tag zu Ende geht. Und genau darin kann die Qualität dieses Zeitraumes abgelesen werden: **Es geht etwas zu Ende**. Zwar folgt ein neuer Tag, auch das weiß man. Aber jedem ist klar, daß dieser Tag zu Ende ist. Warum wird dieser scheinbar triviale Umstand so ausführlich beschrieben? Die Antwort darauf gibt ein Blick ins Fundamentale Fraktal im nachfolgenden Unterkapitel.

Rechter Rand des Grünen Bereichs

Analysiert man den Tageszyklus und betrachtet man seine Lage im Fundamentalen Fraktal der Zeit bzw. der Schwingungsperioden, können daraus Rückschlüsse auf die Qualität anderer Zeiträume gezogen werden.

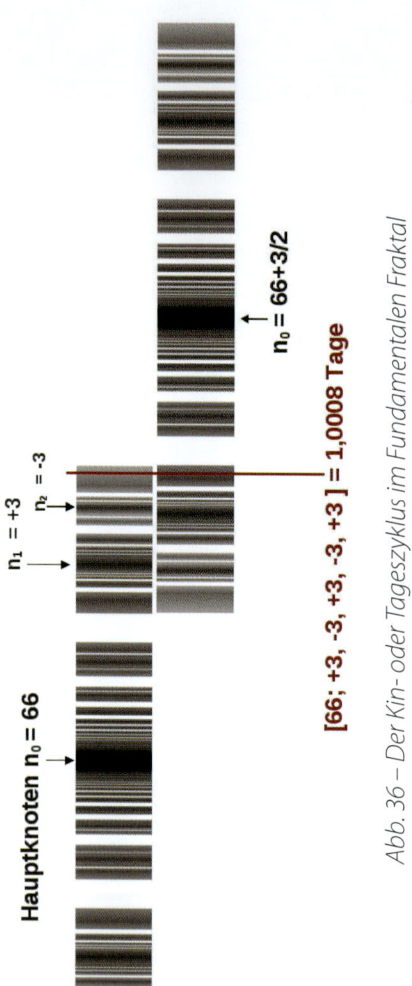

Abb. 36 – Der Kin- oder Tageszyklus im Fundamentalen Fraktal

Wie zu ersehen war, ist das Spektrum der Eigenschwingungen ein Fraktal. Das Schöne an einem Fraktal ist, daß sich seine Strukturen ähnlich sind und wiederholen. So wird man in die Lage versetzt, Zeiträumen mit gleicher oder ähnlicher Lage im Fundamentalen Fraktal ähnliche Qualitäten zuzuschreiben. Das ist ein enormer Vorteil, besonders wenn es sich um Zeiträume handelt, die besonders lang oder kurz sind. Untersucht man beispielsweise eine Zeitdauer, respektive Schwingungsperiode, die auch wie der Tageszyklus am rechten Rand des Grünen Bereiches eines größeren oder kleineren Hauptknotens liegt, weiß man dadurch, daß es sich um ein finales Reifestadium handelt. Dieser Zeitraum ist dann **fraktal qualitativ** vergleichbar mit einem Tag.

So wird bei Zyklen, die man am rechten Rand des Grünen Bereichs findet, von sogenannten **finalen Reifestadien** gesprochen, wie auch in Kapitel 2.2.8.2 auf S. 120 beschrieben wurde.

3.1.2.2 *Der Zyklus des Tzolkin – 260 Tage*

In der Kultur der Maya nahm ein 260-Tage-Zyklus eine zentrale Rolle ein. Dort wird er heute Tzolkin genannt, was auf den nordamerikanischen Maya-Forscher William Gates zurückgeht. Er leitete diesen Begriff 1921 aus der K'iché-Bezeichnung Ch'ol Q'iij (die Ordnung der Tage) ab. Wie die Maya den Tzolkin in der Zeit vor der spanischen Invasion nannten, ist nicht überliefert. Seine Spuren kann man heute weit in die Vergangenheit verfolgen. Man vermutet, daß er auf die olmekische Kultur zurückgeht, die ihn in der mayanischen Präklassik im gesamten mesoamerikanischen Raum verbreitete. Früheste Spuren in der Form schriftlicher Hinweise fand man in den Steininschriften aus Monte Alban bei Oaxaca aus dem

5. Jahrhundert v. Chr.[123] Der Tzolkin wird bis heute von den Nachkommen der Maya als Ritualkalender verwendet, so z. B. im Hochland von Guatemala. Insbesondere berechnen sie damit den ungefähren Geburtstermin eines Kindes, indem sie die 260 Tage ab dem Tag der Empfängnis ansetzen.

Die 260 Tage entstehen aus der Kombination eines 13- und eines 20-Tage-Zyklus. Der 13-Tage-Zyklus wird mit Zahlensymbolen[124] nummeriert und beschrieben. Damit kommt zum Ausdruck, daß sich eine bestimmte Tagesqualität mit Zahlen beschreiben läßt, ähnlich der bekannten Numerologie, die über das Gesetz der Resonanz wirkt, denn es wird von den Maya jeder Zahl eine Qualität zugeschrieben.

Der 20-Tage-Zyklus wird mit einer Abfolge von 20 Symbolen, den heute sogenannten Siegeln (siehe Anhang 7.2), gezählt. Auch Symbole sind Schwingungsträger und somit Träger von Informationen, die damit den Tag prägen sollen. In der nachfolgenden Darstellung der Siegel und ihrer zugehörigen Qualitäten wird Bezug auf die Zuordnungen von José Argüelles genommen. Nicht jeder Maya-Interessierte folgt dieser Zuordnung. Daneben gibt es noch eine davon abweichende Tzolkinzählung, wie sie heute noch von den K'iché-Maya verwendet wird. Sie benutzen z. B. den Tzolkin anhand der Qualität der Zahl-Symbol-Kombination zur Charakterisierung Neugeborener.

Die jeden Tag geltende Ton-Siegel-Kombination wird auch KIN genannt. Dies geht zurück auf die Bezeichnung unserer Sonne als *Kin*ich Ahau oder K'inich Ajaw[125], die die lebenswichtigen Informationen und Energien ausstrahlt – verschlüsselt in einem KIN. Auch das Wort „Kin" allein bedeutet „Sonne" in der Maya-Sprache.[126]

123 Vgl. Voß/Grube, 2006/2007, S. 134
124 Siehe Anhang 7.2
125 Vgl. Taube/Grube, 2006/2007, S. 275
126 Vgl. Voß/Grube, 2006/2007, S. 133

1	21	41	61	81	101	121	141	161	181	201	221	241
2	22	42	62	82	102	122	142	162	182	202	222	242
3	23	43	63	83	103	123	143	163	183	203	223	243
4	24	44	64	84	104	124	144	164	184	204	224	244
5	25	45	65	85	105	125	145	165	185	205	225	245
6	26	46	66	86	106	126	146	166	186	206	226	246
7	27	47	67	87	107	127	147	167	187	207	227	247
8	28	48	68	88	108	128	148	168	188	208	228	248
9	29	49	69	89	109	129	149	169	189	209	229	249
10	30	50	70	90	110	130	150	170	190	210	230	250
11	31	51	71	91	111	131	151	171	191	211	231	251
12	32	52	72	92	112	132	152	172	192	212	232	252
13	33	53	73	93	113	133	153	173	193	213	233	253
14	34	54	74	94	114	134	154	174	194	214	234	254
15	35	55	75	95	115	135	155	175	195	215	235	255
16	36	56	76	96	116	136	156	176	196	216	236	256
17	37	57	77	97	117	137	157	177	197	217	237	257
18	38	58	78	98	118	138	158	178	198	218	238	258
19	39	59	79	99	119	139	159	179	199	219	239	259
20	40	60	80	100	120	140	160	180	200	220	240	260

Abb. 37 – Tzolkin – eine Kombination von 20 Siegeln und 13 Tönen[127]

127 In Anlehnung an Argüelles, 1984, S. 99

Die Zahl 20 zur Nummerierung der Siegel hat nach Grube ihre Herkunft in der *körperlichen Entsprechung* mit zehn Fingern und zehn Zehen.[128] José Argüelles ergänzt dies und geht davon aus, daß die 13 Töne den 13 Hauptgelenken entsprechen:

Ton 1 = rechtes Sprunggelenk, Ton 2 = rechtes Knie, Ton 3 = rechtes Hüftgelenk, Ton 4 = rechtes Handgelenk, Ton 5 = rechter Ellbogen, Ton 6 = rechte Schulter, Ton 7 = Halswirbelsäule, Ton 8 = linke Schulter, Ton 9 = linker Ellbogen, Ton 10 = linkes Handgelenk, Ton 11 = linke Hüfte, Ton 12 = linkes Knie, Ton 13 = linkes Sprunggelenk.[129] So wie bei Linkshändern die Aufgaben der Gehirnhälften vertauscht sind, kann auch hier eine entsprechend vertauschte Zuordnung der Töne zu den Gelenken vorzufinden sein.

Die Verwendung des Tzolkin zur Bestimmung des Geburtstermins gibt schon einen wertvollen Hinweis, die Bedeutung eines 260-Tage-Zyklus zu erfassen. Es ist wieder der Blick in die Natur, der weiterhilft. Was passiert nach 260 Tagen, wenn ein Prozeß so alt wird?

Die genaue Betrachtung des menschlichen Schwangerschaftszyklus, insbesondere der Vorgang der Geburt, vermittelt die Qualität dieses Zeitraumes. Ahlheim führt dazu aus:

> „*Die Schwangerschaft beginnt mit der Einnistung des Eies in Gebärmutterschleimhaut. Von diesem Zeitpunkt bis zur Geburt vergehen* ***durchschnittlich 260 Tage****. [Hervorh. d. Verf.] Da das befruchtete Ei vorher noch rund 6 Tage im Eileiter und in der Uterushöhle verbringt, rechnet man von der Befruchtung der Eizelle bis zur Geburt ca. 265 Tage.*“[130]

128 Vgl. Voß/Grube, 2006/2007, S. 134

129 Vgl. Argüelles, 2002, S. 131

130 Ahlheim, 1984, S. 288

Das klinische Wörterbuch Pschyrembel führt als medizinisches Mittel von der Empfängnis bis zur Geburt 266 Tage an.[131] Der Tzolkin gibt also tatsächlich exakt den durchschnittlichen Zeitraum einer Schwangerschaft mit 260 Tagen an.

Mit der Geburtsphase muß ein Mensch folgende Veränderungen bewerkstelligen:

- es findet eine wesentliche Veränderung der Umwelt dieses Menschen statt, indem er aus dem Mutterleib, aus dem Wasser herauskommt und im weiteren von Luft umgeben ist.
- der Mensch fängt an zu atmen.
- die Nabelschnur als physische Verbindung zur Mutter wird durchtrennt.
- der Verdauungstrakt nimmt seine Hauptarbeit auf.

Tzolkin im Fundamentalen Fraktal

Wo findet man den Tzolkin im Zeitfraktal? Die Kettenbruchentwicklung ergibt den GS-Kettenbruch [72; +3, +3] mit rund 260,38 Tagen. Der Knotenbereich reicht von 249 Tagen über 260 Tage bis zu 267 Tagen.

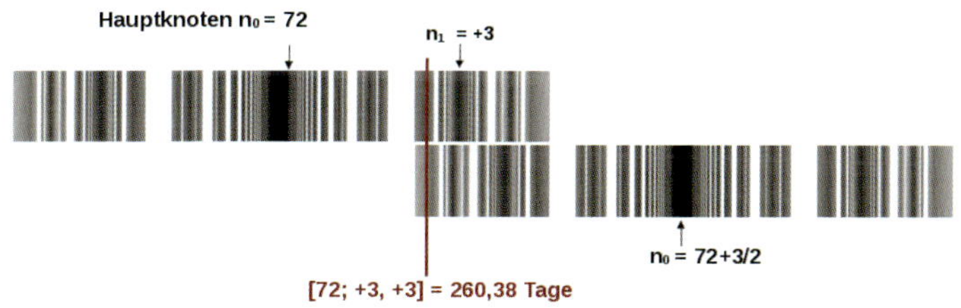

Abb. 38 – Tzolkin – 260 Tage

Die Nähe zum Knoten zeigt, daß es sich um eine Protonenresonanz handelt. Des weiteren liegt der Zyklus im Grünen Bereich,

131 Vgl. Pschyrembel, 2004, S. 1655

der allgemein mit dem Thema **Reife** beschrieben werden kann. Daß der Zyklus weit am linken Rand des Grünen Bereiches liegt, ist ebenfalls von großer Bedeutung, auf die durch den Vorgang der Geburt hingewiesen wird: Der Fötus hat eine bestimmte Reife erreicht, sodaß der Geburtsvorgang stattfinden kann. Die Geburt zeigt gleichzeitig an, daß diese Reife dazu dient, einen Entwicklungssprung zu schaffen. So wird hier bei Zyklen, die man am linken Rand des Grünen Bereichs findet, von einem Stadium der **Neugeburt auf höherer Ebene** gesprochen. Einerseits erlebt eine Entwicklung in dieser Phase einen Energieschub. Andererseits besteht ein mächtigerer Zwang – im Unterschied zu anderen Phasen – zur Weiterentwicklung, der mit entsprechenden Herausforderungen verbunden ist. Nimmt man diese an, so kann der Prozeß einen Entwicklungssprung vollziehen. In Analogie zur Geburt käme das dem Gehen des völlig neuen Weges durch den Geburtskanal gleich. Nimmt man die Herausforderungen nicht an, kann der Prozeß auch sterben.

Hängen Tzolkin und DNS-Molekül zusammen?

Der Einfluß der Zahlen auf die Bildung von Formen in der materiellen Wirklichkeit, insbesondere im Wachstum von Organismen wurde eindrucksvoll deutlich, als in Kapitel 2.2.2.2 die logarithmisch-skaleninvariante Verteilung der Fibonacci-Zahlen in der Gliederung der Lamellen eines Kiefernzapfens betrachtet wurde. Der in der Proportionierung von Organismen und Pflanzen so oft anzutreffende Goldene Schnitt, der sich aus dem denkbar einfachsten Kettenbruch berechnen läßt[132], verdeutlicht den Einfluß der Zahlen als Steuerungsbefehle ein weiteres Mal. So liegt es nahe, eine numerische Verknüpfung zwischen Tzolkin und DNS-Molekül[133] zu analysieren.

132 Siehe das Kapitel 2.2.3.4

133 DNS = Desoxyribonukleinsäure

Durch die Entdeckung der DNS als Trägerin der Erbinformation erzielten Watson und Crick 1953 einen bedeutenden Fortschritt. Sie fanden heraus, daß immer eine Folge von drei Basen im Doppelstrang der DNS eine Informationseinheit, ein sogenanntes Triplett, bilden, nach der Aminosäuren, Eiweißbausteine des Körpers, zusammengesetzt werden.[134] Nachdem vier solcher Basen[135] zur Verfügung stehen, ergeben sich

$$4 \cdot 4 \cdot 4 = 4^3 = 64$$

Kombinationsmöglichkeiten. Nebenbei sei erwähnt, daß die Umkehrung von Basis und Exponent die bedeutende $81 = 3^4$ ergibt, die an so vielen wichtigen Stellen in der Schöpfung auftritt. Auch ist numerologisch von Bedeutung, daß bei beiden Zahlen die Quersumme von Basis und Exponent 7 ergibt. 64 und 81 sind jeweils Quadratzahlen.[136] Interessant ist in diesem Zusammenhang ferner, daß lediglich 20 Kombinationsmöglichkeiten genutzt werden. Wie in Kapitel 2.2.7.1 im Zusammenhang mit Mengen aufgezeigt wurde, bildet die 20 ($= e^3$) einen Knoten, nachdem eine Trendwende zu erwarten ist. Die Natur scheint diese hier nicht überschreiten zu wollen.

Was hat nun die 64 mit den 260 Tagen des Tzolkin zu tun?

Bildet man ein sogenanntes **magisches Quadrat** nach Benjamin Franklin aus $8 \cdot 8$ Feldern, kann man darin die Zahlen von 1 bis 64 in der Weise anordnen, daß alle Spalten- und Zeilensummen 260 ergeben.[137]

---

134 Vgl. Schönberger, 2000, S. 31, 32

135 Die vier Basen sind Adenin, Cytosin, Guanin und Thymin

136 Hierzu sei noch angemerkt, daß die Quersumme von 64 die Zahl 10 ergibt. Die 10, als Kombination von 1 und 0, wobei 1 für Gott steht, steht für den Ausdruck Gottes in der Schöpfung.

137 Vgl. Argüelles, 1984, S. 44

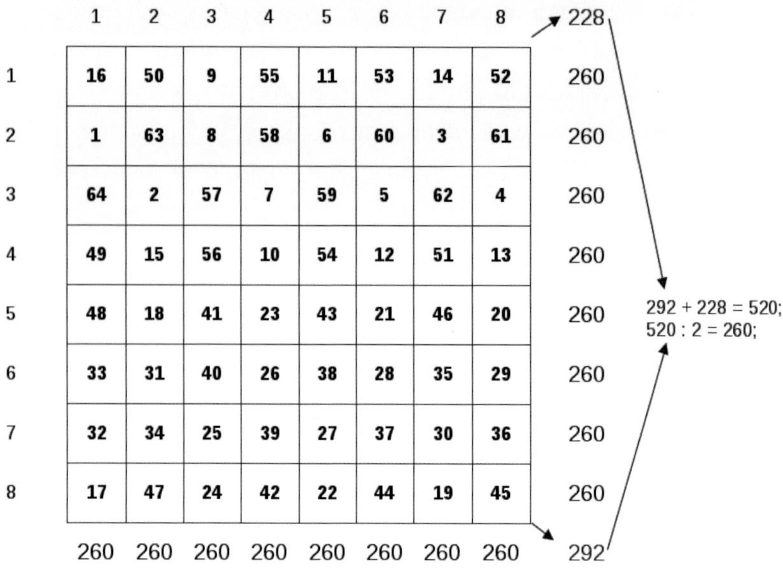

	1	2	3	4	5	6	7	8	228
1	16	50	9	55	11	53	14	52	260
2	1	63	8	58	6	60	3	61	260
3	64	2	57	7	59	5	62	4	260
4	49	15	56	10	54	12	51	13	260
5	48	18	41	23	43	21	46	20	260
6	33	31	40	26	38	28	35	29	260
7	32	34	25	39	27	37	30	36	260
8	17	47	24	42	22	44	19	45	260
	260	260	260	260	260	260	260	260	292

Abb. 39 – Magisches Quadrat von 8 · 8 Feldern nach Benjamin Franklin[138]

Argüelles fiel darüber hinaus auf, daß sich bei Verbindung der Zahlen in ihrer Reihenfolge ein harmonisches Muster ergibt:

138 In Anlehnung an Argüelles, 1984, S. 99

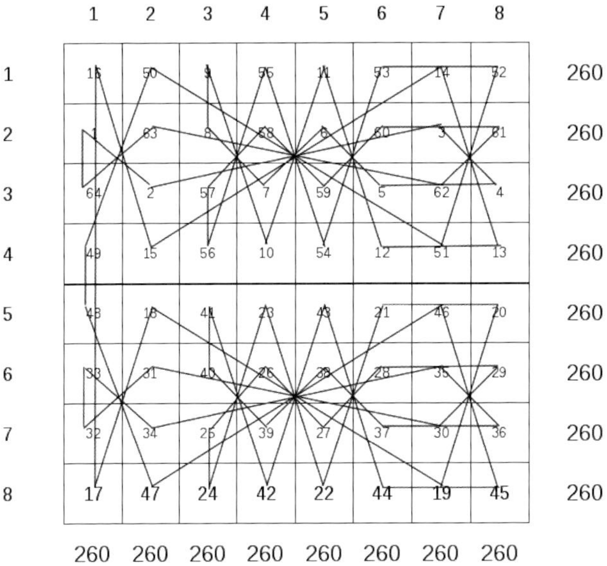

Abb. 40 – Geometrische Muster im Magischen Quadrat nach Benjamin Franklin[139]

Vielleicht ergeben zukünftige Forschungen noch einen Zusammenhang für das harmonische Muster. Jedenfalls legen die Spalten- und Zeilensummen von je 260, die sich aus den 64 Kombinationsmöglichkeiten des materiellen Prozesses der Proteinsynthese herleiten lassen, durchaus einen Zusammenhang mit dem Tzolkin nahe, beschreibt er doch einen so wesentlichen Zyklus in der Raumzeit, zu dem materielle Prozesse eine so bedeutende Entwicklungsphase der Neugeburt durchlaufen. Es wäre eine weitere Verbindung, die die Einheit von Raum und Zeit begründet.

139 In Anlehnung an Argüelles, 1984, S. 101

Weitere mathematische Besonderheiten im oben dargestellten Magischen Quadrat sind darüber hinaus:

- Beliebig gebildete Quadrate von 4 · 4 Kästchen ergeben immer die Summe 520 = 2 · 260.
- Aus dem vorgenannten Punkt folgt, daß die Summe des gesamten Quadrates 2080 = 4 · 520 = 8 · 260 ergibt, also Σ i = 2080 mit i = {1, 2, 3, …, 64}.
- Die Summen der beiden Diagonalensummen ergeben 520 = 2 · 260.

Hinweis aus der eigenen Familie

Die Großeltern des Verfassers mütterlicherseits verstarben im Alter von 100 und 101 Jahren. Sie waren fast 75 Jahre verheiratet und hatten eine starke Verbindung. Großmutter verließ ihren Körper am 24.06.2009. Trotz ihres hohen Alters hat es Großvater erschüttert, denn er war glücklich. Im Rückblick ist zu sagen, daß nun der Abschiedsprozeß bei ihm begann. Es ist wohl oft zu beobachten, daß Lebenspartner, die sich liebten und lange zusammenlebten, kurz hintereinander sterben. Er verließ seinen Körper am 11.03.2010, exakt 260 Tage, eine Tzolkinrunde später.

Zudem erreichten beide mit einem Alter von rund 100 Jahren ein finales Reifestadium, das fraktal qualitativ dem Ende eines Tages gleicht, wie es im Kapitel zuvor beschrieben wurde. Diese sehr persönlichen Erfahrungen empfand der Verfasser als ein deutliches Zeichen, daß mit der Analyse der Zeitzyklen und Geschichte, wie sie in diesem Buch beschrieben wird, der richtige Weg eingeschlagen wurde.

3.1.2.3 *Der 13-Tage-Zyklus*

Welche Zeitqualität wird mit einem 13-Tage-Zyklus verfolgt? Warum 13 Tage? Wie kommt man auf einen 13-Tage-Zyklus? Ausgerechnet 13. In unserem Kulturkreis ist die 13 überwiegend negativ besetzt, sie wird als Unglückszahl angesehen. Wie es dazu kam, ist unklar. Jedenfalls dürfen christlich Geprägte nicht übersehen, daß die zwölf Apostel zusammen mit Jesus auch 13 Menschen ergaben. Da erscheint es seltsam, daß die katholische Kirche nur die Zwölf hochhält. Meines Erachtens vermittelt hier Jesus Christus einen deutlichen Hinweis, daß die 13 eine besonders wichtige Zahl ist. Außerdem umrundet der Mond die Erde 13mal in einem Jahr und nicht zwölfmal. Welche weiteren Zusammenhänge mit den zwölf Aposteln und Jesus als 13. enthüllt werden, wird in den Kapiteln 3.7, 3.8.1 und 3.8.7 behandelt.

13 ist eine Primzahl und bildet mit der 11 zusammen den zweiten Primzahlzwilling in der Folge der natürlichen Zahlen, der in seiner Mitte die 12 einschließt. Im Primzahlkreuz von Plichta[140] steht sie gegenüber der göttlichen 1 bzw. 1^2. Sie wäre demnach so etwas, wie eine Komplementärzahl zur 1. Zudem besteht sie aus der 1 und der 3, wobei 1, 2 und 3 ohnehin die bemerkenswertesten Zahlen überhaupt sind. Die katholische Kirche gibt einen 7-Tage-Zyklus vor, der ununterbrochen beachtet werden muß. Die Zahl 7 ist genau in der Mitte der 13. Zudem enthält die Folge der Zahlen von 1 bis 13 genau 7 Primzahlen, wenn man die – Gott repräsentierende – Zahl 1 hinzuzählt: 1, 2, 3, 5, 7, 11, 13.

Aber bezüglich zeitlicher Maßstäbe und qualitativer Bewertung erhält man so keinen Hinweis auf die Bedeutung der 13 im Zusammenhang mit einem 13-Tage-Zyklus. In der Physiologie des Menschen konnte schließlich ein Vorgang identifiziert werden, der

140 Siehe das Kapitel 2.2.2.2

diesen Zyklus befolgt. Es ist der Eisprung im Rahmen des Menstruationszyklus, in dem das befruchtungsfähige Ei zum sogenannten Eisprung ansetzt. Genauer wird dieser Vorgang im Zusammenhang mit dem 28-Tage-Zyklus unter Kapitel 3.1.2.5 beschrieben.

Ein Blick ins Fundamentale Fraktal der Schwingungsperioden gibt Aufschluß über die Qualität eines 13-Tage-Zyklus:

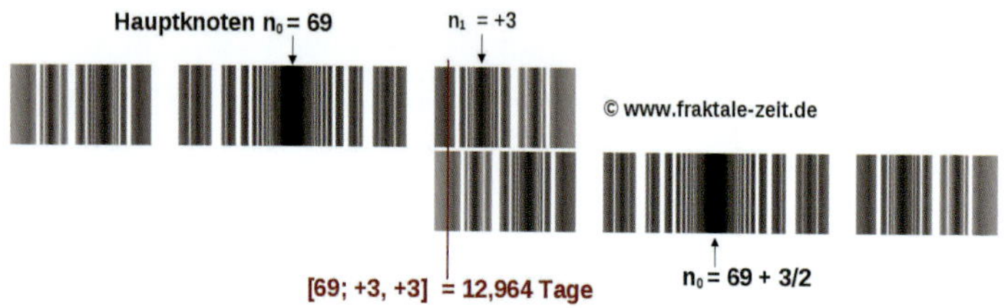

Abb. 41 – 13-Tage-Zyklus im Fundamentalen Fraktal der Schwingungsperioden

Nach Kenntnis des Tzolkin verrät die Lage des 13-Tage-Zyklus am linken Rand eines Grünen Bereiches, daß es sich um ein Stadium der **Neugeburt auf höherer Ebene** handelt. Bemerkenswert! Das Zeitfraktal ermöglicht einen fraktal qualitativen Vergleich mit 260 Tagen auf fraktal niedriger Ebene und somit die Bewertung des 13-Tage-Zyklus.

3.1.2.4 *Der 20-Tage-Zyklus*

Ähnlich wie ein 13-Tage-Zyklus ist in der industriell geprägten Kultur ein 20 Tage währender Zyklus nicht bekannt. Die Maya-Kultur hingegen verwendete diesen nicht nur in Kombination mit dem 13-Tage-Zyklus, um den 260 Tage umfassenden Tzolkin zu erhalten, sondern auch in einem Jahreskalender mit 18 Monaten zu je

20 Tagen und einem 19. Monat zu 5 Tagen, in Summe also 365 Tagen. Dieser Maya-Kalender trug den Namen **Haab**.[141] Des weiteren findet der 20-Tage-Zyklus mit dem Namen **Winal** seine Verwendung in der mayanischen Langzählung, die in Kapitel 3.1.2.12 ausführlich erklärt wird. Welche Zeitqualität verbirgt sich hinter einem 20-Tage-Zyklus?

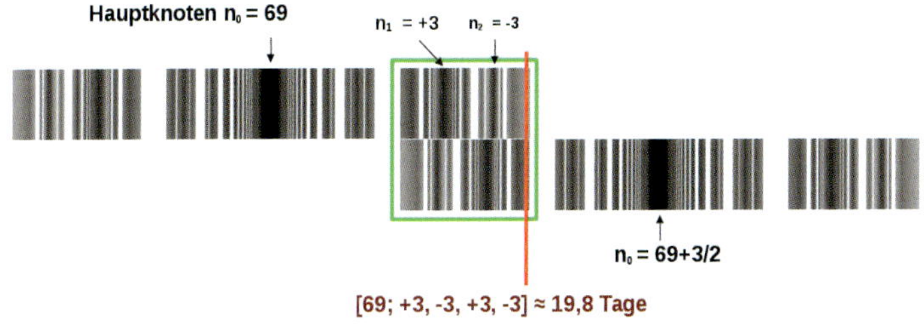

Abb. 42 – 20-Tage-Zyklus im Fundamentalen Fraktal der Schwingungsperioden

Die Lage am rechten Rand eines Grünen Bereiches offenbart den 20-Tage-Zyklus als finales Reifestadium, das qualitativ mit einem Tag verglichen werden kann. Je nach Prozeßart wird nach 20 Tagen klar, daß etwas zum Ende kommt, entweder eine Phase eines Prozesses oder der Prozeß an sich. Im nächsten Kapitel in der Analyse des Menstruationszyklus konnte ein physiologischer Reifungsprozeß mit einer Länge von rund 20 Tagen identifiziert werden.

141 Vgl. Voß/Grube, 2006/2007, S. 135

3.1.2.5 *Der 28-Tage-Zyklus*

28-Tage-Zyklus in der Maya-Kultur

Die Maya beobachteten auch einen 28-Tage-Zyklus durch die Verwendung eines Jahreskalenders, der aus 13 Monaten zu je 28 Tagen bestand. Sie assoziierten jeden der 13 Monate mit einem von 13 Tierkreiszeichen. Dieser 13-Monate-Kalender wird in Kapitel 3.1.2.8 näher beleuchtet, wo es um die Analyse des Jahreszyklus geht. Im folgenden werden astronomische und physiologische Zusammenhänge aufgezeigt, die die Beachtung eines 28-Tage-Zyklus begründen.

Astronomischer Mondumlauf

Der Mond umrundet die Erde in durchschnittlich 27,32166 Tagen[142], vollendet seinen Umlauf also am 28. Tage. Der sogenannte siderische Mondumlauf gibt wieder, wie lange der Mond für eine Erdumrundung bezogen auf den Fixsternhimmel benötigt und repräsentiert damit die exakte, wahre Umlaufzeit. Im Gegensatz zum synodischen[143] Mondzyklus, ist der siderische Mondzyklus ein wirklich reiner Mondzyklus. Der synodische Mondzyklus mit seinen rund 29,53059 Tagen[144] Dauer ist tatsächlich ein Sonne-Mond-Zyklus, weil er ja auch vom Sonnenstand abhängt. Daneben unterscheidet man den tropischen Monat, der den Umlauf um die Erde bezogen auf den Nachtgleichenpunkt wiedergibt. Seine Dauer beträgt 27,32158 Tage. Der drakonitische Monat betrachtet den Zeitraum des Umlaufs von der auf- oder absteigenden Knotenlinie wieder zu derselben und beträgt 27,21222 Tage.[145] Der anomalistische

142 Vgl. Meyers GKL, 1907, B14, S. 54; NASA, 2016

143 Der synodische Monat ist die Zeit von einer Mondphase bis zu ihrer Wiederkehr, also z. B. von Neumond bis Neumond; vgl. Meyers GKL, 1907, B14, S. 5

144 Vgl. Meyers GKL, 1907, B14, S. 55; NASA, 2016

145 Vgl. Meyers GKL, 1907, B14, S. 55; NASA, 2016

Monat bezieht sich auf die Umlaufzeit von Perihel[146] zu Perihel und beträgt 27,55455 Tage.[147]

Gibt es einen Zyklus in der menschlichen Physiologie, der den Mondumlauf widerspiegelt? Nachfolgend wird der durchschnittliche Menstruationszyklus der Frau genauer analysiert. Dabei wird zu sehen sein, daß hier m. E. ein Zusammenhang der Synchronizität besteht. Da der vollständige Erdumlauf des Mondes ein eigenständiger Zyklus ist, legt dies die Untersuchung dieses Zyklus im Fundamentalen Fraktal nahe:

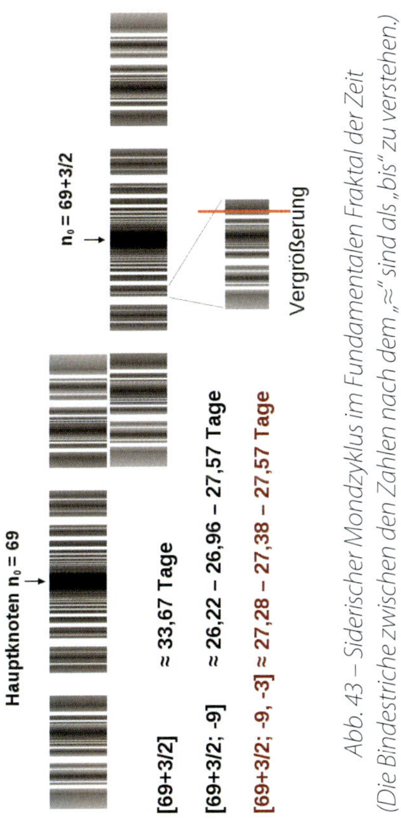

Abb. 43 – Siderischer Mondzyklus im Fundamentalen Fraktal der Zeit (Die Bindestriche zwischen den Zahlen nach dem „≈" sind als „bis" zu verstehen.)

146 Jener Punkt der elliptischen Umlaufbahn des Mondes um die Erde, der der Erde am nächsten ist.

147 Vgl. NASA, 2016; Meyers GKL, 1907, B14, S. 55 mit 27,55460 Tagen

Der vergrößerte Ausschnitt aus dem Zeitfraktal in Abbildung 43 stellt den rot dargestellten Knotenbereich [69+3/2; -9, -3] dar. Die rote Linie markiert die Lage des siderischen Mondzyklus unmittelbar vor dem Subknotenzentrum mit 27,38 Tagen. Aus dem FF ist zu erkennen, daß es sich um eine Protonenresonanz handelt. Die Stelle im Fundamentalen Fraktal verrät jedoch, daß sich dieser Zyklus mit hoher Wahrscheinlichkeit zügiger als beispielsweise Zyklen an den Rändern des Grünen Bereiches verändern kann. Im Falle des Mondzyklus wird dieser mit hoher Wahrscheinlichkeit länger werden, weil der nächste Hauptknoten [69+3/2] mit rund 34 Tagen als Attraktor wirkt. Die Lage im fundamentalen Fraktal deutet (nach gegenwärtigem Kenntnisstand) an, daß der Mondzyklus mit hoher Wahrscheinlichkeit nicht so stabil erhalten bleibt, wie beispielsweise dazu im Vergleich der Tageszyklus (siehe Kapitel 3.1.2.1), welcher ganz am rechten Rand eines Grünen Bereiches zu finden ist.

Der Subknoten n_1 = -9 verrät, daß es sich um einen Zyklus hoher Priorität handelt, der Teilnenner ist nicht nur durch 3, sondern auch durch 9 teilbar. Innerhalb des Subknotens n_1 = -9 wiederum liegt der Mondzyklus im Randbereich, im Subknoten n_2 = -3. Innerhalb des Subknotenbereiches n_1 = -9 erhält er am Rande die darin maximal mögliche Stabilität, es handelt sich also um ein vorläufiges Reifestadium innerhalb des Subknotenbereiches.

Epidermis

In der menschlichen Physiologie findet man des weiteren z. B. den Zyklus der Erneuerung der Epidermis, der obersten Hautschicht. Sie erneuert sich einmal vollständig in durchschnittlich 28 Tagen.[148]

148 Vgl. Pschyrembel, 2004, S. 1503; im Zusammenhang mit der Hauterkrankung Psoriasis

Zyklus der Menstruation

Der wohl bekannteste Zyklus in der Physiologie des Menschen mit einer Dauer von durchschnittlich 28 Tagen ist der Menstruationszyklus der Frau. Er steht damit in bemerkenswerter Übereinstimmung mit dem siderischen Mondzyklus. In den Lehrbüchern wird er als ein Zyklus angegeben, der vom Eisprung in etwa am 14. Tage halbiert wird.[149] Bei genauerem Hinsehen zeigte sich diese Betrachtung jedoch als zu kurz greifend. Am Regelzyklus sind im wesentlichen zwei Organkomplexe beteiligt: die Gebärmutter und die Eierstöcke. Während die Gebärmutter eine potentielle Schwangerschaft durch Schleimhautaufbau vorbereitet, reift in einem der Eierstöcke ein befruchtungsfähiges Ei heran. Mithin erscheint es sinnvoll, beide Zyklen – nicht nur, aber auch – getrennt voneinander zu betrachten. Wie weiter unten dargestellt, bringt die differenzierte Sicht auf beide Vorgänge und ihr Zusammenspiel erstaunliche Einsichten ans Licht.

Des weiteren hat man den Beginn des Menstruationszyklus mit dem ersten Tag der Regelblutung festgelegt.[150] Aufgrund der Eindeutigkeit des Ereignisses ist dies verständlich, m. E. jedoch keine glückliche Wahl als Zyklusstart. Vielmehr zeigt die Regelblutung mit der Ausscheidung von Blut und Gewebeteilen der Gebärmutterschleimhaut, daß ein Prozeß zu Ende geht. So beginnt in der hiesigen Zeitanalyse der Gebärmutterzyklus mit dem erneuten Aufbau der Schleimhaut.

Weil zu diesem Zeitpunkt bereits ein Ei im Eierstock zu reifen begonnen hat, wird dem Eierstock ein Zyklusbeginn vor dem des Gebärmutterzyklus zugeordnet. Durchschnittlich beginnt der Eierstockzyklus etwa vier Tage vor dem Gebärmutterzyklus. Die nachfolgende Grafik verdeutlicht diese Abläufe:

149 Vgl. Pschyrembel, 2004, S. 1144; Hasenburg, 2002, S. 804
150 Vgl. Pschyrembel, 2004, S. 1144

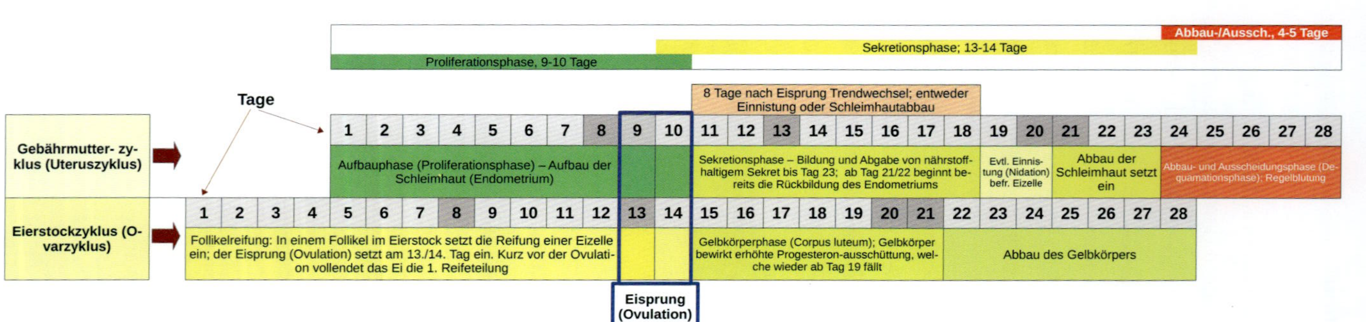

Abb. 44 – Menstruationszyklus der Frau – als zwei jeweils 28 Tage dauernde Zyklen

In der Betrachtung des Gebärmutterzyklus in obiger Abbildung wird sichtbar, daß die Aufbauphase (Proliferationsphase) rund neun Tage andauert, bevor der Eisprung stattfindet. Im Zeitfraktal ersichtlich, liegt am 8. Tag eine **Trendwende**. Der Prozeß an sich entwikkelt sich weiter, es findet jedoch eine maßgebliche Änderung in der Prozeßqualität statt:

Der Schleimhautaufbau verlangsamt sich, die Sekretion(-sphase) beginnt und der Eisprung kann stattfinden, es ist genug Schleimhaut für eine evtl. spätere Einnistung gebildet. Auch wenn der Schleimhautaufbau noch nicht ganz abgeschlossen ist und *„die Ausstattung des Endometriums mit Drüsen und Nährstoffen vervollständigt"*[151] wird. Die Gebärmutterschleimhaut wird noch zu einer finalen Reife gebracht, die bis zum Abbausignal anhält.

Nach diesem finalen Reifestadium von etwa 20 Tagen findet evtl. die Einnistung statt, das „Nest" ist sozusagen „reif". Findet keine Einnistung statt, ist dies das Signal zum Beginn der Abbauphase (Dequamationsphase). Besonders schön zeigt der Progesteronspiegel mit seinem Maximum um den 19./20. Tag dieses Reifestadium an.[152]

Die Abbauphase selbst entspricht einem finalen Reifestadium von vier bis fünf Tagen, nachdem der Abbau in etwa fertig bzw. beendet ist. Interessant ist dabei auch, daß es ca. am achten Tag nach dem Eisprung eine Trendwende gibt: Entweder es kommt zur Einnistung und die Schwangerschaft beginnt, oder es wird klar, daß der Abbau beginnen muß.

Das Ineinandergreifen der natürlichen Rhythmen ist beeindruckend.

Betrachtet man den Zyklus der Reifung der Eizelle in einem der Eierstöcke, fällt natürlich der markante Eisprung (Ovulation) ins Auge. Auch fällt bei der getrennten Betrachtung von Gebärmutter- und

151 Hasenburg, 2002, S. 807

152 Vgl. Pschyrembel, 2004, S. 1144

Ovarzyklus auf, daß das Abbausignal in der Gebärmutter gleichzeitig das Signal für die erneute Reifung einer weiteren Eizelle zur Sprungfähigkeit in den Ovarien zu sein scheint. Ab diesem Signal gerechnet, findet die Ovulation durchschnittlich am 14. Tage statt. Das Fundamentale Zeitfraktal zeigt in einem Prozeßverlauf ab dem 13. Tag mit hoher Wahrscheinlichkeit eine Neugeburt auf höherer Ebene an. Ein Prozeß „betritt" am 13. Tag einen neuen Grünen Bereich. Wie oben aufgezeigt, ist dies fraktal qualitativ mit der Geburt eines Kindes identisch!

In der Entwicklung der Eizelle ist festzustellen, daß das Ei seine Befruchtungsfähigkeit erlangt hat und den sog. Eisprung vollzieht. Dieses Ereignis könnte sich nicht schöner ins Zeitfraktal einordnen! Zurück bleibt der Gelbkörper (Corpus luteum) und beginnt, vermehrt das Hormon Progesteron zu produzieren. Bezogen auf den Gebärmutterzyklus ordnet sich die erhöhte Progesteronproduktion wunderbar in die Trendwende nach dem achten Tage ein.

Der Blick ins Fundamentale Fraktal verdeutlicht die Prozeßphasenqualitäten:

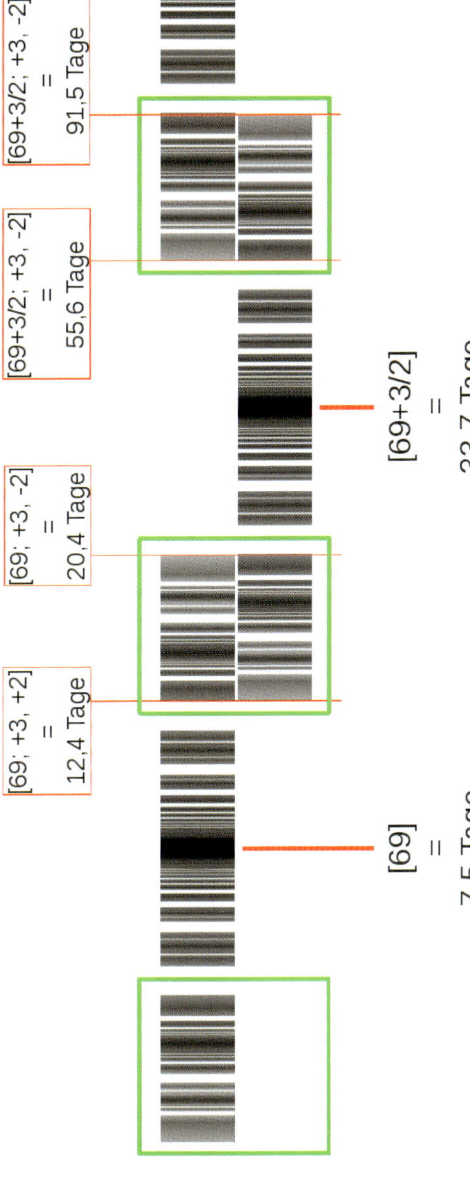

Abb. 45 – Die Zyklen von 8, 13 und 20 Tagen im Fundamentalen Fraktal

Nistet sich ein befruchtetes Ei in der Gebärmutterschleimhaut ein und kommt es somit zu einer Schwangerschaft, zeigt der 34. Tag im Fundamentalen Fraktal eine wichtige Trendwende des nächsten Hauptknotens an. Dazu findet man in der Physiologie der Frau nun folgenden Prozeßverlauf: Das zentrale Hormon Östrogen, dessen Konzentration ab etwa dem 21. Tag abnimmt, erreicht um den 34. Tag ein Konzentrationstief, um kurz danach bei Vorliegen einer Schwangerschaft wieder anzusteigen.[153] Das Östrogen wird u.a. für den Schleimhautaufbau in der Gebärmutter verantwortlich gemacht.[154] Auch diese Übereinstimmung mit der Trendwende im Knoten [69+3/2] des Fraktals der Protonenresonanzen ist beeindruckend!

So wird ersichtlich, daß es sich bei dem monatlichen Regelzyklus um ein Konzert höchst ausgereifter – weil oft im Grünen Bereich des Zeitfraktals liegend – Zyklen handelt, die in ihrer Kombination erstaunlich genau dem siderischen Mondumlauf folgen.

3.1.2.6 *Der 7-Tage-Zyklus*

Im Rahmen der Analyse des 13-Tage-Zyklus wird die 7-tägige Woche als Zyklus erwähnt, deren Analyse an dieser Stelle nicht fehlen darf. Wie bemerkt, gibt – nicht nur – die katholische Kirche einen 7-Tage-Zyklus vor, der ununterbrochen beachtet werden soll. In Kapitel 3.2.1.2 wird der gregorianische Kalender kritisch betrachtet.

Die Frage ist also, ob sieben Tage einem natürlichen Zyklus entsprechen und welche Qualität diesem zugrunde liegt.

153 Vgl. Hasenburg, 2002, S. 806
154 Vgl. Hasenburg, 2002, S. 805

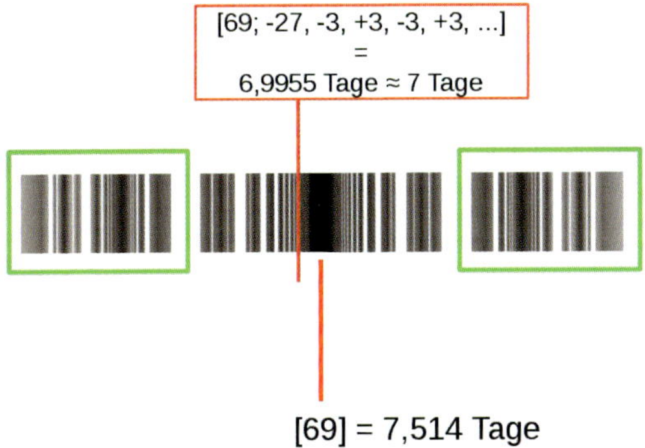

Abb. 46 – 7-Tage-Zyklus im Fundamentalen Zeitfraktal

Das Analyseergebnis zeigt, daß der 7-Tage-Zyklus in unmittelbarer Nähe zum Hauptknoten [69] mit 7,5 Tagen ist und damit eine Protonenresonanzschwingungsdauer ergibt. Der extreme rechte Rand des Subknotens [69; -27] ergibt einen Wert von 6,9955 Tagen und ist damit am dichtesten an den sieben Tagen dran. Als Rhythmus gleicht die Woche damit in etwa dem mittleren Atem- oder Herzrhythmus.

Altert ein betrachteter Prozeß, erlebt er mit hoher Wahrscheinlichkeit nach 7,5 Tagen einen Trendwechsel, also im Laufe des achten Tages oder kurz danach. Insofern wird sich an einem siebten Prozeßtag noch keine Trendwende abzeichnen.

Die Analyse zeigt jedoch, daß sich ein 7-Tage-Zyklus in Resonanz mit den Eigenschwingungen der Materie befindet und somit durchaus geeignet ist, als Zyklus verwendet zu werden. In Kombination mit einem 28-Tage-Monat mit vier 7-Tage-Wochen wäre dies sehr sinnvoll.

3.1.2.7 *Die vier Jahreszeiten – mit je 91 Tagen – das Quartal*

Die vier Jahreszeiten Frühjahr, Sommer, Herbst und Winter sind ganz wunderbare Beispiele aus der Natur, an denen man erkennen kann, daß sie einen Anfang und ein Ende haben. Genau wie bei der Tagesqualität weiß man, daß z. B. der Winter sein Ende finden wird. Als Fixpunkte im Sonnenjahr werden dazu die vier Eckpunkte des Jahres mit Frühjahrstagundnachtgleiche, Sommersonnenwende, Herbsttagundnachtgleiche und Wintersonnenwende beobachtet.

Die Lage des 91-Tage-Zyklus am rechten Rand eines Grünen Bereiches des Fundamentalen Fraktals verrät, daß es sich wie beim Tageszyklus um ein **finales Reifestadium** handelt. Je nach Prozeßart erreicht eine Entwicklung nach 91 Tagen mit hoher Wahrscheinlichkeit ein Reifestadium. Ist der Prozeß seiner Art nach dazu bestimmt, älter zu werden, wird es sich um ein vorübergehendes Reifestadium handeln. Vielleicht ist es aber auch die natürliche Lebenserwartung eines betrachteten Prozesses.

Die vier Eckpunkte des Jahres zeigen die Referenz dieser Quartalszyklen zur Sonne. Sie entstehen durch die Neigung der Erde gegenüber ihrer Umlaufebene, in der sie die Sonne umrundet, im Zusammenspiel mit ihrer Eigenrotation. Die Kombination der vier Jahreszeiten ergibt wieder einen Zyklus, das Sonnenjahr, und dieses soll als nächstes betrachtet werden.

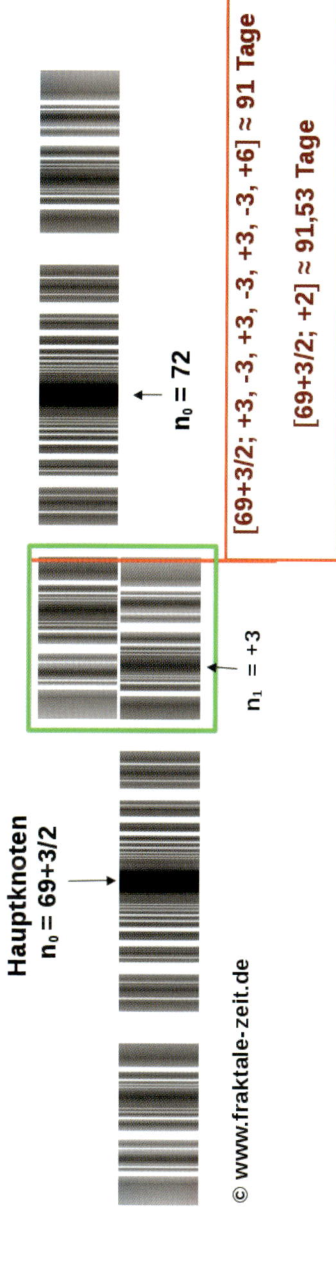

Abb. 47 – 91-Tage-Zyklus im Fundamentalen Zeitfraktal

3.1.2.8 *Das Jahr – 365 Tage – ein Sonnenjahr – Haab-Kalender – Tun-Zyklus*

Mit dem Jahr bezeichnet man gewöhnlich den Zeitraum, den die Erde für einen Umlauf um die Sonne benötigt. Je nach Referenzpunkt gelangt man so zu unterschiedlichen Jahreslängen. Die Länge des tropischen oder Äquinoktialjahres ist jener Zeitraum, den die Erde von Frühlingspunkt zu Frühlingspunkt benötigt. Sie beträgt 365,24219879 Tage. Das tropische Jahr ist deshalb mit den Jahreszeiten synchronisiert. Aufgrund der Präzession[155] nimmt seine Länge in 1000 Jahren um 5,3 Sekunden ab.[156] Das siderische oder auch Sternjahr repräsentiert die wahre Umlaufzeit der Erde und Rückkehr zum gleichen Punkt auf ihrer Umlaufbahn, der Ekliptik, sodaß die Sonne wieder vor dem gleichen Fixsternhimmel erscheint. Die siderische Umlaufzeit beträgt 365,25636042 Tage. Sie nimmt in 1000 Jahren um 1/10 Sekunde zu.[157]

Durch den Ablauf der Jahreszeiten in einem Jahr weiß man, wann ein Jahr zu Ende ist. Eine vergleichbare Zeitqualität findet man beim Quartal und beim Tageszyklus. Mithin kann man vermuten, daß es sich wiederum um ein **finales Reifestadium** handelt.

---

155 Die einer Kreiselbewegung ähnliche Taumelbewegung der Erdachse; siehe auch das Kapitel 3.1.2.11.

156 Vgl. Meyers GKL, 1906, B10, S. 151

157 Vgl. Meyers GKL, 1906, B10, S. 150

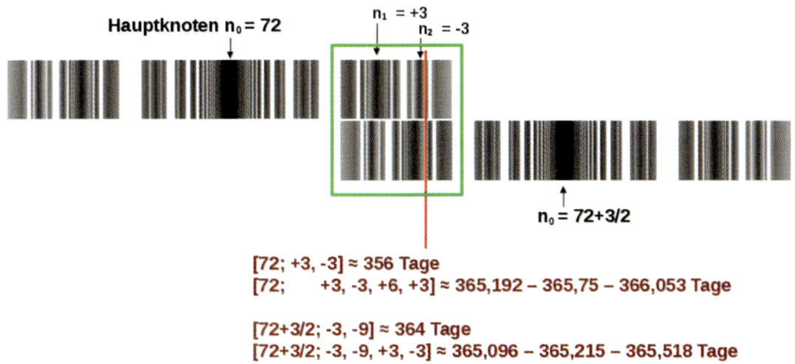

Abb. 48 – Jahreszyklus im Fundamentalen Zeitfraktal

Abbildung 48 zeigt, daß der Jahreszyklus in Subknoten des Hauptknotens [72] und des Hauptknotens [72+3/2] liegt. Der Subknoten [72, +3, -3, +6, +3] mit seinem Subknotenzentrum von 365,75 Tagen verrät, daß hier eine eher jahresverlängernde Tendenz in Richtung der 365,75 Tage vorliegt, während Subknoten [72+3/2; -3, -9, +3, -3] mit seinem Zentrum bei 365,215 Tagen anzeigt, daß der durchschnittliche Jahreszyklus von 365,2422 Tagen eher auf den Zentrumszeitraum von 365,215 Tagen verkürzt werden soll. Diese beiden gegensätzlichen Tendenzen heben sich je nach Stärke ihrer Einflüsse mehr oder weniger auf, was den Jahreszyklus zu einem stabilen Zyklus macht.

Der Zyklus des Jahres tendiert zum rechten Rand des Grünen Bereiches und trägt damit die erwartete Qualität eines finalen Reifestadiums. Das Jahr ist deswegen zeitqualitativ dem Tag und dem Quartal ähnlich. Daß eine Jahreszeit viermal in ein Jahr paßt, verrät die Zahl Vier als nützlichen Umrechnungsfaktor, ohne den Logarithmus verwenden zu müssen: Vier finale Reifestadien ergeben ein neues, größeres finales Reifestadium. Die Vier als Faktor dient jedoch nur als grober Anhalt, was daran zu erkennen ist, daß das Jahr im Vergleich zu Tag und Quartal nicht so nahe am rechten Rand seines Grünen Bereiches liegt. Weitere Umrechnungsfaktoren werden in Kapitel 3.1.3 hergeleitet und genannt. Exaktere Ergebnisse als die Vier liefert der Faktor 4,5 bzw. 9/2. Dazu multipliziert man zunächst mit 9, um anschließend durch 2 zu dividieren.

Die Einteilung eines Jahres in vier verschiedene Jahreszeiten weist ebenfalls darauf hin, daß sich finale Reifestadien vielleicht immer in vier Phasen unterteilen lassen. Betrachtet man in diesem Zusammenhang den Tag, so fällt eine solche Einteilung leicht: Morgen, Tag, Abend und Nacht in Analogie zu Frühjahr, Sommer, Herbst und Winter.

Haab-Kalender

Die Maya verwendeten für das Sonnenjahr zwei verschiedene Kalender. Der *Haab*-Kalender ist einer davon und gliedert sich in 18 Einheiten zu je 20 Tagen, und eine 19. Einheit zu fünf Tagen bzw. sechs Tagen in Schaltjahren, in Summe 365 bzw. 366 Tage.

13 Monate und 13 Sternzeichen

Aus der späten Postklassik (1200 bis ca. 1500 n. Chr.) ist auch ein 13-Monate-Kalender bekannt, wobei jeder Monat aus 28 Tagen bestand.[158] Das Produkt aus 13 Monaten zu je 28 Tagen ergibt 364 Tage. Wie der 365ste Tag berücksichtigt wurde, ist nicht genau überliefert. In diesem Zusammenhang gibt die Maya-Stätte Chichén Itzá mit Blütezeit im 9. Jahrhundert n. Chr. Aufschluß darüber. Die dortige Pyramide[159] hat auf jeder Seite 91 Stufen. Rechnet man für jede Stufe einen Tag, erhält man pro Pyramidenseite ein Quartal. Vier Seiten entsprechen vier Quartalen und ergeben ein Jahr. Das legt die Vermutung nahe, daß auch schon in Chichén Itzá ein 13-Monate-Kalender Verwendung fand:

158 Vgl. Voß/Grube, 2006/2007, S. 140

159 Siehe den Anhang 7.5

$4 \cdot 91$ Tage = 364 Tage,

$4 \cdot 7 \cdot 13 = 364,$

$28 \cdot 13 = 364.$

Die Konstruktion der Pyramide könnte einen Hinweis geben, daß der turmhausähnliche Aufbau auf der Pyramide nicht nur als Tempelstätte diente, sondern mit seinem plateauförmigen Dach auch den 365. Tag repräsentierte. Nach dem gleichen Aufbau wurden auch in der Stätte Tikal Pyramidenstümpfe mit je 91 Treppen auf jeder der vier Seiten errichtet. Die hervorragende, astronomisch ausgerichtete Architektur der Pyramide in Chichén Itzá zeigt meines Erachtens auch, daß der Stand der Sonne sehr genau beachtet und so die korrekte Jahreslänge mit einem evtl. einzufügenden Schalttag berücksichtigt wurde. Die Überlieferungen von Diego de Landa bestätigen dies.[160] Die Verwendung eines 13-Monde-Kalenders besticht außerdem noch durch folgende numerische Zusammenhänge:

$1+2+3+4+5+6+7 = 28;$

$1+2+3+4+5+6+7+8+9+10+11+12+13 = 91;$

Eine 7-Tage-Woche kodiert damit einen Monat mit 28 Tagen, während ein 13-Tage-Zyklus ein Quartal kodiert.

Der Pariser Codex[161] beschreibt, daß jedem Monat ein Tierkreis aus je einem Sternbild von 13 zugeordnet war, von denen heute folgende zu erkennen sind:

1. Vogel (Waage), 2. Schildkröte (Gürtelsterne des Orion), 3. Skorpion (Skorpion), 4. Schreieule (Zwillinge), 5. Schlange (Schütze), 6. Papagei (Steinbock), 7. Frosch (westlicher Teil des Löwen), 8. Fledermaus (Wassermann), 9. Nabelschwein (östlicher Teil des Löwen), nicht mehr erhaltenes 10. Zeichen (Jungfrau), 11. Skelett (Fische), 12. Jaguar (Widder).[162]

---

160 Vgl. Voß/Grube, 2006/2007, S. 135

161 Eine der drei im Original überlieferten Schriften der Maya. Er wird in der Bibliothèque nationale Paris aufbewahrt.

162 Vgl. Voß/Grube, 2006/2007, S. 141

Tun-Zyklus

Aufgrund seiner Nähe zum Sonnenjahr soll auch der mayanische Tun-Zyklus an dieser Stelle schon erwähnt werden. Er besteht aus achtzehn 20-Tages-Zyklen, 18 sogenannten „Winal", und ergibt somit eine Dauer von 360 Tagen. Der Tun-Zyklus wird in der sog. Langzählung verwendet. Näher beschrieben wird die Langzählung in Kapitel 3.1.2.12. Logarithmisch und damit zeitqualitativ betrachtet unterscheiden sich Sonnenjahr und Tun praktisch nicht. So wird in der Literatur vermutet, daß in der Langzählung aus mathematischen Vereinfachungsgründen 360 anstatt 365 Tagen verwendet wurden.[163] Jedoch wird in der Analyse des platonischen Jahres in Kapitel 3.1.2.11 aufgezeigt, daß die Abweichung von 360 zu 365 Tagen durchaus auch Absicht gewesen sein könnte.

3.1.2.9 *Sonnenzyklus*

Eine explizite Beobachtung von Sonnenzyklen bei den Maya ist bislang nicht bekannt. Aufgrund der überragenden Wichtigkeit für und des großen Einflusses des Sterns Sonne auf unser Leben ist die Analyse wesentlicher Zyklen der Sonne interessant und darf hier nicht fehlen. Während die Eigenrotation der Sonne rund 27 Tage dauert[164] und sich damit in höchst bemerkenswerter Übereinstimmung mit dem Zeitfraktal befindet, die mit Kettenbruch [69+3/2; -3] = 27 Tage[165] beschrieben werden kann, beansprucht ein Aktivitätszyklus hinsichtlich der Häufigkeit von Sonnenflecken, z. B. von Son-

163 Vgl. Argüelles, 1987, S. 206 ff.; Jenkins, 1998, S. 21 ff.; Voß/Grube, 2006/2007, S. 138; Jenkins, 2009, S. 69 ff.

164 Vgl. NASA, 2003b; NASA, 2015

165 Siehe dazu Abbildung 43 zum siderischen Mondumlauf, der im gleichen Subknoten zu finden ist.

nenfleckenminimum zu Sonnenfleckenminimum, durchschnittlich elf Jahre und schwankt zwischen acht und 14 Jahren. Der Sonnenfleckenzyklus sollte nicht verwechselt werden mit dem Sonnenzyklus, der sich auf den Wechsel der magnetischen Pole der Sonne bezieht. Durchschnittlich alle elf Jahre wechselt die Sonne ihre Polarität, sodaß nach durchschnittlich 22 Jahren die Ausgangspolarität wieder erreicht ist. Dabei fallen ein Maximum an Sonnenfleckenaktivität und die maximale Ausprägung der Magnetpole jeweils zusammen.[166] Ein voller Sonnenzyklus dauert mithin durchschnittlich 22 Jahre. Wo ist er im Fundamentalen Fraktal zu finden?

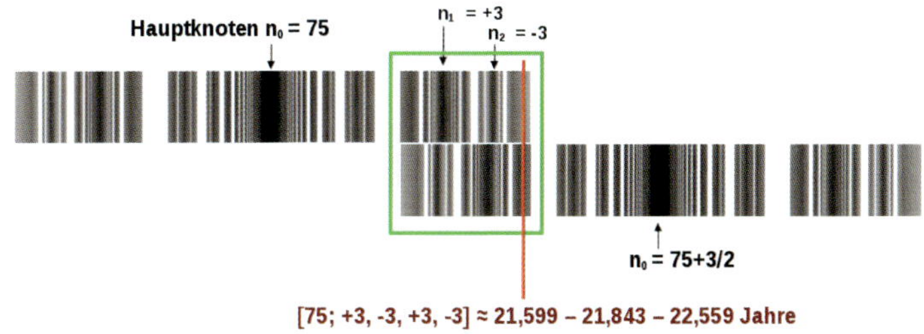

Abb. 49 – Sonnenzyklus von 22 Jahren im Fundamentalen Zeitfraktal

Abbildung 49 zeigt den Subknoten [75; +3, -3, +3, -3], der bei rund 22,60 Jahren beginnt, sein Zentrum im Knotenpunkt mit rund 21,84 Jahren hat und bei rund 22,56 Jahren endet. Der Sonnenzyklus mit 22 Jahren liegt folglich rechts vom Knotenzeitraum mit 21,84 Jahren und am rechten Rand des übergeordneten Grünen Bereichs. So ist wunderbar zu erkennen, daß man es mit einem finalen Reifestadium zu tun hat, das fraktal qualitativ mit einem Tag vergleichbar ist. In Analogie zu der Zweiteilung des Tageszyklus in Tag und Nacht, findet man eine Zweiteilung des Sonnenzyklus im elfjährigen Wechsel der magnetischen Polarität der Sonne.

166 Vgl. NASA, 2011

Es ist, wie gesagt, nicht bekannt, ob die Maya den Sonnenzyklus beobachteten. Nur im Rahmen der Langzählung, die in Kapitel 3.1.2.12 besprochen wird, gibt es als Untereinheit den Zyklus eines Katuns mit rund 19,7 Jahren, der sich damit dem Sonnenzyklus nähert.

3.1.2.10 *Kalenderrunde*

Was ist die Kalenderrunde? Mit diesem Begriff bezeichnet man einen Zyklus der Maya von 52 Jahren. Dieser ergibt sich aus der Kombination des Ritualkalenders Tzolkin, bestehend aus 260 Tagen, mit dem Gemein- oder Sonnenjahr von 365 Tagen. Das Besondere daran ist, daß nach 52 Jahren ein Tag aus dem Tzolkin wieder genau auf den gleichen Kalendertag des Sonnenjahres fällt. Dies erfordert jedoch die Verwendung eines Sonnenjahres mit 365 Tagen, wie man unten in der Primfaktorzerlegung sehen kann. Ist z. B. der 25.07.1973 der Träger von Ton 6 von 13 Tönen und Siegel 3 von 20 möglichen, so fällt dieses Kin erst wieder 2025, also 52 Jahre später auf den 25.07. des Jahres. Das kleinste gemeinsame Vielfache (kgV) von Tzolkin und Sonnenjahr ist also ein 52-Jahres-Zyklus. Durch Zerlegung in Primfaktoren kann man dies leicht nachrechnen:

$260 = 2 \cdot 2 \cdot 5 \cdot 13;$

$365 = 5 \cdot 73;$

$\text{kgV} = 2 \cdot 2 \cdot 5 \cdot 13 \cdot 73 = 18.980$ Tage;

18.980 Tage / 365 Tage/Jahr = 52 Jahre = 73 Tzolkinrunden.

Dem aufmerksamen Leser ist vermutlich aufgefallen, daß es die Logik der Kalenderrunde erfordert, das Sonnenjahr mit 365 Tagen anzusetzen. An Schalttagen muß man deshalb die Kin-Zählung aussetzen, sonst funktioniert es nicht. Interessant ist, daß José Argüelles der einzige ist, der mit der Aussetzung der Kin-Zählung am Schalttag des 29.02. unseres gregorianischen Kalenders wirklich die

Kalenderrunde würdigt, ohne daß eine Wanderung der Äquinoktien[167] durch die Jahreszählung stattfindet!

Eine andere Möglichkeit wäre es demnach, das Jahr mit 365 Jahren ohne Schalttage durchlaufen zu lassen und die Verschiebung der Jahreszeiten durch den Kalenderlauf zu akzeptieren. Dann ergäbe sich z. B. nach 377 Jahren eine Verschiebung um ein Quartal. Der 01.01. eines Jahres wäre dann nicht mehr 10 Tage nach der Wintersonnenwende im Winter, sondern 10 Tage nach dem Anfang des Herbstes. Irgendwann läge der Dezember dann auch einmal im Sommer. Jenkins vertritt die Auffassung, daß die Maya die langsame Wanderung der Jahreszeiten durch den Jahreskalender bzw. des 01.01. eines Haab-Jahres durch die verschiedenen Jahreszeiten absichtlich als weiteren Zyklus mit 1.508 Jahren[168] beobachteten. Das bedeutet folglich, daß sich zwar Tzolkin und Haab nach knapp 52 Jahren treffen, jedoch nicht Tzolkin und Sonnenjahr zur gleichen Jahreszeit.

Der heutige Stand der Forschung erklärt, daß Diego de Landa herausfand, *„daß sich die Kalenderpriester dieser Zeitdifferenz bewußt waren und deshalb alle vier Jahre einen Schalttag einfügten, doch wie sie es bewerkstelligten, daß die Verzahnung zwischen Gemeinjahr und Ritualkalender unverändert blieb, hat er nicht überliefert.“*[169] Will man also der Überlieferung nach eine Kalenderrunde berücksichtigen, muß an Schalttagen die Zählung des Kin im Tzolkin ausgesetzt werden. Auch widerspricht die überlieferte Berücksichtigung eines Schalttages der Maya der o. g. Theorie von Jenkins.

---

167 Äquinoktium = Tagundnachtgleiche

168 Dieser Zeitraum ergibt sich wie folgt: 365,2422 Tage / 0,2422 Tage = 1.508; Jenkins gibt den Zyklus irrtümlich mit 1.507 Jahren an.

169 Voß/Grube, 2006/2007, S. 135

So birgt die Kalenderrunde

- 4 13-Jahre-Zyklen
- 13 4-Jahre-Zyklen
- 73 Tzolkinrunden
- $73 \cdot 13 = 949$ 20-Tage-Zyklen
- $73 \cdot 20 = 1460$ 13-Tage-Zyklen
- in zweifacher Abfolge einen Tzolkin-Erde-Venus-Zyklus

Grafische Darstellung

Im Folgenden werden drei ineinander laufende Räder betrachtet, wobei das äußerste 365 Tage, das mittlere 20 und das innerste 13 Tage darstellt, also die wesentlichen Zyklen der Maya-Zeitrechnung. Nun werden alle drei Räder an einem Tag markiert, an dem die Zählung begonnen wird, sodaß die Bewegung der Räder nachvollzogen werden kann:

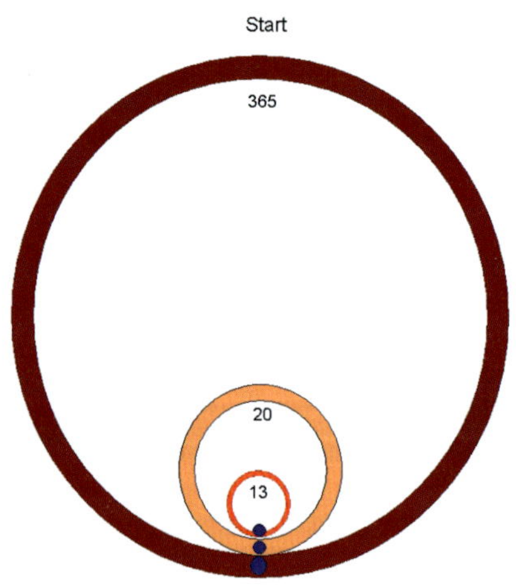

Abb. 50 – Start der Kalenderrunde

Nun wird begonnen, das große Jahresrad mit 365 Tagen eine ganze Umdrehung zu drehen. Als Ergebnis erhält man das folgende Bild:

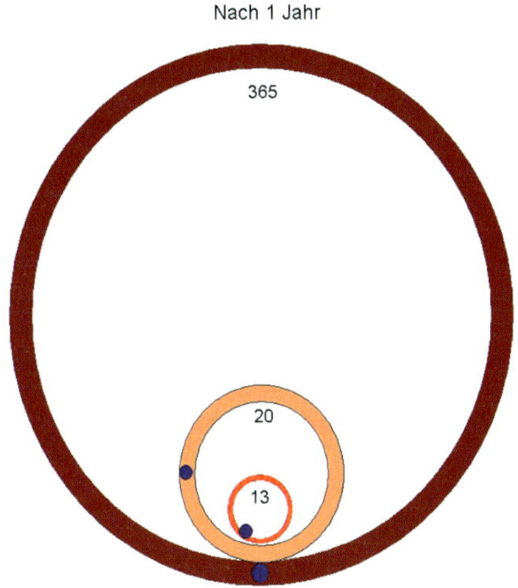

Abb. 51 – Kalenderrunde nach einem Jahr

Das 13-Tage-Rad mußte sich 28mal mitdrehen, was 364 Tagen entspricht. Deshalb ist es mit dem 365. Tag um einen Tag aus der 0-Position verschoben. Es verrät damit elegant, daß das erste Jahr eines 13-Jahre-Zyklus vergangen ist. Das 20-Tage-Rad mußte sich 18¼mal mitdrehen und ergänzt, daß das erste Jahr eines 4-Jahre-Zyklus vergangen ist. Zusammen in dieser Kombination erklären sie, daß das erste Jahr eines 52-Jahre-Zyklus, einer Kalenderrunde, verging.

Dreht man das große Jahresrad viermal, erhält man als Ergebnis das folgende Bild:

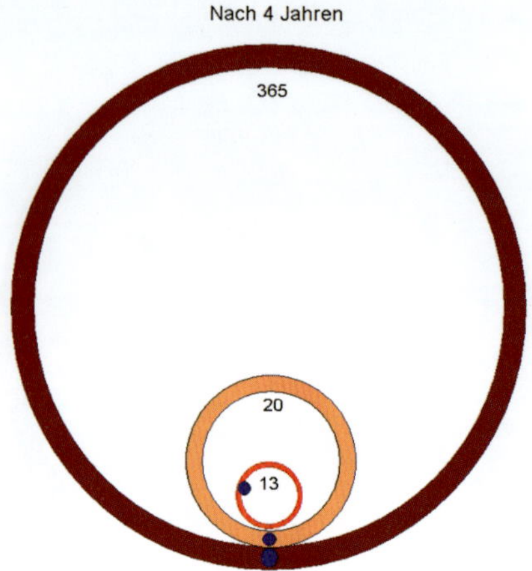

Abb. 52 – Kalenderrunde nach vier Jahren

Das 20er-Rad erledigte 4 · 18 ¼ Drehungen, also 73 ganze Drehungen und ist wieder in der 0-Position. Das 13er-Rad rotierte 112 $^4/_{13}$ Drehungen und besagt, daß dies der erste 4-Jahre-Zyklus war.

Nun dreht man weitere neun Jahre weiter und betrachtet die Situation nach 13 Jahren:

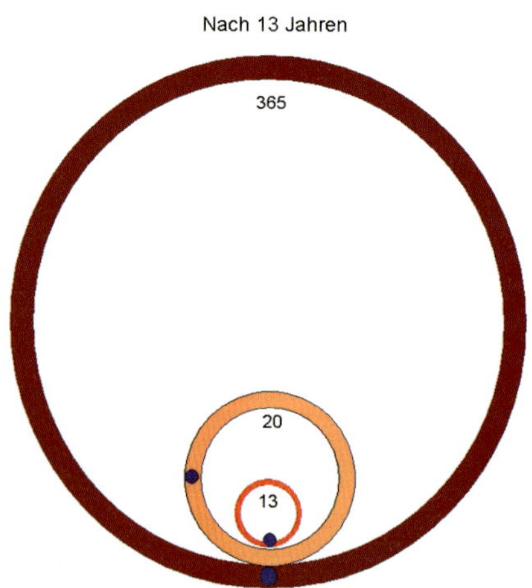

Abb. 53 – Kalenderrunde nach 13 Jahren

Das 13er-Rad rotierte 28 $^{1}/_{13}$ mal 13, mithin insgesamt 365 ganze Drehungen und ist wieder in der Ausgangsposition. Das 20er-Rad erledigte 237 ¼ Drehungen. Es zeigt elegant an, daß der erste 13-Jahre-Zyklus vergangen ist, weil es um **ein** Viertel aus der Ausgangsposition verschoben ist. Es nummeriert folglich die 13-Jahre-Zyklen.

So kann man unschwer erkennen, daß sich die Markierung nach weiteren 13 Jahren oben, nach insgesamt 39 Jahren rechts und schließlich nach 52 Jahren oder 18.980 Tagen wieder in der Ausgangsposition unten befindet:

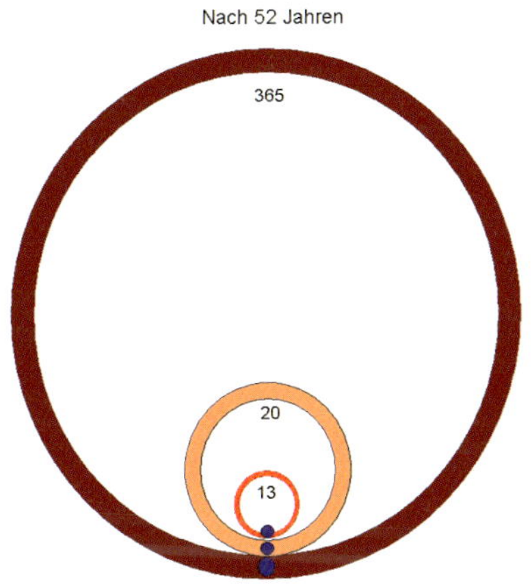

Abb. 54 – Vollständige Kalenderrunde nach 52 Jahren

Die Kalenderrunde ist vollständig. Nun wird die Kalenderrunde im Zeitfraktal betrachtet:

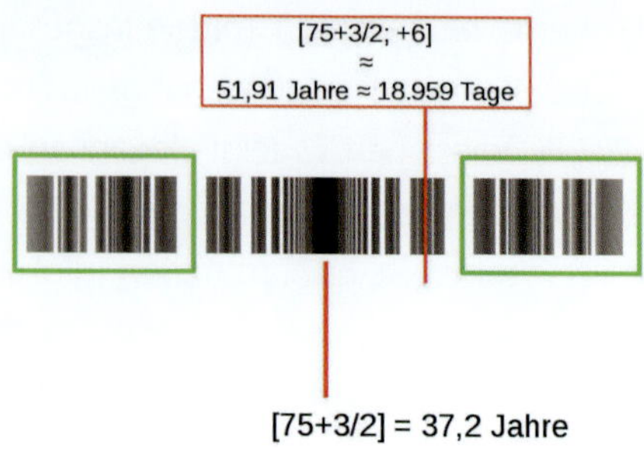

Abb. 55 – Kalenderrunde im Fundamentalen Fraktal

Nach den bisherigen Erkenntnissen kann man feststellen, daß es sich weder um ein Neugeburtsstadium, eine Haupttrendwende noch ein finales Reifestadium handelt. Der Zeitraum liegt nicht im Grünen Bereich. Die Kalenderrunde liegt weit nach einer Hauptknotentrendwende mit 37,2 Jahren, im Zentrum des Subknotens n_1=+6, der die Kalenderrunde bis auf 21 Tage erstaunlich genau wiedergibt. Der Subknoten n_1=+6 beherrscht einen Zeitraum von knapp sechs Jahren, ein Prozeßalter von rund 49½ bis 55½ Jahren. Das heißt also, daß die Kalenderrunde eine nicht unerhebliche Trendwende innerhalb dieses 6-Jahres-Zeitraumes abbildet. Die damit verbundenen Entwicklungen stehen jedoch im Kontext mit der großen Trendwende mit [75+3/2] im Alter von 37,2 Jahren.

Der Zyklus von 52 Jahren ist eine Protonenresonanz, bildet eine ereignisreiche Phase ab und ist die letzte Trendwende auf der Ebene n_1 vor der, bezogen auf ein Menschenleben, in der Regel letzten großen Lücke von 55½ bis $61^{1/3}$ Jahren.

Interessant ist die Beachtung einer doppelten Kalenderrunde von 104 Jahren, weil damit ein Zyklus des Zusammentreffens von Tzolkin, Sonnenjahr und Venusjahr erfaßt wird. In der Primfaktorzerlegung der einzelnen Zyklen läßt sich dies berechnen: (in Tagen)

Erde: $365 = 5 \cdot 73$

Venus: $584 = 2^3 \cdot 73$

Tzolkin: $260 = 2^2 \cdot 5 \cdot 13$

Daraus ergibt sich:

$2^3 \cdot 5 \cdot 13 \cdot 73 = \quad 104 \cdot 365.$

Dem Lauf der Venus schenkten die Maya viel Aufmerksamkeit.[170] Ein ganzes Kapitel des Dresdner Codex[171] ist der Venus, der *chak ek'*, gewidmet. Der Venuszyklus wird noch ausführlicher in Kapitel 3.1.2.13 beschrieben.

3.1.2.11 *Präzessionszyklus – Platonisches Jahr*

Was ist der Präzessionszyklus?

Der Präzessionszyklus, oder auch platonisches Jahr genannt, ist ein Zeitraum von rund 26.000 Jahren. Er entsteht durch die Taumelbewegung der Erdachse. So wie ein Kreisel trotz stabilisierender Rotation taumelt, scheint diese Bewegung auch unsere Erde zu vollziehen. So zeichnet die Rotationsachse der Erde einen Kreis in den Himmel, wobei sich die Erdachse nach gegenwärtigen Daten und Messungen in ca. 71,64 Jahren um 1° bewegt. So ergibt sich ein voller Präzessionskreis nach rund 25.792 Jahren.[172]

Erstaunlicherweise tritt dieser Zyklus nicht nur in der Präzession

---

170 Vgl. Voß/Grube, 2006/2007, S. 141

171 Eine der drei im Original überlieferten Schriften der Maya. Der Dresdner Codex befindet sich in Dresden in der Sächsischen Landes- und Universitätsbibliothek.

172 Diesen Zeitraum kann man errechnen, indem man prüft, wann sich siderisches und tropisches Jahr wiedertreffen: Nach den dem Verfasser vorliegenden Werten beträgt das tropische Jahr 365,24219879 und das siderische Jahr 365,25636042 Tage (siehe Kapitel 3.1.2.8). Nun sind die beiden Jahreswerte durch die Differenz der beiden zu teilen. Nach 25.791 siderischen oder 25.792 tropischen Jahren treffen sich die beiden Jahreswerte wieder. Dies ergibt wiederum einen Wert von ca. 71,64 Jahren für 1° präzessionaler Wanderung.

auf, sondern auch in astronomischen Konstellationen, wie sie in Anhang 7.3, 7.4 und 7.5 beschrieben werden und wie sie die Maya registrierten. Des weiteren ist bekannt, daß unsere Entfernung zum Zentrum unserer Galaxie rund 26.000 Lichtjahre beträgt.[173]

Kosmologien der Maya zum Präzessionszyklus

Es war den Maya folglich auch wichtig, dieses astronomische Wissen in ihre Bauwerke zu integrieren und für die Nachwelt zu konservieren. Es reichte ihnen nicht, diese Zyklen einfach nur zu kennen. Die Beobachtung der Zenitkonstellation von Mond, Sonne und Plejaden in Chichén Itzá auf der einen und des konjunktionalen Aufgangs der Wintersonnenwendensonne vor dem galaktischen Zentrum auf der anderen Seite zeigen dies auf eindrucksvolle Weise. Gerade diese Kosmologien markieren das Jahr 2012 unserer Zeitrechnung. Ist der konjunktionale Aufgang der Wintersonnenwendensonne vor dem galaktischen Zentrum ein eher grober Anker mit einem Zeitfenster vom Jahre 1981 über 1999 bis 2018, in denen diese Konstellation zu beobachten ist[174], liefert der Mond in Chichén Itzá dagegen eine präzise Jahreskennzeichnung. Überdies markiert die Sonne-Venus-Erde-Konstellation vom 8. Juni 2004 und 6. Juni 2012, der sog. Venustransit, ebenfalls das Jahr 2012. In diesem Zusammenhang ist die astronomische Markierung des Jahres 1999 mit der vollständigen Sonnenfinsternis über Deutschland und Zentraleuropa am 11. August bemerkenswert, markiert sie perfekt den Mittelpunkt der o. g. Passage. Zudem symbolisiert die Sonnenfinsternis in kleinerem zeitlichen Maßstab ein Sterben und eine Wiedergeburt der Sonne, wie das auch auf zeitmaßstäblich größerer Ebene mit dem konjunktionalen Aufgang der Wintersonnenwendensonne vor dem galaktischen Zentrum der Fall

---

173 Vgl. NASA, 2013

174 Vgl. Jenkins, 1998, S. 114

ist.[175] Hinzu kommt, daß der 11. August 1999 der Sonnenfinsternis an den zurückberechneten Anfang der Langzählung am 11. August 3114 v. Chr. erinnert[176], während gerade die Langzählung mit ihrem Datum 13.0.0.0.0 auf die astronomischen Konstellationen hinweist.

Lage im Fundamentalen Fraktal

Schon aufgrund der numerischen Darstellung dieses Zyklus mit rund 26.000 Jahren und seiner damit verbundenen Ähnlichkeit (im Dezimalsystem) mit dem Tzolkin und dessen 260 Tagen könnte man eine zeitqualitative Ähnlichkeit vermuten. Wo liegt also das platonische Jahr im Zeitfraktal?

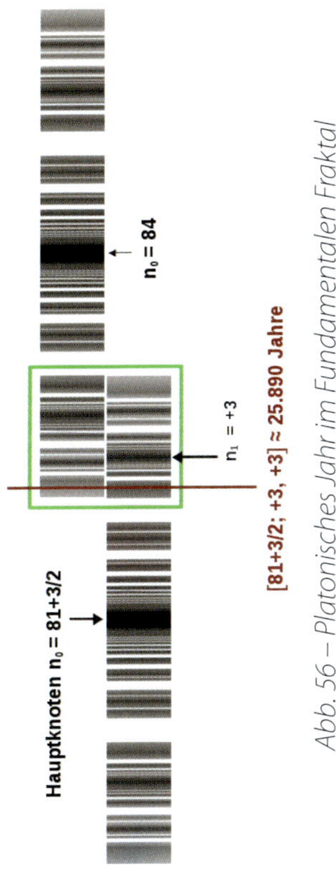

Abb. 56 – Platonisches Jahr im Fundamentalen Fraktal

175 Siehe dazu den Anhang 7.3 und 7.4
176 Siehe dazu den Anhang 7.6

Die Abbildung bestätigt diese Vermutung. Sogar die Kettenbruchdarstellung von Tzolkin und Präzessionszyklus gleichen sich in den Subknoten n_1 und n_2: Der Tzolkin läßt sich mit [72; +3, +3], der 26.000-Jahr-Zyklus mit [81+3/2; +3, +3] beschreiben. Die kurze Kettenbruchdarstellung mit dem Hauptknoten [81+3/2] legt nahe, daß der Zyklus auch eher diesem Hauptknoten wirkungsbezogen zugeordnet werden kann. Denn mit dem Hauptknoten 84 ergibt sich z. B. der längere Kettenbruch [84; -3, +3, -3, +6] für ein Alter von rund 26.076 Jahren. Im Bereich von rund 26.000 Jahren sind die Subknoten des phasenverschobenen Fraktals dichter verteilt, das andere Fraktal ist in diesem Bereich lückenhafter.

Genau wie der Tzolkin liegt auch das platonische Jahr am linken Rand eines Grünen Bereiches und beschreibt somit eine Neugeburt auf höherer Ebene. Der Grüne Bereich beginnt mit einem Alter von 24.740 und endet bei 40.787 Jahren. Leicht verständlich ist in diesem Zusammenhang, daß die mit einem 26.000-Jahr-Zyklus einhergehenden neugeburtlichen Veränderungen von deutlich größerer Tragweite sind, als sie durch den Tzolkin beschrieben werden. Der Kettenbruchdarstellung kann man dies zusätzlich auch dadurch entnehmen, daß man es mit dem Hauptknoten [81+3/2] des phasenverschobenen Fraktals zu tun hat, der mit 81 nicht nur durch 9, sondern durch 9^2 teilbar ist. Prioritätsbezogen ist dieser Bereich im Fundamentalen Fraktal einmalig! Erreicht ein Prozeß also ein Alter von rund 26.000 Jahren, durchlebt dieser ein Neugeburtsstadium mächtigen galaktischen Ausmaßes! So wird verständlich, warum die Maya eine Markierung dieser Transformationsphase hinterließen.

Im Zusammenhang mit der Neugeburtsqualität des platonischen Jahres ist es historisch interessant, daß die von den Ureinwohnern Amerikas stammende Tsalagi[177]-Indianerin Dhyani Ywahoo[178] einen Bezug ihres Volkes zu dem der Maya herstellt. Ywahoo erwähnt, daß die Tsalagi und die Maya die gleichen religiösen Bräuche hatten und daß die Maya und ihr Edelmut ebenfalls von Sternwesen stammten.[179] Die Beziehung ihres Volkes zum Planeten Erde geht auf eine über 100.000-jährige Geschichte zurück.[180] Des weiteren erläutert sie:

> *„Die beiden Völker trieben auseinander, als Azteken Blutopferriten einführten und diese der friedfertigen Religion und Lebensart des Hauptvolkes aufzwingen wollten. Solche Praktiken gehören nicht zu den ursprünglichen Lehren. Ein großer Teil der Gemeinschaft der spirituellenVerwandtschaft und des Austausches unter diesen Völkern endete, als die Azteken die Maya ‚eroberten'."*[181]

Dieser Bezug erhält auch dadurch einen Sinn, daß die Tsalagi, oder auch Ani Yun Wiwa – das Hauptvolk –, ihren Ursprung auf das Siebengestirn der Plejaden zurückführen, das sie auch **Die Sieben Tänzer** nennen.[182] Auch eine Gruppierung der Maya stellte mit der Pyramide in Chichén Itzá einen Bezug zu den Plejaden her, wie oben beschrieben wurde.

---

177 Ursprünglich *Tsalagi*, heute auch *Cherokee*

178 Dhyani Ywahoo ist die Gründerin der Sunray Meditation Society (1969) mit Sitz in Bristol, Vermont, USA; siehe http://www.sunray.org/

179 Vgl. Ywahoo, 1997, S. 32

180 Vgl. Ywahoo, 1997, S. 21

181 Ywahoo, 1997, S. 32

182 Vgl. Ywahoo, 1997, S. 19

Die Tsalagi kennen nun aus Überlieferungen ihrer Ahnen vier große Umwälzungen in ihrer Geschichte, die auf der Erde stattfanden:

1. **Veränderung der Erdbahn und der Ausrichtung der Pole**
   Dies wurde ausgelöst durch die Nähe eines großen Kometen. Seine radioaktive Strahlung soll viele Lebensformen vernichtet und zu Mutationen geführt haben.
2. **Gewaltige Stürme**
   Sie sollen durch konfuses Denken und Handeln der Menschen ausgelöst worden sein. Es kam zu Verwerfungen der Erdhülle .
3. **Vulkanausbrüche**
   Sie sollen durch die Zerstörung eines Planeten unseres Sonnensystems hervorgerufen worden sein, der zwischen Mars und Jupiter kreiste. Die Menschen waren gezwungen, für mehrere Generationen unter der Erde zu leben.
4. **Große Wasserfluten**
   Sie sollen verursacht worden sein, als die verschiedenen Menschentypen versuchten, geistige Kraft und Emotionen zu integrieren. Zu dieser Zeit soll Atlantis zerstört worden sein. Es ist die vermutlich auch biblisch überlieferte Sintflut.[183]

Teilt man die grob 100.000 Jahre durch vier, erhält man mit rund 25.000 Jahren in etwa das platonische Jahr! Dies würde die Vermutung stützen, daß eine Neugeburtsphase von 26.000 Jahren mit großen Umwälzungen einhergeht. Wollten uns die Maya warnen?

Bezug zum Platonischen Jahr durch Tun und Haab?

Man ist sich bis heute nicht wirklich klar darüber, warum die Maya einen Tun-Zyklus mit 360 Tagen beachteten, hat unser Sonnenjahr doch eine Länge von rund 365 Tagen. Der Tun-Zyklus tritt im sog. Langzählungskalender auf, der im nachfolgenden Kapitel 3.1.2.12 erläutert wird. Man erhält darin ein Tun durch Multiplikation des

---

183 Vgl. Ywahoo, 1997, S. 45

Winalzyklus von 20 Tagen mit dem Faktor 18. Es wird vermutet, daß dies eben in Anlehnung an das Sonnenjahr geschah.[184]

Dies veranlaßte eine Überprüfung, ob die Kombination von Tun und Haab interessante Ergebnisse liefert. Die Primfaktorzerlegung ergibt folgende Vielfache:

$$360 = 2^3 \cdot 3^2 \cdot 5 = 5 \cdot 72 \text{ und}$$
$$365 = 5 \cdot 73.$$

Kleinstes gemeinsames Vielfaches ist folglich

$$2^3 \cdot 3^2 \cdot 5 \cdot 73 = 26.280 = 73 \cdot 360 = 72 \cdot 365.$$

Nach 72 Jahren treffen sich also 73 Tun und 72 Haab wieder am gleichen Tag. Es ist bekannt, daß die Erdachse ihre Lage in knapp 72 Jahren um 1° verändert.[185] So könnte die Tun-Haab-Kombination mit 72 Jahren ein guter Anzeiger für eine Verschiebung um 1° der Erdachse im Rahmen ihrer Präzessionsbewegung gewesen sein. Nach 360° · 72 Jahren/1° = 25.920 Jahren, sodann nach der 360. Zusammenkunft von Tun und Haab, hätte man ziemlich exakt ein volles platonisches Jahr und den vollen Zeitraum der Präzession verfolgt.

In einem Gespräch mit Peter[186] wurde der Verfasser auf einen interessanten mathematisch-numerologischen Zusammenhang der Zahl 25.920 aufmerksam gemacht. Als exakter Zeitraum für das platonische Jahr ist dieser Wert den 26.000 Jahren vorzuziehen, weil er sich mathematisch exakt in wichtige Faktoren und Zeiträume unterteilen läßt:

- $25.920 = 2^6 \cdot 3^4 \cdot 5$, was auch geschrieben werden kann als
- $4^3 \cdot 3^4 \cdot 5 = 64 \cdot 81 \cdot 5$,

184 Vgl. Voß/Grube, 2006/2007, S. 138

185 Siehe die Fußnote 155 und 172

186 Peter I., Oberster Souverän des Königreiches Deutschland

wobei mit 64 Bezug genommen wird auf die 64 Kombinationsmöglichkeiten in einem Triplett bei der Proteinsynthese im DNS-Molekül und mit der 81 auf die so wesentliche Zahl in der Schöpfung, seien es die 81 stabilen chemischen Elemente oder der Hauptknoten [81] im Fundamentalen Fraktal[187],

- $25.920 = 24 \cdot 1080$,

wobei die 24 Bezug nimmt auf den 24er-Takt des Primzahlkreuzes von Plichta und die aus dem alten Babylonien stammende Einteilung des Tages in 24 Stunden zu je 60 Minuten mit je 60 Sekunden[188],

- $25.920 = 6^3 \cdot 2^3 \cdot 3 \cdot 5 = 6 \cdot 6 \cdot 6 \cdot 8 \cdot 3 \cdot 5 = 216 \cdot 8 \cdot 3 \cdot 5$,

womit Bezug genommen wird auf die 666 als Repräsentant für das Dasein auf energetisch niedrigstem Niveau, auf der niedrigsten Daseinsebene in der Schöpfung.

Wie in Kapitel 2.2.3 zu sehen war, sind Zahlen als Repräsentanten bestimmter Schwingungsqualitäten Steuerungsbefehle mit entsprechender Auswirkung. Dies beinhaltet folglich, daß auch die erwartete, damit verbundene Zeitqualität in Übereinstimmung mit diesen Faktoren besser zum Ausdruck kommt. Zudem läßt sich diese Bevorzugung auch daran erkennen, daß der Wert von 25.920 Jahren noch näher am Kettenbruch [81+3/2; +3, +3] mit 25.890 Jahren liegt, als der 26.000-Jahres-Zeitraum, womit der Zyklus auch aus dieser Sicht zeitqualitativ noch besser die Qualität der Neugeburt trifft.

---

187 Siehe das Kapitel 3.1.2.2 zum Tzolkin, der aus der 64 erzeugt werden kann, und vorgreifend das Kapitel 3.1.2.13 zur Maya-Superzahl und zu Jesu Erscheinen zu eben jenem Zeitpunkt im Fundamentalen Fraktal der jüdischen Zeitrechnung, Kapitel 3.3.2

188 Vgl. Meyers GKL, 1906, B2, S. 224

3.1.2.12 *Langzählung*

Die Langzählung (engl. Long-count) ist einer der wichtigsten und ein zentraler Kalender in der Mayakultur. Archäologisch nachweisbar werden erstmals im ersten Jahrhundert vor Christus unserer Zeitrechnung Monumente und Bauwerke mit Daten der Langzählung beschriftet. Es ist jedoch denkbar, daß die Langzählung bereits dann schon seit Jahrhunderten in Gebrauch war. Das bislang älteste gefundene und gesicherte Langzählungsdatum aber ist aus dem Jahre 36 v. Chr. John Major Jenkins erwähnt Stele 2 in Chiapa de Corzo in Mexiko, auf der das Datum 7.16.3.2.13 festgehalten ist.[189] Die Berechnungen ergeben für dieses Datum den 6. Dezember im Jahre 36 vor Christus, wenn man den gregorianischen Kalender zurückrechnet.[190] Nach bisherigen Erkenntnissen gilt die Langzählung damit noch vor dem indischen Rechensystem weltweit als das älteste Verfahren mit der Zahl 0.[191]

Ein Datum des Langzählungskalenders besteht aus der Abfolge von Zahlen, wobei sich die Stellen der Abfolge jeweils um das 20-fache unterscheiden. Eine Ausnahme davon bildet nur die dritte Stelle des Tun, die mit einer Einheit das 18-fache der nächstkleineren Einheit Winal zählt. Kleinste Einheit ist ein Tag, oder auch Kin genannt. Dementsprechend springt die nächste Stelle der Abfolge auf 1, wenn auf der ersten Stelle mit den einzelnen Tagen die 20 erreicht wird. 20 Tage ergeben also 1.0. Die Notation erfolgt heute in der Form, daß die Stellen durch einen Punkt getrennt werden. Die Namen der Stellen lauten wie folgt:

Alautun . Kinchiltun . Kalabtun . Piktun . Baktun . Katun . Tun . Winal . Kin

189 Vgl. Jenkins, 2009, S. 61

190 Siehe Anhang 7.6, Korrelation zwischen Langzählung und gregorianischer Zeitrechnung

191 Vgl. Voß/Grube, 2006/2007, S. 138

Dabei sind 1 Alautun = 20 Kinchiltun, 1 Kinchiltun = 20 Kalabtun, 1 Kalabtun = 20 Piktun, 1 Piktun = 20 Baktun, 1 Baktun = 20 Katun, 1 Katun = 20 Tun, 1 Tun = 18 Winal und 1 Winal = 20 Kin/Tage. Meistens wurde in Beschriftungen von Stelen oder Bauwerken das Datum nur ab dem Baktun notiert. Dazu sei ein Beispiel eines möglichen Datums betrachtet:

12.18.0.0.6

ergibt

12 Baktun	= 12 · 20 · 20 · 18 · 20 Tage = 12 · 144.000 Tage = 1.728.000 Tage
plus	
18 Katun	= 18 · 20 · 18 · 20 = 18 · 7.200 Tage = 129.600 Tage
plus	
0 Tun	= 0 · 18 · 20 = 0 · 360 Tage = 0 Tage
plus	
0 Winal	= 0 · 20 Tage = 0 Tage
plus	
6 Kin	= 6 Tage,

also insgesamt 1.857.606 Tage oder knapp 5086 Jahre. Das ist die Zeit, die laut diesem Datum seit 0.0.0.0.0, dem Beginn des letzten Piktuns vergangen ist.[192] Die Langzählung wurde nachweislich bis zu einem Zeitraum von 20^{21} Tun geführt, also $20^{21} \cdot 360$ Tagen![193] In der Stätte Coba ist eine Notation zu finden, die als Zeitraum jede Vorstellung sprengt: 13.13.13.13.13.13.13.13.13.13.13.13.13.13.13.13.13.13.13.13.0.0.0.0[194], $13^{20} \cdot 20^{19} \cdot 144.000$ Tage! Insofern ist fraglich, ob diese Zahl als Datum der Langzählung tatsächlich eine Anzahl von Tagen darstellt oder nicht doch eher als rein mathematischer Ausdruck zu verstehen ist; und in diesem Zusammenhang eher

192 Vgl. Argüelles, 1987, S. 206 ff.; Jenkins, 1998, S. 21 ff.; Voß/Grube, 2006/2007, S. 138; Jenkins, 2009, S. 69 ff.

193 Vgl. Voß/Grube, 2006/2007, S. 138

194 Vgl. Jenkins, 2009, S. 74

jede Stelle das 20-fache der vorhergehenden ist, also ohne Abweichung des Tun-Zyklus als 18 Winal. Dann ergäbe die Zahl für sich genommen $13^{20} \cdot 20^{23} \approx 1{,}5943 \cdot 10^{52}$. Der natürliche Logarithmus ergibt 120,2008294..., was ziemlich exakt dem GS-Kettenbruch [120; +9, 2] entspricht. Zunächst muß diese Zahl als Rätsel zurückgelassen werden.
Nun begann unter den Maya-Forschern die Suche nach einer Korrelation zwischen den Datumsangaben der Langzählung und unserer Zeitrechnung. Dieser Prozeß dauerte viele Jahrzehnte, und man ist sich heute weitgehend einig, daß von folgender Umrechnung ausgegangen werden kann, nämlich der sog. Goodman-Martinez-Thomson-Korrelation (GMT-Korrelation):

13.0.0.0.0 = 5.125,4 Jahre = 21.12.2012.[195]

Legt man den gregorianischen Kalender zugrunde und rechnet diesen zurück, so erhält man nach Berechnung den 11.8.3114 v. Chr. als ersten Tag der Langzählung mit 0.0.0.0.1.[196]

In verschiedenen Maya-Stätten fand man Notierungen des Datums 13.0.0.0.0, so z. B. in Quiriguá auf der berühmten Stele C, einem Monument, das den Schöpfungsakt darstellt. So wie ein Tzolkinzyklus auf ein zukünftiges Geburtsereignis ausgerichtet sein kann, geht man auch beim Datum 13.0.0.0.0 von einem in der Zukunft liegenden Ereignis aus.[197]

Dieses Datum zeigt an, daß ein Zeitraum von 13 Baktun vergangen ist und führt direkt zur Analyse des Baktun-Zeitraumes mit $20^3 \cdot 18 = 144.000$ Tagen = 394,26 Jahre:

195 Vgl. Jenkins, 2009, S. 46, 71

196 Siehe Anhang 7.6, Korrelation zwischen Langzählung und gregorianischer Zeitrechnung

197 Vgl. Jenkins, 2009, S. 54

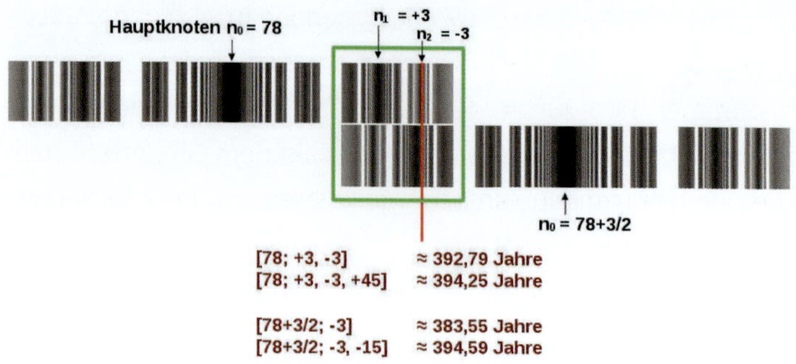

Abb. 57 – Baktun im Fundamentalen Fraktal

Ein Baktun gibt also den Zeitraum eines finalen Reifestadiums wieder. Aus den vorangegangenen Analysen des 13-Tage- und Tzolkin-Zyklus wissen wir, daß 13 finale Reifestadien ein Stadium der Neugeburt auf höherer Ebene ergeben. Mit dem 13-Baktun-Zyklus hielt man folglich ein solches Neugeburtsstadium fest, das man für die heutige Zeit erwartete!

Abschließend werden noch vergleichend die Darstellung von Tzolkin und 13-Baktun-Zyklus in der Langzählung betrachtet:

Tzolkin:	13.0
13-Baktun-Zyklus:	13.0.0.0.0

Zeigt die Ähnlichkeit in der Notation eine Ähnlichkeit in der Zeitqualität auf unterschiedlichen maßstäblichen Ebenen? Ja. Und das ist eine Besonderheit an der Notation der Langzählung.

Geheimnis der Langzählung

Der Schlüsselfaktor 20 in der Langzählung lädt ein, diesen weiter zu untersuchen. Wieso verwenden die Maya die 20 als Multiplikator, um von der einen zur nächsten Stelle zu gelangen?

Das Fundamentale Fraktal findet man im Exponenten der Eulerschen Zahl e. Berechnet man nun den Logarithmus der Zahl 20 zur Basis e, erhält man 2,9957…, gerundet also 3. Springt man in der Langzählung von einer Stelle zur nächsten, bewegt man sich folglich im Logarithmus um drei Einheiten. Es sei an die Beschreibung des Fundamentalen Fraktals erinnert, dessen Hauptknoten in regelmäßigen Abständen von drei Einheiten auftreten. Dazu wird es vom um 1,5 logarithmische Einheiten phasenverschobenen Fraktal überlagert, dessen Hauptknoten ebenfalls den Abstand von drei Einheiten haben. Bezogen auf verschiedene Zeitqualitäten heißt dies, daß sich gleiche Zeitqualitäten alle drei logarithmischen Einheiten sowohl im Hauptfraktal als auch im phasenverschobenen Fraktal wiederholen, natürlich als jeweils kürzere oder längere Zeiträume.

Mit Erstaunen ist aufgrund der angestellten Betrachtungen festzustellen, daß die **Langzählung der Maya eine vereinfachte Darstellung des Fundamentalen Zeitfraktals** ist! Als Basiseinheit in der Langzählung verwendete man einen Tag, ein finales Reifestadium. Multipliziert mit 20 erhält man folglich wieder ein finales Reifestadium an höherer Stelle im Zeitfraktal. Die Langzählung dient also vorrangig der Beobachtung von finalen Reifestadien.

Weil aus der Analyse ferner bekannt ist, daß 13 finale Reifestadien wichtige Neugeburtsphasen auf höherer Ebene repräsentieren, lassen sich diese in der Langzählung leicht dadurch identifizieren, daß an einer Stelle die 13 gezählt wird, während die kleineren Stellen den Wert 0 annehmen. Entgegen der Auffassung unter Maya-Forschern, die Baktun-zählende Stelle könnte aufgrund des 13-Baktun-Zyklus bereits nach 13 Baktun auf 0 zurückspringen[198], wird m. E. auch diese Stelle bis 19 weitergezählt und erst mit Erreichen der 20 auf 0 zurückgesetzt. Außerdem dürfte ansonsten an der Baktunstelle gar keine 13 auftauchen, spränge sie doch mit Erreichen der 13 auf 0, so wie die anderen Stellen nie die Notation 20 einnehmen können.

Berücksichtigt man noch die Erkenntnisse über die weiteren Umrechnungsfaktoren, wie sie in Kapitel 3.1.3 noch näher hergeleitet und im Anhang 7.7 mathematisch beleuchtet werden, zeigen

198 Vgl. Jenkins, 2009, S. 42

die Maya mit der Langzählung ein beeindruckend einfaches und besonders aussagekräftiges Zeitmeßinstrument, das der logarithmischen Struktur der Zeit gerecht wird!

Unter Verwendung bestimmter Faktoren in den Stellen der Langzählung, während die anderen Stellen mit 0 besetzt werden, erhält man also Zeiträume folgender Zeitqualität:

Faktor	**Zeitqualität**
1 bzw. 20	Finales Reifestadium
3	Neugeburt auf höherer Ebene
4 oder 5 exakt ist 4,5 bzw. 9/2	Finales Reifestadium
9	Trendwende nach Hauptknoten
13	Neugeburt auf höherer Ebene

Die heutige Kultur mußte also erst den Logarithmus erlernen, um die Maya-Zeitrechnung verstehen zu können.

3.1.2.13 *Die Zahl der Zahlen*

Was ist die Maya-Superzahl?

Die Maya-Superzahl (MSZ) lautet 1.366.560. Sie hat die Quersumme 27, die wiederum als Quersumme 9 ergibt. Zerlegt man sie in ihre Primfaktoren, so erhält man: $2^5 \cdot 3^2 \cdot 5 \cdot 13 \cdot 73$. Die MSZ enthält viele maßgebliche Zeitzyklen unseres Sonnensystems, wenn man sie mit 1.366.560 Tagen (3.742 Jahren) gleichsetzt. In der Schreibweise der Langzählung wird das Datum der MSZ mit 9.9.16.0.0 notiert. Sie taucht im Dresdner Codex auf und wurde von dem Philologen Ernst Förstemann wiederentdeckt. Als Bibliothekar der königlich-sächsischen Bibliothek in Dresden gehörte er zu den Pionieren der Maya-Hieroglyphenforschung. **Er entzifferte das gesamte Kalendersystem und die astronomischen Tafeln des Dresdner Codex!**[199] Letzterer enthält auf Tafel 24 die so genannte Initialserie, die aus drei Zahlenangaben besteht: 6.2.0 (= 2.200), 9.9.16.0.0 (= 1.366.560) und 9.9.9.16.0 (= 1.364.360). Diese wird als Long-Count-Bezug[200] für den Beginn der Venustafel interpretiert.[201] Interessant ist, daß zwischen 9.9.9.16.0 und 9.9.16.0.0 genau 6.2.0 Tage vergehen.

Die Maya-Superzahl enthält alle Schlüsselzahlen und Faktoren in der Maya-Zeitrechnung:[202]

- 1.366.560 / 360 ≙ 3.796 Tun-Zyklen
- 1.366.560 / 365 ≙ 3.744 solare Jahre
- 1.366.560 / 72 = 18980 ≙ 52 solare Jahre; die MSZ entspricht 72 Kalenderrunden
- 1.366.560 / 73 = 18720 ≙ 52 Tun-Zyklen;
  die MSZ entspricht 73 · 52 Tun-Zyklen = 73 · 72 Tzolkinrunden
- 1.366.560 / 260 ≙ 5256 Tzolkinrunden
- 1.366.560 / 584 ≙ 2340 Venusjahre;
  das Venusjahr setzt sich zusammen aus 236 Tagen, in denen die Venus als Morgenstern im Osten sichtbar ist, 90 Tagen für die Zeit hinter der Sonne, 250 Tagen für das Erscheinen als Abendstern im Westen und acht Tagen für den nicht sichtbaren Durchlauf zwischen Erde und Sonne[203]
- 1.366.560 / 780 ≙ 1752 Marsjahre
- 1.366.560 / 104 = 13140 = 36 · 365;
  alle 104 solaren Jahre treffen sich solares Jahr, Venusjahr und Tzolkin am gleichen Tag, also ein Tzolkin-Sonnen-Venus-Zyklus;

199 Vgl. Grube, 2006/2007, S. 118
200 Long-Count = Langzählung; siehe Kapitel 3.1.2.12
201 Vgl. Köhlmann, 2003, S. 97
202 Vgl. Argüelles, 1987, S. 208, 209
203 Vgl. Voß/Grube, 2006/2007, S. 141

die MSZ zeigt den 36. Tzolkin-Sonnen-Venus-Zyklus an, wobei 36 als durch 9 teilbare Zahl ebenfalls auf eine höhere Priorität hinweist; gleiche Beobachtungen ermöglichen 72 Kalenderrunden;

- 1.366.560 / 52 = 26280 ≙ 72 solare Jahre
- 1.366.560 / 13 = 105120 ≙ 288 solare Jahre;
  der Zeitraum von 288 Jahren entspricht einem Neugeburtsstadium, in seiner Zeitqualität verblüffend exakt dem Tzolkin. Der Subknoten [78; +3, +3] entspricht 288 Jahren, [72; +3, +3] den 260 Tagen des Tzolkin. Die MSZ als Zeitqualität erhält man folglich auch durch Multiplikation eines Neugeburtsstadiums mit dem Faktor 13!
- 1.366.560 / 9 = 151840 ≙ 9 · 584 Tzolkinrunden = 9 · 416 solare Jahre = 9 · 260 Venusjahre; man spricht in diesem Zusammenhang auch von den neun Herren der Zeit.[204]

MSZ in Tagen im Fundamentalen Fraktal

Der Blick ins Zeitfraktal offenbart eine weitere, wenn nicht sogar die wichtigste Besonderheit der Maya-Superzahl.

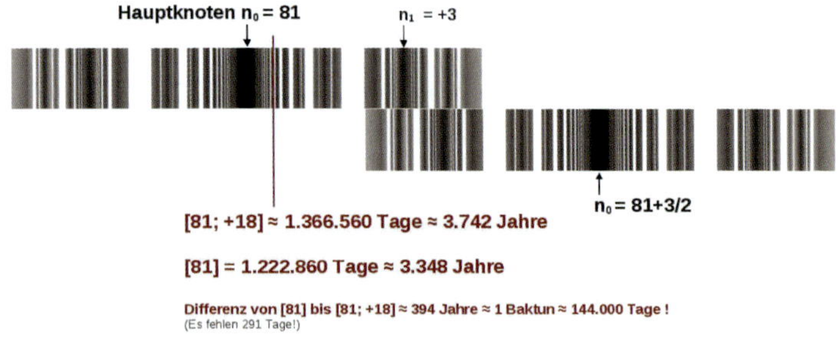

Abb. 58 – Maya-Superzahl im Fundamentalen Fraktal; ihre Lage im FF ist mit eine der bedeutendsten!

204 Vgl. Argüelles, 1987, S. 208, 209

Auch die logarithmische Betrachtung dieses Zeitraumes zeigt numerologische Besonderheiten. Wie bereits erläutert, sind die maßgeblichen Knoten und Subknoten im Global-Scaling-Kettenbruch Vielfache der Drei. Sind nun Knoten nicht nur Vielfache der 3^1, sondern auch höherer Potenz, wird dem Knoten umso höhere Priorität beigemessen. Beim Knoten [81; +18] mit $81 = 3^4$ sieht man die Drei in der vierten Potenz. Mit dem Hauptknoten 81 und einem Alter von dann 3.348 Jahren erreicht ein Prozeß also ein Stadium mit bislang unerreichter Priorität und Mächtigkeit. Der Subknoten $n_1 = +18$ als durch 3^2 teilbare Zahl und „gespiegelte" 81 beeindruckt zutiefst. So kann man rein aufgrund der Zahlen bei Ereignissen in Zeiträumen mit diesen Knoten auf Ereignisse mit großer Bedeutung schließen.

Im weiteren wird nun betrachtet, was zur Zeit der MSZ in der Maya-Zeitrechnung passierte.

König K'inich Janaab Pakal – König der Maya und Meister der Raumzeit

Er muß eine einflußreiche, wenn nicht sogar die einflußreichste Persönlichkeit in der Maya-Kultur gewesen sein. Sein Name war K'inich Janaab Pakal[205], José Argüelles nennt ihn Pakal Wotan.[206] Dieser Namenszusatz erinnert an die oberste Gottheit Wotan bzw. Odin der germanischen Stämme. Ob hier ein Zusammenhang besteht? Es muß zunächst eine Vermutung bleiben. Sein irdisches Wirken als König wird heute mit einer Dauer von etwas über 81 ($=3^4$!) Jahren bis zum 28. August 683 n. Chr. angegeben[207], wobei das letzte Datum auf seinem imposanten, steinernen Grabdeckel verzeichnet ist, der sich im sogenannten Tempel der Inschriften in Palenque fand. Es zählt zu den beeindruckendsten Grabmalen, die in der gesam-

205 Vgl. Hohmann-Vogrin/Grube, 2006/2007, S. 202
206 Vgl. Argüelles, 1987, S. 77
207 Vgl. Eberl/Grube, S. 311; leider wird dort das Langzählungsdatum nicht genannt.

ten Maya-Kultur gefunden wurden, und zu den spektakulärsten archäologischen Entdeckungen des 20. Jahrhunderts.[208]

Gezählt als Tage vom Beginn der Langzählung ergibt die Maya-Superzahl das Datum 9.9.16.0.0. Rechnet man dies in die christlich-gregorianische Zeitrechnung um, so erhält man den 15. Februar 629 n. Chr.[209] So teilt die MSZ mit dem Jahr 629 n. Chr. das irdische Wirken Pakals in einen 27-Jahreszeitraum und einen 54-Jahreszeitraum. Wieder taucht die Teilbarkeit durch 9 bzw. 3^2 auf, $27 = 3^3$ und $54 = 2 \cdot 3^3$. K'inich Janaab Pakals Wirken geschieht folglich mit Eintritt der Superzahl!

Das Erscheinen und Wirken im Knoten [81; +18] könnte man als Hinweis verstehen, daß sich im Subknoten n_1=+18 wesentliche Auswirkungen der Trendwende eines Hauptknotens manifestieren! Als Besonderheit kommt hinzu, daß der Abstand des Subknotens [81; +18] zu Hauptknoten [81] mit 143.709 Tagen fast genau ein Baktun mit 394 Jahren bzw. 144.000 Tagen beträgt; der Unterschied beträgt nur 291 Tage.

Also zeigen sich in einem finalen Reifestadium nach einer Trendwende die Auswirkungen der Trendwende. Fällt dieses finale Reifestadium dabei in einen Subknoten hoher Priorität, handelt es sich dementsprechend um wichtigere Auswirkungen, die wiederum von großer Bedeutung für die Zukunft des betrachteten Prozesses sind. Des weiteren lassen sich aus dem Verhältnis von Baktun zu MSZ Rückschlüsse hinsichtlich des ins Auge zu fassenden Reifestadiums ziehen, wenn man andere Hauptknotenzeiträume analysiert: Das Reifestadium nach einer großen Trendwende sollte in etwa 1/9 des Gesamtzeitraumes betragen.

Durch sein Wirken zu diesem Zeitpunkt in der Maya-Zeitrechnung, wie es die Lage im Fundamentalen Fraktal offenbart, und

---

208 Vgl. Prager und Grube/Grube, 2006/2007, S. 447

209 Siehe Anhang 7.6, Korrelation zwischen Langzählung und gregorianischer Zeitrechnung

durch die von ihm eingenommene Stellung innerhalb seines Kulturkreises zeigt K'inich Janaab Pakal, daß sich in ihm eine hohe Wesenheit inkarnierte.

Bezugnehmend auf die obige Betrachtung der Primfaktorzerlegung der MSZ wird nochmal das letzte Beispiel herausgegriffen: 1.366.560 Tage = 9 · 416 · 365 Tage = 9 · 416 Jahre. Analysiert man 416 Jahre, die ja auch vier Tzolkin-Sonnen-Venus-Zyklen und acht Kalenderrunden darstellen, als Zeitraum im Fundamentalen Fraktal der Schwingungsperioden, kann man feststellen, daß dieser Zeitraum am rechten Rand eines Grünen Bereichs liegt, der mit rund 275 Jahren begann und mit 453 Jahren endet. 416 Jahre stellen also ein finales Reifestadium dar. Auch daraus erkennt man neun finale Reifestadien mit je 416 Jahren, die in unserem Sonnensystem verankert sind und über die Koppelung an den Tzolkin einen universellen Bezug erhalten.

Der Hauptknoten [81] des Zeitfraktals stellt über die Zahl 81 einen numerischen Bezug zu den 81 chemischen Elementen her. 81 Elemente sind es, die stabil in der Natur existieren. Und in ihrer optischen Spiegelung in Subknoten $n_1 = +18$ des Hauptknotens [81] erscheint eine einflußreiche Persönlichkeit in Raum und Zeit. Die 18 läßt sich auch als Summe der Form 18 = 6 + 6 + 6 schreiben. Damit stellt sie einen numerischen Bezug zu der Zahl 666 her, die, wie in Kapitel 3.1.4 noch dargelegt wird, für die Existenz auf der niedrigsten Daseinsebene steht. Diesen Zusammenhang kann man dahingehend interpretieren, daß aus göttlichen, höheren Ebenen eine weise Wesenheit „herabsteigt" in die niedrigste Daseinsebene, um korrigierende, unterstützende, lehrende Impulse zu hinterlassen. In dem meisterlichen Erscheinen im Kettenbruch [81; +18] kann man erkennen, daß eine Meisterschaft über die niedrigste Daseinsebene besteht.

Blick auf fraktal niedrigere Ebene

Will man einen Zeitraum gleicher Qualität auf fraktal niedrigerer oder höherer Ebene finden, also einen kürzeren oder längeren Zyklus mit gleicher Zeitqualität, so ermöglicht dies gerade die fraktale Struktur des Fundamentalen Zeitfraktals. So wurde eine interessante Parallele auf fraktal niedrigerer Ebene gefunden: Die Eizelle vollführt den Eisprung zum qualitativ gleichen Zeitpunkt, wie Pakal Wotan in der mayanischen Zeitrechnung erschien!

Die neun finalen Reifestadien und weitere Faktoren

Mit dem Verstreichen eines Zeitraumes von neun finalen Reifestadien erhält man das Zeitfenster, in dem sich die Auswirkungen der letzten großen Trendwende des davorliegenden Hauptknotens manifestieren. Jenen Hauptknoten erhält man, wenn man knapp eines dieser neun finalen Reifestadien zurückrechnet. Arbeitet man nur mit dem Zeitfraktal, lohnt es sich, im Subknoten $n_1 = +18$ nach dem Hauptknoten und am besten an dessen rechten Rand nach Auswirkungen Ausschau zu halten.

Analog zu Knoten [81; +18] ist es nun möglich, in diesem Lichte folgende Zeiträume zu betrachten:

- 9 Tage
- 180 Tage, als 9 · 20 Tage
- 819 Tage, als 9 · 91 Tage einer Jahreszeit
- 9 Jahre
- 45 Jahre, als 9 · 5 Jahre usw.

Sodann drängt sich gleich die Schlußfolgerung auf, daß demnach acht finale Reifestadien relativ exakt eine Hauptknotentrendwende ergeben:

finales Reifestadium [Tage]	· 8	Hauptknoten [Tage]	Kettenbruch
1	8	7,5	[69]
4.5	36	33,7	[69+3/2]
20	160	151	[72]
90	720	677	[72+3/2]
weiter in Jahren			
1	8	8,3	[75]
20	160	167	[78]
usw.			

Wie auch mit den Faktoren 7, 13 und 20 wurden also mit den Zahlen neun und acht weitere Umrechnungsfaktoren gefunden, die ein bequemes Umrechnen ohne Logarithmus ermöglichen.

Ebenso läßt sich erkennen, daß mit dem Vergehen von neun Tagen als neun finale Reifestadien auch die Qualität einer MSZ auf fraktal niedrigerer Ebene beobachtet werden kann. Eine finale Reifeperiode liegt der letzte Hauptknoten zurück: Das Fundamentale Fraktal zeigt diesen bei 7,5 Tagen, also im Laufe des achten Tages an!

Die Maya geben mit dem Erscheinen Pakal Wotans einen Hinweis auf die Zahl 9. Argüelles beschreibt, daß in diesem Zusammenhang auch von den neun Herren der Zeit gesprochen wird.[210] Möglicherweise ist damit eher gemeint, daß sich nach neun Reifeperioden wesentliche Änderungen der kurz zurückliegenden Trendwende zeigen, und daß sich bei größeren Zeiträumen bedeutende Seelen inkarnieren, um in Raum und Zeit korrigierende und die Entwicklung fördernde Impulse zu hinterlassen.

210 Vgl. Argüelles, 1987, S. 171

3.1.2.14 *Der 819-Tage-Zyklus*

Ein weniger bekannter, von den Maya beobachteter Zyklus beträgt 819 Tage. In der Maya-Stätte Copan stellte man beispielsweise alle 819 Tage die Statue des Gottes K'awiil auf. Die Stele des Herrschers Waxaklajun Ub'aah Chan K'awiil zeigt diesen im Jahr 731 n. Chr.[211]

Der Zyklus taucht wohl oft im Zusammenhang mit Geburtstagen und Inthronisationen von wichtigen Persönlichkeiten auf.[212] Jenkins sieht darin auch eine Beobachtung des Planeten Jupiter, erläutert dies jedoch nicht weiter.[213] So wird hier zunächst der Weg der Primfaktorzerlegung beschritten, der vor einer Betrachtung im Fundamentalen Fraktal einige Schlüsse hinsichtlich der betrachteten Zeitqualität zuläßt:

$$819 = 3 \cdot 3 \cdot 7 \cdot 13 = 7 \cdot 9 \cdot 13.$$

$7 \cdot 13$ ergibt 91; 91 Tage ergeben, wie oben beschrieben, ein finales Reifestadium am rechten Rand eines Grünen Bereiches. 819 Tage zählen mithin neun Jahreszeiten, neun finale Reifestadien. Aus der Analyse der MSZ wissen wir, daß auch sie das Produkt aus neun finalen Reifestadien ist. Und genau das offenbart auch hier die Primfaktorzerlegung. Der 819-Tage-Zyklus gleicht in seiner Zeitqualität der MSZ auf fraktal niedrigerer Ebene. Man achtet somit auf die Auswirkungen der Trendwende eines Hauptknotens, wie sie nach knapp zwei Jahren auftritt. Die Verknüpfung von Inthronisationen mit diesem Zyklus würde aufgrund seiner qualitativen Ähnlichkeit mit der MSZ durchaus Sinn ergeben.

211 Vgl. Wagner/Grube, 2006/2007, S. 292
212 Vgl. Voß/Grube, 2006/2007, S. 139
213 Vgl. Jenkins, 2009, S. 71

9 · 7 = 63; 63 Tage ergeben im Fundamentalen Fraktal mit [69+3/2; +3, +9] als Zeitqualität ein Neugeburtsstadium. So verfolgt der 819-Tage-Zyklus auch 13 Neugeburtsstadien. Auch dies ist analog bei der MSZ zu beobachten, die dividiert durch 13 ein Neugeburtsstadium von 288 Jahren mit [78; +3, +3] ergibt.

Wo liegen 819 Tage im Fundamentalen Fraktal?

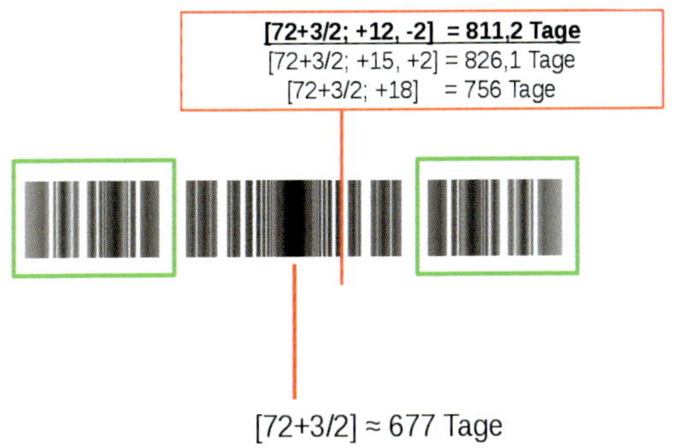

Abb. 59 – Der Zyklus von 819 Tagen im Fundamentalen Fraktal

Es ist zu erkennen, daß Subknoten n_1=+12 bei 811 Tagen endet und Subknoten n_1=+15 erst bei 826 Tagen beginnt. 819 Tage liegen demnach in einer Lücke und stellen keinen Resonanzzeitraum dar. Würde man an dieser Stelle im Fraktal einen zur MSZ genau vergleichbaren Zyklus wählen, hätte dieser beispielsweise 756 Tage im Subknoten [72+3/2;+18]. 756 Tage / 9 = 84 Tage; 84 Tage liegen am rechten Rand eines Grünen Bereichs und wären ein finales Reifestadium, ein verkürztes Quartal sozusagen. Jedoch ist es durchaus verständlich, daß der praktische Zeitraum von 819 Tagen gewählt wurde, birgt er doch viele andere maßgebliche Zyklen als Faktoren. Mit hoher Wahrscheinlichkeit wäre davon auszugehen, daß sich oftmals schon vor Vollendung des 819-Tage-Zyklus die Auswirkungen der vorangegangenen Hauptknotentrendwende zeigen.

3.1.3 Hinweis der Maya auf den Grünen Bereich

In der Analyse maßgeblicher Zyklen fällt auf, daß viele davon am linken oder rechten Rand des Grünen Bereiches liegen. Schönstes Beispiel dafür liefern die „Bausteine" des Tzolkin als Kombination eines 13- und eines 20-Tage-Zyklus:

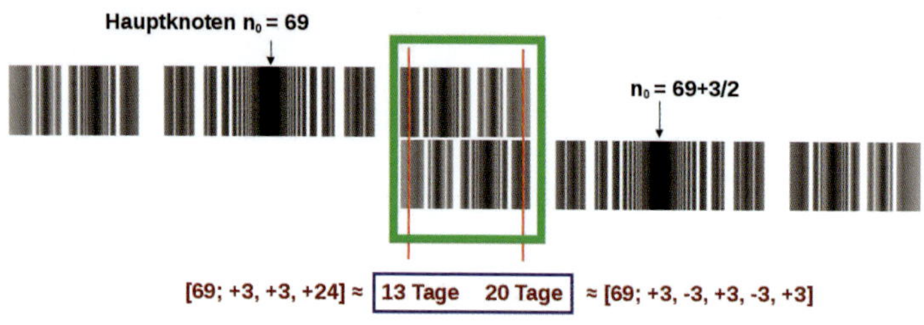

Abb. 60 – 13- und 20-Tage-Zyklus im Fundamentalen Zeitfraktal

Ebenso passend wie die 13 Tage liegt der Tzolkin mit 260 Tagen am linken Rand eines Grünen Bereiches. Die Dauer einer Schwangerschaft verrät außerdem, mit welcher Zeitqualität man es an dieser Stelle im Zeitfraktal zu tun hat, nämlich mit einem Neugeburtsstadium. Die Länge eines gewöhnlichen Tages vermittelte einen Eindruck eines Zyklus am rechten Rand eines Grünen Bereiches, sodaß jetzt die Möglichkeit besteht, z. B. 20 Tage und 1 Tag qualitativ miteinander zu vergleichen. Auch nach 20 Tagen weiß man nun, daß etwas zum Ende kommt.

Der Grüne Bereich zeichnet sich mathematisch dadurch aus, daß sich unterschiedliche (Sub-)Knoten überlagern. An vielen Stellen hat dies zur Folge, daß sich gegensätzliche Tendenzen und Qualitäten gegenseitig aufheben. Diesem Umstand ist es vermutlich geschuldet, daß der **Grüne Bereich in seinen Randbereichen einen Spielraum hinsichtlich der Auswahl von Zyklenlängen mit annähernd gleicher Qualität** läßt. Beispielsweise beträgt unser Sonnenjahr als finales Reifestadium rund 365 Tage und liegt damit schon weiter entfernt vom rechten Rand des Grünen Bereiches als z. B. die Länge des Tages oder eines 20-Tage-Zyklus. In einem anderen Sonnensystem mit anderen Konstellationen kann ein Planet ein Sonnenjahr von z. B. 400 irdischen Tagen haben, welches damit ebenfalls am rechten Rand des Grünen Bereiches läge und ebenso ein finales Reifestadium wäre.

So entpuppen sich insbesondere die Zahlen 3, 7, 13, sowie 20 und 9/2 als universelle Umrechnungsfaktoren[214] im Fundamentalen Fraktal. In Anhang 7.7 wird noch genauer auf die rechnerischen Grundlagen der Faktoren eingegangen.

Fraktale Wiederholung der Zeitqualitäten und Umrechnung

So kann man die bisher aufgezeichnete Tabelle von Umrechnungsfaktoren neu entwerfen und vervollständigen. Die Faktoren 20 und 13, die in der Maya-Zeitrechnung eine so wesentliche Rolle spielen, sind also aus dem Fundamentalen Zeitfraktal abgeleitet und stellen sinnvoll gerundete Rechenfaktoren dar. Darüber hinaus waren zusätzlich zur 13 die Faktoren 3 und 7 als ebenso wichtige Umrechnungsfaktoren speziell für den Grünen Bereich zu finden. Sie ermöglichen durch Multiplizieren oder Dividieren ein bequemes Umrechnen in nächste oder vorhergehende Grüne Bereiche des Fundamentalen Zeitfraktals, ohne den Logarithmus bemühen zu müssen.

Die Faktoren 20 (= e^3) und 9/2 (= $e^{3/2}$) nehmen eine besondere Rolle ein, weil sie sich auch außerhalb des Grünen Bereiches einsetzen lassen. Die 20 repräsentiert den Abstand von Hauptknoten zu Hauptknoten oder jeder beliebigen anderen Stelle des Fundamentalen Fraktals zu einer Stelle auf höherer/niedrigerer Ebene mit identischer Zeitqualität, wobei man im gleichen Fraktalteil bleibt.

---

214 Siehe auch rückblickend die Erklärung der Faktoren am Ende des Kapitels 3.1.2.12.

Der Faktor 9/2 erledigt die gleiche Aufgabe, jedoch wechselt man dabei zwischen Hauptfraktal und phasenverschobenem Fraktal. Daß dies nicht unerheblich ist, war in der Betrachtung der physiologischen Hauptarbeitsfrequenzen in Kapitel 2.2.7.2 zu sehen. Es ist Gegenstand weiterer Forschungen, Zyklen hinsichtlich ihrer Platzierung im Haupt- oder phasenverschobenen Fraktal und ihrer damit verbundenen Zeitqualitäten genauer zu unterscheiden. Aus den vorliegenden Kalendern der Maya wird ersichtlich, daß sie den Faktor 20 nur zur Umrechnung eines finalen Reifestadiums des Grünen Bereiches in ein ebensolches auf maßstäblich höherer Ebene verwendeten, nämlich in der Langzählung.

Die gefundenen Faktoren eignen sich insbesondere für folgende Umrechnungen:

finales Reifestadium	· 3	=	Neugeburtsstadium
finales Reifestadium	· 13	=	Neugeburtsstadium
Neugeburtsstadium	· 7	=	finales Reifestadium

und in Abgrenzung dazu
Zyklus bestimmter Zeitqualität · 20 = Zyklus identischer Zeitqualität

Die Nützlichkeit der Faktoren wird in der folgenden Abbildung verdeutlicht:

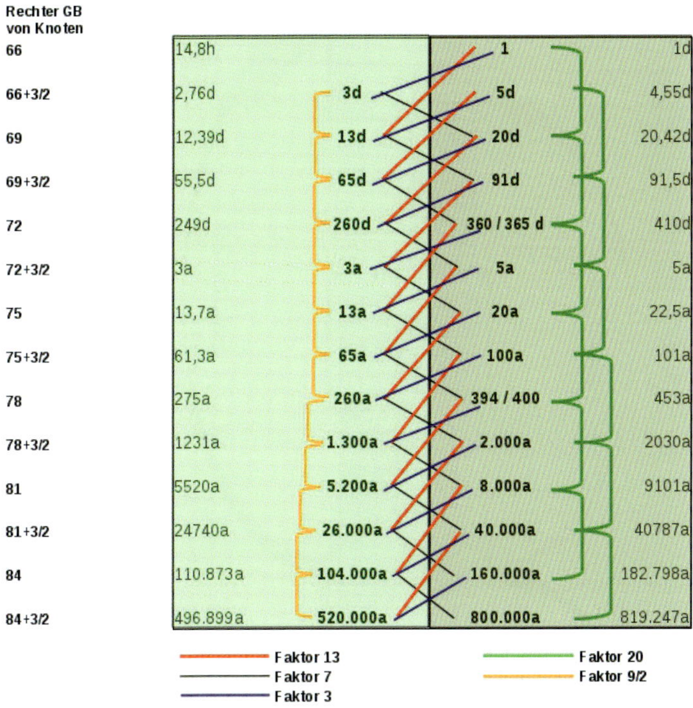

Abb. 61 – Die Zahlen 3, 9/2, 7, 13, 20
als universelle ***Umrechnungsfaktoren***

Die fettgedruckten Zeiträume im Inneren der Abbildung sind an die Maya-Zeitrechnung angelehnte Zyklenlängen, weshalb die exakte Anwendung der Faktoren nicht in jedem Beispiel zutrifft. Je genauer jedoch die Zeiträume vom linken oder rechten Rand eines Grünen Bereiches gewählt werden, umso genauere Ergebnisse liefert die Anwendung der Faktoren. Wie schon erwähnt, das Besondere des Grünen Bereiches liegt auch darin, daß er in seinen Randbereichen die Auswahl von unterschiedlichen Zyklenlängen mit annähernd gleicher Zeitqualität zuläßt. Die wohl wichtigste Erkenntnis, die sich aus der Kenntnis des Zeitfraktals ergibt, ist aber, daß sich Zeitqualitäten auf unterschiedlichen maßstäblichen Ebenen wiederholen, und zwar in logarithmisch gleichmäßigen Abständen.

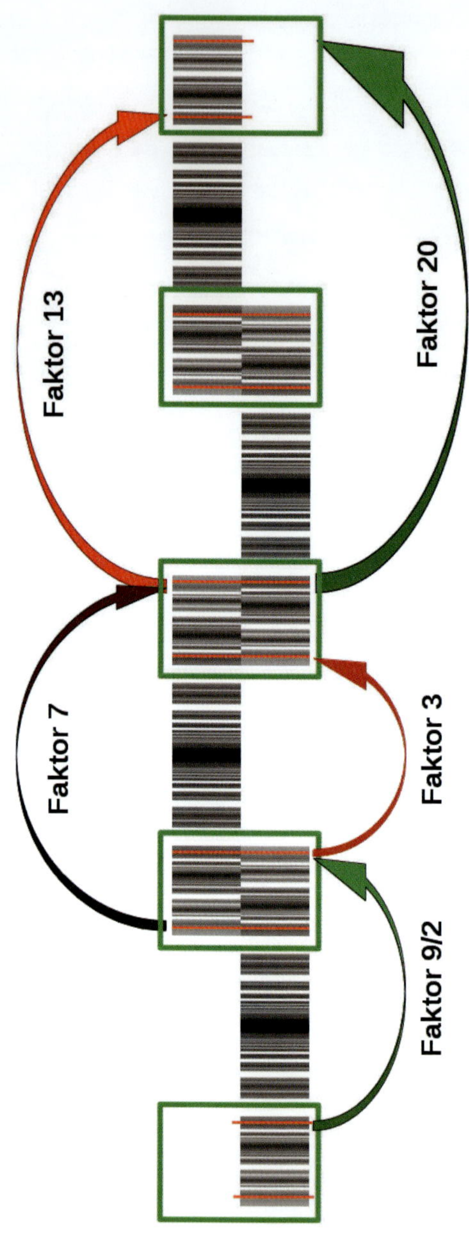

Abb. 62 – Die Zahlen 3, 9/2, 7, 13 und 20 als universelle ***Umrechnungsfaktoren im FF***

Im übrigen zeigen diese Darstellungen die privilegierte Lage unseres Planeten im Sonnensystem mit einer besonders geeigneten Umlaufzeit um die Sonne. Die Länge des Jahres ist dafür verantwortlich, daß unsere Jahreszählung gerade während dieses wichtigen Transformationsstadiums, in dem sich die Menschheit global und kollektiv befindet, in der Zeitrechnung das Jahr 2013 zählt. Hätte man beispielsweise eine Jahreslänge von 400 Tagen, würde man anstatt 2013 das Jahr 1838 schreiben. Oben wurde die Bedeutung jeder einzelnen Zahl gezeigt, und wie ihr Wesen als Schwingungsqualität in einer Kettenbruchdarstellung zum Ausdruck kommt. So ist es also auch numerologisch von Bedeutung, welche Zahl man als Jahr schreibt. Insofern beeindruckt es, daß die Jahreszählungen 1300 und 2000 bzw. 1320 und 2013 jeweils am linken und rechten Rand des Grünen Bereichs liegen und gleichzeitig die universell wichtigen Umrechnungsfaktoren widerspiegeln.

Diese Zusammenhänge machen einmal mehr deutlich, daß man es bei der Kultur der Maya mit einer hochentwickelten zu tun hat, die mit hoher Wahrscheinlichkeit genaue Kenntnis universeller Gesetzmäßigkeiten hatte, auf die wir heute erst stoßen.

3.1.4 Zusammenhang zwischen dem Begriff „Maya", Zahlen und Zeit

Erst an dieser Stelle, nachdem die vielen erstaunlichen Zusammenhänge des mayanischen Wissens um die Zeit erläutert wurden, wird auf Kapitel 3.1.1 Bezug genommen und erneut die dortige Betrachtung des Begriffes „Maya" aufgegriffen. Die nachfolgenden Betrachtungen werden dadurch besser verständlich und es schließt sich ein Kreis des Verstehens.

Aus den zuvor angestellten Betrachtungen wurde deutlich, daß die Maya mit hoher Wahrscheinlichkeit den Global-Scaling-Zusammenhang kannten. Daß sie sich selbst als Maya, als Illusion bezeichneten, legt nahe, daß sie ihr irdisches als Dasein auf niedrigster Ebene in der Schöpfungsordnung kannten.

Gibt es nun dazu eine mystische Zahl, die mit diesem Daseinszustand vorrangig in Verbindung zu bringen ist?

Diese geheimnisvolle Zahl scheint sich insbesondere dann verstärkt zu manifestieren, wenn sich die Überbewertung der materiellen Dinge eingestellt hat, bzw. steht sie auch gerade dafür, daß alles andere als das Materielle sogar negiert wird. Diese Zahl repräsentiert sozusagen die Gefahr, die eigene wahre Herkunft vergessen und sich tief in die materielle Welt verstrickt zu haben. Gleichzeitig wird sie damit zum starken Erinnerungsmoment!

Gesellschaftlich findet diese Haltung ihren Ausdruck in einer Bewertung des Menschen an seinem Hab und Gut. Wer mehr hat, mehr Geld, mehr Autos, mehr Häuser, der ist auch als Mensch mehr wert. Hinzu kommt eine Hervorhebung des Egos, während gleichzeitig die Verbundenheit mit allen und allem anderen – wie in Kapitel 2.1 dargelegt, führt gerade die Einheit allen Seins zwingend zu einem fraktalen Aufbau der Schöpfung, sobald sich das EINE in viele Teile aufteilt – verdrängt und vergessen wurde. Das ist exakt jene Haltung, die heute überwiegend in der westlichen Gesellschaft vorgefunden und die durch die Architektur des Systems[215] gefördert wird.

Und so findet man diese Zahl bei Protagonisten des vorherrschenden Wirtschafts- und Gesellschaftssystems z. B. in deren Telefonnummer, Autokennzeichen usw. Prominentes Beispiel für die Verwendung dieser Nummer ist der mittlerweile auf allen Produkten zu findende Barcode (Balkenkodierung), der regelmäßig am Anfang, in seiner Mitte und am Ende den gleichen Balken trägt, der für die Zahl 6 steht. Es ist also die Rede von der Zahl 666. Diese Zahl ist schon lange bekannt, und in der Offenbarung des Johannes heißt es: „*[...] Hier ist Weisheit gefragt! Wer Verstand hat, entschlüssele, was die Zahl des Tieres bedeutet! Denn es ist die Zahl (für den Namen) eines Menschen. Seine Zahl ist sechshundertsechsundsechzig.*"[216]

Worin besteht nun der mathematische Zusammenhang dieser Zahl zur niedrigsten Daseinsebene?

---

215 Unser Wirtschaftssystem spiegelt dies in einem krankhaften Wachstumszwang mit dem Streben nach immer höheren Gewinnen wider, in Verbindung mit einem Zinsgeldsystem, in dem Geld durch Verschuldung entsteht. Versteht man die Zinsfunktion, versteht man auch, daß dadurch Geldhäufungen zum Magneten für mehr Geld werden und die Häufungen verstärkt werden. Während durch Verschuldung Geld für Sachwerte entsteht, wird das Geld für die anfallenden Zinszahlungen jedoch nicht erzeugt. Zudem entsteht zu den Zinsen kein sachlicher Gegenwert. Die ursprüngliche Erleichterung des Austausches von Sachwerten mithilfe von Geld wird somit vereitelt, ein Mangel in der Geldmenge künstlich erzeugt. Geldmangel erzeugt Konkurrenzkampf, Not und Scheitern und fördert somit das Trennende und den Egoismus. Ein Zinsgeldsystem erzeugt somit von sich aus weiteres Geld, aber keine Sachwerte. Tatsächlich muß aber die Erzeugung von Sachwerten vorausgehen und spiegelbildlich dazu die Geldmenge gesteuert werden, sodaß ein Gleichgewicht herrschen kann. Ein Zinsgeldsystem verhindert ein Gleichgewicht von Anfang an. Daraus resultiert Wachstumszwang, was in der Pathologie seine Entsprechung in der Tumorerkrankung findet. Ein Scheitern ist vorprogrammiert. Genau das erlebt unser Wirtschaftssystem in seiner aktuellen Phase.

216 Scholz, 2006–2011, S. 22

Es wurde dargelegt, daß mit dem **Fundamentalen Fraktal** ein **Spektrum der Schwingungen auf energetisch niedrigstem Niveau** gefunden wurde. Bei den bisherigen Betrachtungen konnte man des weiteren erkennen, daß der **Grüne Bereich** im Fundamentalen Fraktal eine herausragende Rolle einnimmt. Reifestadien finden darin ihren Platz. Der Grüne Bereich wird eröffnet, wenn der Subknoten n_1 die Werte ±3 einnimmt, andernfalls befindet man sich nicht im Grünen Bereich. Als Teilzähler wird im Global-Scaling-Kettenbruch regelmäßig die Ziffer 2 verwendet. So erhält man als Quotienten ±2/3 = ±0,666…, was entsprechend einem Hauptknotenwert hinzugefügt wird, damit man in seinen Grünen Bereich gelangt. Die Offenbarung des Johannes weist also möglicherweise mit dieser Zahl auf den fundamentalen Global-Scaling-Zusammenhang hin, der eine wesentliche Matrix zur Beschreibung der Daseinsebene auf niedrigstem Niveau wiedergibt. Interessant ist in diesem Zusammenhang, daß Prozesse in entscheidenden, transzendenten Reifestadien, nämlich Neugeburt und Tod, jeweils die Ränder des Grünen Bereiches aufsuchen, also einen möglichst großen Abstand zum „Chef" des Grünen Bereiches, dem Subknoten n_1=±3 einnehmen.

Die verständigen Verwender der Zahl 666 – und das sind nicht viele – könnten also damit zum Ausdruck bringen, daß sie sich dieser Zusammenhänge bewußt und durch die Verwendung des Wissens in der Lage sind, vieles in der materiellen Welt zu ihren Gunsten zu steuern. Gleichzeitig zeigen sie damit, daß sie selbst die Machtausübung in der materiellen Welt über Teile dieser einer evolutionären Weiterentwicklung zu höheren Daseinsebenen vorziehen. Darin liegt die „Verführung". Um diesen evolutionären Aufstieg zu „verhindern", ist es erforderlich, Leid zu erzeugen. Leid entsteht immer dann, wenn Handlungsweisen an den Tag gelegt werden, die gegen die Wahrheit der Allverbundenheit gerichtet sind und zu diesem Zwecke das Trennende fördern. Diese Qualität des Handelns in ihrer stärksten Ausprägung findet in Satan ihre Verkörperung, wie es schon in alten Schriften überliefert wird. Jemand, der unbewußt Leid verursacht, verherrlicht Satan unbewußt. Jemand, der bewußt Leid verursacht, dient bewußt dem Erhalt satanischen Einflusses. Somit erschaffen sich so handelnde Menschen kraft ihres gottgegebenen freien Willens einen satanischen Gott als Herrscher der niedrigsten Daseinsebene – aber nur bis zu jenem Punkt, an dem sich eine Seele, ein Fraktalteil Gottes, ihrer Herkunft erinnert und ihr Handeln an der Allverbundenheit und dem Gemeinwohl ausrichtet. Die niedrigste Daseinsebene ist also nur solange Hölle, solange Gott als ihre Quelle negiert wird.

Letzten Endes führt auch der Weg über das Trennende, Leidvolle wieder zur Erkenntnis der Allverbundenheit, aber eben über den Weg des Leides. Das Bedürfnis nach Macht entpuppt sich folglich als Erkrankung, die darin liegt, daß gerade die bereits vorhandene Allmacht nicht erkannt wird. Die bereits vorhandene Allmacht ist darin zu erkennen, daß die gesamte Schöpfung den eigenen Bewußtseinszustand vollständig widerspiegeln *muß*, also alles bereits von einem selbst erschaffen wurde.

So schließt sich hier ein Kreis des Verstehens durch die Verbindung von Mystik, Religion, Mathematik und Raumzeit.

3.1.5 Allgemeine Schlußfolgerungen

Die gefundenen Analyseergebnisse legen die Vermutung nahe, daß die Maya eine hoch entwickelte Kultur waren, deren Entwicklungsstadium wir erst zu begreifen beginnen. Es ist mit an Sicherheit grenzender Wahrscheinlichkeit davon auszugehen, daß die Maya den Global-Scaling-Zusammenhang kannten. Damit waren sie sich auch des fraktalen Aufbaus der Natur bewußt.

Des weiteren vertiefte die Analyse der mayanischen und anderer natürlicher Zeitzyklen im Fundamentalen Zeitfraktal das Verständnis, welcher Bereich im Zeitfraktal für welche Zeitqualität steht. Dies ist von unschätzbarem Wert, wie in der nachfolgenden Analyse unserer Geschichte deutlich werden wird, ermöglicht es schließlich eine tiefergehende zeitqualitative Bewertung der historischen Ereignisse.

3.2 Analyse der christlichen Zeitrechnung

Bei der Betrachtung der bemerkenswerten Ergebnisse in der Analyse der Maya-Zeitzyklen drängt sich die brennende Frage auf, in welcher Phase und Zeitqualität sich unsere Kultur befindet. Würden durch die Anwendung von Global Scaling in der Geschichtsanalyse neue Erkenntnisse und Zusammenhänge über Ereignisse in unserer Geschichte zu gewinnen sein? Historische Ereignisse wären vielleicht in einem neuen Licht zu betrachten. Sagte nicht schon Karl Marx, die herrschende Geschichtsschreibung sei die Geschichtsschreibung der Herrschenden?

Möchte man unsere Zeitrechnung analysieren, tauchen schnell weitere Fragen auf. Wann begann unsere Zeitrechnung? Etwa mit der Geburt Jesus Christi, weil man sich in unserem Kalender auf ihn bezieht? Am 1. Januar des Jahres 1 nach Christus? Hatte unsere Zeitrechnung einen Auslöser, was wiederum bedeuten würde, daß es dazu eine Vorgeschichte gäbe? Diese Frage ist nach den bisherigen Erkenntnissen natürlich mit Ja zu beantworten. Gehört die Zeit vor dem Beginn nicht auch dazu? Welche Kulturen gehören zu „unserer" Zeitrechnung? Wann begann unsere Kultur? Darüber hinaus: Ist die Jahreszählung überhaupt korrekt?[217]

---

217 Hinweise darauf, daß dem nicht so ist, gibt es einige. Auf ein rechnerisches Beispiel dazu wird in Kapitel 3.2.1.3 eingegangen.

Welchen Startpunkt nimmt man, wenn man die Zeitrechnung analysieren möchte? Nun ist das Schöne an der Analyse des kalendaren Schwingungsprozesses, daß dieser eben davon lebt, daß täglich sein Alter mit dem aktuellen Datum niedergeschrieben wird. Der Konsens von Milliarden von Menschen, daß heute das Jahr 2017 mit genauem Monat und Tag geschrieben wird, ist ein Indiz dafür, daß der zu untersuchende Schwingungsprozeß auch genau so alt ist. Denn selbst unbewußte und bewußte Manipulationen der Zeitrechnung müßten selbst Funktionen dieses Schwingungsprozesses sein.

Während also das auslösende Ereignis der heutigen Kalenderrechnung – man spricht heute dabei von der Geburt Jesus Christi – zunächst nicht ohne weiteres klar nachzuvollziehen ist, liefert die tägliche Notierung des Datums den genauen Zeitpunkt des auslösenden Ereignisses in der Vergangenheit. Was sich am 1. Januar des Jahres 1 wirklich ereignete, vermag vermutlich kaum jemand zu beantworten. Jedoch wird davon ausgegangen, daß es zu diesem Zeitpunkt ein besonderes Ereignis gegeben haben muß, das die Verwendung des heutigen Kalenders auslöste, auch wenn die tatsächliche Niederschreibung der christlichen Zeitrechnung viel später begann. Denn nichts geschieht ohne Ursache! In Kapitel 3.3.2 wird dieser Frage nachgegangen, und eine Antwort konnte gefunden werden! Durch den Kalender wird der Zeitpunkt dieses Ereignisses sozusagen „auf dem Silbertablett serviert“. Dies ist die grundlegende Annahme und These bei der – und der Schlüssel zur – Analyse unserer Geschichte mithilfe von Global Scaling.[218]

218 Vgl. Pauqué, 2009, S. 233

3.2.1 Unsere Zeitrechnung – der gregorianische Kalender

Die Zeitrechnung ist eines der fundamentalen Elemente unserer Verständigung und Beziehungen unter uns Menschen. Durch alle gesellschaftlichen Schichten hindurch besteht der Konsens, daß derzeit – zum Zeitpunkt der Entstehung dieses Buches – das Jahr 2017 geschrieben wird. Wenn man sich verabredet, Termine festlegt oder Verträge unterzeichnet, verwendet man selbstverständlich und ohne große Überlegung die Wochentage, Monate und Jahreszahlen. Wie fundamental und mächtig der mittlerweile globale Schwingungsprozeß unserer Zeitrechnung sein muß, erkennt man auch an der großen Anzahl seiner Anwender.

Im Jahre 1582 fand die letzte Reform unserer Kalenderrechnung statt. Der Reformer hieß Papst Gregor XIII., und deshalb spricht man heute vom gregorianischen Kalender. So wird ersichtlich, wer bis heute die Methode der Zeitrechnung hütet und bestimmt: der Vatikan.

Blickt man die letzten Jahrhunderte zurück, so hat der gregorianische Kalender eine steile Karriere hingelegt. Vor allem seit dem 18. Jahrhundert kamen viele neue Länder hinzu, die, trotz ihrer mitunter eigenen Zeitrechnung, den gregorianischen Kalender als Standard übernahmen. Die Kolonialisierung, der zunehmende Handel und die damit wachsende Abhängigkeit von den heranwachsenden Industrienationen zwang sie nicht selten dazu. Die Übernahme des Kalenders im Jahre 1752 durch das englische Königreich als damalige Weltmacht, besonders mit seinen amerikanischen Kolonien, trägt dabei sicher eine Schlüsselrolle. Sogar ein Land wie China mit einer Jahrtausende alten Kultur und eigener Zeitrechnung entschied sich 1912 für die Einführung des gregorianischen Kalenders.

Gerade über den internationalen Handel erlebt man heute unseren Kalender als vereinendes Zeitmuster, als Instrument der Synchronisierung. So liefert der gregorianische Kalender trotz seiner nicht gerade benutzerfreundlichen Struktur, ein relativ präzises chronologisches Werk, das analysiert werden kann.[219]

In diesem Zusammenhang wird im übernächsten Kapitel noch ein etwas genauerer Blick auf die Beschaffenheit und Geschichte des gregorianischen Kalenders selbst geworfen.

3.2.1.1 *Aktuelle Lage im Fundamentalen Fraktal*

Mit der Analyse der Zeitrechnung landet man automatisch in der Analyse der Geschichte mit ihren prägenden Ereignissen. Das Datieren von wichtigen geschichtlichen Ereignissen verbindet untrennbar Geschichte und Zeitrechnung. Leider stößt man dabei meist auf Kriege. Nachfolgend werden Ereignisse in der Geschichte herausgegriffen, deren Lage im Fundamentalen Fraktal unserer Zeitrechnung analysiert und dargelegt, welche Schlüsse daraus gezogen werden können. Nur so viel vorweg: Es ist atemberaubend, welche neuen Erkenntnismöglichkeiten sich mit dem Wissen über die Beschaffenheit der (Raum-)Zeit auftun. Man lernt beispielsweise, wie lange Ereignisse vordergründig nachwirken können. Bahnt sich z. B. ein unangenehmes kollektives Ereignis an und stellt man fest, daß dieses Ereignis eine lange Nachwirkung haben würde, kann man umso entschlossener alle Maßnahmen zur Verhinderung, Eindämmung, Linderung usw. dieses Ereignisses ergreifen. Dieses positive Entgegenwirken würde damit Teil des Ereignisses und hätte dementsprechend auch lange positive Nachwirkungen.

Wo befindet sich die christliche Zeitrechnung aktuell im Zeitfraktal? Die momentane Lage im Fundamentalen Zeitfraktal eines

219 Vgl. Pauqué, 2009, S. 233, 234

historischen Prozesses, der vor etwa 2017 Jahren startete, wird mit der folgenden Grafik verdeutlicht:

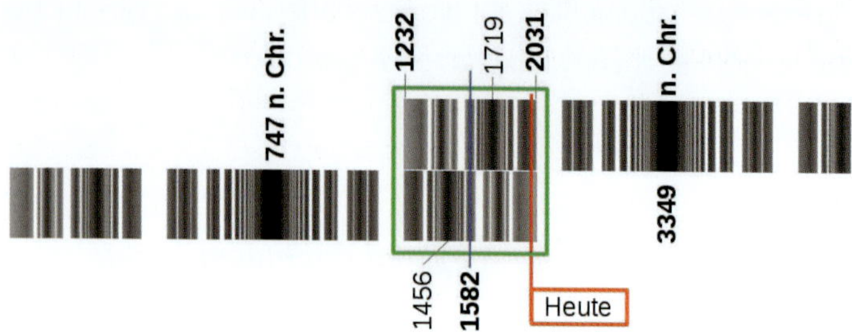

Abb. 63 – Orientierung im Fundamentalen Fraktal der kalendaren Zeitrechnung

Demnach befindet man sich heute relativ zum Startzeitpunkt zu Beginn des Jahres 1 am äußersten rechten Rand des Grünen Bereichs, der 1232 n. Chr. begonnen hat und 2031 n. Chr. endet. Nach 2031 n. Chr. tritt der Schwingungsprozeß der christlichen Zeitrechnung in eine große Lücke, die bis 2245 n. Chr andauert.

3.2.1.2 *Entwicklungsgeschichte des gregorianischen Kalenders*

Unser heute verwendeter gregorianischer Kalender hat eine lange Geschichte und geht auf den Römischen zurück. Im neu gegründeten Rom verwendete man zunächst einen zehn Monate währenden Kalender mit 304 Tagen. Die Monate hießen Martius, Aprilis, Maius, Junius, Quintilis, Sextilis, September, Oktober, November und Dezember.

Im Jahre 715 v. Chr. fügte der römische König Numa Pompilius zwei Monate hinzu, um dem Sonnenjahr besser zu folgen. Als ersten Monat ergänzte er Januarius mit 29 Tagen und als letzten Monat Februarius mit 28 Tagen. Mit Anpassung der anderen Monatslängen ergaben sich nun insgesamt 355 Tage für ein Jahr. Alle zwei Jahre fügte man deshalb fortan einen Ergänzungsmonat Mercedonius mit abwechselnd 22 oder 23 Tagen zwischen dem 23. und 24. Februarius ein.[220] Daß damit die Logik der Monatsnamen September bis Dezember über den Haufen geworfen wurde, schien niemanden zu stören: die Silbe ***septem*** beschreibt die Zahl ***sieben***; genauso verhält es sich mit ***Okto***-ber für *acht*, ***Novem***-ber für *neun* und ***Dezem***-ber für ***zehn***.

Einer anfangs einfachen römischen Kultur, die sogar mit einem 304 (!) Tage dauernden Jahr zu zählen begann, mag man dies nachsehen. Aber dieser Fehler verfolgt uns bis zum heutigen Tage! Einerseits ist die Menschheit in der Lage, Kernteilchen zu vermessen, andererseits stört man sich nicht an dieser Ungenauigkeit. Dabei wäre es so einfach, einen besseren Kalender zu gestalten. Sehen Sie dazu Kapitel 3.5 und den Anhang 7.9.

Im Jahre 304 v. Chr. erfolgte eine weitere Korrektur, veranlaßt durch den Rat der zehn Männer, den Dezemvirn. Sie ordneten den Februarius hinter den Januarius als zweiten Monat des Jahres ein. Auch wurden wieder die Monatslängen verändert. Die Schaltjahrregelung und die Jahreslänge blieben gleich.[221]

Unter Julius Cäsar erfolgte wieder eine umfassende Reform. Das Jahr 45 v. Chr. ging als Jahr der Verwirrung in die Geschichte ein: Julius Cäsar dehnte das Jahr 45 v. Chr. auf 444 Tage aus, weil der Termin des Frühlingszeitpunktes schon im Winter auftrat. Er fügte einen Unidecember und Duodecember ein und paßte die Jahreslänge von 365 Tagen auf 365,25 an. Dazu gab es fortan einen Schalttag alle vier Jahre, der nach dem 23. Februar eingesetzt wurde. Der Februar erhielt somit seine 29 Tage in einem Schaltjahr.[222]

220 Vgl. Meyers GKL, 1907, B14, S. 55
221 Vgl. Meyers GKL, 1907, B14, S. 55
222 Vgl. Attensperger, 1869, S. 63

Den Tag der Frühjahrstagundnachtgleiche legte man auf den 24. Martius fest.[223] Der Monat Quintilis wurde in Julius umgetauft. Julius Cäsar bekam diesen Impuls von Kleopatras griechischem Astrologen Sosigenes, der mit Markus Fabius die Kalenderreform durchführte.[224] Deshalb wurde der gregorianische zuvor als julianischer Kalender bezeichnet. Da die von Julius gewählte Jahreslänge von 365,25 Tagen wieder nicht der tatsächlichen, astronomischen entsprach, war bereits eine neue Reform vorprogrammiert.

Im Jahre 325 n. Chr. fand das sogenannte Kirchenkonzil zu Nicäa statt. Dort versammelten sich *„318 durch Heiligkeit und Unbescholtenheit des Wandels ausgezeichnete Bischöfe"* und berieten sich *„in Anwesenheit der von Papst Sylvester abgeordneten Gesandten des päpstlichen Stuhles und Constantin des Großen, auf dessen Kosten jene Versammlung gehalten wurde"*[225], auch über die Bestimmung des Zeitpunktes des Osterfestes. Darin wurde ferner festgelegt, daß fortan immer der 21. März mit dem Eintritt in das Tierkreiszeichen Widder dem Zeitpunkt der Frühjahrstagundnachtgleiche zugeschrieben wird.[226] Der im julianischen Kalender festgeschriebene 24. März als Tag der Frühjahrstagundnachtgleiche hinkte nämlich dem astronomischen Zeitpunkt rund drei Tage hinterher.[227]

Es sollte bis ins Jahr 1582 n. Chr. dauern, bevor eine erneute Reform durch Papst Gregor XIII. geschah. Reformpunkte waren wieder eine Korrektur des verfrühten Eintritts des Frühlingszeitpunktes relativ zur Kalenderrechnung sowie eine Verfeinerung der Schaltjahrregelung. Die fehlerhafte Jahreslänge bewirkte, daß das kalendare

---

223 Vgl. Meyers GKL, 1906, B10, S. 455

224 Vgl. Attensperger, 1869, S. 63

225 Vgl. Attensperger, 1869, S. 59

226 Vgl. Attensperger, 1869, S. 60

227 Julius legte die Jahreslänge auf 365,25 Tage fest, was eine jährliche Abweichung von 365,25 Tagen – 365,2422 Tagen = 0,0078 Tagen bedeutete. Nach Julius' Reform vergingen bis 325 n. Chr. 369 Jahre. Bis zum Konzil ergab sich somit ein Fehler von 0,0078 Tage/Jahr · 369 Jahre = 2,88 Tagen.

Frühjahrsäquinoktium am 21. März zehn Tage hinter das tatsächliche solare Ereignis gefallen war, was bereits am 11. März auftrat. Die wirkliche durchschnittliche Jahreslänge beträgt 365,2422 Tage.[228] Erkannt hat man diesen Fehler, als die spanischen Eroberer auf die Maya-Zeitrechnung stießen, die dieser Genauigkeit auf vier Tausendstel Rechnung trug.[229] Die Einfügung eines Schalttages erfolgt seit dem zu allen Jahren, die ohne Rest durch vier teilbar sind, außer in den durch 100 teilbaren Jahren, den Säkularjahren. Ist die Jahreszahl wiederum durch 400 teilbar, wird ein Schalttag eingefügt (Im Jahr 2000 gab es einen 29. Februar). Damit kommt man mit einer kalkulierten Jahreslänge von 365,2425 Tagen der tatsächlichen schon sehr nahe. Erst nach 3.333 Jahren ergibt sich nun ein Verzug um einen Tag gegenüber dem wirklichen solaren Jahr. Des weiteren beinhaltete die Reform einen Sprung von zehn Tagen. Als man am 4.10.1582 zu Bett ging, erwachte man am 15.10.1582.

Interessant ist, daß der Vatikan in seinem liturgischen Kalender keinen 29. Februar kennt. Wie oben beschrieben, war ein Tag nach dem 23. Februar einzufügen. Wahrscheinlich deshalb gibt es im Vatikan zweimal den 24. Februar (Namenstag des Matthias), oder letzterer wird auf 48 Stunden ausgedehnt, wie auch immer man es sehen will. Der Schalttag wird also nicht extra gezählt. In den meisten lateinamerikanischen Ländern spricht man deshalb im Zusammenhang mit Schalttag und Schaltjahr von **bisiesto** oder Bisextil-Tag und Bisextil-Jahr. Warum wird hier über das **Sextil** der Bezug zur Sechs hergestellt? Im römischen Kalender nannte man die jeweils ersten Tage jedes Monats die Kalenden und man bezog sich in der Tageszählung auf den Abstand bis zum nächsten Ersten des Monats. Mit dem 1. März als die Kalenden des März, befindet man sich am 24. Februar am sechsten – **siesto/sextil** – Tag der Kalen-

228 Vgl. Attensperger, 1869, S. 77; Meyers GKL, 1906, B10, S. 454; siehe ferner das Kapitel 3.1.2.8

229 Vgl. Argüelles, 2002, S. 205 ff.

den des März. Da dieser Tag verdoppelt – **bi** – wurde, entstand **bisiesto** oder **bisextil**.[230]

3.2.1.3 *Ist unsere Kalenderrechnung korrekt?*

Die Richtigkeit der Analyse wäre in Frage zu stellen, wenn die Kalenderrechnung nicht stimmte. Ohne darauf näher einzugehen, gibt es dazu verschiedene Theorien und Ungereimtheiten, die vermuten lassen, daß in der Kalenderzählung Fehler gemacht wurden und heute somit das falsche Jahr geschrieben wird. Ein rechnerisches Beispiel, das dazu Fragen aufwirft, soll hier angeführt werden.

Oben war von der letzten Kalenderreform im Jahre 1582 zu lesen. Dabei wurden zehn Tage übersprungen, um die gewünschte Lage der Jahreszeiten im Kalenderlauf wiederzugewinnen. Auch sollte mit der Reform zukünftig die korrekte Jahreslänge von 365,2422 Tagen anstelle der 365,25 Tage berücksichtigt werden. Es handelt sich bei den beiden Jahreslängen also um eine Differenz von 0,0078 Tagen. Diese Differenz pro Jahr soll mithin seit der Reform von Julius Cäsar im Jahre 46 v. Chr. dafür verantwortlich gewesen sein, daß sich eine Jahreszeitenverschiebung relativ zum Datum um zehn Tage einschlich. Zwischen der Reform von Julius Cäsar und der von Papst Gregor XIII. liegen 1.628 Jahre. Eine Verschiebung von 0,0078 Tagen/Jahr multipliziert mit 1.628 Jahren ergibt eine Verschiebung von 12,7 Tagen. Warum übersprang man also 10 Tage anstelle von 12,7 bzw. 13 Tagen? Wo sind die 2,7 Tage geblieben? 2,7 Tage geteilt durch 0,0078 Tage/Jahr ergeben 346 Jahre, die zu viel sind. Es dürften also zwischen den beiden Reformen nur 1.282 Jahre vergangen sein. War die letzte Reform tatsächlich im Jahre 1236? Zählt man heute 346 Jahre zu viel?

230 Vgl. Argüelles, 2002, S. 202

Wäre also das Jahr 1670 und nicht 2017 zu schreiben? Dies sind berechtigte Fragen, die sich aus dieser Betrachtung ergeben.

Jedoch geht diese Betrachtung davon aus, daß die mittlere Jahreslänge im betrachteten Zeitraum von 1.628 Jahren konstant geblieben sein soll. Russell beschreibt die Entwicklungsgeschichte eines Planeten wie folgt: Ein Planet entfernt sich mit zunehmendem Alter immer weiter von seiner Mutter, der Sonne. Dabei erhöht sich seine Rotationsgeschwindigkeit (Drehung um die eigene Achse), während sich seine Revolutionsgeschwindigkeit (Umrundung der Sonne) verlangsamt.[231] Die Jahresdauer unterliegt also einer kontinuierlichen Verlängerung, während die Tage immer kürzer werden. Jedoch kann man in diesem Zusammenhang einschränkend sagen, daß diese Veränderung eben sehr langsam stattfindet und man in einem 1.600-Jahreszeitraum wahrscheinlich durchaus von einer annähernd konstanten Jahreslänge ausgehen kann. In der Tat ist bekannt, daß das siderische Jahr in 1000 Jahren um 1/10 Sekunde zunimmt.[232] In 1.600 Jahren ergibt sich folglich eine Verlängerung von 0,16 Sekunden. Folglich hatte man, wenn auch nur geringfügig, zur gregorianischen Reform ein längeres siderisches Jahr als zu Julius Cäsars Zeiten. Jedoch ist bei der Jahreslängenveränderung zu berücksichtigen, daß das tropische Jahr mit Referenz zum Frühlingszeitpunkt sich – im Gegensatz zum siderischen Jahr – sehr langsam verkürzt, in 1000 Jahren um 5,3 Sekunden.[233] Und genau der Frühlingspunkt war es, den die Kalenderreformatoren stets im Blick hatten. Die langsame Verkürzung des tropischen Jahres hat also das Wachstum des Fehlers – 12,7 Tage zu Zeiten der gregorianischen Reform – und die Verschiebung des Frühlingspunktes relativ zum Kalender eher verstärkt. Da diese Auswirkung jedoch nur im Sekundenbereich liegt, könnte sie vernachlässigt werden.

231 Vgl. Russell, 1926, S. 145

232 Vgl. Meyers GKL, 1906, B10, S. 150

233 Vgl. Meyers GKL, 1906, B10, S. 151

Antwort ist schließlich im Kirchenkonzil von Nicäa im Jahre 325 n. Chr. zu finden. Rechnet man von diesem Jahr aus, so ergibt sich tatsächlich eine Verschiebung von zehn Tagen, eine Differenz von 1257 Jahren vom Konziljahr 325 bis zum Reformjahr 1582 multipliziert mit der kalkulatorischen Jahreslängendifferenz von 0,0078 Tagen.[234] Von der julianischen Reform bis zum Konzil von Nicäa verschob sich die Frühjahrstagundnachtgleiche vom 24. März auf den 21. März. Im Konzil von Nicäa legte man die Frühjahrstagundnachtgleiche auf den 21. März fest, akzeptierte also die geschehene Verschiebung. Folglich läßt sich darin kein Fehler in der Jahreszählung finden. Die Richtigkeit und Nachvollziehbarkeit der Kalenderreformen sind sogar ein starkes Indiz dafür, daß die christliche Kalenderrechnung korrekt ist.

Trotzdem bleibt die Frage interessant, ob sich z. B. andere Fehler in die Jahreszählung eingeschlichen hätten. Vielleicht werden solche noch in der Zukunft bekannt. Die Frage, die sich für den Falle eines Fehlers stellt, wäre also: Sind die hier dargelegten Analysen falsch, wenn sich nachträglich herausstellt, daß Fehler in der Jahreszählung vorliegen?

Wie einleitend zu Kapitel 3.2 beschrieben, wird darin kein Widerspruch gesehen. Es kann durchaus sein, daß man das „falsche" Jahr schreibt. Jedoch ist dem großen Konsens so vieler Menschen zu entnehmen, daß es einen kollektiven Prozeß geben muß, der tatsächlich 2017 Jahre alt ist und vor 2017 Jahren sein auslösendes Ereignis hatte. Die Vermutung ist, daß der oder die begangene/n Fehler in der Niederschreibung der Zeitrechnung selbst Funktionen des betrachteten Schwingungsprozesses sind. Der Prozeß ist so mächtig, daß selbst unbewußte und bewußte Manipulationen durch ihn selbst bewirkt werden. Im übrigen kann eine Stütze für diese Annahme in den Ergebnissen der Analyse der jüdischen Zeitrechnung gesehen werden. Doch dazu mehr in Kapitel 3.3.

---

234 $1257 \cdot 0{,}0078 = 9{,}8046$, gerundet 10.

3.2.1.4 *Analyse der gregorianischen Kalenderreform*

Die Untersuchung dieses Ereignisses liefert die erste kleine Sensation. Neben anderen bedeutenden Ereignissen in der Zeitrechnung ist die Kalenderreform erst recht von größter Bedeutung, weil sie selbst ein Eingriff in den untersuchten Prozeß darstellt. Dies bedeutet: Ist die obige Annahme zur Analyse der Zeitrechnung[235] richtig, muß gerade in der Analyse der Kalenderreform eine nicht unerhebliche Übereinstimmung mit dem Fundamentalen Fraktal zu finden sein. Dieser Eingriff in den Ablauf des Kalenders muß zwangsweise als Eingriff in den Schwingungsprozeß selbst eine Übereinstimmung mit dem Fundamentalen Fraktal liefern. Und genau dies ist der Fall!

Die Lage der Reform ist im Bereich und in unmittelbarer Nähe des gemeinsamen Subknotens [78+3/2; +3, - 6] = [81; -3, +6].

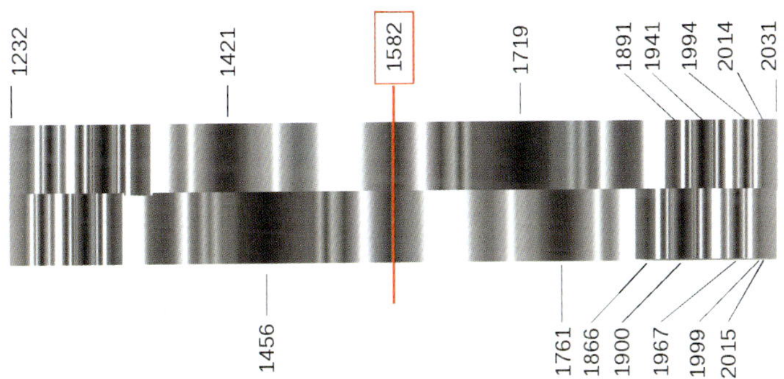

Abb. 64 – Kalenderreform von Papst Gregor XIII. im zentralen Knoten des Grünen Bereichs

235 Siehe die Einleitung zu Kapitel 3.2 und die Darlegungen dazu in dessen Unterkapitel 3.2.1.3.

Die Überschneidung beider Hauptknoten, Knoten [81] in der Zukunft und Knoten [78+3/2] in der Vergangenheit liegend, in diesen Subknoten gleicher Wertigkeit des Grünen Bereiches – beide Subknoten befinden sich auf Ebene n_2 und haben die gleichen Ziffern – ist im Fundamentalen Fraktal einzigartig und bringt damit die besondere Bedeutung von Ereignissen hinsichtlich ihrer Verknüpfung von Vergangenheit und Zukunft in diesem Zeitraum zum Ausdruck.

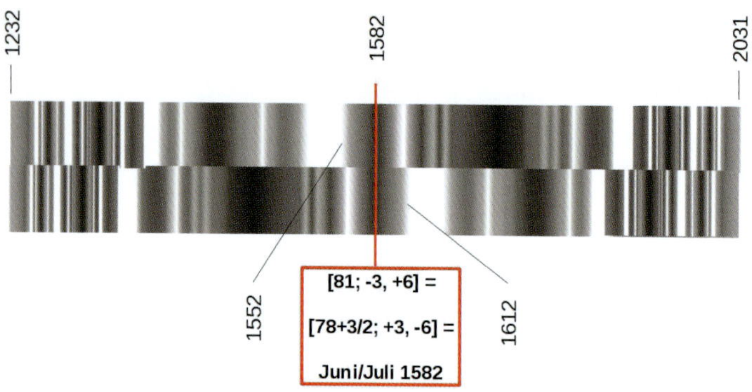

Abb. 65 – Gemeinsamer Knoten im Jahre 1582 in der Mitte beider Grüner Bereiche

Die Aussage, daß ein Ereignis im Zusammenhang mit dem betrachteten Schwingungsprozeß seine Ursache in der Vergangenheit des Prozesses hat und dessen Zukunft beeinflußt, ist trivial. Sie trifft auf jedes Ereignis eines Prozesses zu.

Wenn jedoch ein Ereignis stattfindet, daß gerade zum Ziel hat, den Prozeß, dessen Kind es ist, selbst für die Zukunft zu beeinflussen, ist dies nicht mehr trivial, sondern besonders. Und genau dies bringt die Lage der Kalenderreform in diesem Bereich des Fundamentalen Fraktals zum Ausdruck: Ereignisse darin tragen in besonderer Weise die Verknüpfung mit Vergangenheit und Zukunft des betrachteten Prozesses in sich. Anders ausgedrückt: Ereignisse in diesem Zeitraum betreffen in besonderer Weise den betrachteten Prozeß selbst, wobei das Ereignis speziell auf den weiteren

Verlauf in die/der Zukunft Einfluß nimmt. Es ist beinahe so, als ob sich der Prozeß seiner selbst bewußt würde. Die sich überlagernden Subknotenbereiche ergeben die Zeiträume von 1552 bis 1603 und 1561 bis 1613 und haben den gemeinsamen, bedeutsamen Knoten um den 7. Juli 1582.

Die Reform findet man nun 90 Tage nach der Trendwende am 7.7.1582, ein finales Reifestadium danach![236]

3.2.2 Weitere herausragende Ereignisse in der Geschichte

In den nachfolgenden Betrachtungen wird der Leser gebeten zu beachten, daß es sich dabei nicht um erschöpfende Darstellungen der Ereignisse an sich handeln soll. Vielmehr wird nach einschneidenden Ereignissen innerhalb der betrachteten Entwicklungsperioden Ausschau gehalten und diese im Lichte von Global Scaling interpretiert. Es geht also mehr darum, neue Standpunkte der Betrachtung hinzuzufügen. Nur bei länger zurückliegenden Ereignissen wird etwas detaillierter auf diese eingegangen, so z. B. auf den Dreißigjährigen Krieg. Deshalb wird an dieser Stelle besonders auf dessen nachfolgende Analyse hingewiesen, weil er als weiter zurückliegendes, in sich abgeschlossenes Ereignis in besonderer Weise dazu geeignet ist, die Aussagekraft der Global-Scaling-Theorie unter Beweis zu stellen.

---

236 07.07. + 90 Tage = 05.10. julianisch bzw. 15.10. gregorianisch mit Berücksichtigung des Reformsprunges.

3.2.2.1 *Dreißigjähriger Krieg*

Im Zusammenhang mit dem Dreißigjährigen Krieg beschreibt man vier aufeinanderfolgende Kriege um die Vorherrschaft in Europa im Zeitraum von 1618 bis 1648. Der Dreißigjährige Krieg begann als Glaubenskrieg zwischen Protestanten und Katholiken. 101 Jahre zuvor schlug der Augustinermönch Martin Luther seine 95 Thesen gegen den Ablaßhandel an die Schloßkirche zu Wittenberg und leitete damit die Reformation ein. In der Folge entstanden konfessionelle Gegensätze zwischen Protestanten und Katholiken, was schließlich zum Augsburger Religionsfrieden von 1555 führte. Trotzdem verhärteten sich die Fronten weiter. 1608 gründeten süddeutsche Reichsfürsten unter Kurfürst Friedrich dem V. von der Pfalz die Protestantische Union. 1609 verbündeten sich deutsche Fürsten und Reichsstände unter Herzog Maximilian von Bayern gegen den Protestantismus in der Katholischen Liga.[237]

Die protestantischen Böhmen erkannten die Wahl des Erzherzogs Ferdinand II. von Österreich, König von Ungarn und Böhmen, zum Kaiser nicht an. Eine Verletzung des Majestätsbriefes Rudolfs II. durch Ferdinand II. von 1618 führte schließlich am 23.05.1618 zum Prager Fenstersturz, bei dem die kaiserlichen Räte Martinitz und Slawata, nebst ihrem Sekretär Fabricius, aus dem Fenster des Prager Schlosses in den Graben geworfen wurden. Dies führte zur Empörung der Stände und zur Wahl des Kurfürsten Friedrich V. von der Pfalz zum protestantischen Gegenkönig. Die böhmischen Stände fanden Unterstützung bei Siebenbürgen, Savoyen, der Union und einem Teil der österreichischen Landstände. Ferdinand wandte sich an Spanien und konnte die Katholische Liga für sich gewinnen.[238]

---

237 Vgl. Bertelsmann UL, B 20, S. 287–296

238 Vgl. Bertelsmann UL, B 4, S. 378

Der Knotenbereich [81; -3, +9] reicht vom 15.11.1618 über 07.09.1630 bis 09.01.1640 und gibt erstaunlich gut den Zeitraum des Krieges wieder. Jedoch legt der Knoten eine Kriegsdauer des eigentlichen Konfliktes nur bis 1640, also 22 Jahre, nahe. Dies könnte auch bedeuten, daß sich nach 1640 andere Themen als die ursprünglichen als Kriegsgründe zeigen. Der Knotenpunkt im September 1630 läßt eine Wende in diesen Konflikten vermuten.

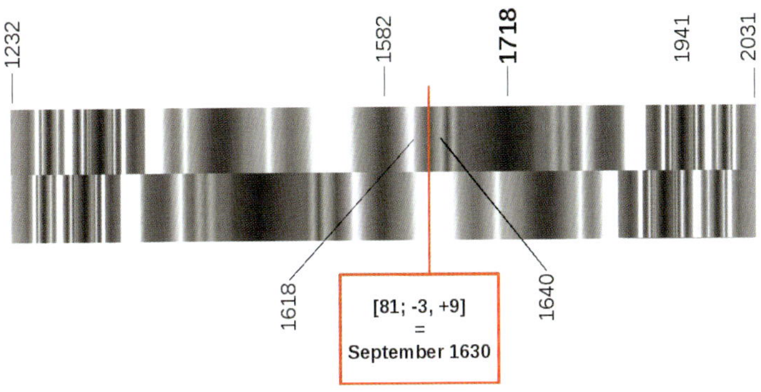

Abb. 66 – Dreißigjähriger Krieg im Fundamentalen Fraktal der christlichen Zeitrechnung

Interessant dabei ist, daß das phasenverschobene Fraktal von 1612 bis 1662 in einer Lücke ist. Dieser Konflikt hat also mit der Qualität des zukünftigen Ereignisses des Knotens [81] zu tun. Des weiteren weist der Subknoten n_2=+9 erstens aufgrund seiner Lage auf dem Niveau n_2 und zweitens durch seine Teilbarkeit durch 9 auf ein Ereignis sehr hoher Priorität hin. Nachfolgend seien nun die einzelnen Kriege mit ihren jeweiligen Ereignissen betrachtet.

Böhmisch-Pfälzischer Krieg 1618–1623

Die Protestanten in Böhmen hatten von Kaiser Rudolf die freie Religionsausübung erwirkt und im sog. Majestätsbrief bestätigt bekommen. Weitere Wünsche der böhmischen Stände blieben unberücksichtigt, was zu ständigem Zwist zwischen den Ständen und dem Kaiser führte. Es entstand vor allem ein Streit über die Auslegung des Majestätsbriefes hinsichtlich des Baus protestantischer Kirchen, der diesen auf königlichem Boden gestattete. Die protestantischen Stände vereinigten sich unter Führung des Grafen Matthias von Thurn. Als von diesen eine verbotene Versammlung abgehalten wurde, kam es zu heftigen Streitereien, die in dem berüchtigten Prager Fenstersturz endeten. Aus Mähren und Schlesien vertrieb man die kaiserlichen Truppen. Im März 1619 starb nun Matthias. Sein Nachfolger Ferdinand II. als Landesherr war ein erbitterter Feind des Protestantismus. Hoffnung auf Verständigung war damit genommen. So kam es, daß sich die Protestanten Friedrich V. von der Pfalz als Gegenkönig wählten. Kriegerische Auseinandersetzungen waren nun nicht mehr zu verhindern. Friedrichs Heer verlor die Schlacht am Weißen Berge bei Prag am 08.11.1620. Friedrich mußte flüchten. Als neuer Herr von Böhmen und Mähren ging Ferdinand schonungslos gegen Protestanten vor, hob den Majestätsbrief auf und ächtete Friedrich V. Das katholische Heer unter Führung Tillys mußte zunächst noch eine Niederlage am 27.04.1622 bei Wiesloch hinnehmen, siegte jedoch in der Folge am 06.05.1622 bei Wimpfen und am 20.06.1622 bei Höchst, sodaß eine Besetzung der Pfalz möglich wurde. Ferner nahm er Mannheim und Heidelberg. Am 06.08.1623 schlug er Herzog Christian von Braunschweig, der von den Niederlanden her in Westfalen eingefallen war, bei Stadtlohn. Plünderung und Verwüstung belastete die Bevölkerung auf das härteste. Der Katholizismus wurde gewaltsam wieder eingeführt.[239]

Niedersächsisch-dänischer Krieg 1624–1629

Auf dieser gestärkten Grundlage suchte Kaiser Ferdinand die Förderung des Katholizismus in Deutschland und die Errichtung einer starken habsburgischen Kaisermacht. In von ligistischen, kai-

239 Vgl. Meyers GKL, 1905, B5, S. 190

serlichen und spanischen Heeren beherrschten Gebieten wurde unter Zwang und Gewalt rekatholisiert. Evangelische Kirchengüter wurden zurückgefordert und zahlreiche Klöster von Jesuiten in Besitz genommen. Niedersächsische Fürsten waren dadurch in ihrem Besitz bedroht, auch die ausländischen Mächte England, Holland, Dänemark und Schweden wollten keine derartige Stärkung der habsburgischen Macht. Und so verbündeten sich diese zur Rückführung Friedrichs V. in seine Erblande. Unter Führung von König Christian IV. von Dänemark fanden weitere Feldzüge statt, die jedoch meist zugunsten der katholischen Verbünde ausgingen. Wallenstein auf der Seite der Katholischen Liga schlug Ernst von Mansfeld am 25.04.1626 an der Dessauer Elbbrücke. Tilly schlug mit dem ligistischen Heer Christian IV. am 27.08.1626 bei Lutter am Barenberg. Dies hatte den Verlust Norddeutschlands und der jüttischen Halbinsel zur Folge. Im Frieden von Lübeck vom 12.05.1629 gewährte Kaiser Ferdinand dem Dänenkönig dessen Land zurück unter der Voraussetzung, sich nicht weiter in deutsche Angelegenheiten zu mischen. Außerdem wurde im Restitutionsedikt vom 06.03.1629 verfügt, die Ketzerei auszurotten sowie alle eingezogenen Stifter, Klöster und kirchlichen Güter den Katholiken zurückzugeben. Hätte die Liga uneingeschränkt hinter dem Restitutionsedikt gestanden, wäre dies das Ende des Protestantismus in Deutschland gewesen. Maximilian I. von Bayern sah jedoch auch in Wallenstein eine Gefahr, weil dieser mit seiner militärisch-absolutistischen Gesinnung das Kaisertum zu stärken suchte, eine Gefährdung der Macht des Fürstentums.[240] Bis 1630 zeigte sich also die katholische Seite weit überlegen.

Schwedischer Krieg 1630–1635

Der schwedische König Gustav Adolf II. bot seine Hilfe für die Protestanten bereits 1625 an. Seine Kräfte waren jedoch noch im Krieg mit Polen gebunden. Erst mit dem Waffenstillstand vom 26.09.1629

240 Vgl. Meyers GKL, 1905, B5, S. 190

wurden diese frei. Sein Streben nach der Beherrschung des Baltischen Meeres erforderte eine Einmischung in Deutschland. Es wird ihm aber auch nachgesagt, daß ein weiteres Motiv seines Eingreifens sein Mitgefühl für den deutschen Protestantismus war. Am 04.07.1630 landete Gustav Adolf II. mit zunächst 13.000 Mann, die noch auf 40.000 Mann aufgestockt wurden, an der pommerschen Küste. Unterstützend hinzu kam am 23.01.1631 der Subsidienvertrag Frankreichs mit Schweden, denn Frankreich lag mit dem Kaiser wegen Mantua im Kriege.

Gustav eroberte Pommern und Mecklenburg. Die kaiserlichen Truppen konnte er bis an die Elbe zurückdrängen. Der sächsische Kurfürst rief im Februar 1631 zum Leipziger Konvent und konnte einige Reichsstände vereinen. Sie forderten vergeblich vom Kaiser die Aufhebung des Restitutionsediktes und boten Neutralität gegen Schweden. Brandenburg und Sachsen zögerten mit ihrem Anschluß an die Schweden, sodaß Tilly Magdeburg belagern und verwüsten konnte. Die Stadt fiel am 20.05.1631. Erst die Mißachtung dessen Neutralität durch Tilly, der einfach in Sachsen einmarschierte, veranlaßte Kurfürst Johann Georg, den Schwedenkönig schließlich um Hilfe anzurufen. Die kursächsischen mit Gustav Adolfs II. Truppen vereint schlugen Tilly am 18.07.1631 bei Burgstall und am 17.09.1631 in der Schlacht bei Breitenfeld; letztere endete so desaströs, daß Tillys Heer sich fast vollständig auflöste. Auch Prag fiel in kursächsische Hände; General Arnim von Sachsen eroberte in der Folge Prag und bedrohte Schlesien.

So konnte König Gustav Adolf durch Thüringen und Franken an den Rhein ziehen. Auch vertrieb er die kaiserlichen Truppen aus Schwaben. Im Frühjahr 1632 zog er weiter nach Bayern. Wieder wurde Tilly am 15.04.1632 bei Rain am Lech geschlagen. Schwer verwundet verstarb er fünf Tage später. Begleitet von Friedrich V. zieht Gustav in München ein, die Katholische Liga war aufgelöst.

An dieser Stelle wird die Schilderung der Ereignisse kurz unterbrochen und auf das oben angeführte Zeitfraktal (Abb. 66) Bezug genommen: Nach der anfänglichen Überlegenheit der Katholiken ergab sich nach dem Subknoten im September 1630 die erwartete Trendwende durch das Eingreifen der Schweden, worauf an späterer Stelle nochmals genauer eingegangen wird.

Kaiser Ferdinand blieb wohl nichts anderes übrig, als sich erneut an Wallenstein zu wenden, was er hilfeflehend tat. Mit dem Vertrag von Znaim im April 1632 übernahm er den Oberbefehl. Mit einem neu zusammengestellten Heer gelang ihm die Vertreibung der Sachsen aus Böhmen. Die Reste der katholisch-ligistischen Truppen sammelte er zusammen und zog gegen Nürnberg, wo Gustav Adolf II. lagerte. Dort standen sie sich drei Monate gegenüber, ein Sturm des Königs auf Wallensteins Lager am 03.09.1632 blieb erfolglos. Gustav, auf dem Wege nach Österreich, mußte Wallenstein doch nach Sachsen folgen, damit dieses nicht an die Katholiken verloren ward. Beide Parteien begegneten sich erneut am 16.11.1632 bei Lützen, wo Wallensteins Truppen unterlagen. Gustav Adolf II. fiel in dieser Schlacht, womit der protestantischen Seite ihre überlegene einheitliche Führung verloren ging. Die Heere führte fortan Bernhard von Weimar, die Politik übernahm der schwedische Kanzler Graf Axel Oxenstierna. Im Heilbronner Vertrag vom 23.04.1633 suchte er die evangelischen Stände zu halten und zu binden. Dem Angebot folgten jedoch nur noch Schwaben, Franken, Ober- und Niederrhein. Sachsen und Brandenburg hielten sich zurück. Sie wollten ihre Heere nicht schwedischem Oberbefehl unterstellen. Damit ergab sich zunehmend eine Zersplitterung der Operationen. Die Schweden wurden gänzlich von französischen Hilfsgeldern abhängig, engagierten mehr und mehr Söldner. Es wurden Tendenzen erkennbar, wonach die konfessionelle Grundlage der Kämpfe zunehmend in den Hintergrund rückte; mehr als zuvor galt es, fruchtbare Territorien zu erobern. Am 23.10.1633 siegte Wallenstein über General Arnim und eroberte Schlesien. Der Kaiser rief nun Wallenstein nach Regensburg, das von Bernhard bedroht wurde; er sagte aber einen Winterfeldzug nach Bayern als unmöglich ab, woraufhin am 14.11.1633 Bernhard von Weimar Regensburg einnahm.[241] Eigenmächtig begann Wallenstein 1633 Friedensverhandlungen mit den Schweden und Sachsen[242], weshalb er kaiserlichen Argwohn auf sich zog. Das entging ihm nicht und er reichte am 12.01.1634 sein Entlassungsgesuch ein, welches jedoch abgelehnt wurde. Man entledigte sich seiner auf andere Weise: Wallenstein wurde am 25.02.1634 in Eger ermordet. Als Nachfolger berief man den Sohn Ferdinands II., der später Kaiser Ferdinand III. wurde. Am 05./06.09.1634 besiegten ein bayerisch-ligistisches Heer unter Leitung von Johann von Werth und kaiserliche Truppen Bernhard bei Nördlingen. Regensburg und Bayern gingen wieder an die Katholiken; ferner wurden Franken und Schwaben besetzt. Sachsen sagte sich nun vom protestantischen Bund los und schloß am 30.05.1635 den Prager Frieden mit Ferdinand. Darin verschonte er das Land von der Anwendung des Restitutionsediktes, und die bis 1627 eingezogenen Besitztümer wurden zugestanden. Brandenburg, Weimar, Anhalt und andere Stände traten dem Abkommen bei; wesentliche Ziele des konfessionellen Krieges waren für die Protestanten erreicht. Baden, Hessen-Kassel und Württemberg blieben den Schweden treu.[243]

Französisch-schwedischer Krieg 1635–1648

Der Prager Frieden brachte einen deutlichen Umschwung: Der Kaiser hatte nun größtenteils den Rücken frei, weil die Mehrheit der Protestanten mit ihm Frieden geschlossen hatte. Vorrangig ging es nun darum, die Schweden und den französischen Einfluß wieder loszuwerden. Außerdem war Ferdinand III., Sohn von Ferdinand II. und kaiserlicher Nachfolger seit 1637, nicht mehr so fanatisch gegen Protestanten eingestellt. Die konfessionellen Gegensätze tra-

241 Vgl. Meyers GKL, 1905, B5, S. 191
242 Vgl. Bertelsmann UL, B 4, S. 378
243 Vgl. Meyers GKL, 1905, B5, S. 191

ten klar in den Hintergrund. Die Franzosen mit Richelieu zahlten fortan nicht mehr nur Hilfsgelder, sondern griffen mit Truppen in den Krieg ein. Die Macht der Habsburger war ihnen ein Dorn im Auge. Richelieu zahlte und beauftragte auch Bernhard von Weimar, ein Heer aufzustellen.

Doch keiner Seite gelang es, den Krieg militärisch zu entscheiden. Siegen der Franzosen unter Bernhard am Oberrhein (bei Breisach am 17.12.1638) und der Schweden unter Banér (bei Wittstock am 04.10.1636; Vorstoß bis Prag 1638 und Regensburg 1641) und Torstenson (bei Breitenfeld am 02.11.1642 und Jankau in Mähren am 06.03.1645) standen Siege der Bayern unter Mercy und Werth (u. a. bei Tuttlingen am 24.11.1643) gegenüber. Die Erschöpfung aller Hilfsmittel und die Verödung und Verwüstung Deutschlands führte am 24.10.1648 zum Westfälischen Frieden.[244]

Was ereignete sich nun genau im Jahre 1630, in dem eine Trendwende vermutet wird?

Der bayerische König Maximilian sah in Herzog Wallenstein und dessen militärischem Absolutismus eine Gefahr und beantragte beim Kaiser dessen Absetzung, auch auf Grund der allgemeinen Klagen über die Greuel und Gewalttätigkeiten. Ferdinand entließ den erfolgreichen Feldherren Wallenstein im August 1630 auf dem Kurfürstentag zu Regensburg, ein erheblicher Faktor für einen Trendwechsel bei den Katholiken. Auf protestantischer Seite wurde zur gleichen Zeit Unterstützung durch den schwedischen König Gustav II. Adolf ersichtlich. Er landete am 04.07.1630 mit 13.000 Mann, die sich bald auf 40.000 Mann vermehrten, und forderte die evangelischen Stände zum Anschluß auf. Frankreich gewährte im Januar 1631 Gustav Adolf Hilfsgelder. Der Fall Magdeburgs im Mai 1631 durch die Besetzung Tillys ließ die Protestanten schließlich mit den Schweden koalieren. Zusammen mit den kursächsischen Truppen

---

244 Vgl. Meyers GKL, 1905, B5, S. 191, 192

schlugen die Schweden Tilly bei Burgstall und Breitenfeld. Damit war auch ganz Norddeutschland auf einmal befreit.[245]
So wird bei der Betrachtung der Ereignisse klar ersichtlich, wie der Eingriff der Schweden, unterstützt durch den Subsidienvertrag mit den Franzosen, einerseits und die Aufgabe Wallensteins andererseits den Trendwechsel bewirkte und die katholische Überlegenheit brach.

Beispiele für untergeordnete Trendwenden

Der erste Subknoten des Subknotens [81; -3, +9], nämlich Subknoten [81; -3, +9, -3] reicht vom 15.11.1618 über 22.02.1623 bis 23.02.1625. Der Subknoten n_3 = -3 läßt also eine Trendwende in einer Folge von – dem Dreißigjährigen Krieg untergeordneten – Ereignissen vermuten. Die Erfolge auf katholischer Seite, besonders durch Tilly, führten dazu, daß Herzog Maximilian I. von Bayern auf dem Reichstag zu Regensburg am 23.02.1623 die pfälzische Kurwürde des verbannten Gegenkönigs Friedrich V. förmlich zugesprochen wurde. Der Einspruch Sachsens und Brandenburgs konnte daran nichts ändern. Die Trendwende ging also mit dem Wechsel zur katholischen Herrschaft in der Pfalz einher.[246]

Der Subknoten n_3=+6 beginnt am 25.07.1633, zeigt eine Trendwende am 11.01.1634 und endet am 01.09.1634. Der wichtigste Feldherr der kaiserlichen Truppen Wallenstein konnte den Argwohn gegen sich wahrnehmen und reichte am 12.01.1634 sein Entlassungsgesuch ein, welches jedoch abgelehnt wurde. Am 25.02.1634 wurde er in Eger ermordet. Wie schon zur Haupttrendwende des Dreißigjährigen Krieges im Jahre 1630, zu der Wallensteins Wirken als zentrale Person des konfessionellen Konfliktes beendet wurde, endet Wallensteins Aufgabe als Feldherr erneut mit einer Trendwende, diesmal in einem Subknoten, während dieses letzte Engagement mit dem Subknoten n_3=+12 begann!

245 Vgl. Meyers GKL, 1905, B5, S. 190, 191
246 Vgl. Meyers GKL, 1905, B5, S. 190

Subknoten [81; -3, +9, +54] mit Beginn am 23.01.1631 über 25.01.1631 bis 28.01.1631: Frankreich schließt zur Unterstützung Schwedens einen Subsidienvertrag am 23.01.1631. Der Subknoten n_3=+54 ist durch 9 teilbar und zeigt damit höhere Priorität an. Die französischen Hilfsgelder sicherten die schwedischen Erfolge und hatten somit weitreichende Auswirkungen.

Subknoten [81; -3, +9, +30] mit Beginn am 07.05.1631 über 15.05.1631 bis 24.05.1631: Tilly besetzt Magdeburg, die Stadt fällt am 20.05.1631, eine Folge der Trendwende am 15.05.1631.

Subknoten [81; -3, +9, +24] mit Beginn am 04.07.1631 über 17.07.1631 bis 30.07.1631: Tilly wird am 18.07.1631 bei Burgstall geschlagen.

Subknoten [81; -3, +9, +21] mit Beginn am 14.08.1631 über 31.08.1631 bis 18.09.1631: Tillys Heer wird am 17.09.1631 bei Breitenfeld vernichtend geschlagen; sein Herr löst sich fast vollständig auf, worin ein Reifestadium zu erkennen ist, das sich in der Entwicklung zum Rand des Knotenbereiches hin ergibt.

Subknoten [81; -3, +9, +12] mit Beginn am 04.04.1632 über 21.05.1632 bis 15.07.1632: Kurz zuvor war die Katholische Liga zerschlagen worden und Kaiser Ferdinand II. flehte Wallenstein um Hilfe an. Dieser übernahm im April 1632 den Oberbefehl.

Endete der Dreißigjährige Krieg schon 1640 und war damit eigentlich nur ein zweiundzwanzigjähriger?

Der prägende Subknoten [81; -3, +9] der konfessionellen Kriege endet am 09.01.1640. Es beginnt eine Lücke bis 03.08.1647. Auch das phasenverschobene Fraktal befindet sich in einer Lücke. Mit dem Prager Frieden von 1635 traten die konfessionellen Gegensätze in den Hintergrund. Bernhard von Weimar führte mit finanzieller Unterstützung der Franzosen den Krieg am Oberrhein, schlug Johann von Werth bei Rheinfelden am 03.03.1638 und eroberte am 17.12.1638 Breisach. Unerwartet starb er am 18.07.1639, wodurch sich wohl Frankreich veranlaßt sah, selbst als kriegführende Macht aufzutreten. Es übernahm Bernhards Heere und trat nun mit eigenen Truppen zum Krieg an.[247] Damit wandelte sich der Krieg 1640 endgültig von einem ursprünglich religiösen zu einem politischen entgegengesetzter europäischer Interessen. Traten zuerst Katholiken gegen Protestanten an, kämpften sie teilweise fortan Seite an Seite. Das katholische Frankreich kämpfte nun mit eigenen Truppen – und leistete nicht „nur" Subsidien – auf Seiten der Schweden und seiner protestantischen Verbündeten. Die Mehrheit der deutschen Protestanten hatte mit dem Kaiser Frieden geschlossen und suchte gemeinsam, die Schweden aus Deutschland zu vertreiben. Frankreich wollte ein weiteres Erstarken der Habsburger verhindern. Das Zeitfraktal zeigt mit 09.01.1640 das Ende einer Qualität an und genau dies tritt in der Form ein, daß sich der ursprünglich konfessionell motivierte Krieg in einen rein politischen verwandelt.

Zusammenfassend beeindruckt nicht nur die präzise Lage des Dreißigjährigen Krieges an sich in einem Subknoten hoher Priorität, sondern auch noch die Übereinstimmung der angezeigten Trendwende im Jahre 1630 sowie die angezeigte Qualitätsänderung 1640.

3.2.2.2 *England übernimmt gregorianische Zeitrechnung*

England beherrschte die Meere und sicherte auf diesem Wege seine Vormachtstellung in der Welt, politisch und wirtschaftlich. Sah es seine Interessen bedroht, wurden Kriege geführt. In diesem Zusammenhang ist es von Bedeutung zu untersuchen, wann England den gregorianischen Kalender übernahm. Denn durch die Unterwerfung anderer Länder und Regionen war dies ein bedeutender

247 Vgl. Meyers GKL, 1905, B5, S. 191

Faktor zur Verbreitung der Zeitrechnung. England führte den gregorianischen Kalender im Jahre 1752 ein, im September des Jahres schaltete man um.[248] Folglich ist davon auszugehen, daß zuvor die Entscheidung gefallen sein muß, den julianischen Kalender hinter sich zu lassen.

Im Zeitfraktal läßt sich dieser Zeitpunkt interessanterweise in Knoten beider Fraktale wiederfinden. Im Hauptfraktal findet man [81; -3, -24, +3] mit einem Zeitraum vom 12.11.1751 über 02.02.1752 bis 17.07.1752. Der darüberliegende Subknoten n_2 = -24 reicht von 25.12.1749 über 17.03.1751 bis 17.07.1752. Im phasenverschobenen Fraktal ergibt [78+3/2; +3, -3, -30] einen Zeitraum vom 11.10.1751 über 02.02.1752 bis 17.05.1752. Dessen darüberliegender Subknoten n_2 = -3 reicht von 1663 über 1761 bis 2031, ein Zeitraum von 368 Jahren! Die Subknoten [81; -3, -24,+3] und [78+3/2; +3, -3, -30] haben am 02.02.1752 einen gemeinsamen Trendwechsel.

Der genaue Zeitpunkt der Entscheidung im englischen Königshaus zur Annahme des gregorianischen Kalenders konnte nicht eruiert werden. Das Zeitfraktal legt jedoch nahe, dies im Zeitraum November 1751 bis Mai 1752 zu vermuten, in jenem Bereich, in dem sich die Subknoten [81; -3, -24, +3] und [78+3/2; +3, -3, -30] beider Fraktale überlagern. Warum? Die Analyse der gregorianischen Kalenderreform hat gezeigt, daß insbesondere mit der Zeitrechnung selbst in Verbindung stehende Ereignisse in beiden Fraktalen, in Hauptfraktal und phasenverschobenem Fraktal, ihre Widerspiegelung finden, weil sie in besonderer Weise mit Zukunft und Vergangenheit in Zusammenhang stehen. Hierzu wird nochmal auf Kapitel 3.2.1.4 und die darin geschilderten Zusammenhänge Bezug genommen.

Die Entscheidung zur Übernahme der herrschenden Zeitrechnung durch eine Weltmacht wäre deshalb auch in einem Bereich dieser Qualität anzusiedeln.

248 Vgl. Meyers GKL, 1906, B10, S. 456

Die Ausführung der Entscheidung, also die tatsächliche Einführung des gregorianischen Kalenders im September, ließe sich exakt mit dem Subknoten [78+3/2; +3, -3, -33, +3, -3] beschreiben, welcher vom 26.08.1752 über 09.09.1752 bis 15.09.1752 reicht; julianisch ergibt dies den 16.08. über 30.08. bis 05.09.1752. Interessanterweise liegt das Hauptfraktal des zukünftigen Hauptknotens [81] vom 18.07.1752 bis 29.12.1753 in einer Lücke. Danach wäre das Umschalten an sich eine reine Folge der Vergangenheit.

Zusammenfassend läßt sich festhalten, daß die Übernahme des heute herrschenden Kalenders durch eine damalige Weltmacht vermutlich eine Funktion der Zeitrechnung selbst ist. Zudem sei an dieser Stelle erneut der Einfluß des Vatikans auf das Weltgeschehen in Erinnerung gerufen, dessen Reform der Zeitrechnung von einer Weltmacht übernommen wurde.

3.2.2.3 *Siebenjähriger Krieg*

Mit dem Siebenjährigen Krieg bezeichnet man einerseits die kriegerischen Auseinandersetzungen auf dem europäischen Festland zwischen dem Verbund aus Österreich, Rußland und Frankreich gegen die Allianz von Preußen und Großbritannien-Hannover. Andererseits lag Großbritannien schon mit Frankreich im Kriege um die koloniale Vorherrschaft, was Mitteleuropa noch Indien, die Karibik und Nordamerika als Kriegsschauplätze hinzufügte. Wie zu sehen sein wird, gilt es, den Siebenjährigen Krieg danach differenziert zu betrachten. Der Krieg wird mit einer Dauer von 1756 bis 1763 angegeben. Auch dies gilt es, zu überprüfen. Weil der Siebenjährige Krieg schon länger zurückliegt, werden zunächst die Ereignisse etwas ausführlicher geschildert, um danach die Lage im Zeitfraktal zu betrachten und eine zeitanalytische Einordnung vorzunehmen.

Zunächst zu den Ereignissen auf dem europäischen Festland.

Die österreichische Kaiserin Maria Theresia hegte den Wunsch, das in den Schlesischen Kriegen an Preußen verlorene Schlesien zurückzugewinnen. Dagegen suchte sich Friedrich der Große zu schützen, indem er einen Präventivschlag ausführte, bevor sich eine Koalition Europas gegen ihn verbündete. Die russische Kaiserin Elisabeth sagte Österreich Beistand zu. Obwohl Frankreich bisher stets Gegner Österreichs war, in den Schlesischen Kriegen mit Preußen im Bunde, verbündete es sich diesmal mit Österreich gegen Preußen. Durch einen niederländischen Gesandten erfuhr Friedrich, daß ihn Österreich und Rußland im Frühjahr 1757 angreifen wollen. Daraufhin fragte er im Juni 1756 in Wien an, ob die Mobilmachung ihm gelte. Eine ausweichende Antwort dazu veranlaßte ihn, ein Versprechen des Nichtangreifens für die Jahre 1756 und 1757 zu verlangen. Verständlicherweise wurde ihm dieses am 21.08.1756 verweigert. Am 29.08.1756 rückte Friedrich in Sachsen ein, um auf dem kürzesten Wege in Böhmen einzufallen.[249] Angebote zur Koalition oder Neutralität lehnte August III. von Sachsen ab. Preußen schloß die sächsischen Truppen ein und schnitt sie vom Nachschub ab. Im Sieg von Lobositz am 01.10.1756 vereitelte Friedrich einen österreichischen Versuch, die Sachsen zu befreien. Nun formierte sich die von Friedrich befürchtete Koalition aus Truppen des Deutschen Reiches, Österreichs, Rußlands und Frankreichs. Sogar Schweden als Garant des Westfälischen Friedens erklärte Preußen den Krieg.

Prinz Karl von Lothringen errang einen Sieg gegen österreichische Truppen unter Dauns Befehl bei Prag am 06.05.1757. Jedoch erlitt Preußen am 18.06.1757 eine völlige Niederlage bei Kolin gegen Österreich. Preußen mußte daraufhin Böhmen räumen. Im Westen siegte Frankreich am 26.07.1757 bei Hastenbeck und eroberte ferner Hannover und Hessen. Die Russen fielen in Ostpreußen ein und nach der Schlacht bei Großjägersdorf am 30.08.1757 muß-

249 Vgl. Meyers GKL, 1908, B18, S. 434

te der preußische Feldmarschall Lehwaldt ganz Ostpreußen räumen. Am 07.09.1757 siegte Österreich bei Moys und bahnte sich den Weg nach Breslau und Berlin, das für kurze Zeit von einem Streifkorps unter Hadik besetzt wurde. Preußen war zu diesem Zeitpunkt das erste Mal am Boden, geschwächt und entmutigt. Friedrich jedoch war entschlossen, zu siegen oder zu sterben. Kraft dieser Entschlossenheit siegte er gegen eine Vereinigung der Franzosen mit der Reichsarmee bei Roßbach am 05.11.1757. Dem folgte jedoch erneut ein Sieg der Österreicher am 22.11.1757 über Bevern und am 24.11.1757 die Einnahme Breslaus. Österreich hielt nun ganz Schlesien besetzt. Nun siegte wiederum Preußen gegen Österreich bei Leuthen am 05.12.1757 und eroberte fast ganz Schlesien zurück, bis auf Schweidnitz. Ostpreußen wurde von den Russen wieder geräumt. Unterstützung erfuhr Friedrich durch einen Vertrag mit König Georg II. vom 11.04.1758, in dem England Hilfsgelder an Preußen i. H. v. 4,5 Mio. Talern gewährte und die Aufstellung eines neuen Heeres in Hannover zusagte. Am 16.04.1758 erobert Preußen auch Schweidnitz zurück. An der westlichen Front besiegte am 23.06.1758 Herzog Ferdinand von Braunschweig die Franzosen bei Krefeld und vertrieb diese aus Hannover und Westfalen. In der Schlacht bei Zorndorf am 25.08.1758 zwang Friedrich Rußland zum Rückzug aus Ostpreußen, in das es erneut eingedrungen war. Dem folgte eine schwere Niederlage Preußens am 14.10.1758, als Österreich preußische Truppen bei Hochkirch überfiel. Friedrich marschierte daraufhin nach Schlesien und konnte am 06.11.1758 Reitze und am 15.11.1758 Kosel befreien. Im Anschluß kehrte Friedrich nach Sachsen zurück. Er befand sich zwar wieder im Besitz seines Landes, jedoch war es ihm nicht gelungen, die feindliche Koalition zu sprengen. Es fehlte ihm an Geld, was er mit der berühmten Münzverschlechterung abzufangen suchte. Auch fehlte es zunehmend an gut ausgebildeten Offizieren und Soldaten. Im Osten verfügte er 1759 über 130.000 Mann, denen die Österreicher und Russen über 250.000 Mann entgegenstellten.

Am 13.04.1759 tauchte ein neues französisches Heer auf und siegte bei Bergen; es drang bis zur Weser vor. Ferdinand von Braunschweig gelang es am 01.08.1759, mit seinem Sieg bei Minden, die französischen Truppen über Rhein und Main zurückzudrängen. Im Osten verlor Preußen unter Wedell einen Kampf bei Kay gegen Rußland am 23.07.1759. Österreicher und Russen vereinen sich erneut. Am 12.08.1759 in der Schlacht bei Kunersdorf wurde Preußen furchtbar schwer geschlagen, Friedrich selbst hielt zu diesem Zeitpunkt alles für verloren. Nur die Uneinigkeit der Österreicher und Russen gab ihm Zeit, sich wieder zu sammeln. Die Russen zogen sich nach Polen zurück. Friedrich wandte sich nun nach Sachsen, wo Österreich eine starke Stellung einnahm: es besetzte Dresden, Torgau und Wittenberg. Am 21.11.1759 mußte der preußische General von Finck bei Maxen kapitulieren. Im Januar 1760 versuchte Friedrich vergeblich, Dresden wieder zu erobern. Unter Laudon fiel Österreich am 23.06.1760 erneut in Schlesien ein und vernichtete Fouqués Korps bei Landeshut; ferner eroberte er Glatz. Durch seinen Sieg bei Liegnitz am 15.08.1760 gelang es König Friedrich, eine Zusammenkunft der österreichischen Feldherren Laudon, Lacy und Daun mit den Russen unter Soltikow zu vereiteln. Deshalb gab es nur eine kurze Besetzung Berlins durch Rußland und Österreich mit Streifkorps in der Zeit vom 09. bis 12.10.1760. In der Schlacht von Torgau am 03.11.1760 gewinnt Preußen Sachsen außer Dresden zurück. Nun wurden die Nachschubprobleme immer massiver und bedenklicher. Erschwerend hinzu kam der Tod des englischen Königs Georg II. am 25.10.1760. Sein Nachfolger Georg III. zahlte keine Subsidien mehr und ließ damit die Situation noch aussichtsloser erscheinen. 1761 konnte König Friedrich II. den rund 230.000 österreichischen und russischen Truppen nur etwa 96.000 Mann entgegenstellen. Trotz Sieg des Herzogs von Braunschweig gegen die Franzosen am 15. und 16.07.1761 bei Villinghausen war die Lage Preußens verheerend. So war es eine für Preußen zunächst positive Entwicklung, daß die Russen mangels Nachschub und wegen Uneinigkeit mit Laudon sich am 10.09.1761 nach Polen zurückzogen. Am 01.10.1761 aber eroberte Österreich die Festung Schweidnitz und am 16.12.1761 eroberte Rußland die pommersche Stadt

Kolberg. Schlesien, Sachsen und Pommern waren nun nur noch teilweise in preußischer Hand. Der Mangel an Geld, Material und Menschen ließ die Lage aussichtslos erscheinen.[250]

Eine entscheidende Wende ergab sich durch den überraschenden Tod der Kaiserin Elisabeth am 05.01.1762. Elisabeths Nachfolger Peter III., ein Bewunderer Friedrichs, schloß mit Preußen am 16.03.1762 zu Stargard einen Waffenstillstand und am 05. Mai 1762 zu Petersburg einen Friedensvertrag. Zar Peter wechselte die Gefangenen aus und räumte die preußischen Provinzen, allerdings ohne Entschädigung. Der Zar konnte sogar Schweden dazu bewegen, am 22.05.1762 mit Friedrich vertraglich Frieden zu schließen. Im Juni folgte ein Bündnis Peters mit Friedrich, nach dem er den Preußen ein Herr von 20.000 Mann unter dem Befehl Tschernitschews zur Seite stellte. Katharina II., die nach Peters Ermordung am 09.07.1762 den Thron bestieg, bestätigte den Friedensvertrag vom 05. Mai und blieb neutral.[251] Am 21.07.1762 stürmte König Friedrich das Lager Dauns bei Burkersdorf und schlug ihn am 16.08.1762 bei Reichenbach. Schweidnitz konnte Friedrich am 09.10.1762 zurückerobern. Bis auf Glatz war ganz Schlesien wieder zurückgewonnen. Sachsen siegte am 29.10.1762 bei Freiberg über Österreich und die Reichstruppen, was zur Befreiung Prinz Heinrichs führte. Am 24.06.1762 besiegte Herzog Ferdinand französische Truppen bei Wilhelmsthal und nahm am 31.10.1762 Kassel ein.

Parallel dazu unterlag Frankreich England auch zur See und unterzeichnete am 03.11.1762 in Fontainebleau die Friedenspräliminarien. Darin verpflichtete sich Frankreich, sich nicht mehr in die Kämpfe in Deutschland einzumischen. Die Reichsstände auf Seiten Österreichs sahen sich nun gezwungen, mit Preußen Frieden zu schließen. Im November 1762 drang zudem der preußische Ge-

250 Vgl. Meyers GKL, 1908, B18, S. 434–436

251 Vgl. Meyers GKL, 1908, B18, S. 436

neral Kleist in Süddeutschland bis an die Donau vor, nahm Nürnberg ein und erzwang überall hohe Kriegsbeiträge. Frankreich bestätigte seine Zusagen im Frieden von Paris mit England am 10.02.1763. Während Friedrich für einen massiven Feldzug für 1763 rüsten konnte, waren nun Maria Theresias Streitmittel erschöpft. So trat sie in Friedensverhandlungen ein, die schließlich am 15.02.1763 zum Frieden von Hubertusburg und dem Ende des Siebenjährigen Krieges führten. Nach dem Kriege war der Stand der Dinge wieder wie vor dem Kriege. Jedoch nahm Preußen fortan einen Platz unter den Großmächten Europas ein und stieg im Ansehen nicht nur in ganz Deutschland.[252]

Welche Zusammenhänge verrät die Lage des Siebenjährigen Krieges im Fraktal der christlichen Zeitrechnung?

252 Vgl. Meyers GKL, B18, S. 434–436

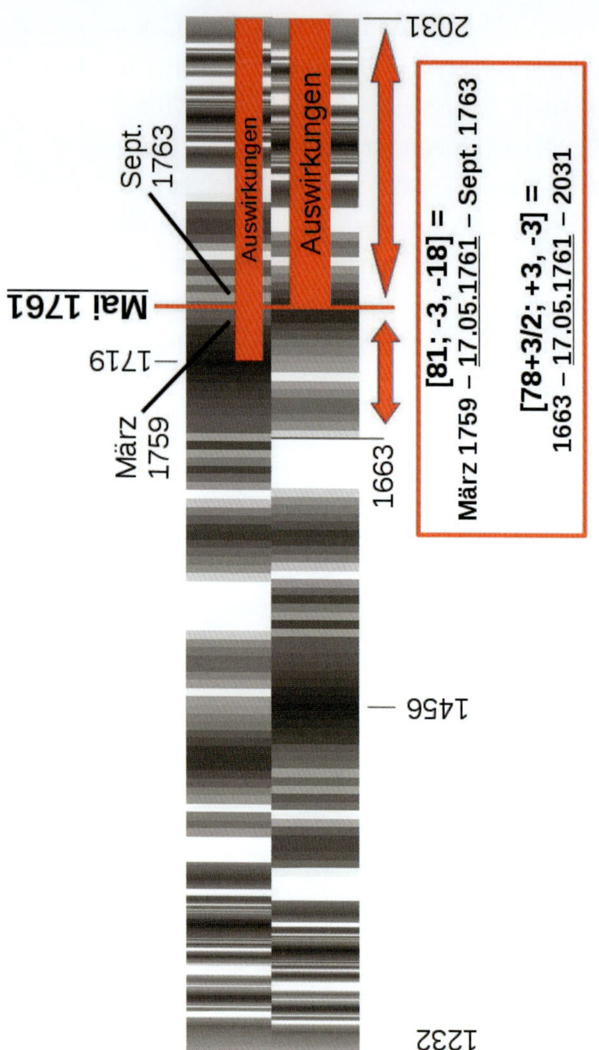

Abb. 67 – Siebenjähriger Krieg im Fundamentalen Zeitfraktal der christlichen Zeitrechnung

Aus zeitanalytischer Sicht und der Lage im Zeitfraktal neigt man dazu, diesen Konflikt auf dem europäischen Festland dem oberen Fraktalteil zuzuordnen, der mit dem Knoten [81; -3, -18] beschrieben wird. Er umfaßt den Zeitraum vom 30.03.1759 über eine Trendwende am 17.05.1761 bis 01.10.1763. Der Subknoten n_2= -18 ist durch 9 teilbar und deutet mit dieser Eigenschaft zusätzlich auf eine höhere Priorität auf dieser Kettenbruchebene hin.

Der Knotenbeginn zeigt an, daß ab 30.03.1759 eine neue Zeitqualität in diesem Krieg beginnt. Die kriegerischen Auseinandersetzungen begannen ja schon im August 1756 und damit in Subknoten [81; -3, -21] bzw. in dessen rechtem Rand mit [81; -3, -21, +3]. Der Ausbruch des Siebenjährigen Krieges auf dem Festland ist also ein Reifestadium einer Ereigniskette. Welche könnte das sein?

Streitgegenstand zwischen Österreich und Preußen war Schlesien, welcher wiederum seine Vorgeschichte im Ersten und Zweiten Schlesischen Kriege hat. Es sei deshalb ein kurzer Blick auf diese vorangegangenen Kriege geworfen, ohne die der Siebenjährige Krieg nicht zu verstehen ist.

Weshalb wurde Schlesien überhaupt zur Streitfrage? Kaiser Karl VI., der stets die Sicherung der Erbfolge in den habsburgischen Ländern für seine älteste Tochter Maria Theresia im Auge hatte, starb am 20.10.1740.[253] Das Hause Friedrichs II. hatte Ansprüche auf Teile Schlesiens, nämlich auf die Herzogtümer Liegnitz, Brieg, Mohlau und Jägerndorf. Den Tode Karls nahm Friedrich zum Anlaß, diese einzufordern. Neben seiner Forderung bot er Österreich daraufhin die Garantie der pragmatischen Sanktion von 1723, in der durch Kaiser Karl VI. eine neue Thronfolgeregelung festgehalten wurde, die Kaiserkrone für Maria Theresias Gemahl, zwei Mio. Taler sowie uneingeschränkten Beistand im Falle eines Krieges. Maria Theresia lehnte dieses Angebot ab. Daraufhin marschierte Preußen am 16.12.1740 in Schlesien ein, was nach der Trendwende des Subkno-

253 Vgl. Meyers GKL, 1905, B4, S. 813

tens [81; -3, -36] (n_2=-36 durch 9 teilbar!) am 02.12.1740 liegt, während der Knotenbereich einen Zeitraum vom 11.05.1740 bis 05.07.1741 umfaßt. Subknoten [81; -3, -33] mit Beginn am 21.02.1742 über 20.10.1742 bis 03.07.1743 bringt den Frieden von Berlin am 28.07.1742, in dem Österreich Schlesien, bis auf die Herzogtümer Troppau, Teschen und Jägerndorf, und die Grafschaft Glatz abtreten muß.[254]

Friedrich konnte und mochte sich auf die Garantien für Schlesien nicht verlassen, als Österreich erfolgreich in den Jahren 1742 und 1743 über Bayern und Frankreich siegte. Letztere hatten im Mai 1741 den österreichischen Erbfolgekrieg ausgelöst. Zudem wurden Friedrich verdächtige Äußerungen Maria Theresias über Schlesien zugetragen. Der Wormser Vertrag vom 13.09.1743 zwischen Österreich, England und Sardinien erregte zusätzliche Besorgnis, man könnte ihm Schlesien wieder entreißen, weil aus der Garantie der pragmatischen Sanktion Schlesien nicht ausgenommen wurde. Dem wollte der Preußenkönig erneut zuvorkommen und marschierte Ende August 1744 in Böhmen ein und eroberte am 16.09.1744 Prag. Der Zweite Schlesische Krieg hatte begonnen. Ein Bündnis mit Frankreich am 15.04.1744 und mit Kaiser Karl VII. der Kurpfalz und Hessen-Kassel am 22.05.1744 stärkten ihm den Rücken. Der Zweite Schlesische Krieg endete mit dem Frieden von Dresden am 25.12.1745, in dem Maria Theresia den Frieden von Berlin vom 28.07.1742 bestätigte.[255] Der Subknoten [81; -3, -30] mit Beginn am 02.04.1744 über 20.01.1745 bis 27.11.1745 gibt den Zeitraum des Krieges zutreffend wieder. Vermehrte, kriegsentscheidende Kämpfe der Preußen nach dem 20.01.1745 bringen die zu erwartende Trendwende und repräsentieren diese.

Obwohl in zwei Friedensverträgen bestätigt, wird Schlesien erneut zum Kriegsgrund und sorgt für den Ausbruch des Dritten Schlesischen oder auch Siebenjährigen Krieges, auf den nun zurückgekommen wird.

254 Vgl. Meyers GKL, 1907, B17, S. 851

255 Vgl. Meyers GKL, B78, S. 852

Dem Kriegsverlauf ist zu entnehmen, daß Preußen bis Ende 1758 seinen Status einigermaßen erhalten konnte. Um eine Zusammenkunft Rußlands mit Österreich zu verhindern, griff Friedrich russische Truppen an und erlitt am 23.07.1759 eine Niederlage bei Kay. Daraufhin passierte genau das, was er zu verhindern suchte: die Union österreichischer und russischer Truppen! Am 12.08.1759 in der Schlacht bei Kunersdorf verlor Preußen so desaströs, daß selbst Friedrich alles für verloren hielt. Eine neue Qualität des Konflikts ist damit gegeben. Es scheint, als kam erst mit dem Knotenbeginn der Wille, Preußen niederzuringen, so richtig zum Tragen. Auch tauchte am 13.04.1759 ein neues französisches Heer auf, dem das Vordringen bis an die Weser gelang.

Hinzu kommt, daß es sich dabei um einen Subknoten handelt, der von dem Einflußbereich des darüberliegenden Knotens [81; -3] mit Trendwende am 16.12.1719 überlagert wird. Bemerkenswert ist, daß der Knoten [81; -3] von 1232 bis 2031 n. Chr. reicht. Die Ereignisse des Siebenjährigen Krieges liegen also in einem Subknoten besonders hoher Priorität auf der Ebene n_2 nach der Trendwende 1719 – und sind damit Auswirkung dieser Trendwende und verkörpern diese –, eines Knotenbereiches auf n_1, der rund 800 Jahre umfaßt. Zudem wirken diese Qualitäten bis in unsere Zeit, bis 2031! Diese Zuordnung zum Zeitfraktal in der zuvor beschriebenen Weise wird auch von dem Umstand gestützt, daß der Stand Preußens, Rußlands und Österreichs nach dem Kriege dem vor dem Kriege entsprach.[256] Der darüber liegende Knotenbereich [81; -3] ließ im „Schatten" der Trendwende 1719 keine wesentliche Änderung der Zeitqualität zu. Angedeutet wurde diese Gleichförmigkeit schon in den ersten beiden Kriegen um Schlesien. Gleichwohl waren die Kämpfe eine wichtige Behauptung Preußens im Gefüge der damaligen Großmächte.

Die Subknoten [81; -3, -36] und [81; -3, -33] geben den Ersten Schlesischen Krieg, der Subknoten [81; -3, -30] den Zweiten Schle-

256 Vgl. Meyers GKL, B18, S. 436

sischen Krieg wieder. Subknoten [81; -3, -18] zeigt die wichtigsten und kriegsentscheidenden Ereignisse des Siebenjährigen Krieges an. Damit wird beeindruckend ersichtlich, daß es sich um eine Ereigniskette nach der größeren Trendwende 1719 handelt, deren Ereignisglieder sich in Subknoten zuspitzen. An den Kriegen selbst ist unschwer zu erkennen, daß der Siebenjährige Krieg der entscheidendste der betrachteten ist. Genau dies kommt durch die Subknotenpriorität mit n_2=-18 und seiner Teilbarkeit durch 9 zum Ausdruck. Genauso trägt Subknoten [81; -3, -36] erhöhte Priorität, er wirft den Kriegsgrund der Frage um Schlesien erst auf und führt zu den bekannten Folgen. Die Kriege auf dem europäischen Festland sind also Folge der größeren Trendwende von 1719 und stehen damit in einem noch größeren Zusammenhang, der sich bereits seit 1232 abspielt und erst 2031 endet.

Nun zur Betrachtung des britisch-französischen Krieges in Nordamerika.

England und Frankreich kämpften um die Kolonien, wobei Frankreich 1756 offensiver wurde. 1759 eroberten die Briten jedoch Quebec und 1760 Montreal, auch in Indien verlor Frankreich jeglichen Einfluß. Spanien, das ab 1761 Frankreich unterstützte, mußte Florida und die Gebiete westlich des Mississippis aufgeben. Die Briten entschieden den Kolonialkrieg somit für sich und erreichten die Herrschaft auf den Weltmeeren.[257] Nach den unterzeichneten Friedenspräliminarien zwischen England und Frankreich am 03.11.1762 in Fontainebleau wurde dies am 10.02.1763 im Frieden von Paris[258] durch England und Portugal auf der einen und Frankreich und Spanien auf der anderen Seite besiegelt.

Damit läßt sich schon aufgrund der Ereignisse folgende Trendwende im Gefolge der kriegerischen Ereignisse erkennen: England

257 Vgl. Bertelsmann UL, B 16, S. 254
258 Vgl. Meyers GKL, B18, S. 436

und Frankreich kämpfen um die Kolonien und England gewinnt. Vor der Trendwende haben England, Frankreich und Spanien in den umkämpften Gebieten Kolonien, nach der Trendwende nur noch England. Dabei gewinnt England sogar die Herrschaft auf den Weltmeeren und etabliert sich als Weltmacht.

Der Subknoten, der diesen Ereignissen zu Grunde gelegt werden kann, ist [78+3/2; +3, -3] des phasenverschobenen Fraktals mit einem Zeitraum vom 08.08.1663 über 17.05.1761 als Trendwende bis 16.09.2031. Hier liegt also bereits ein Knotenbereich auf der hohen Ebene n_2 vor, welcher auch noch einen bemerkenswert langen Zeitraum beherrscht, rund 368 Jahre! Davon fallen 270 Jahre in die Zeit nach der Trendwende und man kann erkennen, daß die Ereignisse des englisch-französischen Kolonialkrieges im Rahmen des Siebenjährigen Krieges bis in die heutige Zeit wirken (16.09.2031). Auch die damit verbundenen Themen sind folglich noch nicht abgeschlossen! England konnte damit den Schritt zur Weltmacht gehen. Aus Sicht von Global Scaling war das ein sehr günstiger Zeitpunkt, denn die große, mächtige Trendwende von 1761 liegt nun zurück, in deren „Windschatten" eine Änderung der Verhältnisse nur schwer erfolgen kann. Erst danach zeigt das Zeitfraktal eine Lücke, und neue Prozeßqualitäten ergeben sich erst ab dem Jahr 2245!

3.2.2.4 *Koalitionskriege – Napoléonische Kriege*

Mit dem Aufstieg des Korsen Napoléon Bonaparte begann eine revolutionäre und kriegerische Expansionspolitik Frankreichs. Diese Zeit reicht von 1792 bis 1815, die auch die Zeit der Koalitionskriege genannt wird.[259] Nach Niederschlagung des royali-

259 Vgl. Bertelsmann UL, B 9, S. 373

stischen Aufstandes 1795 in Paris wurde Napoléon zum Divisionsgeneral befördert und hatte sich einen Namen gemacht. Zu militärischem Ruhm gelangte er durch seinen siegreichen Italienfeldzug 1797.[260]

Der erste Koalitionskrieg von 1792 bis 1797 begann durch Frankreichs Kriegserklärung an Österreich. Preußen, Neapel, Niederlande, Spanien, Portugal und England stiegen gegen Frankreich in diesen Krieg ein. 1795 schlossen Preußen und Spanien den Baseler Frieden mit Frankreich. Österreich und Sardinien mußten 1797 mit Frankreich den Frieden von Campo Formio schließen.

Aufgrund des Vordringens Frankreichs in Europa, wo Napoléon die Römische und Helvetische Republik gründete, schlossen erneut England, Rußland, Österreich, Portugal, Neapel und die Türkei eine Koalition gegen Frankreich. Der zweite Koalitionskrieg ward eröffnet und dauerte von 1799 bis 1802. Österreich verlor und mußte 1801 den Frieden von Lunéville annehmen. 1802 schloß England den Frieden von Amiens, kämpfte aber ab 1803 schon wieder weiter. Napoléon blieb wegen seiner Unterlegenheit zur See nur der Wirtschaftskrieg gegen England in Form einer sog. Kontinentalsperre ab 1806.

England konnte Österreich, Rußland und Schweden erneut für einen Krieg gegen Frankreich motivieren. Im dritte Koalitionskrieg fügte Frankreich in der Dreikaiserschlacht von Austerlitz am 02.12.1805 Russen und Österreichern eine Niederlage bei, sodaß Österreich im Frieden von Preßburg am 26.12.1805 Tirol, Vorarlberg, Trentin, Istrien und Dalmatien verlor. Daraufhin legte Franz I. die römisch-deutsche Kaiserwürde nieder.

Währenddessen hatte sich Preußen mit neutraler Haltung ins politische Abseits manövriert. Nach dem Verlust der linksrheinischen Gebiete im ersten Koalitionskrieg war Preußen wohl nicht nach Krieg zumute. Eine Besetzung Hannovers, wie sie zu-

260 Vgl. Bertelsmann UL, B 12, S. 254 ff.

vor mit Napoléon abgestimmt wurde, führte sogar zum Bruch mit England. Napoléon nützte diese Schwäche und entschied die Doppelschlacht von Jena und Auerstedt am 14.10.1806 für sich. Er zog in Berlin ein, und Preußen mußte sich auf die Gebiete östlich der Elbe beschränken. Friedrich Wilhelm III. floh nach Ostpreußen und kämpfte mit Unterstützung Rußlands weiter. Frankreich besiegte Rußland bei Friedland und es kam zum Frieden von Tilsit am 07.07.1807 mit Rußland. Preußen schloß sich dem Frieden am 09.07.1807 an. Ein Höhepunkt napoléonischer Macht war erreicht.

In Spanien entbrannte ein Streit um die Thronfolge zwischen Karl IV. und Kronprinz Ferdinand VII. und führte zum Krieg von 1808 bis 1814. Napoléon war zur Stelle und nutzte die Gelegenheit. Er entthronte die spanischen Herrscherhäuser und rief seinen Bruder Joseph zum spanischen König aus. Spanischer Adel und Klerus leiteten fortan einen erbitterten, viele Jahre dauernden Kleinkrieg der Spanier gegen die französische Fremdherrschaft an. Die Entscheidung brachte schließlich ein Eingreifen Englands, sodaß Joseph nach verlorener Schlacht am 21.06.1813 bei Viktoria Spanien räumen mußte. Zwischenzeitlich wollte Österreich die Bindung Frankreichs in Spanien ausnützen und griff 1809 Frankreich an, verlor jedoch bei Wagram am 05./06.07.1809. Auch der Aufstand unter Andreas Hofer in Tirol schlug fehl. Im Frieden von Schönbrunn am 14.10.1809 sicherte sich Frankreich die adriatischen Küstenländer, gab Galizien an das Großherzogtum Warschau und das Innviertel an Bayern.

Das Verhältnis Frankreichs zu Rußland verschlechterte sich stark, auch weil Zar Alexander I. der Kontinentalsperre 1810 eine Absage erteilte. Ohne Kriegserklärung startete Napoléon 1812 den Feldzug nach Rußland. Am 14.09.1812 zog er in Moskau ein. Der Zar verweigerte jedoch einen Friedensschluß. Ein Brand in Moskau und der berüchtigte harte Winter zwangen die französischen Truppen Ende November 1812 zum Rückzug. Daraufhin löste sich das Heer Napoléons vollständig auf.

Dies brachte wohl den Auftakt zur erneuten Koalition Englands, Rußlands, Österreichs, Preußens und Schwedens, um die französische Vorherrschaft auf dem Kontinent schließlich zu brechen. Im fünften Koalitionskrieg von 1813 bis 1815 errang die Koalition den völligen Sieg über die französischen Heere, Paris fiel am 31.03.1814. Die entscheidende war die Völkerschlacht bei Leipzig vom 16.-19.10.1813.[261] Man muß jedoch anmerken, daß tatsächlich in Kampfhandlungen verwickelt lediglich Russen, Preußen, Österreicher und Franzosen waren. An Engländern waren nur ca. 160 militärisch unbedeutende Feuerwerker anwesend. Die Schweden, wie es scheint, hatten nicht wirklich Interesse, an den Kampfhandlungen mitzuwirken, und traten eher als „Beobachter" auf.[262] Napoléon zog sich 1814 auf die Insel Elba zurück, kehrte jedoch 1815 nach Südfrankreich zurück und zog am 20.03.1815 in Paris ein. Die „Herrschaft der hundert Tage" begann. Ein preußisches Heer unter Blücher und ein englisch-deutsches Heer unter Wellington schlugen Napoléon vernichtend bei Waterloo am 16.06.1815. Danach wurde Napoléon nach St. Helena verbannt.[263]

Abschließend sei die Lage der Koalitionskriege im Fundamentalen Fraktal christlicher Zeitrechnung betrachtet:

Man findet im Hauptfraktal mit Subknoten [81; -3, -9] einen Zeitraum vom 05.02.1793 über 02.11.1800 bis zum 29.05.1810, der den Zeitraum von Napoléons Aufstieg und seiner Kriege fast vollständig umfaßt. Im November 1800 läßt sich eine Trendwende und nach 1810 eine Qualitätsänderung – ähnlich dem Ende des maßgeblichen Subknotens des Dreißigjährigen Krieges im Jahre 1640 – vermuten. Trotz Trendwende und Koalition gegen Napoléon konnte sich dieser weiterhin durchsetzen, sodaß der Höhepunkt napoléo-

261 Vgl. Bertelsmann UL, B 9, S. 373-374

262 Vgl. von Flocken, 2013

263 Vgl. Bertelsmann UL, B20, S. 317, 318

nischer Macht gegen 1807 als Reifestadium von [81; -3, -9] verstanden werden kann.[264]

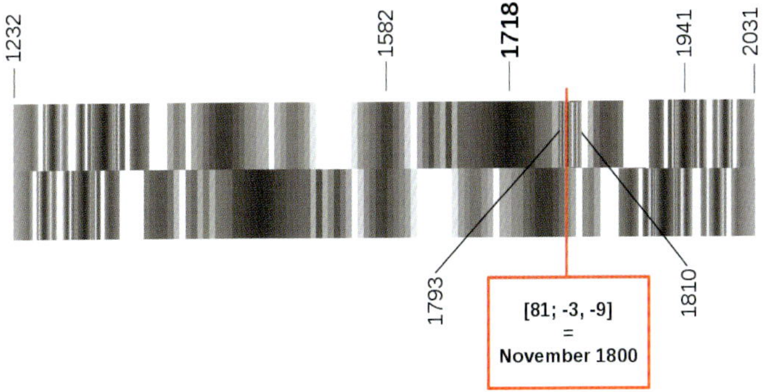

Abb. 68 – Koalitionskriege im Fundamentalen Zeitfraktal

Überlagert wird diese Zeitqualität jedoch vom phasenverschobenen Zeitfraktal mit den Subknoten
[78+3/2; +3, -3, +6, +3] mit 16.10.1808 über 19.07.1811 bis 21.01.1813: Napoléon fiel nach der Trendwende in Rußland ein und mußte sich 1812 zurückziehen,
[78+3/2; +3, -3, +6, +3, +3] mit 25.05.1812 über 20.08.1812 bis 21.01.1813: Reifestadium von n_4=+3 mit vollständiger Auflösung von Napoléons Heer, und
[78+3/2; +3, -3, +6, +6] mit 01.01.1814 über 25.08.1814 bis 16.02.1815: Die neue Koalition gegen Napoléon ringt diesen vollständig nieder.

---

264 Es zeigt sich, daß die Napoléonischen Kriege in ein sehr komplexes Gefüge von Subknoten auch aus der jüdischen Zeitrechnung eingebettet sind, die z. B. Trendwenden 1804 und 1807 anzeigen. In diesem Zusammenhang sind die Französische Revolution und die Napoléonischen Kriege Teil einer Ereigniskette, die maßgeblich 1760 n. Chr., auf dem Höhepunkt des Siebenjährigen Krieges, begann. Eine genauere Analyse wird noch erfolgen müssen. Die Analyse von Ereignissen im jüdischen Zeitfraktal beginnt ab Kapitel 3.3.

Vom 17.02.1815 bis 25.06.1815 zeigt das phasenverschobene Fraktal eine Lücke an, das Hauptfraktal vom 30.05.1810 bis 19.07.1822. Die darin stattfindende Herrschaft der hundert Tage hat also nichts mit der christlichen Zeitrechnung zu tun.

3.2.2.5 *Deutscher Bund – Norddeutscher Bund – Deutsches Reich*

Diesen Ereignissen wird auch deshalb besondere Aufmerksamkeit geschenkt, weil viele entscheidende kriegerische Auseinandersetzungen auf deutschem Boden stattfanden, und, leider bis zum heutigen Tage, noch stattfinden, wenngleich dies heute auf andere Art und Weise geschieht als in Form von Kanonen- und Bombenhagel.[265]

Bezogen auf den Hauptknoten [78+3/2] im Jahre 748 n. Chr. des phasenverschobenen Zeitfraktals begann im Jahre 1855 n. Chr. eine neue Zeitqualität, nachdem die Entwicklung hier 1832 in eine Lücke trat. Läßt sich diese neue Qualität erkennen? Der erste Subknoten von [78+3/2; +3, -3, +3] auf der Ebene n_4=+3 erstreckt sich vom 28.03.1855 über den 15.09.1866 bis zum 21.07.1873. An dessen Ende findet man die Gründung des Deutschen Reiches von 1871, ein Reifestadium des angegebenen Zeitraumes also.

Nachdem 1849 in der Paulskirche zu Frankfurt ein Deutsches Reich ausgerufen wurde, das einig und unteilbar sein wollte, herrschte jedoch Uneinigkeit in der Frage darüber, was zum Reich gehören sollte. Man forderte die österreichische Regierung auf, mit ihren deutschen Ländern Teil des neuen Deutschen Reiches zu werden

265 Dies wird in der Betrachtung des Zweiten Weltkrieges deutlich, die in Kapitel 3.2.2.8 erfolgt.

und gleichzeitig auf seine Hoheitsansprüche in den nichtdeutschen Ländern zu verzichten. Österreich wollte das jedoch nicht, und der Deutsche Bund von 1815 blieb bestehen. Preußen verstand es in den nächsten Jahren nach 1849, die deutschen Länder mehr zu einen. Habsburg jedoch verlor an Einfluß.[266] Frankreich und Sardinien besiegten Österreich im italienischen Befreiungskrieg 1859, womit die österreichische Oberherrschaft über Italien endete.

Marschierten Preußen und Österreich 1864 noch gemeinsam in Holstein ein, wo sie gegen Dänemark kämpften, wurde zwei Jahre später Schleswig-Holstein zum Zankapfel zwischen den ehemals Verbündeten. Preußen erklärte seinen Austritt aus dem Deutschen Bunde, und Bismarck protestierte gegen Österreichs Unterstützung des Holsteinischen Herzogs Friedrich von Augustenburg. Preußen und Österreich brachen einen Krieg gegeneinander vom Zaun;[267] das Fürstentum Lippe und Herzogtum Sachsen-Coburg-Gotha mit Preußen standen dem Kaiser mit dem Bundesheer, bestehend aus dem Königreich Hannover, Sachsen, Württemberg, Bayern und weiteren kleineren Fürstentümern gegenüber. In der Schlacht bei Königgrätz schlug Preußen die Armeen der Gegner vernichtend.[268] Im Frieden von Prag vom 23.08.1866 wurde Österreich sein deutsches Gebiet garantiert, eine nur geringe Reparation von 20 Millionen Talern auferlegt, aber es mußte aus dem Deutschen Bund ausscheiden.[269]

Schon im Dezember 1866 wurde 22 Staaten ein Verfassungsentwurf für den Norddeutschen Bund vorgelegt, welcher schnell Zuspruch fand. Nach einiger Neugliederung kam es schließlich zur Gründung des Norddeutschen Bundes unter Preußens Führung, indem am 16.04.1867 die Verfassung mit 230 gegen 53 Stimmen angenommen wurde und am 07.06.1867 in Kraft trat.[270]

266 Vgl. Schultze-Rhonhof, 2012, S. 115
267 Vgl. Bertelsmann UL, B20, S. 328, 329
268 Vgl. Schultze-Rhonhof, 2012, S. 115
269 Vgl. Meyers GKL, 1905, B4, S. 826
270 Vgl. Meyers GKL, 1905, B4, S. 826, 827

Am 19.07.1870 nun erklärte Frankreich Preußen den Krieg. Für Frankreich unerwartet, traten viele süddeutsche Staaten dem Norddeutschen Bund bei und standen an der Seite Preußens. Frankreich unterlag deutlich und verlor daraufhin Elsaß-Lothringen, was im Frieden von Frankfurt am 10.05.1871 niedergeschrieben wurde. Der Angriff Frankreichs hatte starke einigende Wirkung auf die deutschen Völker, sodaß im Verlauf des Krieges das Deutsche Reich von 1871 entstand.[271]

Es wurde durch Verträge im November und Dezember 1870 zwischen dem ehemaligen Norddeutschen Bund, den Süddeutschen Staaten und durch Erwerbung der Länder Elsaß und Lothringen im Frieden von Frankfurt gegründet. Nach der Reichsverfassung vom 16.04.1871 war es ein *„ewiger Bund"*, den die deutschen Fürsten und freien Städte *„zum Schutze des Bundesgebiets und des innerhalb desselben gültigen Rechts sowie zur Pflege der Wohlfahrt des deutschen Volkes"*[272] geschlossen hatten. Die öffentliche Verkündung des deutschen Kaiserreiches geschah am 18.01.1871 im Spiegelsaal des französischen Königsschlosses in Versailles, was in einer Lücke in beiden Zeitfraktalen liegt! Der erste deutsche Reichstag trat am 21.03.1871 in Berlin zusammen.[273]

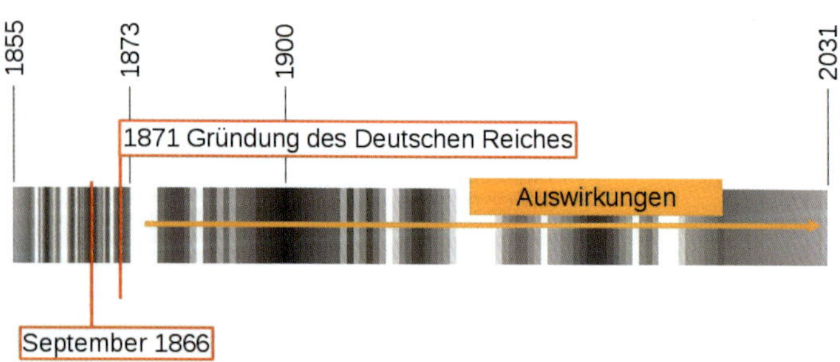

Abb. 69 – Deutscher Bund – Norddeutscher Bund – Deutsches Reich

271 Vgl. Meyers GKL, 1905, B4, S. 827
272 Meyers GKL, 1905, B4, S. 761 ff.
273 Vgl. Meyers GKL, 1905, B4, S. 827

Die Trendwende 1866 markiert also den Wechsel vom Deutschen Bund zum Norddeutschen Bund mit der Gründung des Deutschen Reiches als Reifestadium der Entwicklung. Gleichzeitig beendet die Trendwende die österreichische Vormachtstellung im deutschen Raum. Preußen kann dementsprechend seine Führungsrolle ausbauen.

Welche Haltung hatte die Weltmacht England damals zum deutsch-französischen Kriege? Preußens Krieg gegen Frankreich unter Napoléon III. wurde in England ganz allgemein mit prodeutschen Gefühlen begleitet: Das renommierte englische Blatt *DAILY NEWS* schrieb am 20.08.1870:

> *„Vor beinahe 200 Jahren hat Ludwig XIV. das Elsaß gestohlen. Verjährung mag den Diebstahl decken, aber er deckt nicht die Berechtigung der Wiederholung. Die Bevölkerung des Elsaß ist deutsch durch ihre Abstammung, Sprache und Lebensweise. Von den Bewohnern der übrigen Provinzen Frankreichs werden sie kaum als Franzosen angesehen.“*[274]

Am 05.09.1870, nachdem der deutsche Sieg absehbar war, schrieb das gleiche Blatt:

> *„Frankreich begann diesen Krieg mit der ausgesprochenen Absicht, zwei weitere deutsche Provinzen (nach den bereits annektierten Elsaß und Lothringen nun das Saar- und das Rheinland) als Siegespreis zu nehmen. Jetzt, wo es unterliegt, kann es nicht mit Folgerichtigkeit gegen die natürlichen Ergebnisse der Niederlage protestieren. Und Deutschland kann mit Recht eine Grenzregulierung fordern, die beitragen würde, für die Folge neue Angriffe abzuwehren.“*[275]

274 Eggert, 2004, S. 223
275 Eggert, 2004, S. 223

Schon am 08.09.1870 schrieb dazu der *DAILY MAIL*:

> *„Die Deutschen haben das Recht, ihre eigenen Bedingungen zu stellen. Sie wollen nur im Frieden leben und von den neidischen Nachbarn weder belästigt noch geteilt werden. Frankreich hat sich ständig in die Angelegenheiten Deutschlands eingemischt. Diese Einmischung war nicht etwa die Tat dieser oder jener Regierung, sondern die des ganzen französischen Volkes [...] Das deutsche Volk fühlt natürlich und notwendig, daß jetzt, wo der Feind bei einem Angriffskrieg geschlagen worden ist, der Moment gekommen ist, sichere Garantien für die Folgezeit zu nehmen. Es hat das Recht auf solche Garantien erworben."*[276]

Der *SATURDAY REVIEW* ergänzte am 10.09.1870:

> *„Wir glauben, daß die unzweifelhaft von der englischen Regierung gehegte Ansicht, daß nämlich, soweit wir in Betracht kommen, die Deutschen volle Freiheit haben, so viel französisches Gebiet zu nehmen, als sie eben verlangen können und als Ratgeber zu ihrer militärischen Sicherheit zuträglich halten, die einzig richtige Ansicht ist."*[277]

Daß einige Jahre später schon der *SATURDAY REVIEW* Deutschland zum Wirtschafts- und Handelsfeind Nr. 1 Englands erklärte und offen Forderungen nach einem Krieg stellen würde, soll Gegenstand des nachfolgenden Kapitels sein.

Denn bar jeden Kolonialbesitzes gelang es dem Deutschen Reich die Weltmacht Nr. 1 wirtschaftlich zu überholen. Bis 1913 stammten bereits rund 50% der auf dem Weltmarkt gehandelten Elektroerzeugnisse aus deutscher Produktion. Von 1850 bis zum

---

276 Eggert, 2004, S. 223

277 Eggert, 2004, S. 223, 224

Ersten Weltkrieg hatte sich das deutsche Inlandsprodukt verfünffacht, die Produktionsleistung pro Kopf wuchs auf das 2,5-fache. Das Realeinkommen der Industriearbeiter verdoppelte sich zwischen 1871 und 1913. Das Wirtschaftswunder war zudem im Gegensatz zu England nicht auf dem Rücken der Arbeiterschaft ausgetragen worden, sondern diese hatten Anteil am Aufschwung. Hinzu kam die soziale Absicherung der Arbeiter und wilhelminische Arbeiterschutzgesetze, was England bis dahin nicht kannte.[278]

3.2.2.6 *Merchandise Marks Act*

Es war im Jahre 1887, genau am 23.08.1887, als England ein Gesetz erließ, das den Namen *Merchandise Marks Act* (MMA) trug, also ein Warenmarkengesetz.[279] Es hatte zum Inhalt, importierte Ware zu kennzeichnen und richtete sich zunächst nur an deutsche Waren. Deutsche Waren mußten fortan mit dem Verbraucherwarnhinweis „*Made in Germany*" versehen werden;[280] damit sollten deutsche Exporte eingedämmt werden. Angesichts der Weltmachtstellung Englands ist dies durchaus als feindselige, kriegerische Handlung zu sehen, eben auf wirtschaftlicher Ebene. Denn mit welchem Recht maßte sich ein Staat an, einen anderen Staatenbund in seinem Handel einzuschränken? Daß die beabsichtigte Wirkung nicht erreicht wurde, steht dagegen auf einem anderen Blatt. Trotz der englischen Maßnahme wuchs der deutsche Außenhandel von 1887 bis 1907 um 250%, während der englische in der gleichen Zeit nur um 80% anstieg.[281]

278 Vgl. Eggert, 2004, S. 225–227
279 Vgl. Bertelsmann UL, B20, S. 334
280 Vgl. Cobajo, o.J., o.S.
281 Vgl. Schultze-Rhonhof, 2012, S. 23

Der Erlaß eines Gesetzes erscheint harmlos, die Lage im Fundamentalen Fraktal jedoch offenbart seine Mächtigkeit. Mit dem Subknoten [78+3/2; +3, -3, +3, +9] wird ein Zeitraum vom 06.09.1885 über 10.03.1887 bis 05.06.1888 geprägt. Der Gesetzeserlaß selbst liegt in dessen Subknoten n_5=+6, kurz nach dessen Trendwende am 18.08.1887.

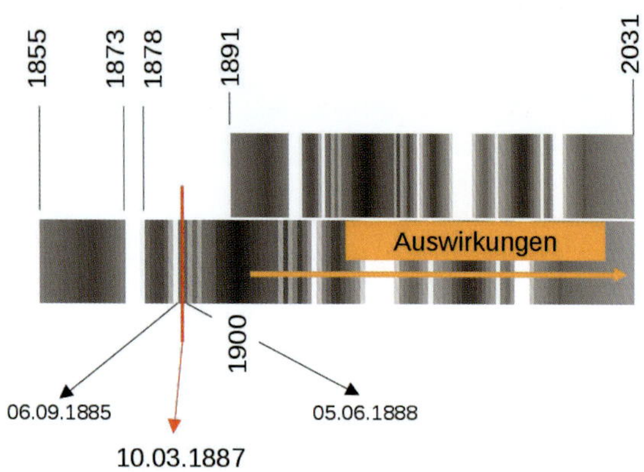

Abb. 70 – Merchandise Marks Act im Fundamentalen Zeitfraktal

Zum einen sieht man, daß man es mit einem durch 9 teilbaren Subknoten, also mit erhöhter Priorität zu tun hat. Zum anderen, und das ist besonders spannend, liegt dieses Ereignis logarithmisch symmetrisch zum Ersten Weltkrieg, wenn man den darüberliegenden Subknoten [78+3/2; +3, -3, +3] als Symmetrieachse betrachtet. Das würde beide Ereignisse energetisch verknüpfen. Beide Ereignisse sind gegen Deutschland gerichtet, bei beiden Ereignissen geht England in Opposition zu Deutschland. Mithin ist diese Vermutung begründet. Der Erste Weltkrieg liegt im Subknoten [78+3/2; +3, -3, +3, -9]. n_4=+9 entspricht dem MMA, n_4= - 9 dem Ersten Weltkrieg.

Der Zeitraum des n_4=+9 ist zwar ein kürzerer Zeitraum, die Priorität beider Ereignisse aber gleich hoch. Der MMA macht deutlich, daß man es zu dieser Zeit nicht mit einem freien, sondern mit einem von der Weltmacht England kontrollierten Weltmarkt zu tun hatte. Diese Macht reichte offenbar so weit, daß dem Deutschen

Reich per englischem Erlaß eine Einschränkung auferlegt werden konnte. Man könnte auch sagen, der Erste Weltkrieg war lediglich die **logarithmische Spiegelung** der Absicht, wie sie bereits im MMA zum Ausdruck kam, das Deutsche Reich als wirtschaftlichen Konkurrenten auszuschalten. Des weiteren kann man daraus schließen, daß es, wie beim MMA 1887, auch im Ersten Weltkrieg vorrangig ums Geschäft ging.

Hinweise auf die vermutete Gesinnung findet man in englischen Tageszeitungen. So schrieb beispielsweise die „Saturday Review" am 24.08.1895:

> *„Wir Engländer haben bisher stets gegen unsere Wettbewerber bei Handel und Verkehr Krieg geführt. Unser Hauptwettbewerber ist heute nicht mehr Frankreich, sondern Deutschland. … Bei einem Krieg gegen Deutschland kämen wir in die Lage, viel zu gewinnen und nichts zu verlieren."*[282]

Bereits am 01.02.1896 schrieb die gleiche Zeitung:

> *„Wäre morgen jeder Deutsche beseitigt, so gäbe es kein englisches Geschäft noch irgend ein englisches Unternehmen, das nicht zuwüchse. Verschwände jeder Engländer morgen, so hätten die Deutschen den Gewinn. … Einer von beiden muß das Feld räumen. … Macht Euch fertig zum Kampf mit Deutschland, denn Germaniam esse delendam*[283]*."*[284]

Und etwas ausführlicher am 11.09.1897:

> *„Englands Gedeihen kann nur gesichert werden, wenn Deutschland vernichtet würde. England mit seiner langen Geschichte er-*

282 Schultze-Rhonhof, 2012, S. 35

283 Übersetzung: Deutschland muß zerstört werden. (Anm. d. Verf.)

284 Schultze-Rhonhof, 2012, S. 35

folgreicher Angriffe, mit seiner wunderbaren Überzeugung, daß es zugleich mit seiner Fürsorge für sich selbst Licht unter die im Dunkeln lebenden Völker verbreitet[285]*, und Deutschland, dem selben Fleisch und Blut entsprossen, mit geringerer Willensstärke, aber vielleicht mit noch kühnerem Geiste, wetteifern miteinander in jedem Winkel des Erdballs. Überall hat der deutsche Handlungsreisende mit dem englischen Hausierer gestritten. Eine Million kleiner Zänkereien schaffen den größten Kriegsfall, den die Welt je gesehen hat. Wenn Deutschland morgen aus der Welt vertilgt würde, so gäbe es übermorgen keinen Engländer in der Welt, der nicht reicher wäre als heute. Völker haben jahrelang um eine Stadt oder um ein Erbfolgerecht gekämpft; müssen sie nicht um einen jährlichen Handel von 250 Millionen Pfund Sterling Krieg führen? England ist die einzige Macht, die ohne enormes Risiko und ohne Zweifel am Erfolg Deutschland besiegen kann. Eine Vergrößerung der deutschen Flotte würde nur dazu beitragen, den Schlag, den Deutschland von England erhielte, um so schwerer fühlbar zu machen. Seine Schiffe würden bald auf dem Grunde des Meeres liegen. Hamburg und Bremen, der Kieler Hafen und die Ostseehäfen würden unter den Kanonen Englands liegen, die warten würden, bis die Entschädigung vereinbart wäre. Nach getaner Arbeit könnten wir ohne Bedenken zu Frankreich und Rußland sagen: ‚Sucht Kompensationen! Nehmt in Deutschland, was Ihr wollt! Ihr könnt es haben'."*[286]

Gaffney, amerikanischer Generalkonsul in München hält in seiner Rückschau auf seine Aufenthalte in England vor dem Ersten Weltkrieg fest:

„Bei meinen jährlichen Besuchen stellte ich erstaunt und amüsiert fest, wie die Feindschaft gegen Deutschland wuchs. Meine englischen Freunde zögerten nicht, mir mit völliger Offenheit und der üblichen englischen Anmaßung zu erklären, daß es nötig sei,

285 Dazu schreibt Eggert, daß diese Diktion dem Freimaurer-Vokabular entlehnt ist. Vgl. Eggert, 2004, S. 229

286 Eggert, 2004, S. 228

Deutschland zu zerstören oder Großbritannien würde seine wirtschaftliche Vormachtstellung auf den Weltmärkten verlieren.“[287]

Der belgische Gesandte in London, Graf Lalaing, berichtete am 24.05.1907 nach Brüssel:

> *„[...] Eine gewisse Kategorie der Presse, [...] trägt zum großen Teil die Verantwortung für die feindselige Stimmung zwischen den beiden Nationen. Was kann man denn auch von einem Pressemann wie Herrn Harmsworth, heute Lord Northcliffe, Herausgeber der DAILY MAIL, des DAILY MIRROR, des DAILY GRAPHIC, der EVENING NEWS und des WEEKLY DISPATCH, erwarten, der in einem Interview für den (französischen) MATIN sagte: ‚Ja wir hassen die Deutschen und das von Herzen. [...] Ich werde nicht zulassen, daß meine Zeitungen auch nur das Geringste drucken, was Frankreich verletzen könnte. Aber ich möchte nicht, daß sie irgendetwas aufnehmen, das den Deutschen angenehm sein könnte! [...]‘“*[288]

Bismarck äußerte 1897, wenige Monate vor seinem Tode: *„Die einzige Möglichkeit, die deutsch-englischen Beziehungen zu verbessern, wäre, unsere wirtschaftliche Entwicklung zurückzuschrauben. Und dies ist nicht möglich.“*[289]

Ist das übergeordnete Thema dieses Knotenbereiches [78+3/2; +3, -3, +3] von 1855 über 1900 bis 2031, daß über England als Weltmacht das herrschende Wirtschaftssystem gefestigt und weiter ausgebaut werden sollte? Das Deutsche Reich als erstarkendes, wirtschaftlich äußerst erfolgreiches europäisches Land mit eigener Währung in Konkurrenz zum englischen Pfund mußte folglich niedergerungen werden? Damit wäre dieses Thema immer noch

287 Schultze-Rhonhof, 2012, S. 38

288 Schultze-Rhonhof, 2012, S. 38

289 Helffrich, Karl (1919). *Der Weltkrieg: Vorgeschichte des Weltkrieges.* Berlin: Ullstein, S. 165ff., zitiert nach Eggert, 2004, S. 229

aktuell. Die Analyse des Ersten und Zweiten Weltkrieges verstärken diese Vermutung.

3.2.2.7 *Erster Weltkrieg*

Der Erste Weltkrieg wird mit dem Zeitraum 1914 bis 1918 angegeben. Ein signifikanter Knoten im phasenverschobenen Zeitfraktal gibt jedoch einen Zeitraum von September 1915 bis Dezember 1919 an. Es ist der Subknoten [78+3/2; +3, -3, +3, -9], der vom 14.09.1915 über die Trendwende am 24.07.1917 bis zum 15.12.1919 reicht. Bemerkenswert ist die Lage in einem durch 9 teilbaren Subknoten, der eine höhere Priorität im Gefüge der Ereignisse zwischen 1855 über 1900 bis ins Jahr 2031 des übergeordneten Subknotens [78+3/2; +3, -3, +3] anzeigt.

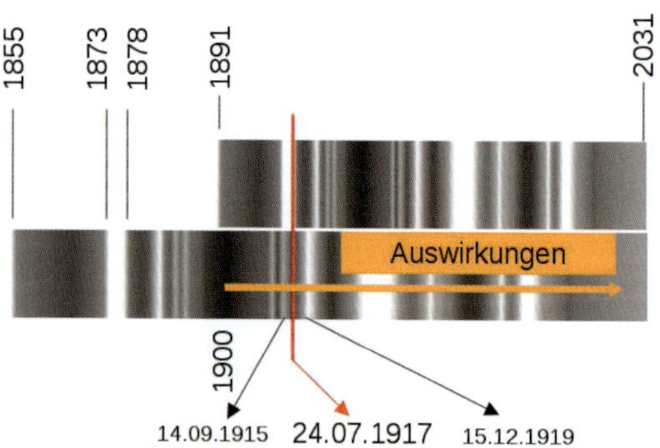

Abb. 71 – Der Erste Weltkrieg im Fundamentalen Fraktal mit [78+3/2; +3, -3, +3, -9]

Der davor liegende Subknoten [78+3/2; +3, -3, +3, -12] endet am 17.03.1914, also vor Beginn der kriegerischen Handlungen. Das scheinbar auslösende Ereignis, die Ermordung des österreichisch-ungarischen Thronfolgers Erzherzog Franz Ferdinands am 28.06.1914 in Sarajewo liegt folglich in einer Lücke. Ist das Attentat also gar nicht wirklich Auslöser des Ersten Weltkrieges? Suchte man nur nach einem Anlaß, den längst geplanten Krieg gegen Deutschland vom Zaun zu brechen? Der Subknotenbeginn nach dem Beginn der militärisch-kriegerischen Handlungen im Zusammenhang mit den ansonsten sehr gut zuordenbaren Ereignissen des Krieges, wie es nachfolgend deutlich wird, weist darauf hin, daß der Erste Weltkrieg eben nur ein Folgeereignis eines übergeordneten Themas ist, in diesem Fall des Themas, daß um 1900 n. Chr. mit [78+3/2; +3, -3, +3] seinen Höhepunkt hatte. Die Analyse des Merchandise Marks Act im vorherigen Kapitel gab einen ersten Hinweis darauf.

Schon im Dezember 1905 wurden inoffizielle Kontakte des französischen und englischen Generalstabes angebahnt. Diese Kontakte gingen so weit, daß England Frankreich für den Falle eines deutschen Angriffes vier englische Divisionen zur Verfügung stellen wollte. Frankreich plante diese vier Divisionen sogleich in seine Kriegsplanungen ein. England legte sich also schon 1906 in seiner Rolle gegen Deutschland fest![290]

Später, am 21.06.1939, äußerte Winston Churchill dazu gegenüber der *Paris Soir*: *„Es liege ein gutes Stück Wahrheit in den Vorwürfen in Bezug auf die gegen die Mittelmächte*[291] *gerichtete Einkreisung. Es ist gegenwärtig nicht mehr nötig, die Wahrheit zu verbergen.“*[292]

Interessant ist auch, daß der Zeitraum des Ersten Weltkrieges im Zeitfraktal, das dem zukünftigen Hauptknoten im Jahre 3349 n. Chr. zuzuordnen ist, in einer Lücke vom 14.06.1913 bis 20.06.1918 liegt. Damit sind speziell die Ereignisse des Ersten Weltkrieges dem oben gezeigten, phasenverschobenen Zeitfraktal zuzuordnen, das dem

290 Vgl. Schultze-Rhonhof, 2012, S. 40, 41

291 Österreich-Ungarn, Deutsches Reich und anfangs auch Italien (Dreibund)

292 Eggert, 2004, S. 253

vergangenen Hauptknoten im Jahre 748 n. Chr. angehört. Natürlich hat auch der Erste Weltkrieg seine Vorgeschichte, deren Ereignisse sich vermutlich sowohl dem einen, als auch dem anderen Fraktal zuordnen lassen. Eingehendere Untersuchungen werden folgen. Bzw. wird man aufgrund der Fraktalzuordnung die Vorereignisse klarer hinsichtlich ihrer Auswirkung auf den Ersten oder Zweiten Weltkrieg unterscheiden können. Ein wesentlicher Baustein dazu – so viel soll an dieser Stelle schon verraten werden – wird durch die Analyse der beiden Weltkriege im jüdischen Zeitfraktal geliefert, worauf ab Kapitel 3.3 eingegangen wird.

Lassen sich die Ereignisse des Ersten Weltkrieges nun in den Subknoten von 1915 bis 1919 einordnen?

Das Zeitfraktal zeigt eine Trendwende um den 24.07.1917. Der offizielle Kriegseintritt der USA erfolgte am 02.04.1917, er ist also nicht Ausdruck der Trendwende. Außerdem unterstützten die USA England, Frankreich und Rußland schon seit Beginn des Krieges mit umfangreichen Krediten. Das amerikanische Bankhaus JP Morgan erhielt kurz nach Kriegsbeginn von der Regierung Großbritanniens den Auftrag für das Auflegen einer Anleihe zur Finanzierung amerikanischer Waffenlieferungen an England. Bald darauf erfolgte auch die Vergabe umfangreicher Kredite an Frankreich und Rußland. Schließlich wurde das Bankhaus sogar mit der Materialbeschaffung für die Entente beauftragt.[293]

Auf östlicher Seite jedoch ereigneten sich wichtige militärische Gefechte, die eine Trendwende anzeigen könnten. Den Chroniken ist zu entnehmen, daß im Oktober des Jahres der Widerstand der russischen Armee beinahe zusammenbrach, nachdem deutsche Truppen die baltischen Inseln Ösel, Dagö und Moon eroberten; auch die Stadt Riga fiel im September in deutsche Hände. Zum gleichen Zeitpunkt erfuhren die Italiener enorme Verluste und

293 Vgl. von Bülow, S. 103

wurden bis an den Piave zurückgeworfen. Vor allem die Situation Rußlands als Hauptagitator auf östlicher Seite weist auf eine Trendwende hin. Denn im November setzt sich die von Lenin angeführte Oktoberrevolution durch, die Regierung wurde abgesetzt. Die neue Staatsspitze beendete den Krieg auf russischer Seite, was im wesentlichen dazu beitrug, daß nun die Kräfte an der Westfront konzentriert werden konnten und die Entente[294] bis zum Waffenstillstand im November 1918 keine durchschlagenden militärischen Erfolge erzielen konnte.

Es war der Kampf im Inneren des Landes, der Deutschland so entscheidend schwächte, und das Vertrauen auf vermeintlich ernstgemeinte Friedensvorschläge aus den USA, daß es zu einer Niederlage kam. Allen voran ist dabei die kommunistische Bewegung zu nennen, die im Spartakusbund einen hoch aktiven Agitator fand. Die Leitfiguren Karl Liebknecht, Rosa Luxemburg und Radek-Sobelsohn, ein Trotzki-Schüler, organisierten aus der Schweiz umfangreiche, vom Feind finanzierte Zersetzungspropaganda. So war Radek schon für die im Juni 1916 in den Berliner und Braunschweiger Munitionsfabriken angezettelten Streiks verantwortlich. Allein in Berlin streikten rund 50.000 Arbeiter. Der Spartakusbund, der erstmals in der sozialistischen Reichskonferenz vom 07.01.1917 in Erscheinung trat, forderte den heftigen Kampf gegen die SPD und die Gewerkschaften, weil sie den vaterländischen Krieg unterstützten. Dissidenten der Spartakusgruppe und der USPD förderten fortan den Umbruch in Deutschland, ohne irgendein Wahlmandat und mit üppiger, nicht nur finanzieller Unterstützung aus dem Ausland. Diese Verbindungen schürten die Unruhe im Volk, organisierten Arbeits-

294 *Entente Cordiale* zwischen Frankreich und England am 08.04.1904 (Vertrag über koloniale Fragen); später die *Entente* der Kriegsverbündeten England, Frankreich, Rußland, ab 1915 Italien (das überraschend den Dreibund mit dem Deutschen Reich und Österreich-Ungarn verließ, weil ihm zusätzliches Territorium versprochen wurde) und zunächst im Hintergrund dann ab 1917 offiziell die USA.

niederlegungen, verständlicherweise mit verheerenden Auswirkungen auf die Frontlage. Zu Beginn der inszenierten Unruhen standen im April 1917 größere Arbeitsniederlegungen von Rüstungsarbeitern in Berlin und Leipzig. Es folgte die Gründung eines roten „Arbeiterrates" in Deutschland. Im Juli 1917 meuterte erstmals ein Teil der deutschen Hochseeflotte, angestiftet von der USPD.[295] Zwischen 28.01. und 03.02.1918 kam es zu den bis dahin größten, politisch motivierten massenhaften Arbeitsniederlegungen in Berlin, Hamburg, Kiel, Magdeburg, Halle, Nürnberg und Fürth. Fast eine halbe Million aufgehetzter Arbeiter standen allein in Berlin auf der Straße. Vater, ein Exekutivmitglied der USPD, erklärte nach der Novemberrevolution in Magdeburg auf einer Versammlung der Arbeiter- und Soldatenräte am 14.12.1918:

> *„Uns ist die Revolution nicht überraschend gekommen. Seit dem 25. Januar 1918 haben wir den Umsturz systematisch vorbereitet [...] Die sozialdemokratische Partei hatte eingesehen, daß die großen Streiks nicht zur Revolution führten, es mußten daher andere Wege beschritten werden. Die Arbeit hat sich gelohnt. Wir haben unsere Leute, die zur Front gingen, zur Fahnenflucht veranlaßt. Die Fahnenflüchtigen haben wir organisiert, mit falschen Papieren ausgestattet, mit Geld und unterschriftslosen Flugblättern versehen. Wir haben diese Leute nach allen Himmelsrichtungen, hauptsächlich wieder an die Front, geschickt, damit sie die Frontsoldaten bearbeiten und die Front zermürben sollten. Diese haben die Soldaten bestimmt, überzulaufen, und so hat sich der Zerfall allmählich, aber sicher vollzogen."*[296]

So ist es zu verstehen, daß der damalige englische Premierminister Lloyd George schon am 31.01.1918 wußte, daß *„eine innere Revolution Deutschlands unmittelbar bevorsteht, so daß die Entente mit*

295 Vgl. Eggert, 2001, S. 167, 168
296 Eggert, 2001, S. 171, 172

Sicherheit zu dem von ihr gewollten Annexionsfrieden gelangen wird, der Englands Kriegsziele, ohne daß Deutschland dies selbst merkt, voll befriedigt."[297]

Im Vertrauen auf die angekündigten 14 Punkte Präsident Woodrow Wilsons ließen sich die Deutschen auf Friedensverhandlungen ein, die einseitig massive Abrüstung bis zur Wehrlosigkeit des Deutschen Reiches verlangte. Verhängnisvoll vertrauten die Deutschen darauf, was sich in der Folge bitter rächte. Die herbeigeführte Schwäche wurde von den Alliierten gnadenlos ausgenutzt und die deutsche Seite hatte sich ihrer Verhandlungsbasis beraubt.

Bei genauerem Hinsehen erkennt man in der Abfolge der Ereignisse, daß also am 11.11.1918 lediglich ein Waffenstillstand geschlossen wurde und nicht der Krieg beendet. England z. B. hielt sich nicht an die Vereinbarungen: Vom Waffenstillstand an bis Mitte Mai 1919 hatte es die Lebensmittelzufuhr nach Deutschland und Restösterreich durch eine Seeblockade unterbunden, was ein klarer und permanenter Bruch des Waffenstillstandes war. Dies hatte bis März 1919 fast eine Million Hungertote in Deutschland und Österreich zur Folge! Das Ersuchen Deutschlands an England, Weizen, Fette, Medikamente und Kondensmilch von der Blockade auszunehmen, wurde abgelehnt.[298] Die kriegerischen Handlungen gingen also über 1918 hinaus, am 28.06.1919 erfolgte die so erzwungene Unterschrift des Versailler „*Vertrages*", richtiger Versailler **Diktat**. Erzwungen auch deshalb, weil die „*Sieger*" ein Ultimatum stellten: entweder unterschreiben oder es käme wieder zum bewaffneten Einsatz! Der damalige britische Kriegsminister Churchill brachte es klar zum Ausdruck: An den Grenzen des Reiches stünden tausen-

297 Heise, 1919, *Die Entente-Freimaurerei und der* Weltkrieg. S. 27; zitiert nach Eggert, 2001, S. 171

298 Vgl. Schultze-Rhonhof, 2012, S. 86

de Flugzeuge, deren Piloten die Anweisung hätten, Deutschlands Städte zu zertrümmern und die Bevölkerung *„mit unglaublich bösartigen Giftgasen"* zu ersticken.[299] Daraus ist zu schließen, daß der Versailler Vertrag keine völkerrechtliche Grundlage hat und folglich unwirksam ist. Es existiert nicht einmal ein Friedensvertrag zum Ersten Weltkrieg. Energetisch betrachtet ging also der Erste Weltkrieg bis heute nicht zu Ende.

In seinen Memoiren bestätigt dies Churchill erneut, in denen es heißt:

> *„Die wirtschaftlichen Bestimmungen des Vertrages waren so bösartig und töricht, daß sie offensichtlich jede Wirkung verloren. Deutschland wurde dazu verurteilt, unsinnig hohe Reparationen zu leisten […] Die siegreichen Alliierten versichern nach wie vor, sie würden Deutschland ausquetschen, bis die ‚Kerne krachen'. Das alles übte auf das Geschehen der Welt und die Stimmung des deutschen Volkes gewaltigen Einfluß aus."*[300]

Einzig mit Rußland entstand ein wirksamer Friedensvertrag, der Vertrag von Brest-Litowsk vom 03.03.1918. Der separate Friedensvertrag mit den USA im Jahre 1921 ist hinsichtlich seiner Geltung fraglich. Die Weimarer Verfassung entstand ebenfalls unter alliierten Zwängen und Vorgaben, sodaß sie eigentlich nie wirksam in Kraft treten konnte. Mithin kann es keine wirklich legitimierte Volksvertretung gegeben haben, die wirksam einen Friedensvertrag hätte unterzeichnen können.

---

299 Churchill, Winston (1954). *Memoiren.* Band I, Stuttgart: Scherz und Goverts Verlag. S. 59–62, zitiert nach Eggert, 2008a, S. 65

300 Churchill, Winston (1954). *Der Zweite Weltkrieg.* Gekürzte Ausgabe. Bern und Stuttgart: Alfred Scherz Verlag. S. 13; zitiert nach Schultze-Rhonhof, 2012, S. 90

In der Gesamtschau ist zu erkennen, daß die Trendwende zugunsten der Entente durch den Ausfall Rußlands fast in Gefahr geriet und die innerdeutsche Schwächung durch die Revolution in ihrer Wirkung schließlich die Entscheidung zuungunsten der Mittelmächte bewirkte. Unterstützt wurde diese Entwicklung auch dadurch, wie im Zeitfraktal zu erkennen, daß der Ereignisknoten des Ersten Weltkrieges [78+3/2;+3, -3,+3, -9] im „Windschatten" der größeren Trendwende des Subknotens [78+3/2;+3, -3,+3] am 29.09.1900 liegt. Dies bewirkte einen insgesamt eher gleichbleibenden Verlauf des Krieges. Der übergeordnete Trend ist mächtiger und reicht bis 16.09.2031! Der Erste Weltkrieg ist also Teil einer Ereigniskette, die bereits 1855 begann und erst 2031 enden wird. Mit Berechtigung könnte man somit davon sprechen, daß der Erste Weltkrieg noch nicht vorüber ist, was sich eben auch in dem Fehlen eines wirksamen Friedensvertrages zeigt. Im Zusammenhang mit dem Merchandise Marks Act läßt sich zutreffender feststellen, daß die kriegerischen Handlungen gegen Deutschland, zu denen MMA und Erster Weltkrieg gehören, noch nicht vorüber sind und bis 2031 wirken. Wenn der Erste Weltkrieg, wie man im Fraktal erkennen kann, nur Teil einer größeren Ereigniskette ist, deren Art und Charakter sich gerade in den Auswirkungen der Subereignisse offenbaren, kann man davon sprechen, daß der Erste Weltkrieg lediglich die Ausführung eines lang gehegten Planes war. Das Zeitfraktal deckt klar ersichtlich auf, daß die in der vorherrschenden Geschichtsschreibung verteilten Rollen der Kriegsparteien lediglich Wunschdenken der Sieger ist, und nicht nur Churchills o.g. Zitat, sondern auch die Faktenlage bestätigen dies.

3.2.2.8 *Zweiter Weltkrieg*

Die Analyse dieses wohl schlimmsten Krieges im Fundamentalen Fraktal zeigt Erstaunliches. Mit den Jahren von 1939 bis 1945 gibt man den Zeitraum des Zweiten Weltkrieges an. Aus Sicht von Global Scaling läßt sich dies jedoch nicht bestätigen. Vielmehr zeigen sich die kriegerischen Handlungen des Zweiten Weltkrieges als Kulminationspunkt einer Ereigniskette, die bereits 1891 begann und bis 2031 (!) andauert. Man könnte auch sagen, der Zweite Weltkrieg dauert schon über 100 Jahre und ist noch nicht zu Ende! 1939 bis 1945 gibt nur den Zeitraum militärischer Handlungen mit konventionellen Waffen an. Zu kriegerischen Handlungen zählen aber noch weitaus mehr Arten des Handelns. Gerade heute wissen wir, auf wie vielen Ebenen Krieg geführt wird: Desinformation und Propaganda in den Zeitungen, im Fernsehen, über Computertechnologien, mittels Spionagemaßnahmen, über wirtschaftliche Maßnahmen, mit biologisch-chemischen Mitteln usw.

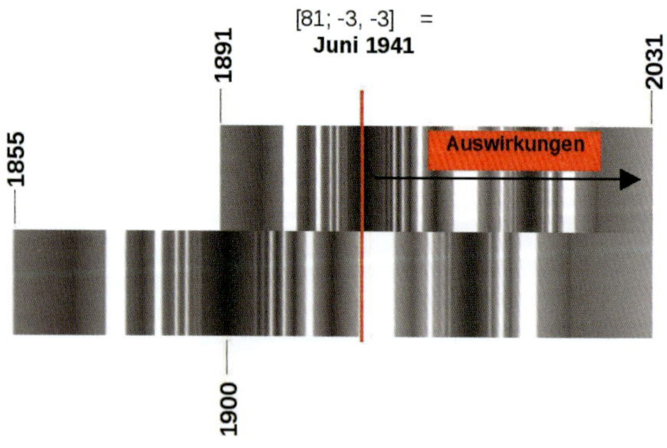

Abb. 72 – Der Zweite Weltkrieg im Fundamentalen Fraktal christlicher Zeitrechnung

Interessant ist auch die Zuordnung zum oberen Fraktal, dem Hauptfraktal. Im Grünen Bereich überlagern sich, wie oben beschrieben, die benachbarten Hauptknoten. Das Hauptfraktal ist dem zukünftigen Hauptknoten [81] im Jahre 3349 n. Chr. zuzuordnen, das untere, phasenverschobene Fraktal dem vergangenen Hauptknoten [78+3/2] im Jahre 748 n. Chr. Im Zeitraum von 1934 bis 1945 weist das phasenverschobene Zeitfraktal eine Lücke auf. So wird verständlich, warum gerade die Ereignisse des Zweiten Weltkrieges und die, die dazu geführt haben, dem oberen Fraktal und dem zukünftigen Hauptknoten zugeordnet werden.

Zuerst bestand Unverständnis für diese Erkenntnis, weil der Zweite regelmäßig als Folge des Ersten Weltkrieges dargestellt wird. In vielerlei thematischer Hinsicht ist dies auch richtig. Der erzwungene Vertrag von Versailles, das *„Verbrechen an den Deutschen"*, wie ihn der italienische Ministerpräsident Francesco Nitti wiederholt bezeichnete[301], wurde vom deutschen Volk als Demütigung empfunden, und alle Unterzeichner außer dem Deutschen Reich brachen die Vereinbarungen aus dem Versailler Vertrag![302] Ranghohe Politiker aus dem Ausland brachten ihre Empörung über den Versailler Vertrag zum Ausdruck und äußerten, daß darauf kein dauerhafter Frieden aufgebaut werden könne.[303] Die USA, aus deren Delegation zwölf Mitglieder aus Protest über die ungerechten

---

301 Vgl. Schultze-Rhonhof, 2012, S. 91

302 Schultze-Rhonhof, 2012, S. 86-98: Zu England siehe Kapitel 3.2.2.7. *„Gegen die Bestimmungen des Versailler Vertrages verlegte Frankreich 5000 Soldaten ins Saargebiet, wies deutsche Beamte und Firmenleitungen aus. Am 08.03.1921 marschierte Frankreich ein und besetzte Duisburg, Düsseldorf und Ruhrort. Am 11.01.1923 besetzte Frankreich Deutschlands Ruhrgebiet zum zweiten Mal. Polen eroberte/annektierte zwischen 1920–1938 Gebiete in Litauen, Rußland, Deutschland und der Tschecheslowakei jenseits des Zugestandenen. Nachdem Deutschland 1927 abgerüstet hatte, weigerten sich die Siegermächte, selbst ihren Abrüstungsverpflichtungen nachzukommen. Sie rüsteten sogar weiter auf."*

303 Vgl. Schultze-Rhonhof, 2012, S. 89–91, S. 98–99

Vertragsbedingungen zurücktraten, unterzeichneten den Vertrag nicht, sondern schlossen 1921 ihren eigenen Friedensvertrag mit Deutschland.[304] Jedoch offenbart das Fraktal, daß hier noch mehr – und m. E. nach mächtigere – Zusammenhänge zu suchen sind. Die Ereignisse um den Zweiten Weltkrieg haben eine andere und neue Qualität, die sich von den Ereignissen um den Ersten Weltkrieg deutlich unterscheiden und im Gegensatz zum Ersten Weltkrieg mit dem zukünftigen Hauptknoten zu tun haben. Es scheint, daß hier erst die Spitze eines Eisberges an bislang verborgenen Informationen auftaucht. Der Vergleich mit anderen Ereignissen, die auch dem oberen Fraktalteil zugeordnet werden können, vermag hier Hinweise zu liefern, z. B. der Dreißigjährige Krieg als Konflikt des Glaubens. Aus der Sicht christlicher Zeitrechnung läßt sich jedenfalls bislang feststellen, daß Erster und Zweiter Weltkrieg **nicht** in starkem Zusammenhang stehen. Erstaunlich! So sei jedoch an dieser Stelle schon ein Hinweis auf eine weitere Analyse des Zweiten Weltkrieges im jüdischen Zeitfraktal in Kapitel 3.3.3.3 gegeben, die erstaunliche Antworten darauf geben kann und auch in den vermuteten Kontext glaubensbezogener Ereignisse passen würde.

Was läßt sich hinsichtlich eines Andauerns des Zweiten Weltkrieges bis in die heutige Zeit feststellen?

Wirft man heute einen Blick auf die Situation Deutschlands, so ist Folgendes ersichtlich: Obwohl über sieben Jahrzehnte vergangen sind, wurde bislang kein Friedensvertrag geschlossen. Bei den Vereinten Nationen wird Deutschland bis heute (Jahr 2017) als Feindstaat geführt, wie man in Art. 53 und 107 der UN-Charta nachlesen kann. Dies ermöglicht den Siegerstaaten, jederzeit in Deutschland einzumarschieren und kriegerische Handlungen gegen Deutschland aufzunehmen, wenn sie es für notwendig erachten, ganz ohne UN-Mandat und Vorliegen objektiver Kriterien.

---

304 Vgl. Schultze-Rhonhof, 2012, S. 89

Ausländische Soldaten der ehemaligen Siegermächte sind noch in Deutschland stationiert, ihre Stützpunkte gelten als exterritorial, und auch dem Artikel 120 des Grundgesetzes kann entnommen werden, daß Deutschland bis heute besetzt ist: *„Der Bund trägt die Aufwendungen für* ***Besatzungskosten*** *[…]"* In Artikel 125 heißt es weiter: *„Recht, das Gegenstände der konkurrierenden Gesetzgebung des Bundes betrifft, wird innerhalb seines Geltungsbereiches Bundesrecht, 1. soweit es innerhalb einer oder* ***mehrerer Besatzungszonen*** *einheitlich gilt, […]"* Auch Artikel 133 des Grundgesetzes zeigt diesen Status Deutschlands: *„Der Bund tritt in die Rechte und Pflichten der* ***Verwaltung des Vereinigten Wirtschaftsgebietes*** *ein."*[305]

305 Um Artikel 133 GG verstehen zu können, muß man auch die Entstehungsgeschichte des Grundgesetzes kennen. Was ist der Bund? „Bund" ist noch kein Hinweis auf eigene Staatlichkeit; der Völkerbund war auch ein Bund, die UNO ist auch ein Bund, der Deutsche Fußballbund auch usw. Der „Bund" beschrieb und beschreibt also lediglich ein gemeinsames Vorgehen der betroffenen Länder der westlichen Besatzungszone. In diesem Zusammenhang gilt zu berücksichtigen, daß zur Einführung des Grundgesetzes zu keinem Zeitpunkt die Absicht bestand, einen neuen deutschen Staat zu gründen. Das Grundgesetz war als Übergangsordnung gedacht, weshalb sie auch „Grundgesetz" und nicht „Verfassung" genannt wurde (Jarass/Pieroth, Kommentar zum GG, 10. Aufl., Einleitung, Rn. 1). Und dieser Bund ist es, der *„in die Rechte und Pflichten der Verwaltung"* der Besatzungszone, *„Wirtschaftsgebiet"* genannt, eintreten sollte. Die alliierten Besatzer haben also einfach die *Verwaltung* der von ihnen ausgeübten Besatzung auf die dort lebenden Deutschen übertragen, besser gesagt abgewälzt. Mehr nicht. So kann man die BRD als Verein eines Teils der besetzten deutschen Länder betrachten, dessen Vereinssatzung das Grundgesetz ist. Dem steht nicht entgegen, daß es innerhalb eines Vereins staatsähnliche Strukturen gibt. Die Gerichte z. B. sind dann eben tatsächlich Schiedsgerichte und keine staatlich-hoheitlichen Gerichte. Die Alliierten sind damit lediglich ihrer gemäß dem Abkommen betreffend die Gesetze und Gebräuche des Landkriegs (Haager Landkriegsordnung HLKO) vom 18.10.1907, Art. 43 obliegenden völkerrechtlichen Pflicht nachgekommen. Zudem umfaßt *„Verwaltung"* lediglich einen Teil der Exekutive. Legislative und Judikative sind davon nicht umfaßt. Damit fehlen wesentliche Elemente eigener Staatlichkeit. Hinzu kommt, daß es sich bei den Ländern der BRD nicht um die ursprünglichen Länder handelt. Die Proklamation Nr. 2 der Militärregierung Deutschland für die amerikanische Zone vom 19.09.1945 legte in Art. I fest, daß *„Verwaltungsgebiete gebildet"* werden, *„die von jetzt ab als Staaten bezeichnet werden"*, wie sie heute noch bestehen. Daß das GG ein Besatzungsrecht ist, geht auch aus den bis heute darin enthaltenen Regelungen zur Übernahme der Besatzungskosten hervor, die wiederum auf Art. 48, 49, 52 HLKO zurückgehen. Man findet sie z. B. in Art. 120 Abs. 1, 125 Nr. 1, 130 Abs. 1, 135a Abs. 1 Nr. 3 GG. Es ist kein Geheimnis, daß alle in Deutschland stationierten ausländischen Streitkräfte von deutschen Steuergeldern bezahlt werden. In Foschepoth (2014) (siehe Quellen- und Literaturverzeichnis) werden auch bislang geheime Abkommen zwischen der Bundesregierung und den Alliierten abgedruckt, die ebenfalls die Besatzung belegen. Nun wurde Art. 133 GG nie geändert. Wenn argumentiert wird, der Artikel sei nicht mehr zu beachten, ist das lediglich ein Verschleiern von Tatsachen. Bei bislang 60 Änderungen (!) des Grundgesetzes wäre es leicht gewesen, diesen Artikel einfach zu streichen oder umzuformulieren. Wurde er aber nicht. Genauso wenig wurden die Artikel zur Besatzung geändert. Und das hat seinen Grund. So wird einfach und klar ersichtlich, daß Art. 133 GG noch die gleiche Bedeutung trägt, wie zu seiner Einführung. Daraus wird ersichtlich, daß bis heute keine wirklich souveräne Staatlichkeit vorliegt.

Mit anderen Worten: Der Bund darf das besetzte Gebiet, das als Wirtschaftsgebiet bezeichnet wird, verwalten. Mehr nicht, die Verwaltung ist ein Teil der Exekutive. Darüber hinaus ist ein Grundgesetz keine Verfassung, wie sie souveräne Staaten zu haben pflegen. Dieser Umstand wird auch mit Artikel 146 des Grundgesetzes gewürdigt: *„Dieses Grundgesetz, das nach Vollendung der Einheit und Freiheit Deutschlands für das gesamte deutsche Volk gilt, verliert seine Gültigkeit an dem Tage, an dem eine Verfassung in Kraft tritt, die von dem deutschen Volke in freier Entscheidung beschlossen worden ist."* Das Deutsche Volk hat damit den Auftrag, sich eine Verfassung zu geben. Zu keinem Zeitpunkt hat es über das Grundgesetz als Verfassung abgestimmt. Dazu paßt auch der Umstand, daß es keine Staatsangehörigkeit der Bundesrepublik Deutschland gibt. Des weiteren gehört Berlin, angeblich Bundeshauptstadt, bis zum heutigen Tage nicht zur Bundesrepublik Deutschland.[306]

Der ehemalige Chef des Militärischen Abschirmdienstes MAD, Gerd Helmut Komossa, schreibt in seinen Memoiren:

> *„Der Geheime Staatsvertrag vom 21.05.1949 wurde vom Bundesnachrichtendienst unter ‚Strengste Vertraulichkeit' eingestuft. In ihm wurden die grundlegenden Vorbehalte der Sieger für die Souveränität der Bundesrepublik bis zum Jahre 2099 festgeschrieben, was heute wohl kaum jemandem bewußt sein dürfte. Danach wurde einmal ‚der Medienvorbehalt der alliierten Mächte über deutsche Zeitungs- und Rundfunkmedien' bis zum Jahre 2099 fixiert. Zum anderen wurde festgelegt, daß jeder Bundeskanzler Deutschlands auf Anordnung der Alliierten vor Ablegung des Amtseides die sogenannte ‚Kanzlerakte' zu unterzeichnen hatte."*[307]

306 Bundesgesetzblatt, Jahrgang 1990, Teil I, S. 1068

307 Komossa, 2007, S. 21, 22

Bestätigt wird dies auch durch die Äußerungen des Historikers Prof. Dr. Josef Foschepoth von der Albert-Ludwigs-Universität Freiburg. Auch er kommt zu dem Ergebnis, daß das Besatzungsrecht bis heute in Kraft ist. Und nicht nur das. Er fand des weiteren heraus, daß seit Bestehen der Bundesrepublik Deutschland unter Schirmherrschaft der Alliierten umfassende Überwachungsmaßnahmen gegen das deutsche Volk durchgeführt werden, die massiv die Grundrechte der Menschen verletzen und verfassungswidrig sind.[308] Darüber hinaus sind die deutschen Geheimdienste aufgrund von Geheimverträgen und in deutsches Recht gegossene Vorbehaltsrechte der Alliierten bis heute dazu verpflichtet, Aufträge der alliierten Geheimdienste auszuführen und alle Informationen an diese herauszugeben.[309] Dazu getroffene Verwaltungsvereinbarungen zwischen der Bundesregierung und den Alliierten wurden an das NATO-Truppenstatut angehängt. Dazu schreibt Foschepoth ferner:

> *„Da das NATO-Truppenstatut bis heute noch in Kraft ist, bedeutet dies, daß auch die deutsch-alliierten Verwaltungsvereinbarungen von 1968 und die darin geregelte Zusammenarbeit in Sachen Post- und Fernmeldeüberwachung in der Bundesrepublik ebenfalls noch in Kraft sind und entsprechend angewendet werden dürfen. Dafür spricht ferner, daß in den Zwei-plus-Vier-Verhandlungen über die Herstellung der Einheit Deutschlands nicht gelungen ist, die Vereinbarungen […] außer Kraft zu setzen.“*[310]

Angesichts dieser Situation wird die Lage des Zweiten Weltkrieges im Fundamentalen Zeitfraktal völlig verständlich. Man kann insofern durchaus davon sprechen, daß der Zweite Weltkrieg noch nicht beendet ist. Bleibt zu wünschen, daß er nicht erst 2031 endet! Es

308 Vgl. Foschepoth, 2013

309 Vgl. Foschepoth, 2014, S. 192–195

310 Foschepoth, 2014, S. 194, 195

ist beeindruckend, daß man diese Verhältnisse dem Zeitfraktal so deutlich entnehmen kann.

Dazu paßt die Feststellung des Staatsrechtlers Schachtschneider, daß seit dem Zweiten Weltkrieg bei kriegerischen Auseinandersetzungen formell keine Kriegserklärungen mehr erfolgen.[311] Auch darin kann eine Bestätigung der Vermutung hinsichtlich der Fortdauer des Zweiten Weltkrieges gesehen werden, wie sie das Fundamentale Fraktal aufzeigt.

Während 2015/2016 dieses Buch verfaßt wurde, hielt man im Laufe des Jahres 2015 den *Chicago Council on Global Affairs* ab, dessen Aufzeichnung im Internet abrufbar ist. Auf dieser Zusammenkunft referierte der Gründer und Direktor der führenden US-amerikanischen Denkfabrik namens STRATFOR (= Strategic Forecasting), George Friedman. Er berät die US-Regierung und geht sozusagen im Weißen Haus ein und aus. In seinem Referat sagte er unverblümt:

> *„Das primäre Interesse der USA über das letzte Jahrhundert hinweg, weshalb wir Kriege führten, Erster, Zweiter und Kalter Krieg, war bis heute die Beziehung zwischen Deutschland und Rußland, weil sie vereint die einzige Macht sind, die uns bedrohen kann, und [damit] sicherzustellen, dass das nicht passiert […] Für die Vereinigten Staaten besteht die dominierende Angst in der Verbindung von deutscher Technologie und deutschem Kapital mit russischen Rohstoffen und russischer Arbeitskraft. Für mehr als ein Jahrhundert jagt das den Vereinigten Staaten eine höllische Angst ein […] Wie kann das verhindert werden? Die Vereinigten Staaten sind bereit, die Karten auf den Tisch zu legen: Es ist die Linie vom Baltikum zum Schwarzen Meer. Schon seit 1871 war das immer die „Deutsche Frage" und die Frage Europas! […]"*[312]

311 Vgl. Schachtschneider, 2012, S. 195
312 Friedman, 2015

George Friedman sagte nichts anderes, als daß seit Gründung des Deutschen Reiches 1871 gegen dieses Krieg geführt wird. Und genau dies verraten auch die beiden sich überlagernden Fraktalteile. Der Knotenbereich des phasenverschobenen Fraktals [78+3/2; +3, -3, +3] reicht von 1855 bis 2031, der des anderen mit [81; -3, -3] von 1891 bis 2031. Beide Knotenbereiche der globalen Zeitrechnung haben also u.a. zum Hauptgegenstand den Kampf gegen Deutschland.

Mit Kenntnis der Zeitfraktale kann man sogar aufgrund der Vorlage von George Friedman soweit gehen und sagen, daß bereits seit 1855 gegen Deutschland Krieg geführt wird, nicht erst seit dem letzten Jahrhundert. Auch die obige Analyse des **Merchandise Marks Act** weist darauf hin. Im nächsten Kapitel wird dieser Punkt noch einmal aufgegriffen.

Die gute Nachricht dabei ist, daß man sich schon, bezogen auf den gesamten Knotenzeitraum von 1891 bis 2031, am Ende dieser Zeitqualität befindet, nämlich weit am rechten Rand. Die aktuelle Energie dieser Ereigniskette rund um den Zweiten Weltkrieg unterstützt also Maßnahmen, um diesen Prozeß endlich zu beenden, zumal die ganzen bislang verborgenen Informationen ans Tageslicht gelangen. Es sei in diesem Zusammenhang daran erinnert: Damit ein Zeitraum ein finales Reifestadium darstellt, ist es nicht notwendig, ganz am rechten Rand des Grünen Bereiches platziert zu sein. Die Länge eines Jahres als finales Reifestadium (siehe das Kapitel 3.1.2.8 auf S. 160) zeigt dies auf. Möchte man also einen Entwicklungsprozeß beenden, eignet sich diese Prozeßphase wie keine andere. Wenn das deutsche Volk aktiv wird, ist es nicht nötig, bis 2031 zu warten!

Aus der Betrachtung, daß beinahe sämtliche Kriege auf deutschem Boden geführt wurden, läßt sich erkennen, daß Deutschland eine Schlüsselrolle in der Welt hinsichtlich eines dauerhaften weltweiten Friedens und der globalen Weiterentwicklung zukommt. Es wird deutlich, daß die Freiheit, der Frieden und die Unabhängigkeit Deutschlands der Schlüssel zu weltweitem Frieden sind. Als logische Konsequenz kommt damit Berlin die Rolle eines globalen Zentrums zu. Der Sonderstatus Berlins[313] verrät dies ebenfalls.

Hinsichtlich des Abwurfs zweier Atombomben durch die Amerikaner auf Japan am 06. und 09. August 1945 soll noch ein Hinweis gegeben werden. Dieser Zeitraum ist bezogen auf das o. g. Fraktal in einer Lücke. Das phasenverschobene Fraktal beginnt mit [78+3/2; +3, -3, +3, -3] einen Knotenbereich am 23.04.1945 über den Wendepunkt 31.03.1967 bis 16.09.2031. Die Atombombenabwürfe liegen in Subknoten dieses Knotens. Sie gehören also schon zu einer anderen Zeitqualität als die Ereignisse rund um den Zweiten Weltkrieg. Auch hier begann eine neue Ära, die sozusagen mit den Atombombenabwürfen eingeleitet wurde und uns bis 2031 begleitet. Aufgrund brisanter Übereinstimmungen wird dieses Thema nochmal in der Analyse des Zweiten Weltkrieges in der jüdischen Zeitrechnung aufgegriffen.[314]

Ein großes Thema des Zweiten Weltkrieges bzw. der ganzen Regierungszeit unter Hitler sind auch die Ressentiments gegen Juden und ihre Diskriminierungen. So sei auch an dieser Stelle vorausblickend ein Bezug zur jüdischen Zeitrechnung hergestellt. In Kapitel 3.3 wird die jüdische Zeitrechnung ausführlicher analysiert und auf Zusammenhänge zwischen Judentum und Zweitem Weltkrieg in Kapitel 3.3.3.3 eingegangen.

313 Bundesgesetzblatt, Jahrgang 1990, Teil I, S. 1068
314 Siehe das Kapitel 3.3.3.3

3.2.3 Gegenwärtige Zeitqualität in der christlichen Zeitrechnung

Wie oben in Kapitel 3.2.1.1 mit Abb. 63 auf S. 210 gezeigt, befindet sich der christliche Geschichtsprozeß gegenwärtig am äußersten rechten Rand eines Grünen Bereiches, der in etwa am 16. September des Jahres 2031 unserer Zeitrechnung endet. Es handelt sich folglich um ein finales Reifestadium, in dem sich das Christentum befindet.

In Analogie dazu sei kurz ein natürlicher Entwicklungsprozeß ins Gedächtnis gerufen, der diese Zeitqualität verdeutlicht. Aus Sicht des Zeitfraktals beginnt die Phase der körperlichen Reifung zum Erwachsenen beim Menschen mit ca. 13,7 Jahren. Das entspricht dem linken Rand eines Grünen Bereichs. Im Alter von rund 22 Jahren findet diese ihren Abschluß. 20 bis 22 Jahre repräsentieren eine Reifephase, sie liegt am rechten Rand des Grünen Bereichs. In einer Reifephase kommt also auch ein Prozeß zur Blüte. Verallgemeinert bedeutet dies für Prozesse: Eine positive, gesunde Entwicklung erlebt in dieser Phase eine Blüte. Ist die Lebenserwartung des Prozesses größer, ist es eine vorübergehende Blüte mit anschließender Weiterentwicklung wie beim Menschen nach der Pubertät. Eine dagegen negative, kranke Entwicklung erlebt in dieser Phase ein „Aufblühen" all dessen, was nicht paßt. Es wird ganz deutlich sichtbar, daß etwas faul oder fehlerhaft ist. Nicht selten führt dies zum Zusammenbruch, zum Ende des Prozesses. Im übertragenen Sinne könnte man davon sprechen, daß unerledigte „Hausaufgaben" ans Tageslicht kommen und nun nicht mehr verdrängt werden können. Im Grunde kann man die Reifephase fast nur überstehen, wenn man diese unerledigten „Hausaufgaben" nun bearbeitet. Neutral betrachtet ist dies immer eine Phase, in der klar wahrnehmbar etwas zu Ende geht, die Pubertät, ein Tag, eine Jahreszeit usw.

Und genau eine solche finale Reifephase wird gerade erfahren, allerdings mit wesentlich größerer Mächtigkeit, weil der Prozeß bereits rund 2.000 Jahre alt ist. Der kollektive Rahmen dafür wurde mit der christlichen Zeitrechnung gewählt. Die vereinende Zeitrechnung ist genau das Element, das seine Anwender diese finale Reifephase erleben läßt!

Die Netzausgabe der Zeitung DIE WELT veröffentlichte am 08.02.2015 einen Artikel mit dem Titel *„Die Welt kollabiert. Strategie dringend gesucht"* und schreibt darin: *„[...] Nach Zahlen des Uppsala Conflict Data Program ist derzeit fast die Hälfte aller Staaten rund um den Erdball in bewaffnete Konflikte verstrickt, so viele wie seit Ende des Zweiten Weltkriegs nicht mehr [...]"*[315]

Besonders interessant ist dabei, daß sich diese Endzeitqualität nicht nur auf ein bestimmtes Ereignis bezieht. Viele ineinander verschachtelte, verschieden lange Knotenbereiche enden gleichzeitig! Bezogen auf tatsächliche Ereignisse in unserer Wirklichkeit bedeutet dies, daß auch ältere Themen aus fernerer Vergangenheit plötzlich wieder einen aktuellen Bezug bekommen, Zusammenhänge mit und unter den aktuellen Geschehnissen sichtbar werden und all das zusammen bearbeitet und beendet werden will.[316]

So endet z. B. nicht nur die Ereigniskette rund um den Zweiten Weltkrieg. Sogar die Knoten des Grünen Bereiches selbst, die 1232 n. Chr. begannen, kommen 2031 zum Ende! Nachfolgend werden all diese Knotenbereiche und ihre Zeiträume aufgeführt, die mit ihren Trendwenden bis in die Gegenwart und nahe Zukunft reichen. Dabei sei daran erinnert, daß die Subknoten des Hauptknotens [81] zukunftsbezogen, und die Subknoten des Hauptknotens [78+3/2] des phasenverschobenen Fraktals vergangenheitsbezogen wirken.

315 Jungholt, 2015

316 So sei an dieser Stelle noch ein Hinweis auf die Beschreibung der Phasenqualität in Kapitel 2.2.8.2 gegeben.

Knoten	= Beginn über Wendepunkt bis Ende
[81; -3]	= 1232 über 1719 bis 2031
[81; -3, -3]	= 1891 über 1941 bis 2031
[81; -3, -3, +3]	= 1978 über 1994 bis 2031
[81; -3, -3, +3, -3]	= 2008 über 2014 bis 2031
[81; -3, -3, +3, -3, +3]	= 2020 über 2023 bis 2031
[81; -3, -3, +3, -3, +3, -3]	= 2026 über 2027 bis 2031
etc.	

[81; -3] = 1232 über 1719 bis 2031: Im Hinblick auf den nächstniedrigeren Subknoten der Reife wird hier der Subknoten [81; -3, -18] erwähnt, der den Siebenjährigen Krieg widerspiegelt. Er liegt im Windschatten der großen Trendwende im Jahre 1719, und dort in einem Subknoten hoher Priorität, n_2= -18 als Vielfaches von 9. Das macht ihn zu einem starken Indikator für das nächste Reifestadium, das Jahrhundert des Zweiten Weltkrieges mit [81; -3, -3].

Als Global-Scaling-Analyst wundert man sich etwas, warum dieser Krieg nicht schon zum Ereignishöhepunkt um 1719 stattfand. Zum einen gibt hier das phasenverschobene Fraktal weitere Hinweise preis. Zum anderen wird noch in Kapitel 3.3.3.1 zu sehen sein, daß es gerade hier ganz bedeutende Überschneidungen mit einem weiteren historischen Zeitfraktal gibt, das mit seiner Phase sozusagen die Flamme an die Zündschnur setzt.

[81; -3, -3] = 1891 über 1941 bis 2031: Im Zentrum dieses Knotenbereiches liegen die Ereignisse rund um den Zweiten Weltkrieg und es wird Bezug auf die obigen Ausführungen in Kapitel 3.2.2.8 genommen. Darüber hinaus sei hier nochmals betont: Mit seiner Lage im Knoten [81; -3, -3] ist der Zweite Weltkrieg das Reifestadium eines Reifestadiums, dessen Beginn im Jahre 1232 mit der Neugeburt des Christentums auf energetisch höherer Ebene liegt. Man kann berechtigt vermuten, daß der Zweite Weltkrieg mindestens so weit seine Schatten in die Vergangenheit wirft! Das ist insofern besorgniserregend, als diese Reifephase zwei Weltkriege – wobei der Erste Weltkrieg speziell hier in einer Lücke liegt – birgt, die energetisch noch nicht zu Ende sind. Das sind definitiv unerledigte „Hausaufgaben" hinsichtlich einer kollektiv-gesellschaftlichen Entwicklung. Positiv steht dem gegenüber, daß in dieser Zeit enorme technische Fortschritte erzielt wurden, die uns das Leben erleichtern könnten. Nur leider wird die dadurch gewonnene Zeit nicht sinnvoll kreativ genutzt. Stattdessen hat man sich in einen materialistischen Wachstums-Überproduktions-Umweltvernichtungs-Wahnsinn hineinentwickelt, begleitet von sozialer Kälte und Verlust ethischer Werte. Kollektiv wurde Jesus immer noch nicht verstanden, obwohl man sich in der Zeitrechnung auf ihn bezieht. Bezugnehmend auf die oben beschriebene Zeitqualität der aktuellen Reifephase ist es folglich von größter Wichtigkeit, die unerledigten Entwicklungsschritte zu gehen, damit das Kollektiv diese Reifephase übersteht. Das ist aktuell die gesamtgesellschaftliche Aufgabe!

[81; -3, -3, +3, -3] = 2008 über 2014 bis 2031: Der Beginn dieses Knotenbereichs am 25.03.2008 fällt in den **Beginn der Finanzkrise** ab Ende 2007. Der Dow Jones Aktienindex (DJ) sank von rund 14.160 Punkten im Oktober 2007 auf rund 6.600 im März 2009. Mit dem medial geprägten Begriff „Finanzkrise" wird angezeigt, daß es sich nicht nur um einen Sturz der Aktienmärkte handelt, sondern um eine Systemkrise, deren zentrales Element das Geld- und Bankensystem ist, auch in Zusammenhang mit abgehobenen Spekulationsprodukten, die sich äußerst schädlich auf die Realwirtschaft auswirken. Am 27.07.2014 fand eine Trendwende statt. Zumindest vorläufig scheint nun auch der Anstieg des DJ sein Ende zu finden. Von März 2009 bei rund 6.600 stieg er auf rund 17.000 Punkte zur Trendwende. Nach der Trendwende stieg er noch auf rund 18.300 Punkte, um dann eher fallende Tendenz einzunehmen. Das ist stimmig, da Trendwenden immer eine gewisse Trägheit haben, bis sie sich in der Materie auswirken.

Durch die Nähe zur Trendwende am 13.10.2015 (siehe weiter unten) des phasenverschobenen Fraktals ist die Betrachtung dieser Entwicklung analytisch miteinzubeziehen. Auf dem Wege zum 13.10.2015 fällt der DJ auf rund 15.700 Punkte, steigt dann wieder auf rund 17.100 Punkte zum 13.10.2015, um dann nach einem kurzen Anstieg wieder auf rund 15.700 Punkte abzufallen. Es ist also mit den Trendwenden eher mit einer Seitwärts- oder fallenden Bewegung mit immer wieder starken Schwankungen zu rechnen. Der DJ ist ein guter Indikator für die Weltwirtschaft, und um die ist es nicht gut bestellt. Starke Fluktuationen sind zu erwarten. Der hohe Wert des DJ an sich hat insofern keine große Bedeutung, weil die Geldmenge extrem ausgeweitet wurde. Das viele wertlose, herumvagabundierende Geld sucht reale Werte und Firmenbeteiligungen, weshalb es immer wieder zu starken Aktienkursanstiegen kommen kann. Mit internationalen Handelsverträgen versucht man gegenwärtig, den Rest aller verbliebenen öffentlich-rechtlichen Strukturen der, möglichst irreversiblen, Privatisierung zu unterwerfen.

Dieses Reifestadium (des Reifestadiums des Reifestadiums) zeigt überdeutlich, daß die vergangenen Kriege Handelskriege sind und daß der Handel selbst heute eine Form des Krieges ist.

Das **phasenverschobene Fraktal** hat folgende Knotenbereiche, die gemeinsam 2031 enden:

Knoten	= Beginn über Wendepunkt bis Ende
[78+3/2; +3]	**= 1232 über 1456 bis 2031**
[78+3/2; +3, -3]	**= 1663 über 1761 bis 2031**
[78+3/2; +3, -3, +3]	**= 1855 über 1900 bis 2031**
[78+3/2; +3, -3, +3, -3]	**= 1945 über 1967 bis 2031**
[78+3/2; +3, -3, +3, -3,+3]	**= 1988 über 1999 bis 2031**
[78+3/2; +3, -3, +3, -3, +3, -3]	**= 2010 über 2015 bis 2031**
[78+3/2; +3, -3, +3, -3, +3, -3, +3]	**= 2021 über 2023 bis 2031**
[78+3/2; +3, -3, +3, -3, +3, -3, +3, -3]	**= 2026 über 2027 bis 2031**

[78+3/2; +3] = 1232 über 1456 bis 2031: Nach der Trendwende 1456 begann der europäische Griff nach der Welt und z. B. die Kolonisierung des amerikanischen Kontinents durch die „christlichen" Europäer und im Grunde der von diesen begangene Völkermord an den dortigen Ureinwohnern. Vor dem Eintreffen der Europäer gab es in Amerika 587 verschiedene Indianernationen. Im 17. Jahrhundert lebten noch rund 60 Millionen Ureinwohner auf dem Gebiete der heutigen USA. 1987 waren es nur noch rund zwei Millionen![317]

[78+3/2; +3, -3] = 1663 über 1761 bis 2031: In dessen Zentrum fand, wie oben beschrieben, der Siebenjährige Krieg statt. Es ist wirklich beeindruckend, daß das Thema des Siebenjährigen Krieges nach christlicher Zeitrechnung bereits knapp hundert Jahre zuvor begann und bis 2031 wirkt. Aufgrund der Zugehörigkeit zum phasenverschobenen Fraktal ist auf jeden Fall der Erste Weltkrieg eine Folge des Siebenjährigen Krieges. Der Knoten [78+3/2; +3, -3] ist wiederum nur der Subknoten von [78+3/2; +3] mit dem Jahre 1232 über 1456 bis 2031. Die Ursachen liegen folglich noch weiter zurück und begannen schon 1232. Aber auch der letztbeschriebene Knoten ist ja nur der Grüne Bereich und ein Subknoten des Hauptknotens [78+3/2]! Wie man sehen kann, haben alle Ereignisse im Spiegel der Zeitrechnung ihre Urgründe in deren Anfang! Unerledigte Weiterentwicklungen der Menschheit führen in den Knoten immer mit hoher Wahrscheinlichkeit zu Kriegen.

Ein weiteres Detail fällt ins Auge: Siebenjähriger Krieg und Zweiter Weltkrieg liegen beide in Subknoten der Ebene n_2, und beide repräsentieren die Reifephasen ihres darüberliegenden Subknotens: Zweiter Weltkrieg mit [81; -3, -3] und Siebenjähriger Krieg mit [78+3/2; +3, -3]! Der einzige Unterschied liegt im Bezug zur Vergangenheit des Siebenjährigen Krieges, während der Zweite Weltkrieg mit Hauptknoten [81] im Jahre 3349 n. Chr. einen rückwirkenden, mächtigen Schatten aus einer möglichen Zukunft darstellt!

---

317 Vgl. Ywahoo, 1997, S. 31

[78+3/2; +3, -3, +3, -3] = 1945 über 1967 bis 2031: Dieser Zeitraum ist insofern besonders interessant, weil er mit dem Ende der militärischen Gefechte und der Kapitulation der deutschen Wehrmacht beginnt. Bewußt wird hier nicht geschrieben „Ende des Zweiten Weltkrieges", weil die obige Analyse aufzeigte, daß der Zweite Weltkrieg, die Ereigniskette rund um den Ersten Weltkrieg, der Siebenjährige Krieg sowie die Ereigniskette rund um den Dreißigjährigen Krieg noch nicht vorbei sind. Ab 1945 konnten die Siegermächte eine neue Ordnung zementieren, die sog. Nachkriegsordnung bezogen auf den Zweiten Weltkrieg: Gründung von Israel, BRD, DDR und UNO. Die Unterteilung der Welt in Ost gegen West verläuft mitten durch Deutschland und sogar Deutschlands Hauptstadt Berlin.

1968 „verabschiedete" man deutsche Gesetze, die Besatzungsrecht in deutsches Recht verwandelten. Man verabschiedete sich damit auch durch den gesetzlich angeordneten Bruch der Grundrechte (G10-Gesetz von 1968 zur Einschränkung des Post- und Fernmeldegeheimnisses) offiziell von jeglicher Rechtsstaatlichkeit in der BRD, wie das auch von einer überwältigenden Mehrheit der damaligen deutschen Staatsrechtslehrer empfunden wurde.[318] Sogar der Europäische Gerichtshof für Menschenrechte, der 1984 aufgrund des G10-Gesetzes angerufen wurde, erkannte in seiner Entscheidung, daß eine allgemeine oder strategische Überwachung *„des Post- und Fernmeldeverkehrs ganzer Regionen und Länder, ausländischer Vertretungen, Firmen und sonstigen Einrichtungen, Hotels, Behörden oder Kasernen oder gar zu Spionage- und Gegenspionagezwecken, wie es in der Bundesrepublik vor und nach dem G10-Gesetz gängige Praxis war"*[319], mit der Europäischen Konvention der Menschenrechte unvereinbar ist. Den Straßburger Richtern kam gar nicht in den Sinn, so scheint es, daß auch eine andere Überwachung gemeint sein konnte, als die für den begründeten, an tatsächlichen Anhaltspunkten für einen Ver-

318 Vgl. Foschepoth, 2014, S. 204

319 Foschepoth, 2014, S. 208

dacht festgemachten Einzelfall.[320] So folgte wieder nach einer Trendwende im Jahre 1967 eine Zementierung der bestehenden Ordnung.

[78+3/2; +3, -3, +3, -3,+3] = 1988 über 24.09.1999 bis 2031: Am 26.09.1999 beschloß der Internationale Währungsfonds (IWF) die jährlichen Goldverkäufe der Zentralbanken auf 500t zu beschränken. Gold dient heute immer noch als Weltreservewährung, ein wichtiger Werterhalt, wird immer noch als alternatives Geldmittel betrachtet. Staaten halten gewisse Goldreserven als finanziellen Rückhalt. So ist diese Entscheidung des IWF von globaler finanzpolitischer Bedeutung. Nach einem kurzen heftigen Anstieg infolge des Beschlusses, fiel der Kurs ca. zwei Jahre, um seit dem steil anzusteigen. Hierzu sei auf die Goldkursanalyse in Kapitel 4 verwiesen.

[78+3/2; +3, -3, +3, -3, +3, -3] = 2010 über 13.10.2015 bis 2031: Der sich schon im Sommer abzeichnende Flüchtlingsstrom aus verschiedensten Ländern nach Europa und vor allem nach Deutschland weitete sich im Herbst 2015 zur Flüchtlingskrise aus. Angela Merkel ordnete an, auf Grenzschließungen zu verzichten. Aufgrund dessen, daß Deutschland nur von sicheren Staaten umgeben ist, gelangte kein Flüchtling als legaler Asylberechtigter ins Land. In Sorge über diese Entwicklungen meldeten sich 16 renommierte Staatsrechtler in ihrem Buch *„Der Staat in der Flüchtlingskrise"* zu Wort. Depenheuer schreibt darin einleitend:

> *„Der Rechtsstaat ist im Begriff, sich im Kontext der Flüchtlingswelle zu verflüchtigen, indem das geltende Recht faktisch außer Kraft gesetzt wird. Regierung und Exekutive treffen ihre Entscheidungen am demokratisch legitimierten Gesetzgeber vorbei, staatsfinanzierte Medien üben sich in Hofberichtserstattung, das Volk wird stummer Zeuge der Erosion seiner kollektiven Identität."*[321]

320 Vgl. Foschepoth, 2014, S. 208, 209

321 Depenheuer/Grabenwarter, 2016, S. 7

Das Zeitfraktal enttarnte den Zusammenhang der „Flüchtlingskrise" mit allen vorerwähnten Ereignissen und damit als deren Fortsetzung. Es kann somit davon ausgegangen werden, daß es sich um eine weitere, gesteuerte kriegerische Aktion gegen Europa und insbesondere gegen Deutschland zur Festigung der bestehenden „Ordnung" handelte.

Reife der Reife der Reife…

Die aufgezählten Subknoten sind jeweils immer Reifestadien der darüberliegenden Subknoten. Sie sind damit auch **zeitlich komprimierte Wiederholungen** der Ereignisketten, deren Reifestadien sie repräsentieren. Das gleichzeitige Zuendekommen bei gleichzeitig steigender Anzahl bis 2031, praktisch ins Unendliche, erklärt, warum so viele verdeckte Informationen aus so vielen verschiedenen Bereichen und Zeiten ans Tageslicht kommen und alles immer komprimierter und schneller erscheint. Dies hängt auch damit zusammen, daß die Probleme nicht wirklich gelöst werden. So drängen sie immer wieder an die Oberfläche. Das herrschende System entpuppt sich dadurch selbst als Verursacher der Probleme, deren Lösung gar nicht gewünscht ist. Spätestens heute wird ersichtlich, daß es um die Umsetzung eines Planes[322] geht, koste es, was es wolle. So dient die aktuelle finale Reifephase der kollektiven Entwicklung, weil sie die Unerträglichkeit des Status quo bis 2031 – sofern die anstehenden Aufgaben nicht gelöst werden – ansteigen läßt und die Notwendigkeit zur Veränderung klarer denn je vor Augen führt.

Wie oben zu sehen, sind 2014 und 2015 Jahre mit Trendwenden, die sich bis 2031 auswirken. Des weiteren war in Kapitel 2.2.3 über Zahlen und Kettenbrüche zu sehen, daß Zahlen Schwingungs- und Informationsträger sind. Und so sei in diesem Zusammenhang dar-

322 Dieser Plan tritt mit Analyse der jüdischen Zeitrechnung ab Kapitel 3.3 ab S. 288 deutlich zu Tage.

auf hingewiesen, daß insbesondere die Zahlenfolge 2015 ins Bewußtsein der Menschen Zentraleuropas geschrieben wurde: Der abendliche Spielfilm im Fernsehen begann auf den meisten Sendern regelmäßig um 20.15 Uhr. Die nächsten in etwa damit vergleichbaren Trendwenden kommen erst 2023!

Außerdem erreichen auch wiederum nicht nur die beschriebenen Subknotenbereiche einen Abschluß. Der ganze betrachtete Prozeß der christlichen Zeitrechnung an sich mit seinem rund 2000-jährigen Alter erreicht ein finales Reifestadium.

Eine weitere Schlußfolgerung soll mit einer Analogie eingeführt werden:

Ist in einem menschlichen Körper ein Organ erkrankt, zieht dies den gesamten Körper in Mitleidenschaft. Ist beispielsweise die Leber erkrankt, kann ein Körper bei ansonsten gutem Gesundheitszustand keine hohe Leistungsfähigkeit erreichen. Insbesondere dann nicht, wenn Verhaltensweisen des „Körperbewohners" oder andere äußere Einflüsse immer wieder zu Belastungen der Leber führen und die Schwächung derselben aufrechterhalten. Dies gilt natürlich auch für die Erkrankung anderer Organe. Dauert diese Beeinträchtigung an, werden schließlich auch andere Organe krank und die Leistungsfähigkeit des Körpers sinkt immer weiter. Geht es also einem Teil des Körpers schlecht, kann es dem ganzen Körper nicht gut gehen. Wird hingegen das Leberproblem des Körpers gelöst, verbessert sich umgehend der Gesamtzustand des Körpers erheblich.

Vergleicht man nun die Welt mit dem ganzen Körper, könnte man die Parallele ziehen, daß die vielen Kriege und Weltkriege auf deutschem Boden darauf hinweisen, daß es sich bei Deutschland in Analogie um die kranke Leber handelt. Die vielen desaströsen Kriege mit weltpolitischer Bedeutung und globalen Auswirkungen, die so oft in und gegen Deutschland ausgetragen wurden, rechtfertigen den Vergleich zur o.g. kranken Leber mit erheblichen Auswirkungen auf den Gesamtorganismus Erde. Die oben aufgezeigte Fortdauer der letzten beiden Weltkriege zeigt, daß der Krankheitszustand bis heute nicht geheilt ist. So ergibt sich daraus, daß Deutschland in der Entwicklung des globalen Friedens und des Fortschritts auf diesem Planeten eine Schlüsselrolle zukommt. Worin bestünde die Heilung Deutschlands? Nun, unter Bezugnahme auf die zuvor geschilderten Umstände der bis heute andauernden Fremdbeeinflussung Deutschlands – hierzu sei auf die Ausführungen zum Zweiten Weltkrieg in Kapitel 3.2.2.8 verwiesen – liegt das Heil eines Landes und seiner Völker darin, frei und selbstbestimmt zu handeln. Damit ist sicher keine überhebliche und imperialistische Verhaltensweise gemeint, die man Deutschland immer wieder so gerne unterstellt. Wie käme die Leber dazu, den Magen oder die Lunge erobern und beherrschen zu wollen – ein Verhalten übrigens, das die „Organe" England seit Jahrhunderten und USA als englische Kolonie seit gut hundert Jahren an den Tag legen –, anstatt die ihr zugedachte Aufgabe wahrzunehmen, damit es dem Gesamtorganismus gut geht? In dieser Analogie wird übrigens auch die umfassende Fehler- und Krankhaftigkeit der gegenwärtigen Politik sichtbar, die aus allen verschiedenen Organen lauter Einheitsorgane unter zentralistischer Herrschaft formen möchte. Es scheint also, daß es Aufgabe der deutschen Völker insbesondere in Deutschland ist, sich friedlich zu emanzipieren und in eigenständige Unabhängigkeit zu entwickeln, damit sie Heilung erfahren und ihren ihnen zugedachten Beitrag an die globale Gemeinschaft leisten können. Auch die vielen technischen und kulturellen Entwicklungen aus dem deutschsprachigen Raum sind ein Indiz und Hinweis auf diese Rolle.

Der gegenwärtige Status Deutschlands zeigt, daß sich die deutschen Völker kollektiv noch nicht ihrer Rolle bewußt geworden sind. Die Zeit ist jetzt reif, sie zu erkennen! Die aktuelle Zeitqualität ist ein finales Reifestadium, und damit kann die aktuelle Rolle beendet werden.

3.2.4 Schlußfolgerungen

Die große Menge an gefundenen Übereinstimmungen in der Analyse der christlichen Zeitrechnung verblüfft und läßt vermuten, daß die angestellten Analysen zutreffend sind. Die Ergebnisse ließen erkennen, daß anhand der fraktalen Zeitanalyse neue Zusammenhänge sichtbar werden. Dies führt dazu, daß das Zeitfraktal in Zukunft keine geschichtlichen Lügen mehr erlaubt, ein erfreulicher Umstand! Des weiteren wurde deutlich, daß die gregorianische Kalenderrechnung mit hoher Wahrscheinlichkeit korrekt ist und daß mit an Sicherheit grenzender Wahrscheinlichkeit Jesus als Auslöser vor rund 2000 Jahren dafür verantwortlich ist.

Diese Ergebnisse sind vielversprechend und lassen mit umso größerer Neugierde zum nächsten Kapitel weitergehen, in dem es um die Analyse einiger Ereignisse vor dem Hintergrund des jüdischen Zeitfraktals geht.

3.3 Analyse der jüdischen Zeitrechnung

Während der Analyse von Ereignissen in der christlichen Zeitrechnung mit ihrem Bezug zu Jesu Christi Geburt entstand die Frage nach einer jüdischen Zeitrechnung, denn Jesus entsprang dem jüdischen Kulturkreis. Wo lag also der Beginn der christlichen Zeitrechnung in der jüdischen, wenn sie mit der Geburt Jesu begann?[323] Gab und gibt es überhaupt eine jüdische Zeitrechnung?

Auch wenn es, wie einleitend in Kapitel 3.2 bereits aufgeworfen, wiederum fraglich sein könnte, ob Jesus Christus tatsächlich vor rund 2.000 Jahren gelebt hat, wurde diese Untersuchung angestellt. Tatsächlich genügt zunächst als Rechtfertigung für die Analyse, daß sich unsere Zeitrechnung auf die Geburt Christi bezieht. Die Beachtlichkeit der Ergebnisse und Zusammenhänge, wie sie in diesem Buch erstmals dargelegt werden, ist es wiederum, die nahelegt, daß Jesus wirklich vor rund zweitausend Jahren lebte und wirkte.

Wie bei allen anderen religiösen Völkern sind auch bei den Juden verschiedene Gruppierungen und Strömungen wahrnehmbar. Die Art und Weise, wie der Einzelne seine Religionszugehörigkeit lebt, variiert dabei von Gleichgültigkeit bis hin zu religiösem Fanatismus. Wenn also nachfolgend von „den Juden" die Rede ist, soll das in keinem Falle eine pauschale Einordnung oder Bewertung einer ganzen Religionsgemeinschaft darstellen. Religiöse Fanatiker disqualifizieren nicht eine ganze Religion, der sie sich zugehörig fühlen. Man denke dabei auch an das verwüstende und mordende Wirken der „christlichen" Europäer im heutigen Süd- und Nordamerika gegen die dortigen Ureinwohner ab dem 15. Jahrhundert, fortgesetzt durch die nachfolgenden europäischen Einwanderer in die heutigen USA bis ins 20. Jahrhundert.

323 Vgl. Pauqué, 2009, S. 241

So ist es an dieser Stelle erforderlich, zunächst auf gewisse Strömungen und Gruppierungen innerhalb des Judentums einzugehen, damit die Zusammenhänge der nachfolgenden Zeitanalysen geschichtlicher Ereignisse besser verstanden werden können.

Die religiösen Fanatiker sind es meist, die gefährlich sind. Insbesondere, wenn sie über Macht und Mittel verfügen. Dies geschah und geschieht über teilweise geheime Netzwerke von erheblichem politischen Einfluß in Verbindung mit der Kontrolle über erhebliche finanzielle Ressourcen. Und dazu findet man im Judentum bestimmte Strömungen, die über beide Elemente verfügen und nicht davor zurückzuschrecken scheinen, auch gegen eigene Glaubensgenossen im Sinne ihrer „von Gott gegebenen" Ziele vorzugehen. So verwundert es nicht, daß diese Strömungen auch innerhalb des Judentums auf breite Ablehnung stoßen. Es handelt sich dabei um den Chassidismus[324], eine Splittergruppe der mosaischen Gemeinde, der es durch Infiltration bestimmter Freimaurergruppen früh gelungen ist, große Teile der politischen und wirtschaftlichen Elite für ihre Ziele einzuspannen.[325] Der Chassidismus verfügt bis heute über große Macht, nicht nur innerhalb des Judentums. Er wurde von Israel Baal Schem, oder auch Israel ben Eliezer genannt, gegründet, und verbindet Thorastudium, Talmudismus, Pantheismus, archaische Geheimlehre und den Einsatz von Magie. Eliezer wurde als Heiliger verehrt und nahm den Titel Zaddik[326] an. Er erklärte sich zum Stellvertreter Gottes auf Erden.[327] Der in diesem Buch vielfach zitierte Autor Wolfgang Eggert bezeichnet die Spitzen dieser Gruppierung als israelitischen Geheimvatikan.

Die gegen Ende des 19. Jahrhunderts entstandene jüdische Nationalstaatsbewegung, der Zionismus, wurde schließlich eben-

324 Hebräisch chasid = fromm
325 Vgl. Eggert, 2001, S. 13–16
326 Zaddik = Frommer
327 Vgl. Eggert, 2004, S. 24

falls von jenem Geheimvatikan „übernommen", als jener mit dessen Präsident Theodor Herzl nicht aggressiv genug für Palästina als zukünftige Heimatstätte der Juden eintrat. Theodor Herzl mußte dies vermutlich mit seinem Leben bezahlen, schon damals wurden Vermutungen über einen Giftmord laut. Auch dessen Partner Wenzel von Plehve wurde kurz darauf unter Beteiligung von Israeliten ermordet.[328] Obwohl auch andere, wesentlich fruchtbarere Gegenden auf der Erde als staatliche Siedlungsgebiete in Betracht kamen, so z. B. Uganda, durfte und darf es aufgrund biblischer Vorsehung nur Palästina sein. Aber auch Herzl vertrat extremistische Ziele im Zusammenhang mit der Schaffung eines jüdischen Staates. Auf der Haager Friedenskonferenz im Jahre 1899, die nur dem Namen nach für hehre Werte stand, weihte Herzl den Veranstalter, den polnischstämmigen Russen und Zionisten Ivan Bloch, in die geheimen jüdischen Planungen für einen Weltkrieg (Erster Weltkrieg) ein. Er sagte zu Bloch: *„Die Völker werden hinterher in zwei verfeindete Gruppen geteilt sein: in die Schiedsrichter-Staaten und die geächteten Staaten."*[329]

Die von da an extremistische Ausrichtung des Zionismus führte sogar dazu, daß die UNO-Vollversammlung vom 10.11.1975 den Zionismus *„als Gefahr für den Frieden und die Sicherheit in der Welt"*[330] bezeichnete und sämtliche Länder aufforderte, *„dieser rassistischen, imperialistischen Ideologie entgegenzuwirken."*[331] Weiter hieß es: *„Die Generalversammlung ist der Ansicht, daß der Zionismus eine Form des Rassismus und der Rassendiskriminierung darstellt."*[332]

Wie extrem solche Strömungen aussehen können, wird beispielsweise an einer Äußerung des Oberrabiners Emanuel Rabinowitsch

328 Vgl. Eggert, 2001, S. 23
329 Vgl. Eggert, 2004, S. 231
330 Eggert, 2008a, S. 387; vgl. Maier, 2005, S. 140
331 Ebd.
332 Ebd.

deutlich, der in der Versammlung „Emergency Council of European Rabbis" in Budapest am 12.01.1952 verkündete:

> *„Das Ziel, das wir während der 3000 Jahre mit so viel Ausdauer anstreben, ist endlich in unsere Reichweite gerückt. Und weil seine Erfüllung so nahe ist, haben wir unsere Anstrengungen und Vorsichtsmaßnahmen zu verzehnfachen. Ich kann Euch versichern, daß unsere Rasse ihren berechtigten Platz in der Welt einnehmen wird. Jeder Jude ein König, jeder Christ ein Sklave. (lebhafter Beifall der Versammlung) Wir weckten antideutsche Gefühle in Amerika, welche im Zweiten Weltkrieg gipfelten. Unser Endziel ist die Entfachung des Dritten Weltkrieges. Dieser Krieg wird unseren Kampf gegen die Gojim (Nichtjuden, der Verf.) für alle Zeiten beenden. Dann wird unsere Rasse unangefochten die Erde beherrschen."*[333]

Und weiter:

> *„Wir werden die grauenvollen Tage des Zweiten Weltkrieges wiederholen müssen, als wir gezwungen waren, zuzulassen, daß die Hitlerbanden einige (!) unserer Leute opferten. … Ich bin gewiß, Sie werden kaum Vorbereitungen für diese Pflicht benötigen, denn Opfer ist immer das Kennwort unseres Volkes gewesen. Der Tod von selbst vielen Tausenden Juden im Tausch für die Weltherrschaft ist wirklich ein geringer Preis."*[334]

Daß man davon bis in heutige Tage längst nicht abgerückt ist, im Gegenteil, zeigt die Äußerung des Sohnes des ersten israelischen Chefrabbis Zvi Jehudah Kook, der den Holocaust als *„himmlische Chirurgie"*[335], als ein *„tiefes, verstecktes göttliches Heilverfahren, das dar-*

333 Eggert, 2008a, S. 343, 344

334 Ebd.

335 Aviner, Shlomo (1980). *Sihot ha-Rav Zvi Yehudah.* Keshet. S. 11 Aviezer; zitiert nach Eggert, 2008b, S. 19

auf abzielt, uns von der Unreinheit des Exils zu befreien"[336], beschreibt. Wie die beiden Weltkriege sei *„auch der Holocaust eine Erschütterung, die Vernichtung einer verfaulten Kultur im Dienst der nationalen Wiedergeburt und der Erfüllung der Vision des geoffenbarten Endes."*[337] Der von der Lubawitscher- bzw. Chabad-Sekte als lebender Messias verehrte und hoch einflußreiche Rabbiner Menachem Schneerson wurde gefragt, wie der Holocaust passieren konnte, wenn der Gott Israels die Welt regiere. Darauf antwortete er, es habe einen faulen Ast im Judentum gegeben, der abgesägt werden mußte.[338]

Auf wieviel Unverständnis und Ablehnung der Zionismus innerhalb des Judentums immer wieder stoßen mußte, läßt sich am Beispiel des Morris L. Ernst ablesen, eines berühmten New Yorker Anwalts, der als einer der bemühtesten Aktivisten versuchte, die Aufnahme von verfolgten Juden in die USA zu ermöglichen. Die Reaktionen der zionistischen Führer auf seine Bemühungen beschreibt er wie folgt:

> *„Ich war verblüfft und verletzt, als aktive jüdische Führer mich verurteilten, verspotteten und dann angriffen, als ob ich ein Verräter wäre. Bei einer Abendgesellschaft wurde ich offen beschuldigt, das Vorhaben zur Ausweitung der Immigration zu unterstützen, um den politischen Zionismus zu unterminieren. Jene jüdischen Gruppen, die die Politik einer offenen Türe befürworteten, steuerten dem Roosevelt-Programm nur wenig mehr als bloße Lippenbekenntnisse bei. Meine zionistischen Freunde bekämpften es."*[339]

---

336 Ebd.

337 Ebd.

338 Vgl. Kaniok, Yoram. *Gott schütze uns vor den Religiösen! Israel am Scheideweg.* DIE ZEIT, 14.08.1997; zitiert nach Eggert, 2008b, S. 19

339 Ernst, Morris L. (1953), *So far so good.* S. 138ff., London; zitiert nach Eggert, 2008a, S. 311

Auch Edwin Black konstatiert im Zusammenhang mit den Entwicklungen in Deutschland des Dritten Reiches, daß der Zionismus nicht das Judentum repräsentierte und es den deutschen Juden fern lag, nach Palästina auszuwandern:

> *„In der Tat, sogar wenn deutsche Juden eine temporäre Unterbrechung ihres Aufenthalts in ihrem geliebten Vaterland in Betracht zogen, faßten sie dabei andere europäische Länder als Zufluchtsorte ins Auge. Der letzte Ort, an den sie dabei dachten, war Palästina. Historisch war der Zionismus immer ein deutsch-jüdisches Tabu. 1933 nun stiegen plötzlich Führungspersonen dieser gemiedenen Splittergruppe zu Sprechern und Botschaftern des deutschen Judentums auf – einer Gruppe, die sie nicht repräsentierten."*[340]

Befremdend in diesem Zusammenhang wirkt die finanzielle Unterstützung Hitlers allein bis 1933 mit 50 Millionen Reichsmark durch die Royal Dutch Shell, einem von dem Israelit Marcus Samuel – später Lord Bearsted genannt – gegründeten Unternehmen. Zum Zeitpunkt der Unterstützung Hitlers standen dem Unternehmen die beiden zionistischen Juden Peter Montefiore Samuel und Sir Robert Waley Cohen als Direktoren vor. Nach dem zionistischen Bankeninhaber Warburg rangierte die Royal Dutch Shell damit auf dem zweiten Platz der Förderung von Hitlers Aufstieg.[341]

Auch die Bank of England unter der Leitung des englisch-jüdischen Zentralbankchefs Montagu Norman gewährte 1934 einen Kredit von 750.000 Pfund Sterling, was damals in etwa 15 Millionen Reichsmark entsprach, und ermöglichte den Fortbestand des dem finanziellen Ruin entgegenstrebenden NS-Regimes. Persönlich fuhr er im Mai 1934 nach Berlin, um Deutschland in Geheim-

---

340 Black, 2009, S. 166; Übersetzung des Verfassers aus dem englischen Originaltext

341 Vgl. Eggert, 2008a, S. 48

abkommen finanziell abzusichern. Vor der Regierungsübernahme der NSDAP noch war Norman beharrlich bestrebt, das Regime von der Gewährung ausländischer Kredite abzuschneiden.[342]

Wohl ohne jeden Zweifel steht heute fest, daß Vertreter der zionistischen Bewegung in den USA Pläne zur Rettung jüdischer Flüchtlinge in die USA oder zu anderen Orten als Palästina sabotierten. Die USA und England verweigerten 500.000 jüdischen Flüchtlingen noch während des Zweiten Weltkrieges die Einreise und politisches Asyl. Roosevelt selbst benutzte den zionistischen Druck gegen die Lockerung der Einwanderung als Entschuldigung, den Juden die Einreise zu verweigern.[343]

Nicht minder befremdend geben sich Aussagen des ersten israelischen Ministerpräsidenten David Ben Gurions, der vom Spiegel mit den Worten zitiert wurde: *„Von den Überlebenden des Holocaust, diesem moralisch minderwertigen Menschenmaterial' waren Ben-Gurion und die übrigen Gründerväter Israels zutiefst enttäuscht."*[344]

Besonders deutlich wird diese Haltung des Zionismus auch in der folgenden Äußerung Ben Gurions in einer Sitzung des Mapai am 07.12.1938:

> *„Wenn ich wüßte, daß es möglich wäre, alle (jüdischen) Kinder in Deutschland zu retten, indem sie nach England gebracht würden, aber nur halb so viele durch einen Transport nach Eretz-Israel, würde ich mich für die zweite Möglichkeit entscheiden. Denn wir dürfen nicht nur die Leben dieser Kinder in Betracht ziehen, sondern ebenso die Geschichte des Volkes Israel."*[345]

342 Vgl. Eggert, 2008a, S. 205

343 Vgl. Eggert, 2008a, S. 311

344 DER SPIEGEL, Nr. 19/1995, Seite 40; zitiert nach Eggert, 2008a, S. 339

345 Eggert, 2008a, S. 314

So ist auch ein Hinweis auf die tiefe Gespaltenheit innerhalb des Judentums selbst in den Äußerungen des jüdisch-israelischen Friedensaktivisten Aktiva Orr zu finden:

> *„Zwischen 1870 und 1914 wanderten fünf Millionen Juden nach Amerika aus, während in der gleichen Zeit nur gerade fünftausend nach Palästina emigrierten. Der Zionismus war niemals repräsentativ für alle Juden. … In der Zeit zwischen dem Ersten und dem Zweiten Weltkrieg wuchs der Einfluß der Zionisten, aber sie blieben eine Minderheit. 20 Prozent bekämpften den Zionismus aus religiösen Gründen, und nur 20 Prozent waren Zionisten. Mit dem Nationalsozialismus änderte sich dies. Viele Menschen, auch nichtjüdischer Herkunft, wurden in der Folge des nationalsozialistischen Rassismus zu Befürwortern des Zionismus. Der Holocaust ließ viele Menschen zum Schluß kommen, Juden müßten einen eigenen Staat haben.“*[346]

Befanden sich 1931 lediglich 174.616 Juden in Palästina bei hohen Abwanderungsquoten, schnellte die Zahl bis 1939 auf 445.457, und der Einwanderungsdruck nach dorthin wuchs weiter. Dazu stellt Eggert fest: *„Nationaljüdische Kreise hatten also ein nachvollziehbares Interesse am Aufstieg Hitlers – ein Interesse, das sich schließlich in einer fruchtbaren Zusammenarbeit niederschlug."*[347] Zur Zeit der Gründung Israels im Mai 1948 befanden sich in Palästina bereits 759.000 Juden.[348]

Der Einfluß der Chabad- bzw. Lubawitscher-Sekte als mittlerweile größte jüdische Institution weltweit wird beispielsweise an einem Bericht der JEWISH VIRTUAL LIBRARY deutlich:

---

346 Eggert, 2008a, S. 303
347 Eggert, 2008a, S. 303
348 Vgl. Maier, 2005, S. 118

> *„Die Infrastruktur der Lubawitscher Bewegung ist seit dem Tod des Rebben (1994) noch einmal fast um 30 Prozent gewachsen. Sie wurde zu einer weltweiten Bewegung jüdischer Ausdehnung. Über 3700 Verbindungsemissäre arbeiten weltweit in über 100 Ländern. Seit 1995 wurden mehr als 400 shlichim (Emissäre) auf neue Posten verteilt und über 500 neue Chabad-Institutionen sind errichtet worden, womit die Gesamtzahl nun nahezu bei 2600 Institutionen (Seminare, Tagescamps, Schulen etc.) weltweit liegt.“*[349]

Die JERUSALEM POST bescheinigt der Chabad-Sekte

> *„eine starke Macht“, „eine Bewegung von monumentaler Bedeutung“. „Chabad ist eine Organisation, die weltweit über immense Geldmittel verfügt (alleine das Budget für Rußland beträgt 20 Millionen Dollar im Jahr). Seine Rabbiner beherrschen jüdische Gemeinden in einer überraschend hohen Zahl von Ländern.“*[350]

Das Magazin FOCUS beziffert das weltweite Budget von Chabad mit *„100 Millionen Dollar im Jahr, gelinde geschätzt“*[351], und beschreibt den letzten Rabbiner Schneerson als *„den heimlichen Regenten Israels“*[352]. Das ist die Hälfte dessen, worüber der Vatikan jährlich verfügt.[353] Pressesekretär Moishe Krinsky, Sohn des Schneerson-Vertrauten Yehudah Krinsky, erklärt: *„Der Rebbe war an jedem Prozeß in Israel beteiligt. Im 6-Tage-Krieg führten die Soldaten sein Bild in den Panzern mit sich; über die Schulen nehmen wir Einfluß auf die Erziehung.“*[354]

---

349 Jewish Virtual Library, o.J., o.S.

350 Neusner, Jacob. *A Messianism That Some Call Heresy.* Jerusalem Post. 19.10.2001; zitiert nach Eggert, 2008b, S. 20

351 Focus-Magazin vom 20.06.1994; zitiert nach Eggert, 2008b, S. 20

352 Ebd.

353 Vgl. Eggert, 2008b, S. 20

354 Kuhn, Helmut. *Der Messias ist tot.* FOCUS-Magazin vom 20.06.1994; zitiert nach Eggert, 2008b, S. 21

Die enge Verbindung zwischen Chassidismus und Zionismus wird in einer Beschreibung des US-israelischen Geschichtsprofessors Robert Wolfe deutlich:

> *„Wenn es ein Unterscheidungsmerkmal unter Juden gab, dann bestand das darin, daß ein Teil von ihnen passiv auf die Ankunft des Messias wartete, während andere das Ende durch Aktionen erzwingen wollten, die darauf abgestellt waren, die Sammlung der Exilierten ohne himmlische Intervention herbeizuführen. Seit dem 13. Jahrhundert wurden jene, die das Ende erzwingen wollten, mit den Geheimlehren der Kabbala identifiziert. Und im Zentrum der Kabbala befand sich ein Text, der als Buch Zohar bekannt ist, und welcher lehrte, daß die Religion der Juden nur im Land Israel ihre volle Größe entfalten könne […] Die Ziele der weltlichen Zionisten waren im Grunde genommen die gleichen wie jene der religiösen Zionisten: Einen jüdischen Staat und eine jüdische Gesellschaft im Land Israel zu schaffen, der sowohl das jüdische Volk eingliedern als auch der übrigen Welt als Leuchtturm dienen konnte. Das war das Programm des Zohar, so wie es das Programm Ben Gurions war, und Ben Gurion hat wiederholt sein Programm in Schriften und Reden als ‚messianisch' beschrieben."*[355]

Die oben angeführten Zitate und Beispiele sind nur eine kleine Auswahl, die diese bislang noch wenig beleuchtete Seite betrachten, es gäbe derer noch viele. Sie sollen an dieser Stelle genügen, um die Verbindung der betrachteten Ereignisse zum jüdischen Kalender und Zeitfraktal aufzuzeigen.

Da nun diese extremistischen Gruppierungen innerhalb des Judentums in besonderer Weise auf die Zeitrechnung achten und beispielsweise im jüdischen Jahr 5777 – Beginn am 3.10.2016 n. Chr. –

355 Wolfe, 2005, o.S.

ihren Messias erwarten[356], verbinden sie sich auch besonders mit der allgemeinen jüdischen Zeitrechnung.

Das verbindende Element all dieser kulturell-religiösen Strömungen IST die Zeitrechnung.

Wie noch in Kapitel 3.5 beschrieben wird, ist die Verwendung einer Zeitrechnung von erheblicher Bedeutung und soll an dieser Stelle bereits vorausgreifend Erwähnung finden. Sie bewirkt das resonante Einkoppeln in einen damit verbundenen historischen Prozeß, ob man nun Christ, Jude oder anderer Konfession ist.

So sei zum Schluß der Einleitung zur Analyse der jüdischen Zeitrechnung noch die biblische Vorsehung für das religiös definierte Volk der Juden nach Meinung seiner religiös-orthodoxen Führer kurz zusammengefaßt. Danach galt und gilt es,

- **drei Weltkriege** zu führen,
- das jüdische Volk nach Hause nach Palästina zu holen und auf diesem Wege
- die „Messiaswehen" zu durchleiden.
- Damit schließlich der ersehnte Messias erscheinen, die geheime Bundeslade offenbart werde, gilt es, das Papsttum in Rom zu Fall zu bringen, das Christentum zu zerstören und
- den salomonischen Tempel in Jerusalem neu zu errichten.[357]

Darin widerspiegelt sich eine Haltung, die an Imperialismus, Nationalismus und Rassismus kaum zu übertreffen ist.

Der Leser möge dies bei der Betrachtung der nachfolgenden Analyseergebnisse im Gedächtnis behalten.

356 Vgl. Eggert, 2001, S. 301

357 Vgl. Eggert, 2008a, S. 430

3.3.1 Die jüdische Zeitrechnung

Die jüdische Zeitrechnung schreibt seit Herbst 2016 das Jahr 5777.[358] Diese Zeitrechnung ist als Prozeß also rund 3.761 Jahre älter! Die Genauigkeit der Daten beträgt hier allerdings nicht wie in der Analyse der gregorianischen Zeitrechnung +/– 1 Tag, sondern ca. +/– 1 Woche, weil zur einfacheren Darstellung für die jüdische Zeitrechnung gleichmäßige Durchschnittsmonate und ein gleichbleibender Jahresanfang verwendet wurden. Aufgrund der Länge der betrachteten Zeiträume jedoch kann man nachvollziehen, daß dies hier von untergeordneter Bedeutung ist.

Die aktuelle Lage der jüdischen Kultur in ihrem Zeitfraktal stellt sich wie folgt dar:

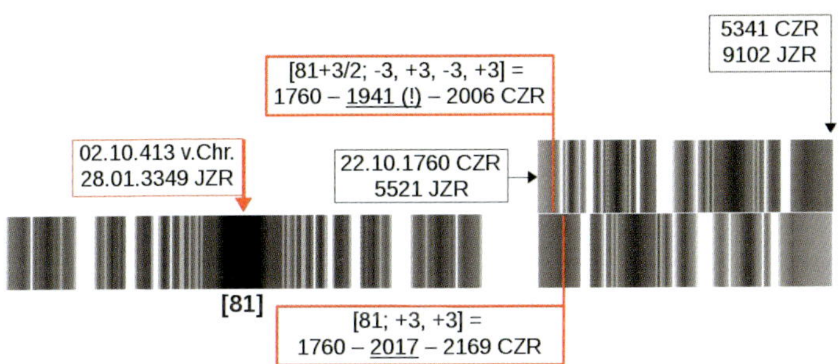

Abb. 73 – Aktuelle Lage im Zeitfraktal der jüdischen Zeitrechnung JZR = jüdische Zeitrechnung, CZR = christliche Zeitrechnung

Seit Oktober 1760 CZR erlebt die jüdische Kultur eine Neugeburt auf höherer Ebene! In Johann Maiers Chronik der jüdischen Geschichte wird die Zeit ab 1780 mit *„Aufklärung und Emanzipation*

358 Herleitung der Korrelation der christlichen mit der jüdischen Zeitrechnung siehe den Anhang 7.8.

der Juden"[359] überschrieben. Um 1760 n. Chr. war der Siebenjährige Krieg in vollem Gange.

Eine bedeutende Trendwende der jüdischen Zeitrechnung fand im Oktober 1941 n. Chr. statt, auf dem Höhepunkt des Zweiten Weltkrieges, wo bereits eine Trendwende in der CZR festgestellt werden konnte. Für das Jahr 2017 n. Chr., jüdisch 5777, ist eine weitere große Trendwende angezeigt! Die Analyse einschneidender Ereignisse im Zeitfraktal der jüdischen Zeitrechnung drängt sich auf und wird ab Kapitel 3.3.3 behandelt.

Was bedeutet das hohe Alter aus logarithmischer Sicht?

Ist ein Prozeß älter und immer noch vorhanden bzw. noch mit im Vordergrund, so handelt es sich um einen mächtigeren Prozeß. Er kennt schon größere Schwingungsperioden mit größerer Amplitude und hat schon komplexe Überlagerungen bereits erfahrener Schwingungsperioden überdauert. Wie oben beschrieben folgt dies aus dem Grundsatz der Energieerhaltung: Eine größere Schwingungsperiode hat eine niedrigere Frequenz. Bei gleicher Energie und niedrigerer Frequenz ergibt sich zwingend eine größere Amplitude. Übertragen auf die historische Entwicklung von Prozessen bedeutet das entsprechend mächtigere Veränderungen im Prozeßverlauf. Überlebt ein Prozeß diese Phasen, so machen sie ihn stärker, denn meistens sterben Prozesse schließlich an der Mächtigkeit von Veränderungen; und nicht nur daran, sondern auch an der Überlagerung der bekannten mit neu hinzukommenden Schwingungsperioden; denn das Zeitfraktal ist ein Spektrum.

Wie oben zu erfahren war, lernt ein Prozeß beim Altern und Durchschreiten des Fraktals neue Schwingungen kennen, es kommen also mit jedem Schwingungsknoten neue Frequenzen hinzu. Je älter also ein Prozeß ist, umso mehr sich überlagernde Frequen-

359 Maier, 2005, S. 74

zen trägt er in sich. Das macht ihn, wenn er es aushält, auf jeden Fall stärker und damit wirkungsvoller.

So sei nun ein Blick ins Fundamentale Fraktal der Zeit geworfen, wann Jesus in der jüdischen Zeitrechnung (JZR) erschien:

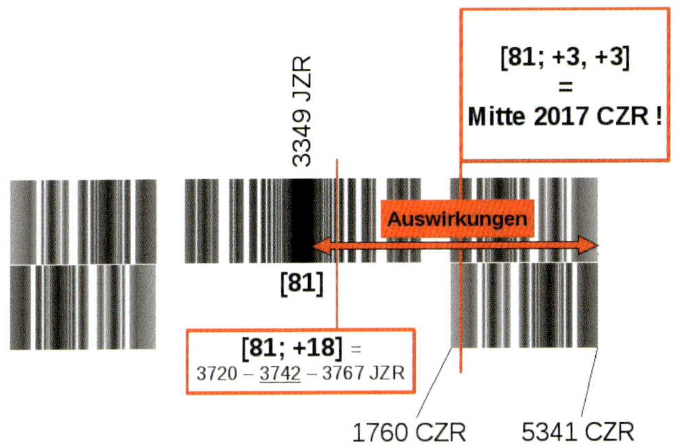

Abb. 74 – Jesu Erscheinen im Zeitfraktal der jüdischen Zeitrechnung = Beginn der christlichen Zeitrechnung

Es ist gut zu erkennen, daß man sich 3761 Jahre nach Beginn der JZR in der Nähe des rechten Randes (Reifestadium im Subknoten!) des Subknotens [81;+18] befindet, dessen Trendwende im Jahre 3742 JZR liegt.[360] **Jesus tauchte also in der jüdischen Zeitrechnung mit der Maya-Superzahl auf!** Dieses Ergebnis beeindruckt schwer. Zeigt es doch, daß die CZR zur gleichen Zeit in der JZR begann, wie K'inich Janaab Pakal als Wesenheit von Einfluß in der Maya-Zeitrechnung auftauchte![361] Mit anderen Worten: Jesus kam zur gleichen Zeit in der JZR, wie K'inich Janaab Pakal in der Maya-Zeitrechnung!

360 Vgl. Pauqué, 2009, S. 241

361 Siehe dazu Kapitel 3.1.2.13 zur Maya-Superzahl.

Die Lage der Ereignisse im Fundamentalen Zeitfraktal läßt erkennen, daß die CZR tatsächlich durch Jesus ausgelöst wurde und dort ihren Beginn hat. In meinen Augen ist das ein weiteres, besonders gewichtiges Indiz dafür, daß unsere CZR in ihrer Jahreszählung korrekt ist!

Des weiteren ist dadurch zu erkennen, daß die CZR eine Funktion der JZR ist. Metaphorisch könnte man sagen, **die christliche Zeitrechnung ist ein großer Ast am Baume der jüdischen Zeitrechnung**. Oder ist sie sogar ein Virus im System der jüdischen Zeitrechnung, den Jesus einspielte? Dies würde erklären, warum es sich das extremistische Judentum zum Ziel gesetzt hat, das Christentum zu vernichten, siehe die Einleitung zu Kapitel 3.3.

Aus Sicht von Global Scaling bedeutet dies, daß auch die ganzen Qualitäten der jüdischen Geschichte in unserer Zeitrechnung und folglich in unserer Kultur mitwirken. Durch Jesus kamen neue Qualitäten hinzu, aber die mächtigere JZR wirkt bei allem mit.

3.3.2 Jesus, der erwartete Messias

Dieses Analyseergebnis macht es m. E. zur Gewißheit, daß die CZR die Geburt Jesu korrekt angibt. In jedem Fall ist der Umstand zu berücksichtigen, daß die CZR nach ihm benannt wurde. Energetisch betrachtet ist Jesus der Ursprung und somit der Schöpfer des julianisch-gregorianischen Kalenders.

Mit Kenntnis der Zusammenhänge aus der mayanischen Zeitrechnung fällt auf, daß Jesus mit seinem Erscheinen vergleichbar ist mit der historischen Persönlichkeit K'inich Janaab Pakal in der

Maya-Zeitrechnung![362] Beim Vergleich der beiden fällt auf, daß mit Pakal keine neue Zeitrechnung in der Maya-Kultur begann. Vielmehr schien dies ein eher ruhiger Prozeß gewesen zu sein. Pakal Wotan wurde, danach sieht es aus, sogar schon erwartet. Auch Jesus wurde erwartet, sein Wirken hingegen löste die neue, christliche Zeitrechnung aus.

Es wird deutlich, daß Jesus den Auftrag hatte, das damalige Judentum zu reformieren und diesem zu einem Entwicklungssprung zu verhelfen. Er war tatsächlich der von den Juden so sehnlichst erwartete Messias! Zu schließen ist das aus dem Zeitpunkt seines Erscheinens in der jüdischen Zeitrechnung, nämlich im Subknoten [81; +18]! Jesus war sich seines heiligen Auftrages bewußt und verkündete der Überlieferung nach in den Jahren 31–33 in Galiläa die anbrechende Gottesherrschaft.[363]

Die Analyse der Geschichte mit dem Zeitfraktal hat gezeigt, daß Zusammenhänge von Ereignissen, die in der jüdischen Zeitrechnung zu Tage traten, teilweise nicht oder anders in der christlichen Zeitrechnung zu finden waren. Daraus wird ersichtlich, daß es Jesus auf jeden Fall gelungen ist, eine andere Zeitqualität zu implementieren. Jesus gelang es sozusagen, einen Virus in das System jüdischer Zeitrechnung einzuspielen, der bis heute in Form der christlichen Zeitrechnung mit ihrer eigenen Zeitqualität globale Auswirkungen hat, wie in Kapitel 3.3.1 vermutet wurde. So wird auch verständlich, warum es sich der israelitische Geheimvatikan zur Aufgabe gemacht hat, das Christentum zu vernichten, wie einleitend in Kapitel 3.3 beschrieben. Teilweise ist ihm das insofern gelungen, als heute satanische Rituale in den Gottesdienst der Christen integriert sind: Symbolisch ißt man den Leib Christi und trinkt

362 Siehe das Kapitel 3.1.2.13.
363 Vgl. Maier, 2005, S. 24

sein Blut! Die Zeitqualität jedoch kann nicht vernichtet werden. Dazu hätte man die christliche Zeitrechnung eliminieren müssen. Wie schon erwähnt, ist zumindest das Element der Jahreszählung erhalten geblieben, was für die Bestimmung der Zeitqualität von Bedeutung ist. Jesus hatte also Erfolg!

In der Chronik der Menschheit sind immer wieder herausragende, lichterfüllte menschliche Wesen (u.a. Laotse, Buddha, Jesus, Mohammed, …) zu finden, die nachhaltig auf die Entwicklung der Menschheit Einfluß nahmen. Es scheint, je dunkler die Zeiten, umso mehr Licht mußte sich in diesen Ausnahmeerscheinungen ballen und umso größer war ihr Auftrag. Der oben beschriebene fraktale Aufbau der Schöpfung[364] bestätigt diese Wahrnehmung. Wenn stets alles mit allem verbunden und alles in allem enthalten ist, der Schöpfer in allem liegt, alles stets im Gleichgewicht ist, kann leicht nachvollzogen werden, daß eine einerseits starke Zunahme der kollektiven Manifestation von Dunkelheit im Sinne von fehlender Tugendhaftigkeit und Weisheit andererseits zur starken Zunahme der Manifestation von Licht führen muß. Eine scheinbar sehr asymmetrische Verteilung des Lichtes der Weisheit, mit vielen Menschen in der Dunkelheit und einer bemerkenswerten Lichtgestalt, widerspricht dem Gleichgewichtsgedanken nicht, sondern ist vielmehr eine zwingende Konsequenz des fraktalen Aufbaus der Schöpfung.

Hatten schließlich auch diese Reformer nicht ausreichend positiven Effekt auf die kollektive Entwicklung der Menschheit, mußte es zu großen Katastrophen und Kriegen – eben dann meistens zu Knotenzeitpunkten des Zeitfraktals – mit Leidenserfahrungen kommen, um die anstehende Entwicklung zu nehmen. Aber dazu besteht grundsätzlich kein Zwang, so wie es z. B. der extremistisch ausgerichtete Teil der jüdischen Religion verstanden haben will.

---

364 Siehe das Kapitel 2.1.

Zuvor gibt es **immer** Möglichkeiten und Angebote zur friedvollen Weiterentwicklung.

Jesus brachte eine völlig neue Qualität. Es scheint jedoch, die damalige jüdische Gemeinde und die Menschen insgesamt waren nicht in der Lage, Jesus zu integrieren und seine Botschaft anzunehmen.[365] Während ihn seine Anhänger Messias-Christos nannten, war er der mächtigen Führung des jüdischen Rabbinats ein Dorn im Auge. Sie sahen sich veranlaßt, ihn als Messiasbetrüger den Römern zur Hinrichtung auszuliefern.[366] Natürlich gab es auch viele Menschen, die Jesu Botschaft verstanden. Sie waren die ersten Christen.

Die Juden betrachten sich seit dem Exodus aus Ägypten als Gottes auserwähltes Volk.[367] Die Abgrenzung zu anderen Völkern geschieht durch das Nachvollziehen der Abstammung von den zwölf Stämmen Israels. Jesus machte vermutlich Schluß mit dieser Tradition und hinterließ, daß alle Menschen Ausdruck Gottes und mit diesem verbunden seien. Hingegen legt die jüdische Tradition eine körperlich-materiell-rituelle Voraussetzung als Zugehörigkeit zu Gottes auserwähltem Volk fest. Maier schreibt dazu:

> *„Nach jüdischem Recht gilt als Jude, wer von einer jüdischen Mutter abstammt oder ritualgerecht zum Judentum (als Religion und als Volk Israel) übergetreten ist. Im Recht des 1948 gegründeten Staates Israel wurde die jüdische Nationalität mit dieser traditionellen Formel definiert und so ergänzt, daß die Zugehörigkeit zu einer anderen Religion ausgeschlossen wird.“*[368]

365 Vgl. Pauqué, 2009, S. 242
366 Vgl. Eggert, 2004, S. 31; vgl. DB, Neues Testament, 1980, Joh 11, 53; S. 251
367 Vgl. Maier, 2005, S. 7
368 Maier, 2005, S. 5

Auch erteilte Jesus der althergebrachten Botschaft „Auge um Auge, Zahn um Zahn" eine Absage und ersetzte sie durch die Botschaft der Liebe. Jesus wurde dafür wie ein damaliger Schwerverbrecher ans Kreuz genagelt. Der jüdischen Geschichtsaufzeichnung ist zu entnehmen, daß dies unter dem Vorwurf des Aufruhrs geschah.[369] Nach der Überlieferung zieht Jesus im Frühjahr des Jahres 33 mit Anhängern zum Passahfest nach Jerusalem,

„[...] was bei jüdischen und römischen Behörden die Befürchtung von Unruhen auslöst. Kurz vor dem Passahfest wird im Zusammenwirken zwischen dem Hohepriester Kaiphas (18-36), dem Synhedrion[370] und dem Statthalter ein Prozeß durchgeführt und Pontius Pilatus läßt Jesus als König der Juden *(wegen Aufruhrs) kreuzigen. Anhänger Jesu verkünden seine Auferstehung und die Erfüllung der Verheißungen Is-*

369 Vgl. Maier, 2005, S. 25

370 Griech. Synedrion, neuhebr. Sanhedrin, lat. Synedrium: *Ratsversammlung, Hoher Rat*, die höchste Regierungsbehörde der Juden zur Zeit ihres zweiten Staatslebens. Sie tritt zuerst als Ältestenkollegium (Gerusia) unter der griechischen Fremdherrschaft im 3. Jhdt. v. Chr. auf und setzt sich aus Männern der jüdischen Aristokratie, denen der Hohepriester präsidierte, zusammen. Von der Makabäerzeit an bildete das Synedrion sich zum Obergericht des Landes (hebr. Beth din) aus, dem die kleineren, aus 23 Richtern bestehenden Synedria und die Dreimännergerichte untergeordnet waren. Nach biblischem Vorbilde (vgl. 4. Mose 11, 16) bestand es aus 71 Personen, die nach den Angaben des Talmud ordiniert waren und durch Wissen und Charakter sich auszeichnen mußten. Sie wählten aus ihrer Mitte den Oberpräsidenten (Rassi), einen Gerichtspräsidenten (Ab-ben-din) und deren Stellvertreter. Bis zum Untergang des Staates (70 n. Chr.) war das Synedrion die höchste, selbst von der römischen Regierung anerkannte Oberbehörde in allen Rechts- und Verwaltungssachen und die Appellationsinstanz der subordinierten Gerichte. Nach dem Falle Jerusalems ward das Synedrion, das seinen Sitz in einer Halle (Quaderhalle) des Tempels hatte, zuerst nach Jamnia, dann nach Uscha, Sepphoris u. a. D. verlegt, verlor jedoch seinen autoritativen Charakter und wurde zu einer Art kirchlicher Synode. Vgl. Meyers GKL, 1908, B19, S. 243. Die Todesurteile mußten in römischer Zeit durch den römischen Statthalter bestätigt und vollstreckt werden. Vgl. Bertelsmann UL, B17, S. 297

raels und die Vergegenwärtigung der Gottesherrschaft durch den Gekreuzigten als den Gesalbten *bzw. Messias (griechisch:* christos*). Unter den Juden, die einen kriegerischen Endzeitkönig erhoffen, gewinnt die neue Bewegung nur wenige Anhänger [...]"*[371]

Daran ist zu erkennen, daß es schon zu Jesu Zeiten in einflußreichen jüdischen Kreisen den prophetischen Glauben an einen kriegerischen Endzeitkönig gab! Verständlicherweise paßte da ein die bedingungslose Gottesliebe verkündender Jesus nicht in den „Fahrplan" biblischer Prophetie.

3.3.3 Weitere herausragende Ereignisse

Aufgrund des Zusammenhangs zwischen jüdischer und christlicher Zeitrechnung wird ersichtlich, warum es sinnvoll ist, zentrale Ereignisse nochmals hinsichtlich ihrer Lage im Fraktal der jüdischen Zeitrechnung zu betrachten. Dabei kommen weitere erstaunliche Aspekte zu Tage.

3.3.3.1 *Siebenjähriger Krieg*

Erhebliche Übereinstimmungen der jüdischen Zeitrechnung mit dem Siebenjährigen Krieg (1756–1763 CZR) erfordern eine weitere Analyse dieses Krieges. Wie in Kapitel 3.2.2.3 erläutert war es ein Konflikt von großer, weltpolitischer Tragweite. Des weiteren wurde dabei ersichtlich, daß dieser Krieg nach christlicher Zeitrechnung energetisch noch nicht abgeschlossen ist. Dieses Ereignis

371 Maier, 2005, S. 25

verdient besondere Aufmerksamkeit, weil seine Auswirkungen bis ins Jahr 5341 n. Chr. wirken sollen![372] Der Krieg liegt genau auf dem linken Beginn des Grünen Bereichs, was in etwa dem 22.10.1760 CZR entspricht, und ist somit auch den Subknoten auf Ebene n_1= +/-3 beider Hauptknoten, [81] und [81+3/2], zuordenbar; siehe dazu Abb. 73, S. 299.

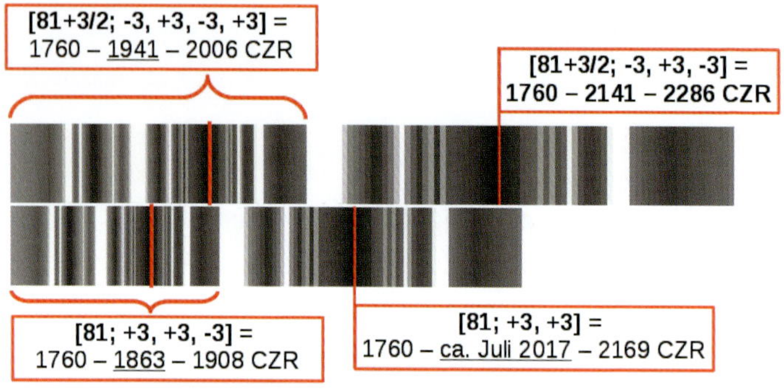

Abb. 75 – Siebenjähriger Krieg im Zeitfraktal der jüdischen Zeitrechnung

Entscheidende Knotenpunkte wurden in Abb. 75 rot markiert, weil die Auswirkungen des Krieges dort Höhepunkte erfahren. Die Lage des Siebenjährigen Krieges offenbart, daß er Ausdruck der festgestellten Neugeburt auf höherer Ebene der in der gemeinsamen Zeitrechnung vereinten jüdischen Kultur ist.

Der Tod des englischen Königs Georg II. am 25.10.1760 führte dazu, daß keine englischen Subsidien mehr an Preußen flossen. Sein Nachfolger Georg III. stellte die Unterstützung ein, womit die Situation für Preußen noch aussichtsloser wurde.[373] Inwieweit hier auch jüdischer Einfluß zum Tragen kam, bleibt Gegenstand weite-

372 Siehe dazu Abb. 73, rechter Rand des Grünen Bereichs, Kapitel 3.3.1, S. 299
373 Siehe das Kapitel 3.2.2.3

rer Forschungen, jedenfalls zeigt das jüdische Zeitfraktal einen Zusammenhang mit diesem Ereignis.

Auch gibt dieser Aspekt einen Hinweis auf die Finanzierung des Krieges. Gemäß jüdischer Chronik wird beschrieben, daß es auf preußischer Seite zwei jüdische Bankiers waren, die im Siebenjährigen Krieg ein riesiges Vermögen verdienten und danach in Manufakturen investierten: Nathan Veitel Heine Ephraim (1703–1775 in Berlin), Sohn des Hofjuweliers Chajim ben Ephraim (1665–1748), ab 1737 Münzpächter, und Hofbankier Daniel Itzig (1723–1799).[374] Ephraim ging als Finanzierer des Siebenjährigen Krieges in die Geschichte ein, indem er durch Münzverschlechterung (Reduzierung des Edelmetallgehalts) für Inflation sorgte. Ohne seine Finanzierung hätte der Krieg auf Preußens Seite nicht in der stattgefundenen Weise verlaufen können. Durch die Zugehörigkeit der beiden zum Judentum sind sie vom Einfluß des jüdischen Zeitfraktals betroffen. Ihr Einfluß auf die preußische Politik fügt auch Preußen dem Einflußbereich jüdischer Zeitrechnung hinzu. Ferner könnte es sein, daß der finanzielle Erfolg von Ephraim und Itzig mithilfe des Siebenjährigen Krieges ein Teil des Ausdrucks der jüdischen Neugeburt auf höherer Ebene repräsentiert.

Der Kolonialkonflikt zwischen England und Frankreich, der zugunsten Englands ausging und England schließlich zur Weltmacht aufsteigen ließ, in Verbindung mit der Lage dieses Krieges am Beginn der jüdischen Neugeburt, zeigt eine bedeutende Verbindung zur jüdischen Geschichte. Jedenfalls zeigt die Lage des Siebenjährigen Krieges und die damit verbundene Erlangung der Weltmachtstellung der Engländer beeindruckend, zu welch wichtigem Zeitpunkt dies stattfand. Ist also auch die Erlangung der Weltmachtstellung Englands ein Ausdruck jüdischer Neugeburt auf höherer Ebene? Das jüdische Zeitfraktal spricht dafür. Im nächsten Kapitel lassen weitere Hinweise aus der Literatur diese Vermutung zur Gewißheit werden.

---

374 Vgl. Maier, 2005, S. 73

3.3.3.2 *Erster Weltkrieg*

Die Analyse des Ersten Weltkrieges im christlichen Zeitfraktal in Kapitel 3.2.2.7 ergab **keinen** energetischen Zusammenhang zwischen Erstem und Zweitem Weltkrieg. Ein historisch bemerkenswerter Fakt, beschreibt man doch den Ersten gemeinhin als Lunte für den Zweiten Weltkrieg.

In der Betrachtung des Ersten Weltkrieges nun im jüdischen Zeitfraktal ergibt sich ein völlig anderes Bild:

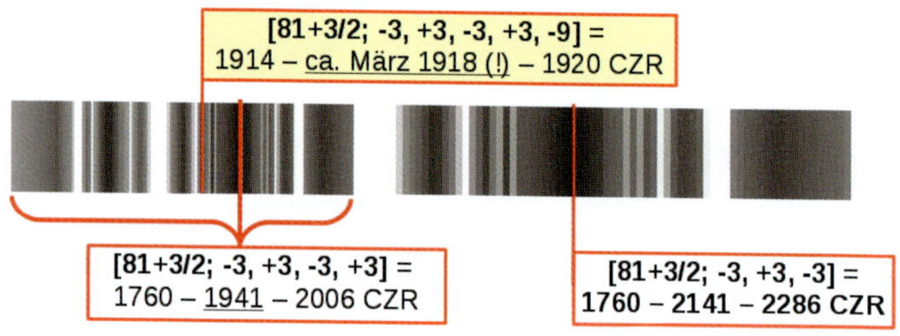

Abb. 76 – Erster Weltkrieg im Zeitfraktal der jüdischen Zeitrechnung

Der Krieg liegt im Subknoten [81+3/2; -3, +3, -3, +3, -9] des phasenverschobenen Fraktals mit Beginn im November 1914 über März 1918 bis Oktober 1920 und ist damit ein Subknoten des Subknotens [81+3/2; -3, +3, -3, +3], der ca. vom 22.10.1760 über 10.10.1941 bis zum 08.02.2006 CZR reicht! Dazu zeigt der Teilnenner n_5=-9 erhöhte Priorität an.

Das bedeutet folglich, äußerst bemerkenswert, daß die **energetische Verbindung** dieser beiden Weltkriege kein christliches, sondern ein Thema jüdischer Zeitqualität ist. Es wird also deutlich, daß der Erste Weltkrieg nur nach jüdischer Zeitrechnung ein signifikantes Vorereignis des Zweiten Weltkrieges ist, der im Zentrum des übergeordneten Subknotens im Jahre 1941 bereits seit zwei Jahren tobt.

Das Hauptfraktal mit dem nächstgelegenen Hauptknoten [81] hat interessanterweise von 1908 bis 1932 eine Lücke. Somit lassen sich speziell die Ereignisse des Ersten Weltkrieges dem zukünftigen Hauptknoten [81+3/2] im Jahre 15.006 JZR (11.245 CZR) zuordnen. Folglich ist auch die Verknüpfung von Erstem und Zweitem Weltkrieg ein Thema des zukünftigen Hauptknotens jüdischer Zeitrechnung.

Die Ermordung des österreichisch-ungarischen Thronfolgers Erzherzog Franz Ferdinand am 28.06.1914 in Sarajewo ist auch nach jüdischer Zeitrechnung in einer Lücke, und ebenso der Beginn der kriegerischen Handlungen durch die Armeen. Daran läßt sich einmal mehr erkennen, daß das Attentat nicht wirklich von großer Bedeutung für den schon lange geplanten Krieg war.

Die prägnante Lage im jüdischen Zeitfraktal motivierte überdies, nach weiteren, speziell jüdischen Verstrickungen in den Ersten Weltkrieg zu suchen, insbesondere solche, die in der bislang bekannten Geschichtsschreibung nicht oft zu finden sind. Äußerst interessante Zusammenhänge traten dabei zu Tage.

So ist es an dieser Stelle wichtig, auf die oben angedeutete Verbindung zwischen Hochgrad-Freimaurerei und israelitischem Geheimvatikan zurückzukommen. Es zeigt sich, daß der weitgehend geheime Teil der Freimaurer als Werkzeug zur Umsetzung der Pläne des israelitischen Geheimvatikans eingesetzt wurde und wird.[375]

Hätte es nicht hie und da „undichte" Stellen oder Mitglieder gegeben, die in ihrem Überschwang etwas Dahingehendes geäußert hatten, wüßte man bis heute wenig bis gar nichts über die hintergründigen Machenschaften.[376] Der spätere Premierminister Englands und Freimaurer Winston Churchill äußerte zurückhaltend: *„Derjenige muß in der Tat blind sein, der nicht sehen kann, daß hier auf*

375 Siehe die Einleitung zu Kapitel 3.3

376 Vgl. Eggert, 2004, S. 63

Erden ein großes Vorhaben, ein großer Plan ausgeführt wird, an dessen Verwirklichung wir als treue Knechte mitwirken dürfen."[377]

Dagegen findet man in dem ungarisch-französischen Autor Aron Monus, der zudem jüdischen Ursprunges war, einen Aussteiger aus den hochgradigen Rängen des Freimaurertums, der umfangreich Zeugnis ablegte. Er kehrte dem Orden den Rücken, weil er eben jene Einmischung in die Politik, auch unter Zuhilfenahme krimineller Praktiken, schließlich verabscheute. Nach seiner Verurteilung durch den Orden, dem er angehörte, rebellierte ein weiterer Hochgradfreimaurer der gleichen Französischen Nationalen Großloge, Arthur Wellesley Barnett, der Monus nun mehrere hundert Seiten entlarvender Dokumente über die Freimaurer zukommen ließ. Jene Dokumente sind es, die in Monus' enthüllendes Werk mit dem Titel *„Verschwörung - Das Reich von Nietzsche"*[378] einflossen und 1994 die Aufmerksamkeit der Öffentlichkeit erregten.[379]

Welches Zusammenwirken gibt es nun zwischen dem kabbalistisch-messianischen Sanhedrin[380] und den Freimaurern? Dazu Monus:

> *„Diejenigen, (…) kamen zu der Auffassung, daß die auf dem jüdischen Messianismus gründende Ideologie die beste war, um die Welt unter ihre Botmäßigkeit zu bringen." (Entschlossen) „dazu, selber in die Geschichte einzugreifen, um die Welt so zu verändern, daß das Endstadium in etwa der jüdisch-messianischen Ära gleiche. An der Spitze der Welt würde ein jüdischer Potentat stehen, im Namen dessen ‚die Mitarbeiter der Gottheit' die ganze Menschheit beherrschen würden. So entstand die Freimaurerei, und so wurde 1717 in London die Großloge von England gegründet."*

---

377 Churchill, o.J., zitiert nach Eggert, 2004, S. 63

378 Monus, Aron (1994). *Verschwörung – Das Reich von Nietzsche.* Ungarn: Interseas Editions, Isle of Man +

379 Vgl. Eggert, 2004, S. 64

380 Siehe die Fußnote 370

„Mit den Kathedralenbauern des Mittelalters haben die Freimaurer nichts zu tun, obwohl die Logensymbolik scheinbar auf das Gegenteil schließen läßt. Da es sich von Anfang an um ein Komplott gegen die christlichen Staaten und den Papst handelte, haben die freimaurerischen Verschwörer in Wirklichkeit einen Gaunerjargon entwickelt, um sich zu schützen, falls man ihnen auf die Spur käme. Statt zu sagen, daß sie das Weltreich mit Jerusalem als Hauptstadt gründen wollen, sagen sie, daß sie ‚den Tempel Salomos' erbauen. Für den Thron des künftigen jüdisch-maurerischen Kaisers gebrauchen sie den Begriff ‚Thron von Salomo'."

„Die ‚freimaurerische Spiritualität', die die Sekte allen Menschen, ‚welcher Rasse oder Religion auch immer', aufdrängen will, ist eigentlich nichts anderes als das Wahnbild vom Eintreffen der messianischen Zeiten und, auf der praktischen Ebene, die Einführung ihres Weltreiches. Zu diesem doppelten, spirituellen und praktischen, Zweck hatte die Sekte Revolutionen – unter anderem die blutige Französische Revolution und die nicht weniger blutige bolschewistische Revolution – sowie Kriege seit zwei Jahrhunderten angezettelt."[381]

Noch deutlicher zum Zusammenwirken des jüdischen Messianismus' und Freimaurertum wird Aron Monus an anderer Stelle: *„Die Freimaurerei, die ‚Mitarbeiterin der Göttlichkeit', hat sich die Aufgabe gestellt, die biblischen Prophezeiungen, vor allem aber die Grauen erregenden Vorstellungen, zu erfüllen."*[382]

Wie aus freimaurerischen Quellen selbst hervorgeht, repräsentiert das Jahr 1717 jedoch nur den offiziellen Zeitpunkt der formalen Gründung des modernen Freimaurertums, mithilfe derer bereits im Verborgenen tätige Geheimbünde gebündelt und reorganisiert wurden. Das erste namentlich bekannte Mitglied einer britischen Loge war der Jude Elias Ashmole, der am 16.10.1646 in die Freimaurerloge Feldloge zu Warrington aufgenommen wur-

381 Monus, Aron, 1994, S. 214 ff., zitiert nach Eggert, 2004, S. 66
382 Ebd.

de, wobei fraglich ist, ob er nicht deren Gründer war. Im gleichen Jahr tat sich der hebräische Alchemist, Kabbalist und Geheimwissenschaftler Ashmole mit einer pansophischen Rosenkreuzergilde in der Londoner „Mason Hall" zum *„Wiederaufbau des Tempels Salomonis"* zusammen.[383]

Eine wichtige Schnittstelle zwischen Geheimvatikan und Freimaurerorden ist der rein jüdische B'nai-B'rith-Orden, *„United Order of B'nai-B'rith"* (U.O.B.B.), der am 13.10.1843 im Sinsheimer Café in New York von deutschen Juden gegründet wurde. Sein Netzwerk umspannt den ganzen Erdball, der in 17 Distrikte eingeteilt ist. Führende Bankiers, Politiker, Medienmagnaten, Diplomaten, Verleger usw. zählen sich zu seinen Mitgliedern. Im Gegensatz zum Freimaurerorden dürfen hier nur Juden Mitglied werden. Durch Doppelmitgliedschaften erfährt so der B'nai-B'rith alles aus dem Freimaurerorden, aber nicht umgekehrt, weshalb der B'nai-B'rith so etwas wie ein übergeordnetes Kontrollorgan ist.[384]

In der „Freimaurer-Zeitung" vom 03.07.1897 sagte Bruder Paul Richter über B'nai-B'rith: *„Gerade wie in der Freimaurerei ist die praktische Wohltätigkeit nicht das Hauptziel des Ordens. Die wahren Ziele sind ganz anderer Natur."*[385] Klarer dazu wird die freimaurerische Latomia in der Mai-Ausgabe 1929 auf Seite 60, wonach der B'nai-B'rith *„rein jüdischen Zwecken"*[386] dient.

So ist auch über das Wirken der Freimaurerei das Wirken des jüdischen Zeitfraktals im Zusammenhang mit dem Ersten Weltkrieg verständlich und nachvollziehbar. Im Zusammenspiel gelang es diesen Kreisen bis wenige Jahre vor dem Ersten Weltkrieg, „erleuchte-

383 Vgl. Eggert, 2004, S. 80

384 Vgl. Eggert, 2004, S. 141, 142

385 Richter, 1897, zitiert nach Eggert, 2004, S. 142

386 Hasselbacher, Friedrich (1934). *Entlarvte Freimaurerei.* Band I.Verlag Richard Geller als Archiv-Edition im Verlag für ganzheitliche Forschung und Kultur, Viöl 1992, Seite 84; zitiert nach Eggert, 2004, S. 141, 142

te Brüder" an die Spitzen der alliierten Regierungen zu bringen.[387] Der Generalsekretär des Großorients von Italien Ulisse Bacci sagte einmal: *„Es ist unerläßlich, daß die an der Regierung der Staaten befindlichen Männer entweder unsere Brüder sind oder gestürzt werden."*[388]

Besonders wichtig war hierbei der englische „Aktivposten" mit den Premierministern Asquith (1908–1916) und David Lloyd George (1916–1922), dem Außenminister Edward Grey (1905–1916), Kriegsminister Richard Burdon Haldane (1905–1912), Asquith (1914), Lord Herbert Kitchener of Khartoum (1914–1916), David Lloyd George (1916–1918) und Churchill (1918), die allesamt dem Freimaurerorden angehörten.[389] Und nicht anders sah es in Frankreich aus.

In Zusammenhang mit der jüdischen Zeitrechnung und dem Ersten Weltkrieg darf die Erwähnung der sogenannten Balfour-Erklärung nicht fehlen. In ihr wird das Wirken des Zionismus auf die englische Regierung und das Interesse der jüdischen „Elite" am Einfluß auf die Politik der Weltmacht besonders deutlich.

Durch geschickte Diplomatie gelang es, die Staatenlenker der Alliierten von der Mächtigkeit der jüdischen Nationalstaatsbewegung zu überzeugen, deren Vertreter staatenübergreifend in einflußreichsten Positionen zu finden waren.

Im Jahr 1916 war die Lage auf alliierter Seite äußerst schlecht. Rußland drohte abzufallen, was sich 1917 durch die Oktoberrevolution und die Friedensverhandlungen im Dezember auch zeigte, und die generelle jüdische Meinung schien anti-russisch. Im Mai 1917 begann die französische Armee zu meutern. Mit dem Frieden von Brest-Litowsk mit Rußland im März 1918 war für Deutschland der Zweifrontenkrieg beendet.

387 Vgl. Eggert, 2004, S. 235

388 Bacci, o.J., o.S., zitiert nach Eggert, 2004, S. 235

389 Vgl. Eggert, 2004, S. 236

An dieser Stelle sei an die o.g. Trendwende im phasenverschobenen Zeitfraktal des Subknotens n_5 = -9 im März 1918 erinnert, siehe Abb. 76. Die Trendwende wird folglich durch den Frieden mit Rußland angezeigt.

Letztendlich schien auch der Frieden von Brest-Litowsk ein Produkt zionistischer Maßnahmen, die zur Revolution in Rußland und damit zu seiner Schwächung führten.[390] Es ergibt Sinn zu vermuten, daß die Vertreter Zions sich somit ein Druckmittel gegen die Alliierten erzeugten, die ihren biblischen Plan zur Heimkehr nach Israel an der Seite der Weltmacht England weiterverfolgt sehen wollten. Hatte man die Länder Europas zuerst in den Krieg geführt, wurde England durch das revolutionierend entfallende Rußland geschwächt. Damit und mit dem Versprechen, die USA auf der Seite Englands in den Krieg zu bringen, erzwang man die Balfour-Deklaration und die Durchführung eines britischen Feldzuges in Palästina, damit die Briten überhaupt ihr Balfour-Versprechen einlösen konnten.

In einem Gespräch zwischen dem britisch-armenischen Juden James A. Malcolm mit Samuel Landmann[391] wird die damalige Situation eindrucksvoll deutlich. Darin sagt Malcolm:

> *„Während meiner Besuche beim War Cabinet Office in Whitehall Gardens im letzten Herbst 1916 traf ich Sir Mark Sykes weniger ‚bouyant' als üblich an. Da ich seine Familie seit langem kannte und unsere Beziehungen keinen Einschränkungen unterlag, fragte ich, was ihn bedrücke. (Sykes spricht von der schlechten militärischen Lage, die fehlgeschlagenen Versuche, Amerika zu einem Kriegseintritt zu bewegen, da die einflußreichen US-Juden prodeutsch*

390 Vgl. Eggert, 2001, S. 26 ff.

391 Landmann war 1912 Sekretär des „Joint Zionist Council of the united Kingdom", wirkte 1913–1915 als „Joint Editor" der Zeitung „The Zionist" und diente von 1915–1918 dem Präsidenten der zionistischen Organisation Nahum Sokolow als Privatsekretär. Von 1917 bis 1922 war er Sekretär der zionistischen Weltorganisation, Abteilung London; vgl. Eggert, 2001, S. 61

seien) (Hierauf) informierte ich ihn, daß es einen Weg gebe, die amerikanische Judenheit vollkommen für die Alliierten zu gewinnen, und sie zu überzeugen, daß allein ein alliierter Sieg zum Vorteil des Weltjudentums sei. Ich sagte zu ihm: ‚Sie fassen das Problem falsch an. Die wohlhabenden englischen Juden, die Sie treffen und der jüdische Klerus sind nicht die wahren Führer des Judentums. Sie haben den Nationalismus übersehen. Kennen Sie die zionistische Bewegung?' Sir Mark gab zu erkennen, daß er sich da nicht auskenne, und ich klärte ihn entsprechend auf und schloß mit den Worten: ‚Sie können sich allein der globalen Sympathie des Judentums versichern, indem sie Palästina anbieten.'"[392]

Dies hatte zur Folge, daß nach der „World Jewry" Sir Mark Sykes die Ermächtigung des Kriegskabinetts erhielt, Malcolm mit der Kontaktaufnahme mit den Zionisten zu beauftragen. Danach gewann man die massive Unterstützung des zionistischen Netzwerkes und versprach dafür Palästina. Und genau dieses Versprechen kam später durch die Engländer an Zion in der Balfour-Deklaration vom 02.11.1917 zum Ausdruck. Besonders in der amerikanischen Presse und den amtlichen Stellen war ein plötzlicher Umschwung zugunsten eines Bundes mit den Alliierten zu vernehmen.[393]

Der Herausgeber der Herzl-Presse, Mordecai Chertoff, bestätigt diese kriegsentscheidende Position, in dem er den „Palestine Royal Commission Report" anführt: *„Die Tatsache, daß die Balfour-Deklaration im Jahre 1917 veröffentlicht wurde, um die jüdische Unterstützung für die Alliierten zu gewinnen, und die Tatsache, daß diese Unterstützung (tatsächlich) in Erscheinung trat [...]" zeigt, daß „[...] die Balfour-Deklaration den Alliierten zum Sieg verhalf [...]"*[394]

---

392 Malcolm, James. *Origins of the Balfour Declaration, Dr. Weizmans's Contribution.* S. 2 ff. sowie Fullerton, Wm. Morton. *Problems of Power.* S. 24; zitiert nach Eggert, 2001, S. 62

393 Vgl. Eggert, 2001, S. 65

394 Chertoff, Mordecai. *Zionism, A Basic Reader.* S. 17; zitiert nach Eggert, 2001, S. 67

Die Balfour-Deklaration wurde von dem damaligen britischen Außenminister Lord Arthur Balfour an den bekannten Zionisten Lord Lionel Walter de Rothschild[395] gerichtet. In ihr stand zu lesen:

„Auswärtiges Amt am 02. November 1917

Werter Lord Rothschild!

Ich habe die große Freude, Ihnen im Namen der Regierung Seiner Majestät die folgende Sympathieerklärung für die jüdisch-zionistischen Bestrebungen zu übermitteln, die dem Kabinett vorgelegt und von ihm gebilligt wurden:

‚Die Regierung Sr. Majestät betrachtet mit Wohlwollen die Errichtung einer nationalen Heimstätte für das jüdische Volk in Palästina. Sie wird alles daransetzen, um die Erreichung dieses Zieles zu erleichtern. Hierbei wird allerdings von der Voraussetzung ausgegangen, daß nichts geschieht, was den bürgerlichen und religiösen Rechten der in Palästina bestehenden nichtjüdischen Gemeinschaften oder den Rechten und dem politischen Status der Juden in anderen Ländern Abbruch tun könnte.‘

Ich wäre Ihnen dankbar, wenn Sie diese Erklärung der zionistischen Föderation zur Kenntnis bringen würden.

Ihr ergebener Arthur James Balfour“[396]

395 *„Lionel Walter Rothschild (1868–1937), seit 1915 2nd. Baron Rothschild, 1899–1922 Abgeordneter der liberalen Unionisten im Parlament. Mitglied der ‚Englischen Vereinigung der Zionisten', deren Vorsitzender zu diesem Zeitpunkt Chaim Weizmann war. Präsident des Bundes der ‚Makkabäer', einer ‚Gesellschaft zur Bekämpfung des Antisemitismus'. Amtierte bis zu seinem Tode als Präsident der ‚O.R.T.-Komitees'. 1920 wurde er Präsident der Zionistenkonferenz in London. Vizepräsident der Anglo-Jewish Association, Vizepräsident der United Synagogues. Da Rothschild offiziell nicht der erste Mann des britischen Zionismus war, berücksichtigte diese Adresse offensichtlich auch die Stellung des Bankhauses bei der Gewinnung des britischen Empire, zumal in Nahost."* Zitiert nach Eggert, 2001, S. 148

396 Wilson, Derek (1990). *Rothschild: A Story of Wealth and Power.* London: Mandarin. S. 341; zitiert nach Eggert, 2001, S. 148, 149

Warum ging die Deklaration an die Rothschilds?

Die Bankdynastie Rothschild fungierte als heimlicher Führer der jüdischen Nationalstaatsbewegung. Zudem richtete das Bankhaus Rothschild schon ab 1895 seine weltweiten Geschäftsoperationen direkt gegen Deutschland.[397] Auf diese Ausrichtung weist auch ein zunächst nicht nachvollziehbares Verhalten der Rothschilds, als deren Stammfirma im Jahre 1901 mit dem Tode Wilhelm Carl Rothschilds erlosch. Obwohl Kaiser Wilhelm II. die Eröffnung eines neuen Geschäftshauses in Deutschland befürwortete, tat man dies nicht. Obwohl man sich nie ein gutes Geschäft entgehen ließ, verfuhr man so, als Deutschland zu den drei prosperierendsten Staaten der Welt gehörte. 17 Jahre später fand sich die Erklärung, als die Rothschild-Bankhäuser von Paris und London auf der Siegerseite standen und finanziell vom Kriege profitiert hatten.

Nathaniel Rothschild, der Chef des gleichnamigen Londoner Bankhauses, war nicht nur aktiver Zionist, sondern auch höchstrangiges Mitglied der Round-Table-Gesellschaft.[398] Die oben angesprochene, zentralisierte Welt liegt auch in der Planung des „Round Table". Sie soll von „English-Speaking Peoples" beherrscht werden, weil diese nach Ansicht bestimmter jüdischer Ideologen mit den „elf verlorenen Stämmen Israels" identifiziert werden. Enthüllt wurde dieser Plan ferner durch das Buch *„England and America, the Dream of Peace"* aus dem Jahre 1898 von dem ehemaligen Führer der sephardischen Gemeinschaft in den USA, Henry Pereira Mendes. In seinem Buch *„Looking Ahead"* aus dem Jahre 1899 kündigte er sogar den Ersten Weltkrieg an, in dessen Folge eben die Schaffung einer jüdischen Heimat erfolgen sollte.[399]

---

397 Vgl. Knuth, E.C. (1983). *The Empire of th City. The Jekyll/Hyde Nature of the British Government.* USA: Noontide Press. S. 69; zitiert nach Eggert, 2004, S. 230

398 Vgl. Eggert, 2004, S. 231

399 Vgl. Blackwood, Peter (1986). *Die Netzwerke der Insider.* Leonberg. S. 279 und Allen, Gary (1974). *Die Insider.* Wiesbaden: Verlag für angewandte Philosophie. S. 98; zitiert nach Eggert, 2004, S. 231, 232

So wird nachvollziehbar, warum der Geheimvatikan und die Zionisten die Weltmacht England aufbauten, umwarben und lenkten. Die Rothschilds hatten während der davorliegenden Jahrzehnte ihre Geschäftstätigkeit ganz nach England verlagert.[400]

Einer der weltweit einflußreichsten Freimaurer, Lord Northampton, erklärte ganz offen in Interviews:

> *„Ich denke, die Tradition der [chassidischen Geheimlehre] Kabbala ist deshalb so stark bei uns in England verankert, weil einer der verlorenen Stämme Israels hierher kam. Man kann sie, denke ich, recht deutlich in alten englischen Familien ausmachen. Ganz sicher. Ich weiß, daß sie nach Irland kamen, dann in den Norden von Wales und schließlich nach England hinunter. Und dann verkörperten sie sich in einigen unserer ältesten Familien.“*[401]

Über Amerika weiß er zu berichten:

> *„All das war zuvor prophezeit worden: daß einer nach Hyperborea, dem Land des Nordens gehen würde, und einer über den Ozean. Und so glaube ich, daß Amerika und England die beiden verlorenen Stämme verinnerlicht haben. Und das ist der Grund dafür, warum sie dann, auf einem stark intellektuell geprägten jüdischen Weg begannen, die Welt zu beherrschen.“*[402]

Genauso zeichneten die Zionisten dafür verantwortlich, die USA in den Krieg hineinzulenken. So schrieb die LONDON JEWISH CHRONICLE am 07.02.1937:

---

400 Vgl. Eggert, 2004, S. 232

401 Northampton, o.J., o.S., zitiert nach Sonnenblick, Mark (01.11.2001). *British Masons And US Fundis Launch Israeli Apocalypse.* Executive Intelligence Review; zitiert nach Eggert, 2008b, S. 83

402 Ebd.

> *„Der einzige Weg, den amerikanischen Präsidenten Wilson in den Weltkrieg zu bringen, war, sich die Mitarbeit der zionistischen Juden zu verschaffen, indem man ihnen Palästina versprach. Die Zionisten erfüllten diese Aufgabe und halfen, Amerika in den Krieg zu bringen. Der frühere britische Premierminister Lloyd George bestätigte dies in einem Kabel an ‚Associated Press' vom 15. Juni 1936 von London.‟*[403]

Kurz vor den Friedensverhandlungen in Versailles verkündete die chassidische Zeitung PEIEWISCHE VORDLE am 13.01.1919: *„Das internationale Judentum […] hielt es für nötig, Europa in den Krieg zu zwingen, auf daß weltweit eine neue jüdische Ära anheben könne.‟*[404]

Nur drei Tage später las man in der JEWISH WORLD: *„Das internationale Judentum hat Europa gezwungen, diesen Krieg zu machen, nicht nur um große Summen anzuhäufen, sondern um mit diesem Geld einen neuen jüdischen Weltkrieg beginnen zu können.‟*[405]

Zusammenfassend ergibt sich aus zeitanalytischer Sicht, daß der Erste Weltkrieg eine Funktion der jüdischen Zeitrechnung ist. Die Lage im Fundamentalen Fraktal der Zeitrechnung als Subknoten höherer Priorität (Subknoten $n_5 = -9$) des Zweiten Weltkrieges (Siehe Abb. 76 und 77) verrät, daß der Erste wirklich energetisch mit dem Zweiten Weltkrieg verknüpft ist und ein entscheidendes Vorereignis darstellt. Jedoch ist die Verknüpfung von Erstem und Zweitem Weltkrieg ein Thema jüdischer und nicht christlicher Zeitrechnung. Die Lage des Ersten Weltkrieges im jüdischen Zeitfraktal wird historisch durch die oben zitierten Zusammenhänge belegt.

---

403 LONDON JEWISH CHRONICLE, 1937, o.S.; zitiert nach Eggert, 2001, S. 65

404 PEIEWISCHE VORDLE, 1919, o.S.; zitiert nach Lina, Jüri (1998). *Under the Sign of the Scorpion. The Rise and Fall of the Soviet Empire.* Stockholm: Referent Publising. S. 150; zitiert nach Eggert, 2001, S. 201

405 JEWISH WORLD, 1919, o.S.; zitiert nach Rehwaldt, Hermann (2000). *Kriegshetzer von heute.* Viöl: Verlag für ganzheitliche Forschung. S. 18 ff., welcher sich auf *Welt Dienst* bezieht, die wiederum *Action Française* vom 16.03.1938 zitiert; zitiert nach Eggert, 2001, S. 202

3.3.3.3 *Zweiter Weltkrieg*

Die Betrachtung des Ersten Weltkrieges hat nun schon aufgezeigt, welch unglaublich herausragende Position der Zweite Weltkrieg im jüdischen Zeitfraktal einnimmt. Die Weichen schienen schon gestellt. Aus fraktal-analytischer Sicht könnte man auch sagen, der Zweite begann schon vor dem Ersten Weltkrieg im Jahre 1760, sein Auftakt war der Siebenjährige Krieg, und der Erste Weltkrieg war darin eine entscheidende Schlacht! Der Höhe- und Wendepunkt also dieser bereits im Jahre 1760 beginnenden Ereigniskette war der Zweite Weltkrieg! Ein Blick ins Zeitfraktal verdeutlicht diese Zusammenhänge:

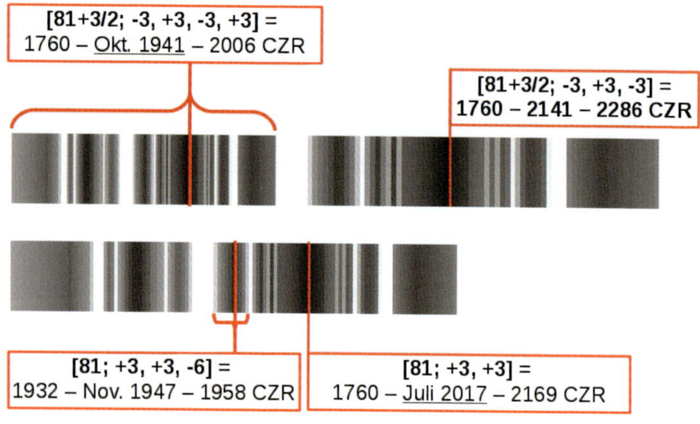

Abb. 77 – Der Zweite Weltkrieg im Zeitfraktal der jüdischen Zeitrechnung[406]

---

406 Anmerkung: Es ist dem Verfasser derzeit nicht möglich, bessere Fraktalgrafiken zu generieren, weshalb die Fraktalteile hier mit einem Abstand voneinander dargestellt sind. Die hyperbolische Verzerrung der beiden Fraktalteilgrafiken ist nicht aufeinander abgestimmt, jede für sich ist jedoch korrekt. Die Aussagekraft über die Lage der Ereignisse im Zeitfraktal ist richtig und bleibt erhalten.

Die Abbildung verrät ein weiteres interessantes Detail: Der Zweite Weltkrieg findet auch noch eine Widerspiegelung im Subknoten [81; +3, +3, -6] des Hauptfraktals. Dieser reicht vom 25.05.1932 über 29.11.1947 bis 20.08.1958. Damit repräsentiert der Zweite Weltkrieg ein wichtiges Vorereignis des darüberliegenden Subknotens [81; +3, +3], der um den 04.07.2017 einen mächtigen Trendwechsel bezogen auf den Ausgangspunkt im Jahre 1760 anzeigt! Soll um 2017 der Dritte Weltkrieg in vollem Gange toben? Dazu mehr in Kapitel 3.3.3.7.

Die Trendwende des Subknotens n_3=-6 im Jahre 1947 ist insofern klar wahrnehmbar, daß nach 1947 die Ressentiments gegen Juden umgeschlagen haben. Als Folge der Trendwende wurde 1948 der Staat Israel gegründet. Die 1949 eingerichtete BRD verpflichtete sich zur Zahlung umfangreicher Unterstützungsgelder und Entschädigungen.

Die unglaublichen Verwicklungen der Zionisten und Israels Geheimvatikan auch in den Zweiten Weltkrieg klangen in Kapitel 3.3 und 3.3.3.2 zum Ersten Weltkrieg bereits an. Prof. Israel Shahak war ehemaliger Häftling des KZ Bergen-Belsen und ist Vorsitzender der israelischen Liga für Menschen- und Bürgerrechte. Über das Verhältnis von Zionismus und Nationalsozialismus weiß er folgendes zu berichten:

> *„Das vielleicht schockierendste Beispiel dieser Art ist die Freude, mit der einige zionistische Führer in Deutschland Hitlers Aufstieg zur Macht begrüßten, weil sie seinen Glauben an das Primat der ‚Rasse' und seine Gegnerschaft zur Assimilierung von Juden unter ‚Ariern' teilten. Sie beglückwünschten Hitler zu seinem Triumph über den gemeinsamen Feind – die Kräfte des Liberalismus. Dr. Joachim Prinz, ein zionistischer Rabbiner, der hernach in die USA emigrierte, wo er zum Vizepräsidenten des jüdischen Weltkongresses aufstieg und zu einer führenden Leuchte in der Zionistischen Weltorganisation wurde (ebenso zu einem großen Freund Golda Meirs), veröffentlichte 1934 ein besonderes Buch mit dem Titel ‚Wir Juden', um Hitlers sogenannte ‚deutsche Revolution' und die Niederlage des Liberalismus zu feiern:*

‚Was die deutsche Revolution für die deutsche Nation bedeutet, wird letztlich nur demjenigen offenbar, der sie selbst getragen und gestaltet hat. Was sie für uns bedeutet, muß hier gesagt werden: Die Chance des Liberalismus ist verspielt. Die einzige politische Lebensform, die die Assimilation des Judentums gefördert gewillt war, ist untergegangen […]‘

Der Sieg des Nationalsozialismus läßt die Assimilation und Mischehen als Option für Juden nicht mehr zu. ‚Wir sind darüber nicht unglücklich‘, sagt Dr. Prinz. In der Tatsache, daß Juden gezwungen werden, sich selbst als Juden zu identifizieren, sieht er ‚die Erfüllung unserer Wünsche‘. Und weiter:

‚[…] Wir wünschen an die Stelle der Assimilation das Neue zu setzen. Das Bekenntnis zur jüdischen Nation und zur jüdischen Rasse. Ein Staat, der aufgebaut ist auf dem Prinzip der Reinheit der Nation und Rasse, kann nur vor dem Juden Achtung und Respekt haben, der sich zur eigenen Art bekennt. Nirgendwo kann er in dem Bekenntnis mangelnde Loyalität dem Staat gegenüber erblicken. Er kann keine anderen Juden wollen als die Juden des klaren Bekenntnisses zum eigenen Volk.Er kann keine liebedienerischen, kriecherischen Juden wollen. Er muß von uns das Bekenntnis zur eigenen Art fordern. Denn nur jemand, der eigene Art und eigenes Blut achtet, wird den Respekt vor dem nationalen Wollen anderer Nationen haben können.‘

Das ganze Buch ist voll von ähnlich groben Schmeicheleien der nationalsozialistischen Ideologie, Freude über die Niederlage des Liberalismus und besonders der Ideen der französischen Revolution und große Erwartungen, daß in der kongenialen Atmosphäre von dem Mythos der arischen Rasse, der Zionismus und der Mythos von der jüdischen Rasse ebenfalls gedeihen werden.“[407]

407 Shahak, Israel (1998). Jüdische Geschichte, jüdische Religion. Der Einfluß von 3000 Jahren. Süderbrarup: Lühe Verlag. S. 133 ff.; zitiert nach Eggert, 2008a, S. 302

Die Ausführungen Shahaks bedürfen keines weiteren Kommentars. Eine Form der Zusammenarbeit zwischen Zionismus und Nationalsozialismus ergab z. B. das geheime Abkommen über den Transfer jüdischer Bevölkerungsteile nach Palästina, das „Ha'avara", auf das im nächsten Kapitel 3.3.3.4 noch eingegangen wird.

Verwunderlich scheint die Abkürzung „Nazi" für „Nationalsozialisten". Logischer wäre „Naso". Aber vielleicht ist es gerade der Zusammenhang mit dem Zionismus, der hier eine Antwort geben kann, als Abkürzung für *Na*-tiona-*Zi*-onismus. Es mag an den Haaren herbeigezogen wirken. Betrachtet man jedoch den heutigen Gebrauch von Symbolen, wird man auch dort fündig:

Das Symbol der NATO beinhaltet das von den Nationalsozialisten benutzte Hakenkreuz in der gleich ausgerichteten Orientierung:[408]

Abb. 78 – NATO-Stern beinhaltet in den Hauptelementen das Hakenkreuz; man beachte die blauen Linien zur Hervorhebung

408 Man könnte feststellen, daß das Hakenkreuz darin genauso auch in anderer Orientierung zu finden ist. Betrachtet man jedoch das originale blauweiße NATO-Symbol, fällt auf, daß der weiße Anteil überwiegt und dominiert. Der weiße Anteil ist bereits zur oben gezeigten Hakenkreuzstruktur verbunden, während der blaue Anteil unterbrochen ist.

Noch befremdender mutet das in Hakenkreuzform errichtete Gebäude auf dem Marinestützpunkt der USA in San Diego, Kalifornien, an. Gibt man in die Internetsuchmaschine Google-Maps „San Diego" ein, erhält man unter der Satellitenansicht das folgende Bild:

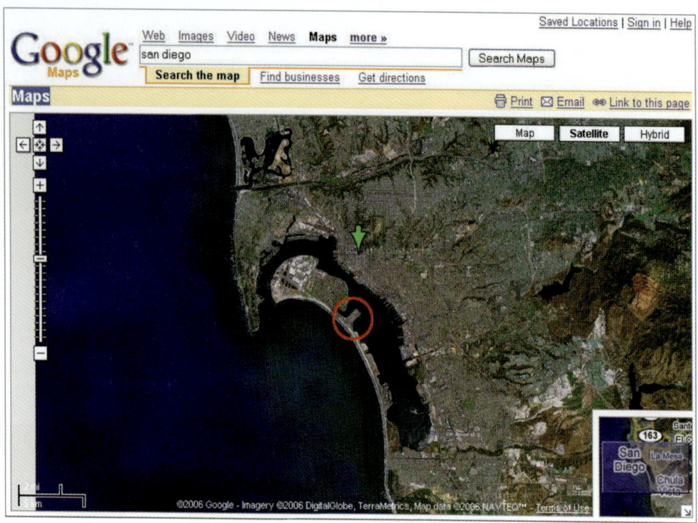

Abb. 79 – Ansicht von San Diego
in der Suchmaschine Google-Maps.[409]
Man beachte die markierte Stelle (roter Kreis)

Danach vergrößere man den rot markierten Bereich. Sodann erhält man die nachfolgende Ansicht:

409 Google Maps, 2016a

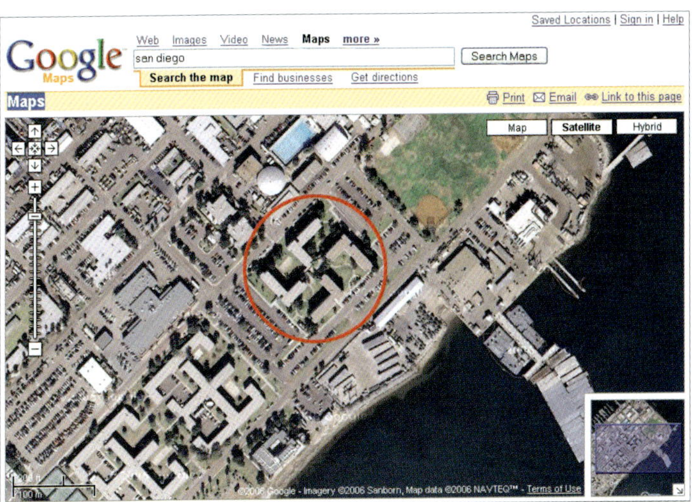

Abb. 80 – Gebäude in Hakenkreuzform auf der US-Marinebasis in San Diego, Kalifornien, USA[410]

In diesem Zusammenhang ist zu erwähnen, daß die oft abgebildeten Hakenkreuze z. B. auf Buddhastatuen in Indien, Thailand oder China genau anders herum orientiert sind.

Wie wahrscheinlich sind dies versehentliche Gestaltungen bei der ansonsten so akribischen Planung?

In beiden Orientierungen findet man das Hakenkreuz beispielsweise auch auf dem zentralen italienischen Geldhaus, der Banca d'Italia. Die nachfolgende Abbildung der in Mailand 1913 errichteten Filiale trägt das Hakenkreuz in seinen Ornamenten.

410 Google Maps, 2016b

Abb. 81 – Ornamente in Hakenkreuzform am Gebäude der Banca d'Italia in Mailand; die Orientierung der Hakenkreuze ist dort in beiden Richtungen zu finden

Abb. 82 – Gebäude der Banca d'Italia in Mailand

Ein weiteres, sehr bedeutendes Merkmal des Zweiten Weltkrieges ist der Einsatz von Atomwaffen. Bei ihrem Angriff auf Japan warfen die USA am 06.08.1945 auf die Stadt Hiroschima und am 09.08.1945 auf die Stadt Nagasaki Atombomben. Die Analyse im christlichen Zeitfraktal ergab, daß die Atombombenabwürfe nicht den Ereignissen des Zweiten Weltkrieges zuzuordnen waren. Sie befinden sich dort in einer Lücke.

Die große Spektraldichte um den Subknoten [81+3/2; -3, +3, -3, +3] im jüdischen Zeitfraktal mit dem Jahr 1941 als Wendepunkt läßt schon vermuten, daß hier mit hoher Wahrscheinlichkeit Übereinstimmungen anzutreffen sind. So findet man in diesem Fraktalteil folgende Zeitfenster:
[81+3/2; -3, +3, -3, +3, +48] = 29.07. - 27.08. - 26.09.1945 und darunter den Subknoten
[81+3/2; -3, +3, -3, +3, +48, +3] = 29.07. - 08.08. - 12.08.1945!
Aber auch das Hauptfraktal zeigt eine bemerkenswerte Übereinstimmung:
[81; +3, +3, -6, +12, -3] = 10.07. - 06.08. - 18.08.1945!

Gerade die letzte, besonders passende Widerspiegelung im Hauptfraktal – der Abwurf stellt einen klaren Wendepunkt dar und wird im Fraktal mit dem 06.08.1945 angezeigt – stellt einen ursächlichen Bezug vor allem zum vergangenen Hauptknoten [81] her.

Daß die Abwürfe in beiden Fraktalteilen, Haupt- und phasenverschobenes Fraktal, zu finden sind, bedeutet einen besonderen Bezug zu Vergangenheit und Zukunft, ähnlich der Lage der gregorianischen Kalenderreform in der christlichen Zeitrechnung.

In jedem Fall ist klar zu erkennen, daß die Atombombenabwürfe eine Funktion jüdischer Zeitrechnung sind.

3.3.3.4 *Gründung Israels*

Im Jahre 1897 trat der Erste Zionistische Weltkongreß in Basel zusammen, womit diese zionistische Weltbewegung gegründet wurde und das Streben nach einer nationalen Heimstätte für Juden ihren Ausdruck fand. Interessanterweise war die Hauptsprache Deutsch, man zog jedoch Hebräisch als Sprache der jüdischen Nation vor. Ihr erster Präsident wurde Theodor Herzl. Als Medium des Zionismus wurde die Zeitung DIE WELT gegründet.[411]

Wie bereits in der Analyse des Zweiten Weltkrieges festgestellt, gibt der Subknoten [81; +3, +3, -6] einen Zeitraum vom 25.05.1932 über 29.11.1947 bis 20.08.1958 wieder. Der 29.11.1947 läßt folglich eine Trendwende vermuten. Just an diesem Tage trat eine Vollversammlung der UNO zusammen und erließ eine Resolution über den Beschluß, Palästina in einen jüdischen und einen nichtjüdischen Staat zu teilen.[412] Die umliegenden arabischen Staaten erkannten den Beschluß nicht an und betrachteten weiterhin ganz Palästina als arabisches Land. Am 14.05.1948 wurde der Staat Israel gegründet, Chaim Weizmann wurde sein erster Präsident und David Ben Gurion der erste Regierungschef.[413] Damit liegt die Staatsgründung 166 Tage nach der UNO-Resolution, also kurz nach der großen Trendwende mit Knoten [72] = 151 Tage, gerechnet ab der Resolution.

Zur grafischen Darstellung der Lage im Zeitfraktal sei auf die nächste Abbildung 83 im anschließenden Kapitel 3.3.3.5 auf S. 334 verwiesen, wenn es um die Gründung der BRD geht.

Das jüdische Zeitfraktal gibt mit [81+3/2; -3, +3, -3, +3, +27, +3, -3] den Zeitraum vom 01. über 13. bis 17.05.1948 wieder. Der überge-

---

411 Vgl. Maier, 2005, S. 91

412 Vgl. Maier, 2005, S. 116

413 Vgl. Bertelsmann UL, B20, S. 364

ordnete Subknoten n_5= +27, welcher vom 01.05. über 26.07. bis 26.10.1948 reicht, ist durch 9 teilbar und zeigt damit erhöhte Priorität an.

Auch das Hauptfraktal zeigt Übereinstimmung mit [81; +3, +3, -6, -54], der vom 13.05. über 17.05. bis 20.05.1948 reicht. Auch dieser Subknoten ist durch 9 teilbar, es liegt erhöhte Priorität vor.

Wieder ähnlich der gregorianischen Kalenderreform[414], wenn auch nicht so bedeutend, liegt dieses Ereignis in Subknoten beider Fraktalteile und zeigt somit in besonderer Weise einen Bezug zu Vergangenheit und Zukunft. Aus Sicht von Global Scaling ist der gewählte also ein durchaus guter Zeitpunkt, weil ja gerade die Gründung eines Staates in die Zukunft gerichtet ist.

Daß das finanzielle Fundament für die Gründung des jüdischen Staates bereits im ersten Knotenteil von [81; +3, +3, -6] gelegt wurde, wissen nur wenige und muß an dieser Stelle genannt werden. Zwischen den Nationalsozialisten und den Zionisten gab es ein geheimes Abkommen. Dieses wurde mit dem althebräischen Wort „Ha'avara" bezeichnet. Der Autor Wolfgang Eggert verfügt über dessen vollen Wortlaut; er schreibt dazu:

> *„Nach Palästina ausreisende Personen zahlten Geld auf Sonderkonten in zwei deutschen Banken ein. Für diese Summen wurden deutsche Waren nach Palästina, danach auch in andere Länder des Nahen und Mittleren Ostens exportiert. Ein Teil des Erlöses wurde in Palästina eingetroffenen Aussiedlern aus Deutschland ausgehändigt, rund 50 Prozent aber rissen die Nazis an sich. In fünf Jahren – von 1933 bis 1938 – konnten die Zionisten über 40 Mill. Dollar (eine in dieser Zeit riesige Summe) nach Palästina transferieren, was damals rund 60 Prozent aller Investitionen in Palästina ausmachte. So wurde unter Mitwirkung Nazideutschlands […] das wirtschaftliche Fundament für das künftige Israel gelegt."*[415]

414 Siehe das Kapitel 3.2.1.4 und die zeitanalytische Bewertung

415 Eggert, 2008a, S. 304

So ist es markant, daß die nationalsozialistische Regentschaft und der Zweite Weltkrieg, die bereits massiv zur Umsiedlung ins „gelobte Land" beitrugen, vor der Trendwende am 29.11.1947 lagen. Gibt es auch eine Trendwende hinsichtlich der Umsiedlung jüdischer Menschen nach Palästina? Nahm dann die Umsiedlung nach der Trendwende gar an Fahrt auf?

Tatsächlich wurden nach dem Zweiten Weltkrieg die dahingehenden Anstrengungen erhöht. Aus verschiedenen Gegenden der Welt galt es nun, jüdische Minderheiten nach Israel umzusiedeln. Dies beruhte regelmäßig auf religiöser Motivation und nicht auf staatlicher Notwendigkeit. So wurde beispielsweise die gesamte jüdische Bevölkerung des Jemen mit rund 45.000 Menschen zwischen Juni 1949 und September 1950 nach Israel umgesiedelt. In einer bis Monate danach geheimen Unternehmung führten Briten und Amerikaner 380 Flüge von Aden aus durch. Es handle sich um eine alte messianische Prophezeiung, so die Verantwortlichen des Projektes gegenüber den jemenitischen Juden, wonach sie auf den Schwingen von Adlern ins heilige Land zurückkehren.[416]

Der Sprecher der zionismuskritischen „Neturei Karta"-Bewegung, Rabbi Goldstein, äußerte in einem Vortrag zu dieser Operation namens „Fliegender Teppich":

> *„Wir haben eine Textstelle in der Torah, die besagt, daß Gott ankündigte, uns auf den Flügeln von Adlern ins Heilige Land zu bringen, wenn die Zeit dafür gekommen sei. Die Yeminiten hatten noch nie in ihrem Leben ein Flugzeug gesehen. Und plötzlich hieß es überall, daß die Adlerflügel gekommen seien. Der Messias sei da. Tatsächlich hatten die Zionisten den Passus des Bibelverses in alten hebräischen Lettern auf die Flugzeuge geschrieben –, dieses sind die Flügel des Adlers'.*[417]

416 Vgl. Eggert, 2008b, S. 31

417 Goldstein, 2001, o.S.

Danach ging es gleich im Irak weiter, aus dem man mit 2000 Flügen rund 120.000 Juden in den Zionstaat ausflog. Die Aktion trug den Namen „Operation Esra and Nehemia" und bedurfte der Nachhilfe, weil die Menschen nicht wirklich bereit waren, ihre Heimat aufgrund biblischer Vorsehung zu verlassen. In dem Buch *„Ben Gurion's Scandals: How the Haganah and the Mossad Eliminated Jews"* aus dem Jahre 1992 deckte der israelische Autor Naim Giladi auf, daß es im Irak 1950

> *„[…] zu terroristischen Taktik des Mossad gehörte, Handgranaten in die von Juden frequentierten Straßencafés zu werfen und Synagogen zu bombardieren – wofür (der Geheimdienstfunktionär) Ben Porat und die Zionisten dann die Irakis verantwortlich machten. Der Trick funktionierte, und die Juden flohen nach dem neu gegründeten Staat Israel."*[418]

Ähnlich verfuhr man in Ägypten 1953 in der *„Operation Goshen"* mit 12.000 jüdischen Ägyptern, um 1956 nochmals die gleiche Anzahl im Rahmen der israelischen Invasion Ägyptens auszufliegen. Auch in Äthiopien griff man dahingehend bis 1991 mit *„Operation Moses"*, *„Operation Joshua"* und *„Salomo"* ein, meist mit umfangreicher Tätigkeit des Mossad.[419] Und all dies rechtfertigt man mit biblischer Prophetie.

Den Subknoten [81; +3, +3, -6] könnte man demzufolge auch mit dem Beginn umfangreicher Umsiedlungen der Juden nach Palästina betiteln.

Der in Kapitel 3.3 erwähnte Rabbi Zvi Jehudah Kook unterstrich: *„Der Staat Israel hat nichts anderes zu sein als das Fundament von Gottes Anwesenheit in der Welt."*[420]

418 Giladi, 1992, o.S.; zitiert nach Eggert, 2008b, S. 32
419 Vgl. Eggert, 2008b, S. 32, 33
420 Kook, o.J., o.S.; zitiert nach Eggert, 2004, S. 57

3.3.3.5 *Gründung der Bundesrepublik Deutschland*

Eine unmittelbare Folge des Zweiten Weltkrieges war auch die Zusammenfassung der westlich besetzten deutschen Gebiete zur Bundesrepublik Deutschland (BRD) und der östlich besetzten Gebiete zur Deutschen Demokratischen Republik (DDR). Die Teilung deutschen Territoriums ging mitten durch die Hauptstadt Berlin. Die rechtliche und politische Grundordnung für die BRD wurde mit dem Grundgesetz geschaffen, das als Provisorium gedacht war und mit Schaffung einer gesamtdeutschen Verfassung seine Geltung gemäß Artikel 146 verlieren sollte.

Das Grundgesetz wurde nach Einberufung eines Parlamentarischen Rates am 08.05.1949 von diesem beschlossen und sollte nach dem 23.05.1949 in Kraft treten. Die ersten Wahlen zum Bundestag erfolgten am 07.09.1949.

Der Subknoten [81+3/2; -3,+3, -3,+3, +24] beginnt am 04.02.1949, reicht über eine Trendwende am 19.05.1949 und endet schließlich am 14.09.1949. Die wesentlichen Ereignisse zur Begründung der BRD lassen sich geradezu wunderbar einfügen. Just nach der Trendwende soll die neue gesetzliche Ordnung in Kraft treten, als Reifestadium finden die ersten Abgeordnetenwahlen seines Parlaments statt.

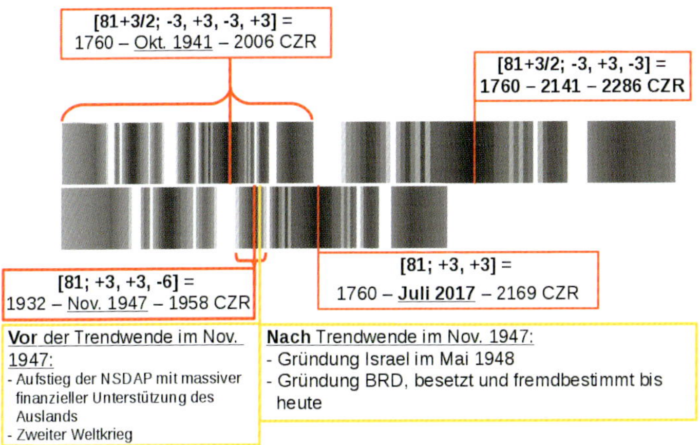

Abb. 83 – Gründung des Staates Israel und Gründung der BRD als Folge der Trendwende

Diese klare Zuordnung zum jüdischen Zeitfraktal identifizieren die Gründung der BRD als ein jüdisches Ereignis und Projekt. Interessanterweise wird dies durch die Tatsache gestützt, daß die Gründungsereignisse **in der christlichen Zeitrechnung in einer Lücke** des Zeitfraktals liegen. Angela Merkel lieferte im Grunde den Beweis dafür, als sie am 18.03.2008 in ihrer Rede vor dem Knesset zu verstehen gab, daß das Existenzrecht Israels zur deutschen Staatsräson gehöre.[421]

3.3.3.6 *Der 11. September 2001*

Eine weitere, geradezu erschütternde Übereinstimmung läßt sich finden, betrachtet man die Lage des Terroranschlages auf die beiden Zwillingstürme in New York, das World Trade Center, am 11.09.2001.

---

421 WELT ONLINE, 2008, o.S.

Dem aufmerksamen Leser wird nicht entgangen sein, daß bis heute dazu mehr Fragezeichen als Antworten existieren.

Man findet dieses Ereignis in dem Subknoten [81; +3, +3, -24, -3], der vom 02.08. über den 11.09. (!) bis zum 29.11.2001 reicht. Das phasenverschobene Fraktal befindet sich in einer Lücke! Somit hat auch dieses als Vorereignis eher einen Bezug zur Vergangenheit und zur herannahenden größeren Trendwende im Juli 2017 n. Chr. des Subknotens [81; +3, +3].

Es ist damit ein Reifestadium des darüberliegenden Subknotens [81; +3, +3, -24], der bereits am 09.07.2000 beginnt, am 30.03.2001 seinen Höhe- und Wendepunkt findet und ebenfalls am 29.11.2001 endet.

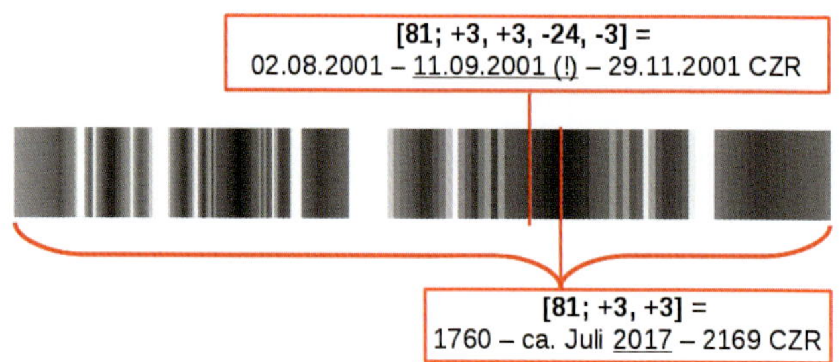

Abb. 84 – Terroranschläge des 11. September 2001 im Zeitfraktal der jüdischen Zeitrechnung

So ist es in jedem Fall ein markantes Vorereignis und steht in Zusammenhang mit der kommenden großen Trendwende am 04.07.2017 des Subknotens [81; +3, +3], zu der die Ankunft des Messias erwartet wird, in Verbindung mit einem dritten Weltkrieg. Wie aus dem Kapitel 3.3 bekannt ist, soll ein dritter Weltkrieg mit dem Schüren anti-arabischer Haltung einhergehen. So läßt es einen staunend zurück, daß man nach kürzester Zeit arabisch-islamische Terroristen als Hauptschuldige des Anschlags gefunden haben wollte. Läßt sich hier wiederum die Handschrift jüdisch-freimaurerisch-messianischer Kreise ablesen?

Der langjährige italienische Ministerpräsident und Staatspräsident Francesco Cossiga äußerte unumwunden im November 2007 in einem Interview mit dem CORRIERE DELLA SERA, es sei in Geheimdienstkreisen ein offenes Geheimnis, daß die Anschläge vom 11.09.2001 *„von der amerikanischen CIA und dem Mossad mit Hilfe der zionistischen Welt geplant und durchgeführt wurde, um die arabischen Länder unter Verdacht zu stellen und die westlichen Mächte zur Intervention im Irak und Afghanistan zu veranlassen."*[422]

3.3.3.7 *Dritter Weltkrieg?*

Wie einleitend in Kapitel 3.3 erwähnt, gehört ein dritter Weltkrieg zur Planung und wartet auf prophetische Umsetzung. Unter anderem wird dies z. B. aus einem Schriftwechsel vom 15.08.1871 zwischen den beiden Hochgradfreimaurern Guiseppe Mazzini[423], einem italienischen Freiheitskämpfer, und dem Amerikaner Albert Pike, souveräner Großmeister des altertümlichen und anerkannten schottischen Ritus der Freimaurerei, deutlich. Das Schreiben schildert einen Stufenplan zur Eroberung der Welt durch die Loge mit drei Weltkriegen:

- Im Ersten Weltkrieg sollte die zaristische Regierungsordnung Rußlands abgeschafft und das Land unter die Kontrolle der Illuminaten gebracht werden.
- Den Zweiten Weltkrieg galt es, durch Schüren erzeugter Interessensgegensätze zwischen Zionismus und deutschen Nationalisten zu initiieren. Als weitere Kriegsziele wurden angestrebt,

422 Cossiga, 2007, o.S. in CORRIERE DELLA SERA. *Osama-Berlusconi? «Trappola giornalistica», vom* 30.11.2007; zitiert nach Eggert, 2008b, S. 125

423 Mazzini besaß dem deutschen Logenbruder Dr. Leopold Wolfgang zufolge das Patent des 33. Grades des „schottischen Ritus"; vgl. Eggert, 2004, S. 203

den Einflußbereich Rußlands auszuweiten sowie den Staat Israel zu gründen.

- Ein dritter Weltkrieg sollte durch geschürte Interessensgegensätze zwischen Zionisten und Arabern verursacht werden.[424]

Der Brief führt weiter aus, daß es ein finales Endstadium zu erzeugen gelte,

> „*[…] die Nihilisten und Atheisten los(zu)lassen; wir werden einen gewaltigen gesellschaftlichen Zusammenbruch provozieren, der in seinem ganzen Schrecken den Nationen die Auswirkungen von absolutem Atheismus, dem Ursprung der Grausamkeit und der blutigsten Unruhen, deutlich vor Augen führen wird. Dann werden die Bürger – gezwungen, sich gegen die Minderheit der Revolutionäre zu verteidigen – jene Zerstörer der Zivilisation ausrotten, und die Mehrheit der Menschen wird, gottgläubig wie sie sind, nach der Enttäuschung durch das Christentum und daher ohne Führung, besorgt nach einem neuen Ideal Ausschau halten, ohne jedoch zu wissen, wen oder was sie anbeten sollen. Dann sind sie reif, das reine Licht durch die weltweite Verkündung der wahren Lehre Luzifers zu empfangen, die endlich ins Licht der Öffentlichkeit gebracht werden kann. Eine Manifestation, die ein Ergebnis der allgemeinen reaktionären Bewegung sein wird, die auf die Vernichtung des Christentums und Atheismus folgen wird.*“[425]

Beobachtet man die Entwicklung der Gesellschaft während der letzten rund hundert Jahre, muß man beeindruckt feststellen, daß unter dem Deckmantel der individuellen Befreiung und Selbstverwirklichung tatsächlich unter Förderung von Egoismus, Rücksichtslosigkeit und Kurzsichtigkeit natürlich gewachsene Gemeinschaften wie Staaten, Länder, Städte, Gemeinden bis hinunter zur

---

424 Vgl. Eggert, 2004, S. 203, 204

425 Mazzini und Pike, 1871, o.S., zitiert nach Eggert, 2004, S. 204

Familie[426] starken Zersetzungstendenzen ausgesetzt waren und sind. Gleichzeitig unterliegt das heutige „freie Individuum" einer umfassenden Überwachung bislang ungekannten Ausmaßes; siehe die geheimdienstlichen Enthüllungsskandale um Julian Assange und Edward Snowden. Eine Umsetzung der o. g. Pläne ist also nicht von der Hand zu weisen. So sei an dieser Stelle nochmals an das Zusammenwirken der Freimaurer mit den jüdisch-messianischen Kreisen erinnert, wie in Kapitel 3.3.3.2 beschrieben.

Gab es nun auch unverborgene Versuche, einen dritten Weltkrieg zu initiieren? Gerade das Attentat vom 11.09.2001 auf das World Trade Center führte dazu, daß durch George W. Bush so etwas wie ein dritter Weltkrieg, der Krieg gegen den Terror, ausgerufen wurde. Mit aller Macht, so schien es, versuchte man, die Welt zu polarisieren, einmal mehr in Gut und Böse zu teilen. Die gute Nachricht ist, daß dies im Bereich der amerikanischen, europäischen und russischen Völker nicht gelang. Die Versuche, weiterhin im Nahen Osten ein Pulverfaß zu entzünden, haben seit dem nicht abgenommen, jedoch ist gleichzeitig ein Aufwachen unter den Bevölkerungen wahrzunehmen, sodaß deren Instrumentalisierung nicht mehr so einfach zu erreichen ist. Vielleicht ist hier die Informationsverbreitung mithilfe des Internets ein wahrer Segen. Zu schnell erreichen Ungereimtheiten und gegenteilige Informationen das Tageslicht und die Augen und Ohren der Menschen. Das Zeitfraktal mit seinem Hauptfraktal verrät, daß die Ereignisdichte, die Kriegstreiberei aber auch alle Gegenbewegungen, weiter ansteigt und der Höhepunkt 2017 erreicht werden soll:

426 Man bedenke die Entwicklung von der Großfamilie, in der oft drei bis vier Generationen zusammenlebten und gegenseitige Fürsorge selbstverständlich war, hin zur heutigen Kleinfamilie mit ein bis zwei Kindern, die möglichst bald von der Mutter in eine Kinderkrippe gegeben werden sollen im Zusammenhang mit der Notwendigkeit, daß die Mutter ebenfalls arbeiten gehen muß, damit die Familie genügend Einkommen erwirtschaften kann.

[81; +3, +3] = 1760 – *04.07.2017* – 2169 n. Chr. Siehe dazu auch Abbildungen 73, 75 und 84.
Eine gute Nachricht ist auch, daß das in die Zukunft gerichtete, phasenverschobene Fraktal seit 2006 in einer Lücke ist, die erst 2039 endet:
[81+3/2; -3,+3, -3,+3, +2] = 08.02.2006
[81+3/2; -3,+3, -3,+6, -2] = 27.01.2039

Alle Ereignisse finden also hauptsächlich als Funktion der Vergangenheit statt, als Funktion des Hauptknotens [81] im jüdischen Jahre 3349. Es ist dringend anzuraten, die kriegerischen Handlungen zu beenden und die Ursachen aus der Vergangenheit friedlich zu verarbeiten, damit eine Chance auf eine friedliche Zukunft gewahrt bleibt.

3.3.4 Gegenwärtige Zeitqualität in der jüdischen Zeitrechnung

Die jüdische Zeitrechnung und die damit untrennbar verbundene jüdische Kultur befindet sich aktuell in einer besonders interessanten Zeitqualität. Wie in Kapitel 3.3.1 aufgezeigt, erlebt sie seit 1760 n. Chr. eine Neugeburt auf höherer Ebene, vergleichbar mit der Geburt eines Kindes. Einerseits erlebt eine Entwicklung dadurch einen Energieschub. Andererseits besteht ein mächtigerer Zwang zur Weiterentwicklung, der mit entsprechenden Herausforderungen verbunden ist. Nimmt man diese an, so kann der Prozeß einen Entwicklungssprung vollziehen. In Analogie zur Geburt käme das dem Gehen des völlig neuen Weges durch den Geburtskanal gleich. Nimmt man die Herausforderungen nicht an, kann der Prozeß auch sterben. Dazu sei erneut ein Überblick im Zeitfraktal gegeben:

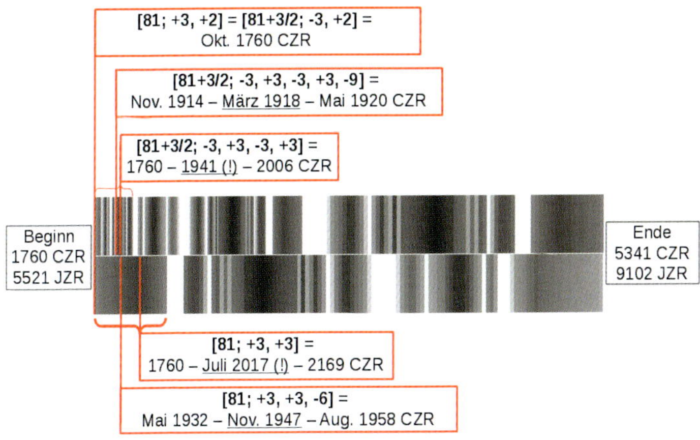

Abb. 85 – Überblick über die aktuelle jüdische Zeitqualität

Die jetzige Zeitqualität sei nun im Kontext der Entwicklung seit 1760 n. Chr. betrachtet. In den vorangehenden Analysen war zu erkennen, daß sich auch besonders die jüdische Zeitrechnung mit sämtlichen Kriegen und Revolutionen in dieser Zeit verbindet:[427]

- Siebenjähriger Krieg mit den Fraktalrändern [81; +3, +2] und [81+3/2; -3, +2] !
- Napoléonische Kriege, die mit [81; +3, +3, -3, +3] von 1760 über 1807 bis 1825 und mit [81+3/2; -3, +3, -3, +3, -3, +3] von 1760 über 1804 bis 1819 viel länger dauern, als angegeben. Des weiteren haben sie über die darüberliegenden Subknoten der Hauptknoten [81] und [81+3/2] einen mächtigen Bezug zur Zukunft, nämlich in die Jahre 1863 mit [81; +3, +3, -3] und 2017 mit [81; +3, +3], sowie zu 1849 mit [81+3/2; -3, +3, -3, +3, -3] und 1941 mit [81+3/2; -3, +3, -3, +3]. Die Französische Revolution zeigt sich als Reifestadium (!) von [81; +3, +3, -3, +3, -3] und [81+3/2; -3, +3, -3, +3, -3, +3, -3], womit die Napoléonischen Kriege ein wichtiges, ankündigendes Vorereignis zu haben scheinen.

427 Grafische Darstellung im Zeitfraktal siehe das Kapitel 3.3.5

Nach der Französischen Revolution bekamen die Juden in Frankreich in der Nationalversammlung vom 28.09.1791, in der sie von Mirabeau vertreten wurden, ihre Gleichberechtigung zugesprochen. Später bildete Napoléon I. einen aus 71 Personen bestehenden Sanhedrin[428], dem David Sinzheim präsidierte. Darin regelte er die jüdischen Verhältnisse und gab ihnen eine Konsistorialverfassung.[429]

- Demokratische Revolutionen in fast allen europäischen Staaten 1848/1849 mit [81+3/2; -3, +3, -3, +3, -3].
- Österreichisch-Preußisch-Dänischer Krieg, Österreichisch-Preußischer Krieg und Deutsch-Französischer Krieg mit [81; +3, +3, -3].
- Zweiter Weltkrieg mit [81; +3, +3, -6] und [81+3/2; -3, +3, -3, +3].
- Gewollter Dritter Weltkrieg, Auftakt dazu die Terroranschläge auf das World Trade Center mit [81; +3, +3, -24, -3], gefolgt vom Einfall in Afghanistan und dem Einmarsch im Irak zum zweiten Mal vom 19. März bis Mitte April 2003 mit [81; +3, +3, -27, -6] vom 28.02. über 07.03. bis 20.03.2003, wobei n3=-27 vom 09.06.2002 über 03.01.2003 bis 12.07.2003 reicht.

In etwa um den 04.07.2017 christlicher Zeitrechnung, wie bereits angeführt, erfährt die jüdische Kultur eine größere Trendwende im Zusammenhang mit ihrem beschriebenen Neugeburtsstadium. Es handelt sich um den Subknoten [81; +3, +3]. Der Beginn des Knotenbereiches liegt im Jahre 1760 CZR, das Ende im Jahre 2169 CZR! Fraktal qualitativ gleicht diese Zeitqualität exakt dem Tzolkin, der auf fraktal niedriger Ebene mit [72; +3, +3] repräsentiert ist. Man beachte: Beide Hauptknoten sind Vielfache von 9 und höherer Priorität, erst recht Hauptknoten [81], der als Vielfacher von 9^2 ($=3^4$) eine Art „Super-Tzolkin" repräsentiert. Mit einschlägiger Begründung aus dem Zeitfraktal darf man deshalb behaupten, daß die kommende

428 Siehe die Fußnote 370

429 Vgl. Meyers GKL, 1906, B10, S. 339

Neugeburtstrendwende 2017 in der jüdischen Zeitrechnung eine der bedeutendsten überhaupt sein wird.

Das Jahr 2017 wird besonders ereignisreich, aber auch viele Früchte der Trendwende werden erst mit einer gewissen Trägheit und Verzögerung in Erscheinung treten, mit speziell auf 2017 bezogenen Nachwirkungen von über 152 Jahren Dauer. Der Leser wird ferner zustimmen, daß global eine Zunahme der Menge als auch der Intensität der Ereignisse bis 2017 wahrgenommen werden kann, eine typische Knotenqualität.

Betrachtet man heute den Einfluß der jüdischen Kultur, kann man feststellen, daß ihr Wirken in alle hohen politischen Einrichtungen der mächtigen Industrienationen reicht. Das Who-is-Who der vordergründigen Politikführung reicht sich mit hohen Vertretern der Chabad-Sekte die Hände, wie Eggert eindrucksvoll in seinem Buch *„Erst Manhattan – Dann Berlin"* aufzeigt; dazu gehören beispielsweise Obama, Sarkozy, G.W. Bush, Medwedew.[430] Wie ersichtlich wurde, handelt es sich dabei nicht um das Judentum als Ganzes, sondern um einen kleinen „elitären" Kreis jüdisch-fundamentalistischer, extremistisch-messianischer Sekten. Erkennbar auch, daß dies sehr zum Leidwesen nicht nur des übrigen Judentums geschah und geschieht.

Alle großen Banken unterliegen dem Einfluß dieser Sekten bzw. befinden sie sich in deren Besitz, bis hin zu BIZ, FED und EZB[431], die die Kontrolle über die Währungen haben. Über die Kontrolle des Geldsystems sind schließlich die Staaten selbst und deren Politiken leicht zu steuern.

Ein diesbzgl. kurzer Blick nur auf Deutschlands, größtenteils international tätige oder einst tätige Bankenwelt bestätigt dieses Bild. So standen in der Vergangenheit oder stehen heute noch folgende

430 Vgl. Eggert, 2008b, S. 109

431 BIZ = Bank für internationalen Zahlungsausgleich in Basel, FED = Federal Reserve Bank, EZB = Europäische Zentralbank

jüdische Namen mit dem Bankenwesen in Verbindung: Bamberger – Deutsche Bank und Reichsbank, Gutmann – Dresdner Bank, Jakob Goldschmidt – Danat-Bank, Steinthal – Preußische Hypothekenbank, Adolf Salomonssohn – Diskonto-Gesellschaft, Bleichröder, Mendelsohn & Co., Warburg, Jacob Riesser.[432]

Als historische Quelle liefert nicht nur der Koran einen Hinweis, daß sich die Einmischung in das Geldwesen zum Nachteil der Verwender wie ein roter Faden durch die Geschichte des Judentums zu ziehen scheint:

> *„Ob ihrer Sündhaftigkeit haben wir, die Juden sind, Gutes verboten, das ihnen erlaubt war, und weil sie vom Pfad Gottes weit abwichen. 159. Und weil sie Wucher nehmen, was ihnen doch verboten ist, und weil sie das Vermögen andrer Menschen in Frevel verzehren; bereitet haben wir den Ungläubigen unter ihnen qualvolle Strafe.“*[433]

Insofern kann man die Neugeburt auf höherer Ebene seit 1760 auch in der Dominanz des weltweiten Handel- und Bankensystems durchaus erkennen. Der Weg dorthin gelang jedoch meist nur über Kriege, was dem Ganzen nicht nur einen bitteren Beigeschmack beschert, sondern der Entwicklung auch ein besonders zerbrechliches Element hinzufügt. Die so erlangte Macht ist stets in Gefahr, und ihr Erhalt bedarf eines enormen und andauernden Kraftaufwandes.

Interessant ist, daß „normalerweise" zu solchen Ereignishöhepunkten, wie er vom Zeitfraktal wieder für 2017 angezeigt wird, Kriege globalen Ausmaßes toben. So z. B. Subknoten [81+3/2; -3, +3, -3, +3] mit Trendwende im Jahre 1941. So gesehen ist es durchaus positiv zu bewerten, daß gegenwärtig, vor allem in Europa, kein großer Weltkrieg geführt wird. Daß dieser geplant ist, wurde oben darge-

432 Vgl. Eggert, 2001, S. 164

433 Koran, Sura 4, 158 und 4, 159

legt und soll noch mit zwei weiteren Zitaten des 1994 verstorbenen Chefrabbiners der Chabad-Sekte Schneerson untermauert werden:

> *„Es ist klar und selbstverständlich, daß wir in der modernen Zeit die göttliche Anweisung ausführen müssen, die uns durch Mose übergeben wurde: ‚Alle menschlichen Wesen dazu zu zwingen, die Noachidischen Gebote … anzunehmen.“*[434]

Und an anderer Stelle:

> *„Die wichtigste spirituelle Mission dieser Generation besteht darin, zum letzten Krieg des Exils zu schreiten, um alle nichtjüdischen Staaten zu erobern und zu reinigen – auf daß das Königtum unserem Gott zukomme.“*[435]

Es fragt sich, von welchem Gott hier die Rede ist, wenn nicht von dem EINEN für ALLE, von ALLEM-WAS-IST.

Die gegenwärtige Lage läßt erkennen, daß immer mehr Menschen nicht mehr bereit sind, die Mißstände in unseren Systemstrukturen hinzunehmen, weil sie für immer mehr Menschen ein unerträgliches Maß erreichen und für viele schon erreicht haben. So stehen die Wahrscheinlichkeiten gegenwärtig nicht schlecht, daß mit Juli 2017 eine wesentliche Trendwende in Form eines kollektiven Umschwunges stattfinden wird, dessen Teil ein Schwinden des bestehenden Einflusses der jüdisch-extremistischen Kreise sein wird. Es ist ein gutes Zeichen, daß diese Informationen ans Tageslicht gelangen, die Menschen immer mehr aufwachen und die über sie ausgeübte Herrschaft nicht mehr akzeptieren.

---

434 Shabbos Parshas Tsav, 5747 (bzw. 1986), Sichos in English, vol. 35, S. 75; zitiert nach Eggert, 2008b, S. 107

435 Shabbos Parshas VaYelech, 5746 (bzw. 1985); zitiert nach Eggert, 2008b, S. 107

3.3.5 Schlußfolgerungen

Die heutige, dem gregorianischen Kalender folgende, industrialisierte Kultur ist damit eine jüdische Kultur. Ein Großteil der Menschheit lebt in einer jüdischen Kultur. Sie beherrscht gegenwärtig den Globus. Denkt man die oben gewonnenen Erkenntnisse weiter, in denen die Ursache aller Konflikte und Kriege auf den Anfang unserer Zeitrechnung zurückgeführt werden konnte, kann der nächste Schritt ganz leicht gefunden werden. Die Ursache unserer heutigen gregorianischen Zeitrechnung liegt in der jüdischen Zeitrechnung und damit in der jüdischen Geschichte und Kultur. Mit anderen Worten: Die Ursachen für alle Entwicklungen und damit verbundenen Probleme in unserer Zeitrechnung gehen zurück bis an den Ursprung der jüdischen Zeitrechnung, aktuell (im Jahr 2017 n. Chr.) rund 5777 Jahre in die Vergangenheit! (Natürlich hat auch der Anfang der jüdischen Zeitrechnung eine Vorgeschichte, die ebenfalls wieder weit in die Vergangenheit reicht.)

Jesus war der erwartete Reformer, für die jüdische Zeitrechnung und für die Menschheit als Ganzes. Denn Jesus ging weit über das Judentum hinaus und verkörperte die universell gültigen Schöpfungsgesetze. Er wurde jedoch vom größten Teil der jüdischen Gemeinde abgelehnt und nicht als das erkannt, was er war.

Die Juden warten heute noch auf ihren Messias, wie oben unter Kapitel 3.3 einleitend beschrieben. Für das Jahr 5777 JZR bzw. 2016/2017 CZR erwarten sie seine Ankunft. Dies ist insofern eine besonders bemerkenswerte Übereinstimmung mit dem Zeitfraktal, das, wie bereits zu sehen war, mit [81; +3, +3] am 04.07.2017 eine besonders mächtige Trendwende und einen Höhepunkt großer Ereignisdichte anzeigt, die einen Gesamtzeitraum von 1760 bis 2169 CZR umfaßt! Bis 2017 sollten also laut biblischem Fahrplan die oben einleitend genannten Voraussetzungen geschaffen sein, die das Erscheinen des Messias bedingen.[436]

Aufgrund dieser bemerkenswerten Übereinstimmungen mit dem Zeitfraktal ist man verleitet zu glauben, die hohen Rabbiner kennen das Phänomen der globalen Skaleninvarianz. Oder die Verfasser der Thora integrierten damals dieses Wissen in codierter Form, das nun, m. E. falsch verstanden, fatal aktiv umgesetzt wurde und weiter werden soll.

Der jüdische Staat Israel befindet sich seit seiner Gründung beinahe ununterbrochen in kriegerischen Auseinandersetzungen und ist damit auch ein Spiegel für die bis heute ungelösten Probleme. Seine Gründung fußt auf Gewalt und kann demnach niemals zu einer friedlichen Existenz kommen. Dazu schrieb Ywahoo:

> *„Wir sehen die Situation im Mittleren Osten. Laut den Prophezeiungen der Indianernationen kann jene schwelende Glut den gesamten Planeten entzünden. Und worum geht es dabei? Um Landbesitz geht es! Und einige Wenige treffen die Entscheidungen für viele. […] Wir können nicht die Rechte eines Volkes in der Hoffnung opfern, dadurch ein anderes Volk glücklich werden zu lassen. Dies ist ein Universum der Fülle. Nur durch die Philosophie des Händlerdenkens ist die Vorstellung von ‚nicht genug' Wirklichkeit geworden."*[437]

Die größten Banken der Welt, die auch die Währungen der Welt kontrollieren, befinden sich in der Hand dieser extremistischen Sekten. Über die Kontrolle der Geldsysteme wird praktisch die Welt selbst kontrolliert. Und wie weiter oben ersichtlich wurde, auch über die Kalenderrechnung.

---

436 Vgl. Eggert, 2008a, S. 430
437 Yahoo, 1997, S. 162

Allem Anschein nach bestand diese Problematik mit der daraus zu erwartenden negativen Weiterentwicklung der Menschheit schon zu Jesu Zeiten. Zur Erinnerung, Jesus ging, der Überlieferung nach, mit einer Peitsche in der Hand in den Tempel Jerusalems. Dort hatten sich Geldhändler breit gemacht, die das ganze Land auf subtile Weise (Zins und Zinseszins, Anm. d. Verf.) ausbeuteten. Es war ein wildes Treiben von Geldwechslern und Geschäftsleuten im Tempel! Jesus warf ihre Tische um und die Geldhändler aus dem Tempel. Wie ein Sturm fuhr er durch das Gotteshaus.[438] Welche Symbolkraft!

Während sich heute immer noch viele Betriebswirte, Volkswirte und Banker ein Geldsystem ohne Zinsen nicht vorstellen können und dieses noch nicht einmal hinterfragen, weiß man an anderer Stelle schon längst, daß den offiziellen statistischen Daten zufolge über 81% der Steuereinnahmen eines Staates – in dem genannten Beispiel handelt es sich um die Bundesrepublik Deutschland – direkt oder indirekt als Zins- und Tilgungsraten an die (privaten!) Banken fließen![439]

Aber auch der Hüter der CZR, der Vatikan, trägt nicht zur Friedensschaffung auf unserem Planeten bei. Das Vermächtnis des hochrangigen Vatikanmitarbeiters Renato Dardozzi gab Einblicke in die korrupten Machenschaften und zeigt auf, wie die Vatikanbank IOR[440] Politiker geschmiert und Mafiagelder gewaschen hat. Die Erkenntnisse aus dem Vermächtnis faßte der Autor Gianluigi Nuzzi in seinem Buch „Vatikan AG"[441] zusammen. Er legte u.a. dar:

438 Vgl. Osho Neo Tarot, 1993, S. 79

439 Vgl. Hoffmann, 2015, S. 161–163

440 IOR = Instituto per le Opere di Religione

441 Nuzzi, Gianluigi (2010). *Vatikan AG. Ein Geheimarchiv enthüllt die Wahrheit über die Finanz- und Politskandale der Kirche.* Salzburg: Ecowin Verlag

> *„Es ist ein gerichtlich bestätigter Fakt, daß der sizilianische Bankier Michele Sindona in den 1970er Jahren das System IOR-Ambrosiano-Bank benutzte, um Geld zu waschen, das von der Cosa Nostra kam. Außerdem haben viele Ex-Mafiosi, die heute mit der Justiz zusammenarbeiten, angegeben, daß das IOR einer der neuralgischen Punkte im Geldwäsche-Netz der Clans ist. Leider ist jedes Rechtshilfeersuchen der Richter im Vatikan unbeantwortet geblieben."*[442]

So viel also zu den Vorgehensweisen im Hause eines Vertreters Gottes auf Erden. Fragt sich nur, Vertreter welchen Gottes?

Erster Weltkrieg, Zweiter Weltkrieg und Dritter Weltkrieg?

Besonders interessant sind die Zusammenhänge zwischen Erstem, Zweitem Weltkrieg und der Gegenwart. Der Knotenbereich des phasenverschobenen Fraktals [81+3/2; -3, +3, -3, +3] mit 1760 über 1941 bis 2006 CZR zeigte uns, daß der Erste Weltkrieg auf der Ebene n_5=-9 mit [81+3/2; -3, +3, -3, +3, -9] im Zeitraum von 1914 über 1918 bis 1920 ein entscheidendes Vorereignis des Zweiten Weltkrieges auf Ebene n_4=+3 von 1760 bis 2006 CZR war. Im jüdischen Zeitfraktal war damit der oft beschriebene kausale Zusammenhang zwischen diesen beiden Kriegen zu entdecken, der im Zeitfraktal der christlichen Zeitrechnung **nicht** zu erkennen war.

Auf sehr ähnliche Art und Weise ist der Zweite Weltkrieg auf Ebene n_3=-6 im Knoten [81; +3, +3, -6] des Hauptfraktals mit 1932 über 1947 bis 1958 zu finden, mit dem größten bislang gesehenen, weltweiten Umsiedlungsprojekt und der Gründung des jüdischen Staates Israel kurz nach der Trendwende, als entscheidendes Vorereignis einer Zuspitzung der Ereigniskette auf Ebene n_2= +3 im Jahre 2017 CZR des übergeordneten Knotenbereiches [81; +3, +3] von 1760 über 2017 bis 2169 CZR. Kurz ausgedrückt: So wie der Erste Weltkrieg ein entscheidendes Vorereignis des Zweiten Welt-

442 Nuzzi, 2010, S. 11

krieges war, ist der Zweite Weltkrieg ein entscheidendes Vorereignis für den großen Subknoten im Jahre 2017.

Zieht man die o.g. biblische Prophetie der drei Weltkriege heran, gerät man in großes Staunen. Sollte gerade ein dritter Weltkrieg im Ablauf begriffen sein? Nach den Analysen in Kapitel 3.3.3.3 und 3.3.3.7 muß man die Frage bejahen. Die nachfolgende Abbildung zeigt die Zusammenhänge:

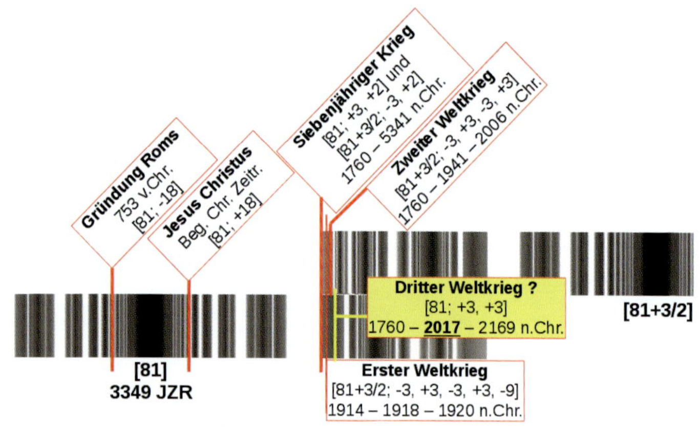

Abb. 86 – Siebenjähriger Krieg, Erster Weltkrieg, Zweiter Weltkrieg und Gegenwart im Zeitfraktal der jüdischen Zeitrechnung

Wo der „Fahrplan" biblischer Prophetie ferner hinführen soll, erklärt Nahum Goldman, 1938-1977 Präsident des jüdischen Weltkongresses und zugleich während der Jahre 1956-1968 Präsident der zionistischen Weltorganisation:

„Die Juden hätten Uganda, Madagaskar und andere Länder für den Aufbau eines jüdischen ‚Vaterlandes' haben können, aber sie wollten einfach nichts anderes als Palästina […]: weil Palästina der Schnittpunkt zwischen Europa, Asien und Afrika ist, weil Palästina das wirkliche Zentrum der politischen Weltmacht ist, das strategische Zentrum der Weltherrschaft."[443]

Auch nach der Betrachtung der Zusammenhänge, die sich mit der Analyse der jüdischen Zeitrechnung gezeigt haben, ist m. E. erkennbar, daß Deutschland in der kollektiven, globalen Entwicklung eine Schlüsselrolle zukommt, wie es bereits in Kapitel 3.2.3 vermutet wurde. Insofern wäre der jüdische Einfluß auf deutschem Boden hinsichtlich globalen Wirkens besonders hoch zu bewerten und eben auch von großer Bedeutung für das Judentum. Es sieht ganz danach aus, daß dies der tiefere Grund für die starken und andauernden Bemühungen ist, den jüdischen Einfluß in Deutschland aufrechtzuerhalten.

3.4 Vertane Chance der menschlichen Entwicklung

In der Analyse der jüdisch-christlichen Geschichte wird deutlich, daß mit Jesus eine große Chance zur Reformation verkannt wurde. Heute ist dies an der globalen Ausbreitung des ausbeuterischen Kapitalismuswahnsinns wie nie zuvor zu erkennen. Die heutige Gesellschaft selbst hat dieser Fehlentwicklung einen Namen gegeben: **Globalisierung**. Aber auch der zweitausendjährige Weg bis

443 Goldman, 1947, o.S., während der 7. Sitzung des Kongresses der Kanada-Juden im Hotel Mont-Royal in Montreal; zitiert nach Eggert, 2008a, S. 403

heute ist überwiegend eine Geschichte des Leides, der Ausbeutung und der Eroberungen. Zurückblickend auf einen geschichtlichen Weg gepflastert von unzähligen Kriegen ist darin ein eingeschränktes kollektives Bewußtsein zu erkennen. Eben weil die Menschen den Entwicklungssprung mit Jesus kollektiv nicht gingen, erzeugen sie zu den (Sub-)Knoten des Zeitfraktals als Ergebnis der steigenden Ereignisdichte Kriege!

So findet man sich heute von der Warte der christlichen Zeitrechnung aus betrachtet in einem finalen Reifestadium wieder, das klar aufzeigt, daß es zum Untergang führt, wenn der aktuelle Weg nicht verändert wird. Zwar erlebt unsere Gesellschaft insofern auch eine Blüte, weil über mehr oder weniger fortschrittliche Fortbewegungs- und Kommunikationsinstrumente verfügt werden kann. Noch nie waren in unserer Kultur so viele Menschen in Zügen, Autos, Schiffen und Flugzeugen unterwegs, und noch nie wurden so schnell so viele Informationen untereinander ausgetauscht. Auch die Unterstützung vieler Lebensbereiche durch Computer ist beachtlich. Aber wie kaum jemals zuvor wird der Planet auf zerstörerische Art und Weise ausgebeutet, unzählige Kriege toben gegenwärtig in vielen Ländern, die Mehrheit der Erdbevölkerung ist arm und unterdrückt. Das alles widerspiegelt sich bei logarithmisch-fraktaler Betrachtung in der jüdisch-christlichen Zeitrechnung!

Zeitanalytisch kann man ja den zweitausendjährigen Zeitraum der CZR fraktal qualitativ mit dem Ende eine Tages vergleichen. Wie oben bereits erwähnt, sind die Menschen der christlichen Zeitrechnung am Ende eines zweitausendjährigen Tages angelangt. So wie man weiß, daß ein Tag zu Ende geht, endet auch nun eine Zeit, nur mit wesentlich größeren Auswirkungen als am Ende eines Tages. Und darin liegt eine Chance der Gesellschaft zur Entwicklung: Fehlentwicklungen und ihre vernichtenden Konsequenzen sind jetzt klarer denn je zu erkennen!

3.5 Besteht ein Einfluß der Zeitrechnung auf ihre Anwender?

An dieser Stelle soll das Bewußtsein des Lesers für die Frage geschärft werden, welchen Einfluß die Verwendung eines bestimmten Kalenders mit einer bestimmten strukturellen Gestaltung auf seinen Anwender haben könnte. Wie vielleicht schon bekannt, hatten und haben andere Kulturen andere Kalender in Gebrauch. In den Kapiteln 3.1.2 bis 3.1.5 war einiges über den Maya-Kalender, seine Zyklen und deren Qualitäten zu erfahren. Beim Studium dieser Zyklen und deren wunderbarem Bezug zur natürlichen Umgebung – Sonnensystem, Galaxie und Kosmos – tauchte die Frage auf, warum man diese Zyklen nicht in unseren Kalender integrierte. Schließlich dient dann ein Kalender gleichzeitig als Informationsquelle; seine Anwendung weist den Nutzer auf Zusammenhänge hin! Außerdem muß man sich doch fragen, warum heute eine so chaotische, unpraktische, weil unregelmäßige, Kalenderstruktur mit irreführenden Monatsnamen verwendet wird, legt man doch sonst so viel Wert auf wissenschaftliche Genauigkeit. Umso mehr findet die Frage ihre Berechtigung in der Tatsache, daß täglich mit diesem Instrument gearbeitet wird!

Dies führte schließlich zu der Frage, warum die Herrschaft über alles, was mit unserer Zeitrechnung zu tun hat, ausgerechnet beim Vatikan liegt, einer nicht gerade ohnmächtigen Institution, die eine bestimmte Glaubensrichtung in Verbindung mit ganz bestimmten Wertvorstellungen vertritt. Daß dies historische Gründe hat, ist klar. Aber wäre es nicht höchste Zeit, Reformen auf wissenschaftlicher Grundlage durchzuführen?

Meines Erachtens liegt die Antwort darin, daß ein Kalender ein mächtiges Steuerungsinstrument darstellt. Und diese Kontrolle will man (der Vatikan?) vermutlich nicht aufgeben. Eine Bestätigung für diese Annahme könnte in der Tatsache gesehen werden, daß der

Kalender als etwas völlig Selbstverständliches hingenommen wird. Es findet überhaupt keine Diskussion (mehr) darüber statt. Sind es nicht gerade die selbstverständlichsten Angelegenheiten, die hinterfragt werden müssen?

Als José Argüelles den Wechsel des Kalenders vom gregorianischen hin zu einem 13-Monde-Kalender vorschlug, verfolgte er die Idee, damit globalen Frieden und Harmonie zu erreichen. Er durchschaute die Mächtigkeit eines Kalenders im Einfluß auf das Bewußtsein des Menschen.

Argüelles war nicht der erste, der die Idee einer Kalenderreform hatte. In seinem Buch *„Time & The Technosphere. The Law of Time in Human Affairs"* weist er darauf hin. In der ersten Hälfte des 20. Jahrhunderts bildete sich eine gut organisierte Kalenderreformbewegung. Im Jahre 1923 bat der Völkerbund um Vorschläge zur Reform des gregorianischen Kalenders. Bis zum Jahre 1931 wurden mehr als 500 Vorschläge eingereicht.[444] Drei Vorschläge fanden am meisten Beachtung:

1. Die *International Calendar Organization* unter der Leitung von Broughton Richmond, schlug einen auf der Zahl Fünf basierenden Kalender vor: fünf 73-Tage-Zyklen = 365 Tage, wobei das Jahr in 12 Monate mit jeweils fünf 6-Tage-Wochen unterteilt wird.
2. Die *International Fixed Calendar League* unter der Leitung von Moses Cotsworth, unterstützt von Eastman Kodak des International Chamber of Commerce, schlug eine Unterteilung des Jahres in 13 Monate mit jeweils 28 Tagen vor. Diese Struktur inklusive des „Tages außerhalb der Zeit" wurde erstmals durch Auguste Comte (1842-1849) präsentiert (13 x 28 Tage = 364 Tage + 1 Tag außerhalb der Zeit = 365 Tage).
3. Die *World Calendar Association* unter der Leitung von Elizabeth Acheles schlug den *„World Calendar"* vor, eine modifizierte Variante des gregorianischen Kalenders, der auch das Prinzip des

444 Vgl. Argüelles, 2002, S. 108

„Tages außerhalb der Zeit" („*null day*") beinhaltete. Diese Vereinigung stellte sich als die aktivste und langlebigste Organisation heraus und war für die Veröffentlichung von „*The Journal of Calendar Reform*" (1931-32) verantwortlich.[445] Ursprünglich stammte dieser Kalenderentwurf von dem Priester Abbé Marco Mastrofini, der ihn schon 1834 vorstellte. Das Jahr teilte er in vier gleich lange Quartale zu je dreizehn 7- Tage-Wochen mit 91 Tagen, eingeteilt in zwei Monate zu 30 und einem Monat zu 31 Tagen. So ergab sich ein 364 Tage dauernder Kalender mit 12 Monaten, dem der o.g. „*null day*" als 365. Tag hinzugefügt wurde und der zu keiner Woche und keinem Monat zählte. Jeder Monat hatte genau 26 Werktage, weitere Feiertage sollten genau fixiert werden, sodaß jedes Jahr identisch aufgebaut war.[446]

Allen Vorschlägen gemein ist es, eine harmonischere Ordnung zu finden. Ein damaliger Fürsprecher der Kalenderreform, Alexander Philip, brachte dieses grundlegende Argument 1914 in „*The Reform of the Calendar*" folgendermaßen zum Ausdruck:

„Man stelle sich zum Beispiel vor, daß wir durch irgendein seltsames Abkommen die Bedeutung der von uns verwendeten Ziffern jedes Jahr verändern würden; man stelle sich vor, die Ziffer, die dieses Jahr 2 repräsentiert, bedeutete nächstes Jahr 3, das nächste Jahr 4, und so weiter; man stelle sich weiterhin vor, unsere Gewichts- und Längeneinheiten würden sich in der gleichen Weise verändern […] dann stellt man ohne Zweifel fest, daß das gesamte Gebilde unserer Wissenschaft und ihre mechanische Baukunst niemals hätten entstehen können […] unter diesen Umständen wären wir gezwungen gewesen, uns mit den einfachsten und primitivsten Hilfsmitteln zufrieden zu geben. Trotzdem, so seltsam es anmuten mag, sind dies die Zustände in unserer mo-

445 Vgl. Argüelles, 2002, S. 107–109

446 Vgl. Kieffer, 2004, S. 2

dernen Gesellschaft, unter denen alle gesellschaftlichen Aktionen organisiert werden. Welcher ist dieser Rahmen… mit dem wir unsere Aktionen planen? Es ist kein geringerer als der Plan, mit dem wir unsere Zeit einteilen – mit einem Wort, unser Kalender […] [aus diesem Grund] kann der unorganisierte Zustand aller sozialer Ordnung dem Kalender zugeschrieben werden […] Das Durcheinander unserer kalendaren Struktur entsteht aus zwei bestimmten Gründen […] das Mißverhältnis der Woche; [und] die Unregelmäßigkeit der Monatslängen […]“[447]

Warum kam die damalige, zunächst doch sehr aktive Reformbewegung zum Erliegen?

Im Jahre 1953 schlug der indische UN-Botschafter den Vereinten Nationen die Einführung eines neuen Kalenders vor, in seinem **Memorandum to the United Nations Economic and Social Council**, Dokument E/2514, vom 30.10.1953. Er begründete dies mit der Unregelmäßigkeit des gregorianischen Kalenders und den damit verbundenen kalkulatorischen und statistischen Problemen im Wirtschaftsleben. Es war der o. g. World Calendar,

447 Philip, 1914, o.S., zitiert nach Argüelles, 2002, S. 109 (Original: Alexander Philip (1914). The Reform of the Calendar. London: Kegan Paul, Trench, Trübner & Co., Ltd., S. 6–8); englischer Originaltext: „*Suppose, for example, that by some strange convention the meaning of the figures we employ in numerical notation were to change every year; suppose the figure which this year represents 2 were next year to mean 3, next year 4, and so on; suppose again that our weights and measures were to fluctuate in a similar manner […] then we affirm, without fear of contradiction, that the whole fabric of science and the mechanical arts could never have been raised at all … we should in such circumstances have been compelled to rest content today with the very simplest and most primitive appliances. Yet, strange as it may sound, such are the conditions under which, in modern society, human action is organized. For what is the framework […] by which we arrange our actions? It is no other than the scheme under which we arrange our time – in one word, our calendar […] [thus] the disorganized state of all social arrangements is ascribable to the calendar… The dislocation of our calendrical arrangements is due to two distinct causes […] the incongruity of the week; [and] the irregularity of the lengths of the months […]*"

den der indische Botschafter aufgriff und den Vereinten Nationen vorlegte. Verschiedene Delegationen hatten jedoch Einwände gegen einen Kalenderwechsel, weil sie Beeinträchtigungen bei der Ausübung bestimmter Glaubensbekenntnisse befürchteten, z. B. das Einhalten eines wöchentlichen Ruhetages. Der Vatikan überraschte interessanterweise durch sein Schweigen zu den Reformansätzen.[448] Dem entgegen ergibt sich nach Argüelles beim Studium der diesbzgl. Literatur und Archive, daß der Vatikan eine Reformgegnerschaft unterstützte, weil sie den „null day" ablehnten.[449]

Des weiteren wurde eine Änderung dieses Standards als Bedrohung für die Zivilisation angesehen. Auch wurde geäußert, Auswirkungen des Kalenders oder seiner Reform seien wissenschaftlich nicht nachprüfbar. Außerdem würde es auch einen zu großen Kostenaufwand für die Menschheit bedeuten. Und so wurde die Kalenderreform 1956 vom **Wirtschafts- und Sozialrat der Vereinten Nationen** auf unbestimmte Zeit vertagt.[450]

Mit den zuvor gegebenen Fragen und Informationen, als auch mit den erstaunlichen Ergebnissen der Geschichtsanalyse in Zusammenhang mit unserer Zeitrechnung, kann man die Frage stellen: Bedingen sich die Form des kulturellen, gesellschaftlichen Zusammenlebens und die verwendete Zeitrechnung?

Eine Antwort auf diese Frage und Einschätzung dazu könnte folgendermaßen lauten:

Die Verwendung eines Kalenders ist das resonante Einkoppeln in das Energiefeld der ihn verwendenden Kultur, was automatisch zur Teilnahme am Schicksal des Schwingungsprozesses führt. Ein Kalender synchronisiert alles Handeln der Menschen und führt zu

448 Vgl. Kieffer, 2004, S. 1–2
449 Vgl. Argüelles, 2002, S. 186
450 Vgl. Argüelles, 2002, S. 110

dem gemeinschaftlichen Konsens, daß man in einer bestimmten Zeit lebt. Gut vergleichen kann man dies mit dem Singen eines Liedes, dessen Qualität und Inhalt auch vom Sänger Besitz ergreift und ihn beeinflußt.[451]

In einer Veröffentlichung zu diesem Thema schrieb der Verfasser:

> *„Die Zeitrechnung einer Kultur äußert sich in der Verwendung eines Kalenders. Die Struktur und der Aufbau des Kalenders gibt Auskunft über das Verständnis einer Gesellschaft, einer Kultur von Zeit und damit auch Aufschluß über ihr Selbstverständnis. Ein Kalender ist ein aussagekräftiger Repräsentant für den Schwingungsprozeß gesellschaftlicher Entwicklung. Die Qualität des Kalenders spiegelt die Qualität dieses Schwingungsprozesses wider.*
>
> *Eine Kalenderrechnung scheint eine Art mentales Gleis zu sein, das Entwicklung nur in einem bestimmten Rahmen zuläßt. Allem Anschein nach gibt es eine Beziehung zwischen Kalender und Gesellschaft, sie beeinflussen und bedingen sich gegenseitig. So gesehen könnte eine gut durchdachte Kalenderreform eine sehr wirksame Methode zur positiven Einflussnahme auf die [Bewußtseins- (Anm.d.Verf.)] Entwicklung unserer Gemeinschaft zum Wohle aller [Anm.d.Verf.] darstellen."*[452]

451 Vgl. Pauqué, 2009, S. 242
452 Pauqué, 2009, S. 243

3.6 Gibt es eine Weltzeitrechnung?

In der Besprechung der hierin dargelegten Ergebnisse mit dem Mathematiker Dr. Thomas Herb[453] brachte er den Gedanken ein, daß die jüdische Zeitrechnung auch als globale Zeitrechnung angesehen werden könne. Die jüdische Zeitrechnung bezieht sich in ihrer Jahreszählung auf die Schöpfung der Welt durch Gott. Herb konnte aufgrund seiner Kenntnisse über die Interpretationen Dr. Immanuel Velikovskys den Zusammenhang herstellen, daß die Beschreibung der Erschaffung der Welt am Anfang der jüdischen Geschichte nichts anderes darstellt, als die Beschreibung der Umstände nach einer großen weltumspannenden Katastrophe. Insofern liefert die jüdische Zeitrechnung eine relativ präzise Zeitangabe über die verstrichene Zeit **seit** dieser Katastrophe, die eine Art globaler „Reset" war. Und das eröffnet die Möglichkeit, ein Zeitfraktal globaler Zeitrechnung ab dieser großen Katastrophe zu berechnen. Es beginnt am gleichen Tage wie die jüdische Zeitrechnung. So werden im Zusammenhang mit der globalen Zeitrechnung nachfolgend zwei besondere Ereignisse mit erheblichem Einfluß auf die Weltgeschichte in Augenschein genommen.

3.6.1 Gründung Roms

Es wird nur in einer Sage überliefert, daß Rom im Jahre 753 v. Chr. gegründet worden sein soll. Dieser zufolge gründeten Romulus und Remus Rom auf dem Palatin-Hügel, und es folgte die Herr-

453 Am 08.11.2015

schaft der sieben Könige.[454] Angesichts der Wirkung römischen Rechts und des Studiums der lateinischen Sprache bis in unsere Tage ist es von Bedeutung, die Gründung dieses Weltreiches zu analysieren. Die Betrachtung im Zeitfraktal der globalen Zeitrechnung bringt Erstaunliches zu Tage:

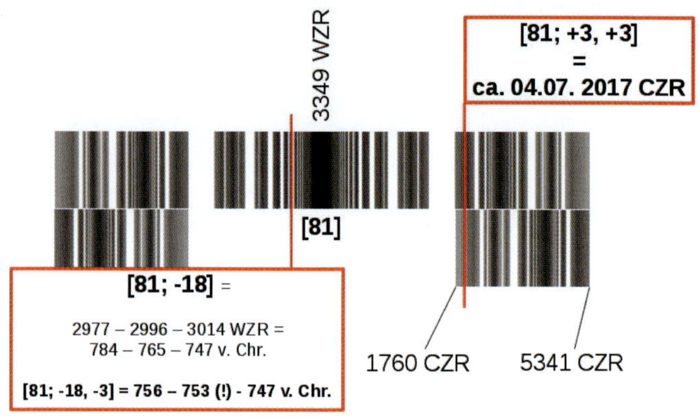

Abb. 87 – Gründung Roms im globalen Zeitfraktal (CZR = christliche Zeitrechnung, WZR = Weltzeitrechnung)

Es ist zu erkennen, daß Rom in einem Subknoten besonders hoher Priorität gegründet worden sein soll, [81; -18]. Haupt- und Subknoten sind nicht nur durch 3 sondern auch durch 9 teilbar. Außerdem zeigt sich die Gründung auch noch als Reifestadium des Subknotens [81; -18], nämlich im Subknoten [81; -18, -3]! Daß die Gründung Roms eher negativen, dunklen Charakter hat, kann man aufgrund der Umkehrung in der Namensgebung vermuten: **Amor**, der Gott der Liebe, wurde in sein Gegenteil verkehrt, **Roma**. Sinnbildlich dafür steht wiederum der gekreuzigte Jesus im Römischen Reich.

Es sei an die Lage von Jesu Erscheinen im jüdischen Zeitfraktal erinnert, das ja den gleichen Startpunkt hat, wie das der Welt-

454 Vgl. Bertelsmann UL, B20, S. 208

zeitrechnung. Demzufolge erscheint Jesus auch im Zeitfraktal der Weltzeitrechnung an ebenso entscheidender Stelle. Besteht hier ein Zusammenhang mit Rom?

3.6.2 Jesus – Reformer für die Welt

Eine große weltumspannende Katastrophe und die Zählung der Zeit seitdem durch das Judentum liefern somit die Information, daß Jesus tatsächlich ein Reformer war, der weit über die jüdische Religion hinausging. Es sei daran erinnert, daß Jesus zum Zeitpunkt [81; +18] mit der Maya-Superzahl erschien, genauer in dessen Reifestadium [81; +18, -3]. Damit ergibt sich, daß das Erscheinen Jesu ein Spiegelereignis der Gründung des Römischen Reiches ist! Dazu ein Blick ins Weltzeitfraktal:

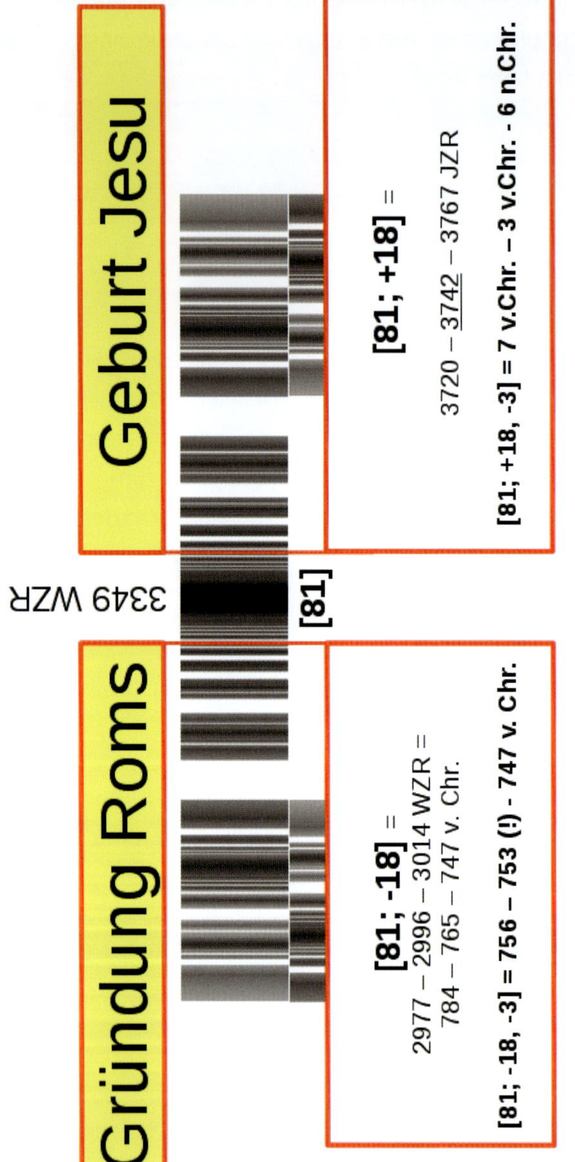

Abb. 88 – Jesu Erscheinen als Spiegelereignis der Gründung Roms

Subknoten [81; -18] gespiegelt an Hauptknoten [81] ergibt Subknoten [81; +18]. Erinnert man sich an die Analyse des Merchandise Marks Act (MMA) und des Ersten Weltkrieges in der christlichen Zeitrechnung, kann man den energetischen Zusammenhang zwischen Rom und Jesus erkennen. In beiden Analysen ist eine Parallele zu finden. Der MMA war bereits eine Maßnahme gegen das Deutsche Reich, was sich erneut im Ersten Weltkrieg zeigte, Deutschland wurde niedergerungen und verlor den Krieg. Die Gründung Roms als Umkehrung der Liebe **Amor** deutet global auf ungute dahinterstehende Absichten hin. Warum? In Kapitel 2.2.3.4 wurde deutlich, daß sich hinter jeder Zahl eine Schwingung mit einer ihr entsprechenden Qualität verbirgt. Die Kettenbruchdarstellung einer Zahl bringt die Schwingungsqualität zum Ausdruck. In gleicher Weise kann man davon ausgehen, daß demnach auch Buchstaben als Symbole Träger von Schwingungsqualitäten sind. Dies würde genauso für ihre Zusammensetzungen als Worte gelten. Einen Hinweis auf die zugrundeliegende Schwingungsqualität bei Worten erhält man durch die Bedeutung des Wortes. Der Leser kann vielleicht aus eigener Erfahrung die unterschiedlichen Auswirkungen eines Wortes auf den Anwender oder einen Angesprochenen bestätigen, je nachdem, ob ein positives oder negatives Wort gesprochen wird. Gibt sich nun ein heranwachsendes Weltreich einen Namen, der die Umkehrung der Liebe darstellt, könnte dies ein energetisches Umfeld geschaffen haben, das zur Kreuzigung Jesu beitrug. Schließlich predigte Jesus die Liebe wie kein anderer! **Roma** kreuzigte **Amor**!

So wird dieses Kapitel über Jesus mit den Worten des Naturforschers, Künstlers und Mystikers Walter Russell geschlossen, der über Jesus sagte:

„Jesus kannte die Schöpfungsordnung mit ihren Gesetzen und die Schöpfungsprozesse; tatsächlich war er der einzige vollendete Wissenschaftler, den die Welt kennt. […] Es war sein Wissen, das ihm die Kraft zur Heilung und zur Ausführung sogenannter Wunder verlieh. Jesus war deshalb der größte Mensch, der jemals lebte, weil er mehr Wissen hatte, als je ein Mensch zuvor. Wissen ist der Schlüssel, der dem Menschen die Tür zu kosmischer Macht öffnet. […] Der Mensch muß Gottes Gesetze in seinem Herzen und seiner Seele kennen, bevor er die Liebe leben kann. […] Jesus lebte das Prinzip der Nächstenliebe mit dem wissenschaftlichen Verstehen der Einheit und Verbundenheit aller Menschen…“[455]

3.6.3 Gesamtschau

So sei an dieser Stelle noch einmal ein Blick auf alle wesentlichen Ereignisse im Fraktal der globalen Zeitrechnung geworfen:

Die Zusammenhänge der Ereignisse beeindrucken und verraten, daß mit 2017 ein gewaltiges Wendejahr bevorsteht, wie es zuletzt 1941 anzutreffen war; jedoch liegt 2017 im Global-Scaling-Kettenbruch zwei Ebenen höher, im Subknoten $n_2=+3$, und ist damit noch mächtiger. 2017 wird ein Jahr großer Umwälzungen, und die Menschheit ist mehr denn je gefordert, sich kollektiv friedlich weiterzuentwickeln, will sie diese Transformation überleben!

455 Russell, 1948, S. 186–187; Übersetzung aus dem Englischen durch den Verfasser

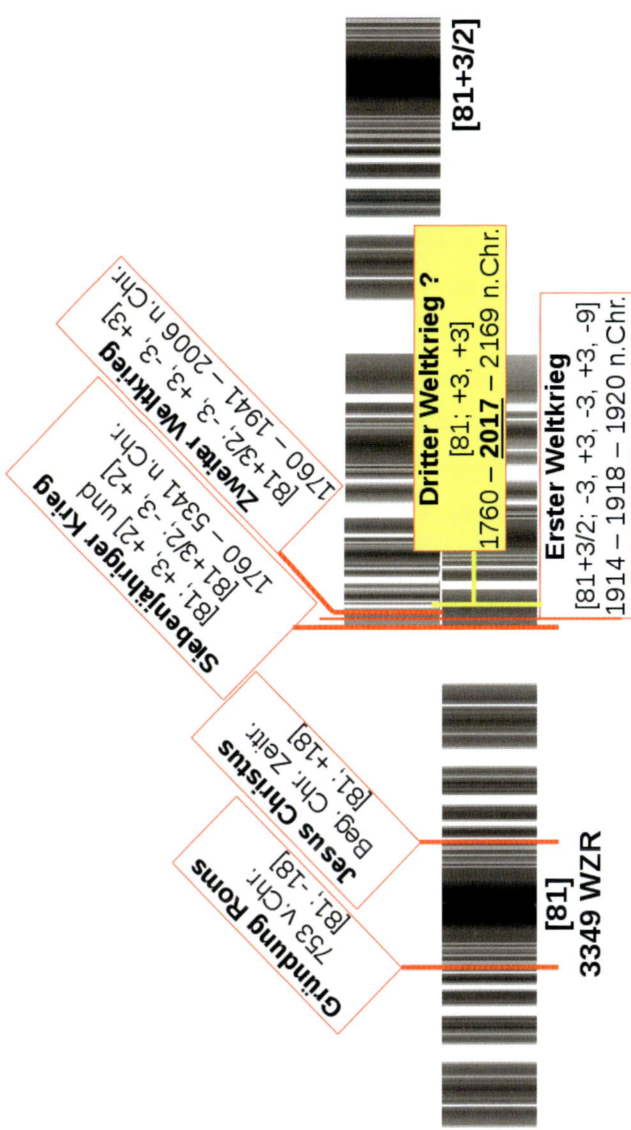

Abb. 89 – Ereignisse von globaler Bedeutung in der Weltzeitrechnung

3.7 Aktuelle Zeitqualität

Nun ist es an der Zeit, sozusagen alle Puzzlestücke zusammenzutragen, um die aktuelle Zeitqualität möglichst zutreffend zu erfassen.

In der Analyse der christlichen Zeitrechnung war zu erkennen, daß wir uns in einer zweitausend Jahre alten finalen Reifephase befinden. Ein zweitausendjähriger „Tag" geht zu Ende. Es kommt etwas zum Abschluß. Die christlich geprägte Kultur hat es bislang nicht geschafft, sich ganzheitlich, gesund und tragfähig zu entwikkeln. Sie wird in dieser Form nicht überleben können.

Die christliche entspringt der jüdischen Zeitrechnung, die sich seit 1760 n. Chr. in einer Neugeburtsphase befindet und 2017 eine Trendwende enormen Ausmaßes und besonders hoher Priorität erreicht, die fraktalqualitativ dem Tzolkin-Zyklus entspricht.

Die gleiche Zeitqualität herrscht auch global, da sich die jüdische Zeitrechnung auf eine große weltumspannende Katastrophe bezieht, die weitgehend einen globalen Neustart anordnete. Die Weltzeitrechnung befindet sich also auch in einem Neugeburtssprung auf höhere Ebene.

Die Maya-Kultur nun setzte diese Zeitqualitäten in einen kosmischen Zusammenhang, indem man erkennen durfte, daß ein Präzessionszyklus und platonisches Jahr mit rund 26.000 Jahren zu Ende geht. Die Wintersonnenwendensonne geht nur alle 26.000 Jahre in Konjunktion mit dem galaktischen Zentrum auf, und die Plejaden stehen nur alle platonischen Jahre mit der Sonne im Zenit. In Chichén Itzá markierte diese Zenitkonstellation noch zusätzlich der Mond, der sich 2012 im Zenit dazugesellte.[456] Nicht zuletzt wurde eine weitere Markierung des Jahres 2012 durch die Venustransite am 08.06.2004 und 04.06.2012 gegeben. Mit ihren Bauwerken aus Stein hinterließen die Maya etwas unserem Stand Entsprechendes. Wir sind es, die

456 Siehe die Anhänge 7.3 bis 7.5

entwicklungsgeschichtlich in der Steinzeit leben. Wir leben in einer Kultur, die kurz davor steht, sich selbst auszulöschen. Hochentwikkelt ist sie also nicht! So fällt es uns leichter, in Steinbauten integrierte astronomische Zusammenhänge zu entdecken und zu verstehen, als wenn man uns wirklich hochentwickelte Instrumente hinterlassen hätte. Welchen Sinn hat es, einem Baby einen modernen PC vor die Nase zu stellen? Bauklötze sind da schon geeigneter.

Dank Global Scaling ist nun bekannt, daß ein 26.000-Jahr-Zyklus fraktalqualitativ identisch ist mit dem Tzolkin-Zyklus von 260 Tagen. Kosmisch-galaktisch gesehen erlebt die Menschheit also gerade ein Neugeburtsstadium, nur mit noch viel größerer Mächtigkeit als die Neugeburtsphase der Weltzeitrechnung.

So viel mächtige Neugeburtsqualität zeigt die Unausweichlichkeit der stattfindenden Transformation. Vor allem muß den Menschen bewußt sein, daß sie diese Transformation NICHT überleben, wenn sie sie nicht akzeptieren und bereit sind mitzugehen!

Aus der Zeitanalyse ist nun bekannt, daß sich ein Neugeburtsstadium immer in 13 finale Reifestadien unterteilen läßt. Das platonische Jahr setzt sich mithin in etwa aus 13 · 2.000 Jahren zusammen. Damit ist zu erkennen, daß gerade Jesus vor 2.000 Jahren mit seinem Wirken für eine Beschleunigung unserer Entwicklung sorgte, damit mit höherer Wahrscheinlichkeit die jetzt anstehende Entwicklung gemeistert werden kann! Jesus kam nach zwölf Reifeperioden, sozusagen um „12 Uhr“, symbolisiert durch die zwölf Apostel. Jetzt ist es „13 Uhr“. Und die Galaxie „sagt“: Um „13 Uhr“ ist Schluß, danach beginnt ein neuer Zyklus. Gab Jesus eine Vorschau auf den Abschluß des 13. Reifezyklus? Liegt darin der Grund für die zwölf Apostel mit Jesus als Dreizehntem? Ja, genau darin liegt m. E. die Bedeutung der Zahlen. Dieser Zusammenhang wird erneut im folgenden Kapitel aufgegriffen.

Und vor knapp drei Reifeperioden schickte man der Menschheit eine große Katastrophe und löschte Atlantis aus. Drei Reifeperioden wiederum ergeben ein Neugeburtsstadium, in dem sich das Judentum und die Weltzeitrechnung befindet.

Angesichts dieser Zusammenhänge wird erneut deutlich, wie der gregorianische Kalender den Blick darauf verstellt, weil wesentliche natürliche Zyklen nicht darin integriert sind. Einzig die Jahreszählung der christlichen Zeitrechnung gibt etwas Orientierung. Die Zeitrechnung ist folglich ein mentales Muster, das wie ein Schleier die Sicht verdeckt. Genau das ist den Maya nicht passiert, weil sie all dies in ihre Zeitrechnung integrierten. Nicht zuletzt deshalb verwendeten sie so viele verschiedene Kalender parallel. Hier wird einmal mehr deutlich, wie wichtig ein die Bewußtseinsentwicklung fördernder Kalender für die Menschen einer Gemeinschaft wäre, zumal dieser täglich verwendet wird, und eben darum gleichzeitig, was für ein feines, einfaches, eben dafür geeignetes Instrument mit einem Kalender dafür vorläge! Aber eine Kalenderreform läßt sich nicht forcieren. Erst muß eine Bewußtseinsentwicklung stattfinden. Danach gibt sich eine Kultur automatisch einen entsprechenden Kalender, der eben ihren Bewußtseinszustand widerspiegelt.

3.8 Prophezeiung und Vision

Das vorliegende Buch, das die Zeit- und Geschichtsanalyse in Verbindung mit Prognosen möglicher Entwicklungen zum Gegenstand hat, wäre unvollständig, würde es nicht auch die Betrachtung alter Prophezeiungen für unsere Zeit aufgreifen. Vermutlich schon immer bewegte den Menschen die Frage, ob es ein vorbestimmtes Schicksal gibt, individuell und kollektiv, dessen Ablauf eben in einer Prophezeiung wiedergegeben wird. Oder existiert die freie Wahl der Zukunft? Deshalb wird ein kurzer Blick auf existierende Prophezeiungen geworfen und untersucht, ob es einen Bezug zur Gegenwart gibt.

Die Kenntnis des Global-Scaling-Phänomens gewährte einen Einblick in die Beschaffenheit der Zeit an sich. So sind bestimmte Zeitqualitäten wie die einer Lücke, einer Trendwende, einer hohen Ereignisdichte, eines Neugeburtsstadiums oder einer finalen Reife präzise prognostizierbar. Gleichzeitig wurde dabei jedoch klar, daß sich daraus die Prognose konkreter Ereignisse nicht ergibt.

Dadurch läßt sich verstehen, wie Prophezeiungen grundsätzlich zu bewerten sind. Nach den geschilderten Ergebnissen ist erkennbar, daß es sich bei Vorhersagen immer nur um Wahrscheinlichkeiten handelt. Genau darin liegt der gottgegebene freie Wille! Eine Prophezeiung ist folglich nichts anderes als eine Prognose auf Basis der zum Zeitpunkt der Prognose vorliegenden Bedingungen und Gegebenheiten, die deshalb mit hoher Wahrscheinlichkeit eine bestimmte Entwicklung erwarten läßt. Im Optimalfall trifft sie die wahrscheinlichste Zukunft. Zu keinem Zeitpunkt jedoch trifft sie mit hundertprozentiger Sicherheit ein. Jede kleine Einzelentscheidung beteiligter Menschen in der Entwicklung des betrachteten Prozesses verändert die Wahrscheinlichkeiten möglicher Zukünfte erheblich.

So ist es also ein wesentlicher Unterschied, ob man eine bestimmte Entscheidung und Entwicklung des menschlichen Kollektivs oder ob man den Eintritt einer bestimmten Zeitqualität vorhersagt. Letztere ist m. E. eine richtigere und vielversprechendere Vorgehensweise. Denn der freie Wille des Menschen läßt immer einen Spielraum, der, wenn er genutzt wird, schnell zu einer kompletten Änderung der Zukunft führen kann. Das ist eine gute Nachricht! Trotzdem unterliegen natürlich Entscheidungsänderungen in ihrer Wirkung einer gewissen Trägheit: Ein großes Frachtschiff, das mit einer bestimmten Geschwindigkeit fährt, kann nicht auf der Stelle wenden!

Aufgrund der bisher dargelegten Erkenntnisse muß jedoch hinsichtlich der Prognose bestimmter Ereignisse erwähnt werden, daß es beispielsweise vorherzusehen ist, daß sich in der Entwicklung eines Kollektivs regelmäßig hohe Wesenheiten als Persönlichkeiten von großem Einfluß und mit oft beeindruckenden Fähigkeiten zum Zeitpunkt [81; +18] inkarnieren. Das ist mit K'inich Janaab Pakal in der Maya- und Jesus in der jüdischen Kultur zu erkennen. Vermutlich geschehen solche Inkarnationen auch zu anderen markanten Zeitpunkten, aber dann mit anderer zu verkörpernder Qualität, weil die ***Zeit***qualität eine andere ist. So war Jesus aus Sicht des Zeitfraktals Repräsentant der wichtigsten zu vollziehenden Trendwende in der jüdischen Geschichte, aufgrund des Bezuges zu einer großen Katastrophe auch der Weltgeschichte. Weil diese nicht kollektiv vollzogen wurde, spaltete sich das Judentum, und es entwickelte sich daraus das Christentum.

Heute dagegen herrscht die Zeitqualität einer finalen Reife christlicherseits, einer Neugeburt jüdischerseits und einer noch gewaltigeren Neugeburt galaktischen Ausmaßes!

Das periodische Erscheinen solch mächtiger, prägender Individuen führte dazu, daß sich in den Religionen und Weltanschauungen verständlicherweise Erwartungen an eine Wiederkehr messianischer Lehrer entwickelten. So ist es wichtig, den Begriff und die Bedeutung des Messias[457] zu beleuchten. Was ist ein Messias? Dabei hilft der Blick auf Jesus. Aus seinem Wirken ist zu erkennen, welche Rolle ein Messias haben kann. Niemals ist es so, daß er die Menschen zwangsbeglückt und „erlöst". Die Verantwortung bleibt immer beim einzelnen Menschen. Vielmehr ist es die Rolle eines Lehrers, der liebevoll aufzeigt, was der Mensch zu leisten im Stande ist, wie er sein Leben in Harmonie glücklich und erfüllend gestalten kann und daß er zu jedem Zeitpunkt die Verbindung zu Gott in sich trägt. Eine messianische Veranstaltung hat regelmäßig Angebotscharakter! Gleichzeitig zeigt sie jedoch in aller Deutlichkeit die Konsequenzen auf, die sich aus der Nichtbefolgung der gegebenen Impulse ergeben.

Welche alten Prophezeiungen hinsichtlich einer messianischen Wiederkehr gibt es?

3.8.1 Christentum

Wie auch die Analyse der Zeitrechnung zeigte, entstand das Christentum aus dem Judentum. Ähnlich dem Judentum, das einen gottgesandten, messianischen Retter erwartet, der ein theokratisches Weltreich errichten wird, findet man diese Vorstellung auch in der Christologie. Vermutlich ist es den wenigsten Menschen, die sich Christen nennen, bewußt, daß sie in ihrem wichtigsten, wohl von Jesus verfaßten Gebet ein theokratisches Weltreich herbeibitten. Im VATER UNSER heißt es:

457 Messias, aramäisch, von hebr. *Maschiach*, „der Gesalbte"; im Alten Testament der von den Israeliten der späteren Königszeit erwartete gottgesandte Retter, der ein theokratisches Weltreich gründen sollte. Meyers GKL, 1907, B13, S. 663

Vater unser im Himmel,
geheiligt werde Dein Name,
***Dein Reich komme**,*
Dein Wille geschehe,
wie im Himmel,
so auch auf Erden …

Die Entstehung des Christentums als Abspaltung vom Judentum war die Konsequenz des Glaubensstreits der Juden untereinander, ob Jesus eben jener gottgesandte Retter war. Die meisten Juden erwarteten laut ihrer Prophezeiungen einen kriegerischen Endzeitkönig.[458] Da paßte Jesus nicht ins Bild. Die sich vom Judentum abspaltenden Judenchristen überlieferten in der Apostelgeschichte: „…, *daß Jesus der Messias ist*"[459]. Für große Verunsicherung sorgte jedoch der Umstand, daß die alttestamentarisch überlieferten Erwartungen einer Wiedererrichtung des Reiches Israel[460], die Errettung seines Volkes von seinen Feinden[461] und das Einnehmen von Davids Thron[462] so nicht eintraten. Zum einen fand man deshalb in der Auferstehung Jesu Trost. Zum anderen glaubte und glaubt man an seine Wiederkehr.[463]

Aufgrund der Einsichten, die die Zeitanalyse in Kapitel 3.3.2 gewährte, ist es nach Auffassung des Verfassers sicher, daß Jesus seinen Auftrag und den Zeitpunkt seiner eher zeitlich ferneren Wiederkehr kannte und auch dementsprechend zum Ausdruck brachte. Es wäre nicht das erste Mal gewesen, daß Äußerungen mißverstanden und fehlinterpretiert worden wären. So ist es aufgrund dieses Mißverstehens nachvollziehbar, daß man unter den frühen Christen Jesu Wiederkehr schon als sehr bald eintretend erwartete. Auch befand Jesus

---

458 Vgl. Maier, 2005, S. 25
459 DB, Neues Testament, 1980, Apg 9, 22; S. 296
460 Vgl. DB, Neues Testament, 1980, Lk 24, 21; S. 214; Apg 1, 6 S. 277
461 Vgl. DB, Neues Testament, 1980, Lk 1, 71; S. 145
462 Vgl. DB, Neues Testament, 1980, Lk 1, 32 S. 143
463 Vgl. Meyers GKL, 1905, B4, S. 117

hinsichtlich der Bekanntgabe des Zeitpunktes, wann das Reich Israel wiederhergestellt würde: *„… Euch steht es nicht zu, Zeiten und Fristen zu erfahren, die der Vater in seiner Macht festgesetzt hat."*[464]

Des weiteren lag das Mißverständnis der Botschaft Jesu auch darin, daß die Verantwortung für die Schaffung dieses theokratischen Reiches, des Himmels auf Erden – auch Jesus verkündete die anbrechende Gottesherrschaft auf Erden[465] –, eben bei den Menschen selbst lag und nicht bei Jesus. Er erinnerte lediglich an das Wissen dazu und zeigte, wozu ein Mensch imstande ist, der sich seiner Göttlichkeit bewußt ist. Es muß sich aber jeder einzelne selbst für Gott entscheiden, nach freiem Willen.

Eine der zentralen diesbezüglichen Offenbarungen ist die des Johannes. Diese Schrift ist seit dem dritten Jahrhundert nach Christus in der lateinisch-westlichen Kirche als neutestamentarisches Buch anerkannt.[466] Darin heißt es, daß Jesus in richtender Weise wiederkehrt und seine standhaften Bekenner mit ihm auferstehen und tausend Jahre herrschen werden.[467] In 20,4 der Offenbarung des Johannes steht geschrieben:

> *„Dann sah ich Throne; und denen, die darauf Platz nahmen, wurde das Gericht übertragen. Ich sah die Seelen aller, die enthauptet worden waren, weil sie an dem Zeugnis Jesu und am Wort Gottes festgehalten hatten. Sie hatten das Tier und sein Standbild nicht angebetet, und sie hatten das Kennzeichen nicht auf ihrer Stirn und auf ihrer Hand anbringen lassen. Sie gelangten zum Leben und zur Herrschaft mit Christus[468] für tausend Jahre. …"*[469]

---

464 Vgl. DB, Neues Testament, 1980, Apg 1, 7; S. 277
465 Vgl. Maier, 2005, S. 24
466 Vgl. Scholz, 2006–2011, S. 42
467 Vgl. Meyers GKL, 1905, B4, S. 31
468 Griech. Übersetzung des hebr. Messias (maschiach), der Gesalbte; Meyers GKL, 1905, B4, S. 121
469 DB, Neues Testament, 1980, Offb 20, 4; S. 623; vgl. Scholz, 2006–2011, S. 31

Interessant sind des weiteren Matthäus 16, 27–28 und Offenbarung 22, 12, die ebenfalls die Wiederkehr Jesu mit der Rolle eines Richters verknüpfen:

> *„27 Der Menschensohn wird mit seinen Engeln in der Hoheit seines Vaters kommen und jedem Menschen vergelten, wie es seine Taten verdienen. 28 Amen, ich sage euch: Von denen, die hier stehen, werden einige den Tod nicht erleiden, bis sie den Menschensohn in seiner königlichen Macht kommen sehen.“*[470]
> *„12 Siehe, ich komme bald, und mit mir bringe ich den Lohn, und ich werde jedem geben, was seinem Werk entspricht.“*[471]

Interessant ist diese Stelle auch insofern, als sie die Wiederkehr des Menschensohnes in Verbindung mit Engeln erwähnt. Entsprechend kommt im ersten Brief an die Thessalonicher 4, 16 die Wiederkehr des HERRN mit der Stimme des Erzengels zum Ausdruck.[472]

Wie sieht es mit Angaben hinsichtlich des Zeitpunktes der Wiederkehr aus?

Wenngleich eine genaue zeitliche Angabe nicht zu finden ist, können Schilderungen der Umstände, zu denen eine Wiederkehr zu erwarten ist, Auskunft geben. Vergleicht man die Schilderungen beispielsweise im zweiten Brief des Petrus 3, 1–13 mit der heutigen Zeit, kann man viele Parallelen entdecken:

> *„3 Vor allem sollt ihr eines wissen:* ***Am Ende der Tage werden Spötter kommen, die sich nur von ihren Begierden leiten lassen und höhnisch sagen****: 4 Wo bleibt denn seine verheißene Ankunft? Seit die Väter entschlafen sind, ist alles geblieben, wie es seit Anfang der Schöpfung war. 5 Wer das behauptet, übersieht, daß es einst einen Himmel gab und eine Erde, die durch*

470 DB, Neues Testament, 1980, Mt 16, 27–28; S. 56

471 DB, Neues Testament, 1980, Offb 22, 12; S. 627

472 Vgl. DB, Neues Testament, 1980, 1 Thess 4, 16; S. 473

das Wort Gottes aus Wasser entstand und durch das Wasser Bestand hatte. 6 Durch beides ging die damalige Welt zugrunde, als sie vom Wasser überflutet wurde. 7 Der jetzige Himmel aber und die jetzige Erde sind durch dasselbe Wort für das Feuer aufgespart worden. Sie werden bewahrt bis zum ***Tag des Gerichts****, an dem die Gottlosen zugrunde gehen.*
Die Verzögerung der Ankunft: 3,8–13
*8 Das eine aber, liebe Brüder, dürft ihr nicht übersehen: daß beim Herrn e****in Tag wie tausend Jahre und tausend Jahre wie ein Tag*** *sind. 9 Der Herr zögert nicht mit der Erfüllung der Verheißung, wie einige meinen, die von Verzögerung reden; er ist nur geduldig mit euch, weil er nicht will, daß jemand zugrunde geht, sondern daß alle sich bekehren. 10* ***Der Tag des Herrn wird aber kommen wie ein Dieb****. Dann wird der Himmel prasselnd vergehen, die Elemente werden verbrannt und aufgelöst, die Erde und alles, was auf ihr ist, werden (nicht mehr) gefunden. 11 Wenn sich das alles in dieser Weise auflöst: wie heilig und fromm müßt ihr dann leben, 12 d****en Tag Gottes erwarten und seine Ankunft*** *beschleunigen! An jenem Tag wird sich der Himmel im Feuer auflösen, und die Elemente werden im Brand zerschmelzen. 13 Dann erwarten wir, seiner Verheißung gemäß, einen neuen Himmel und eine neue Erde, in denen die Gerechtigkeit wohnt.“*[473]

Interessant ist darin erneut die Ankündigung einer Wiederkehr mit gerichtlichem Charakter in Vers 3, 7, 10 und 12. Eine Charakterisierung der gerichtlichen Endzeit wird in Vers 3 angegeben, Spott und Begierde sind die vorherrschenden Attribute jener Zeit. Ein grober zeitlicher Bezug wird gegeben, indem ein Tag mit tausend Jahren gleichgesetzt wird. Aus der fraktalen Zeitanalyse ist nun bekannt, daß ein Tag fraktalqualitativ mit zweitausend Jahren gleichgesetzt werden kann. In jedem Fall kommt durch Petrus hier eine zeitliche Relativierung der Wiederkehr ins Spiel, die Geduld von den damals Gläubigen und Hoffenden forderte. Bemerkenswert ist Petrus' Aus-

473 DB, Neues Testament, 1980, 2 Petr 3, 3–13, S. 563

sage in Vers 9, daß der HERR nichts verzögert, sondern alles nach göttlichem Plan abläuft. Konkretere Angaben sind jedoch, wie es scheint, im Christentum nicht überliefert.

Auch ein zentrales Buch der Christen prophetischen Inhalts ist das Buch Henoch, aus dem nachfolgend zitiert wird. Die Herausgeber des zitierten Werkes äußern sich dazu einleitend:

> *„Das Buch Henoch, welches wir hier griechisch und in deutscher Übersetzung des äthiopischen Textes vorlegen, gehört strenggenommen nicht in den Kreis der «griechischen christlichen Schriftsteller», da es in vorchristlicher Zeit auf jüdischem Boden erwachsen ist, aber sein vorwiegend apokalyptischer Ideenkreis war von solchem Einfluß auf die gleichzeitige und unmittelbar folgende jüdische und neutestamentliche Litteratur, und bei den älteren Kirchenvätern und Apologeten griechischer wie lateinischer Zunge erfreute es sich eines solchen Ansehens, daß seine Aufnahme in diese Sammlung gerechtfertigt erscheint.“*[474]

Auch dieses Buch kündigt schon die Wiederkehr der göttlichen Ordnung in Form eines Menschensohnes an, der himmlisches Gericht halten wird:

> *„Cap. 47 Und in jenen Tagen wird das Gebet der Gerechten und das Blut des Gerechten von der Erde aufgestiegen sein vor den Herrn der Geister. 2 In diesen Tagen werden die Heiligen, die hoch in den Himmeln wohnen, vereint mit einer Stimme flehen, beten, rühmen, danken und preisen den Namen des Herrn der Geister wegen des Blutes der Gerechten, das vergossen worden ist, und wegen des Gebetes der Gerechten, daß es nicht vergeblich sein möge, vor dem Herrn der Geister, daß ihnen Recht geschafft werde, und sie nicht ewig sich zu gedulden haben. 3*

474 Flemming und Radermacher, 1901, S. 3

In jenen Tagen sah ich das betagte Haupt, als es sich auf den Thron seiner Herrlichkeit setzte, und die Bücher der Lebendigen vor ihm aufgeschlagen wurden, und sein ganzes Heer, das hoch oben in den Himmeln ist, und seine Ratsversammlung vor ihm standen. 4 Und das Herz der Heiligen wurde voll Freude, daß die Zahl der Gerechtigkeit bald erreicht, das Gebet der Gerechten erhört, und das Blut der Gerechten vor dem Herrn der Geister gerächt worden sei.
Cap. 48 […] 2 Und in jener Stunde wurde jener ***Menschensohn*** *in Gegenwart des Herrn der Geister genannt, und sein Name vor dem betagten Haupte. 3 Und bevor die Sonne und die Zeichen geschaffen wurden, bevor die Sterne des Himmels gemacht waren, ist sein Name vor dem Herrn der Geister genannt worden.* ***4 Er wird für die Gerechten ein Stab sein, daß sie sich auf ihn stützen und nicht fallen;*** *er wird das Licht der Völker sein und die Hoffnung derer, welche Kummer in ihrem Herzen tragen. 5* ***Es werden niederfallen und anbeten vor ihm alle, die auf Erden wohnen****, und sie werden preisen, rühmen und lobsingen dem Herrn der Geister. […] 8* ***Und in jenen Tagen werden die Könige der Erde und die Mächtigen****, die das Erdreich besitzen, zu solchen geworden sein, die den Blick zu Boden schlagen um des Werkes ihrer Hände willen, denn* ***am Tage ihrer Angst und Not werden sie nicht ihre Seele retten****. 9* ***Und ich werde sie in die Hand meiner Auserwählten geben****, wie Stroh im Feuer und wie Blei im Wasser, so werden sie vor dem Angesicht der Heiligen brennen und vor dem Angesicht der Gerechten untersinken, und keine Spur mehr wird von ihnen zu finden sein.10 Und an dem Tage ihrer Not wird auf Erden Ruhe werden, und sie werden vor ihnen fallen und sich nicht wieder erheben, und niemand wird da sein, der sie mit seiner Hand erfaßte und sie aufhöbe, denn sie haben den Herrn der Geister und seinen* ***Gesalbten*** *verleugnet. Und der Name des Herrn der Geister sei gepriesen. […]*
Cap. 50. ***Und in jenen Tagen wird eine Wandelung stattfinden für die Heiligen und Auserwählten: das Licht der Tage wird über ihnen wohnen, und Herrlichkeit und Ehre wird den Heiligen sich zukehren****. 2 Und an dem Tage der Not, da das Unheil auf die Sünder gehäuft sein wird, werden die Gerechten den Sieg davontragen im Namen des Herrn der Geister, und er*

> *wird (es) den anderen zeigen, daß sie Buße thun und von dem Thun ihrer Hände lassen. 3* ***Und sie werden keine Ehre haben im Namen des Herrn der Geister, aber in seinem Namen werden sie errettet werden, und der Herr der Geister wird sich ihrer erbarmen, denn seine Barmherzigkeit ist groß.*** *4 Und er ist gerecht in seinem Gericht, und angesichts seiner Herrlichkeit wird auch die Ungerechtigkeit nicht in seinem Gericht bestehen:* ***wer nicht Buße thut vor ihm, wird untergehen.*** […]“[475]

Hervorhebenswert sind hier mehrere Aspekte, die sich auch in anderen Prophezeiungen wiederfinden lassen, wie nachfolgend noch zu sehen sein wird. Obwohl aus der Zeit vor Jesus stammend, wird hier bereits ein Menschensohn erwähnt, ein Gesalbter, ein Christus, der mit dem Auftrag Gottes herniedersteigt. Zu dieser Zeit scheint also schon das Wissen um die regelmäßige Wiederkehr eines weisen Lehrers vorhanden gewesen zu sein. Ebenso seien hier die Attribute des mit der Wiederkehr verbundenen Gerichtes, des zwingenden Charakters dieses Ereignisses auch für die Mächtigsten der Erde, denen alle Macht genommen wird, und der Wandlung hin zu einem theokratischen Reich hervorgehoben. In Verbindung damit soll alles nicht Gott Zugewandte untergehen. Diese Merkmale, insbesondere der zwingende Charakter ohne weitere Nachholfrist, lassen sich gut unter die Qualität eines Neugeburtsstadiums galaktischen Ausmaßes, das alle 26.000 Jahre auftritt, subsumieren.

Höhere Wesenheiten werden im Christentum und im Judentum mit Engeln in Verbindung gebracht. Die höchsten unter ihnen sind die sogenannten Erzengel. Gibt es einen Engel, dem die Rolle eines Richters zugeschrieben werden kann?

Hierbei stößt man auf jenen Erzengel, der nach dem Buche He-

475 Flemming und Radermacher, 1901, S. 21–22; Hervorhebungen durch den Verfasser

noch über die Engelheere und den Tartarus[476] gesetzt wurde. Es handelt sich dabei um Uriel, „Gottes Licht", er ist der Führer der Engel und der Engel der Welt.[477] Er gehört zu den Erzengeln der jüdischen und christlichen Lehre, die dieses Wissen wiederum von der babylonischen Kultur übernahmen. Nach dem Midrasch[478] steht er zur linken Seite des göttlichen Thrones und bringt Sühne und Erleuchtung.[479]

Daraus ist zu entnehmen, daß es Uriels Entscheidung obliegt, ob jemand in das Reich Gottes eingehen kann, er ist der oberste Richter. Brachte sich Jesus mit der Engelwesenheit Uriel in Verbindung? Interessant ist dazu die in Johannes 14, 6 überlieferte Aussage Jesu: *„Jesus sagte zu ihm: Ich bin der Weg und die Wahrheit und das Leben;* ***niemand kommt zum Vater außer durch mich****."*[480] Dies würde nahelegen, daß es sich mit Jesus um eine Inkarnation Uriels handelte.

Gibt es nun eine Möglichkeit, den Zeitpunkt der von Jesus angekündigten Wiederkehr zu bestimmen?

Mit der in diesem Buch dargelegten Analyse wird verständlich, daß Jesus den Zeitpunkt seiner Wiederkehr sogar präzise angab. Seine diesbezügliche Botschaft kann jedoch nur im Zusammenhang mit der Betrachtung des platonischen Jahres verstanden werden. Des weiteren muß das Wissen vorhanden sein, daß ein Zeitraum von rund 2.000 Jahren ein finales Reifestadium ist. So wie der Neugeburtszyklus von 13 Tagen sich in 13 finale Reifestadien zu je einem Tag einteilen läßt, ergeben 13 zwanzigtägige finale Reifestadien den Neugeburtszyklus des Tzolkin und so ergeben 13 zweitausendjährige finale Reifestadien das Neugeburtsstadium eines Platonischen

476 Die ganze Unterwelt, in der die Verdammten büßen; vgl. Meyers GKL, 1908, B19, S. 331

477 Vgl. Flemming und Radermacher, 1901, S. 34 und S. 12

478 = Schriftforschung; von hebr. darasch = forschen, untersuchen; vgl. Meyers GKL, 1907, B13, S. 774

479 Vgl. Meyers GKL, 1908, B19, S. 961

480 DB, Neues Testament, 1980, Joh 14, 6; S. 257

Jahres von 26.000 Jahren. In Kapitel 3.1.3 wurde die 13 als universell gültiger Umrechnungsfaktor identifiziert. Es zeigt sich nun, daß Jesus diesen Faktor verkörperte. Wie bereits in Kapitel 3.7 beschrieben, wird erst heute mit dem Wissen um das Zeitfraktal deutlich, daß sich die in Jesus inkarnierte hohe Wesenheit vor 2.000 Jahren bezogen auf das platonische Jahr nach zwölf Reifeperioden zu je 2.000 Jahren manifestierte. Überliefert wurde dies kodiert in der Anzahl der zwölf Apostel. Sie bildeten eine Gemeinschaft von 13 Menschen mit Jesus als Dreizehntem. Genau damit kam zum Ausdruck, daß seine Wiederkehr auf jeden Fall nach insgesamt 13 finalen Reifestadien stattfinden wird, mit der Vollendung des platonischen Jahres. Die Maya halfen auf die Sprünge, in dem sie die astronomische Markierung gleich mit zwei verschiedenen Kosmologien darstellten und ihre Kalenderwerke, insbesondere den Tzolkin, hinterließen. Jesus sagte mit der 13 seine Wiederkehr also genau für die jetzige Zeit vorher.

3.8.2 Judentum

Das Judentum, wie zu sehen war, erwartet seinen Messias, mithilfe dessen die Weltherrschaft etabliert werden soll. Nach Meinung seiner religiös-orthodoxen Führer galt und gilt es, drei Weltkriege zu führen, das jüdische Volk nach Hause nach Palästina zu holen und auf diesem Wege die „Messiaswehen" zu durchleiden. Damit schließlich der ersehnte Messias erscheine, die geheime Bundeslade offenbart werde, gilt es, das Papsttum in Rom zu Fall zu bringen, das Christentum zu zerstören und den salomonischen Tempel in Jerusalem neu zu errichten.[481] Es müssen also von den irdischen

481 Vgl. Eggert, 2008a, S. 430

Juden die genannten Voraussetzungen geschaffen werden, damit ihr Messias erscheint.

Diese Merkmale lassen sich so gar nicht mit den Überlieferungen und Qualitäten von Jesus in Einklang bringen, sie erscheinen eher genau das Gegenteil zu sein. Erwartet der extremistische Teil des Judentums also den Anti-Christen?

Wie es aussieht, stehen sie unter gewaltigem Zeitdruck, denn das Jahr des Erscheinens soll das Jahr 5777 jüdischer Zeitrechnung sein. Und die gute Nachricht ist, daß gegenwärtig kein (Dritter) Weltkrieg in Europa in vollem Gange stattfindet, wie er beispielsweise 1941 bereits zwei Jahre tobte und in einem vergleichbaren – wenn auch im Kettenbruch zwei Spektralebenen tiefer liegenden und damit weniger mächtigen – Ereignishöhepunkt jüdischer Zeitrechnung lag.

3.8.3 Im alten Babylon

Nach babylonischen Prophezeiungen kehrt der **Dritte Sargon** wieder, wird den vorherrschenden Verfall an Sittlichkeit und ethischen Werten beenden und die göttliche Ordnung auf Erden wiederherstellen. So wird aus dem Gespräch zwischen Nebukadnezar II. und der Seherin Sajaha überliefert:

> *„SAJAHA 10*
> *[…]*
> *Und ein Graus wird hereinbrechen über alle Knechte der Finsternis und über alle ihre Helfer.*
> *All ihr Gold wird dahinschmelzen zu schreienden Tränen – unter dem leuchtenden Strahl des neuen Babylon.*
> *Und alle ihre Racheschwüre werden sie selbst treffen aus dem Spiegel ihrer Bosheit.*
> *[…]*

Tief hockt die Finsternis im Fleische der Völker – wie heimliches Gewürm – hoch wird sie sitzen:
In den Städten auf den Nacken der Könige und der Fürsten.
Das Licht der Gerechten scheint verdunkelt zu sein.

Das neue Babylon aber wird erstrahlen am Sockel des Nordberges.
Und derjenige, welcher der einsamste war,
wird der neue König von Babylon sein,
der König des neuen Reiches.
[…]

SAJAHA 12
[…]
Der Dritte Sargon wird kommen in späterer Zeit.
Er wird vertilgen die Knechte der Finsternis mit all ihrem Samen,
er wird das Böse ausreißen mit der Wurzel.
[…]
Von Norden her wird er kommen;
unvermutet wird er hereinbrechen über die im Gift lebende Erdenwelt,
wird mit einem Schlage alles erschüttern – und seine Macht wird unbezwingbar sein.
Er wird keinen fragen. Er wird alles wissen.
Eine Schar Aufrechter wird um ihn sein.
Ihnen wird der Dritte Sargon das Licht geben,
und sie werden der Welt leuchten.
[…]
Aus dem zertretenen Boden Chaldäas[482] *wird dann der erste Funke des Neuen hervorschlagen.*
Er wird zum Himmel aufsteigen und fliegen,
von eilenden Wolken getragen,
zum Lande des Nordens hin.

482 Babylonien; griech. Chalaioi, lat. Chaldaei, assyrisch Kaldu, gebr. Kasdim; vgl. Meyers GKL, 1905, B3, S. 861

Aus dessen geschundener Erde steigt der Befreier empor, der Rächer:
Der Dritte Sargon!
Und von Nord wie von Süd werden dann die einsamen Gerechten aufstehen
und werden gewaltig sein und sturmgleich das Feuer entfachen
und es vorantragen, das alles Übel ausbrennt überall, ja, überall.
[...]"[483]

Besonders interessant ist an der 2.600 Jahre alten, babylonischen Prophezeiung, daß die darin beschriebene Umwälzung mit dem Dritten Sargon als Leitfigur in unserer Zeit stattfinden soll, mit Beginn des Wassermannzeitalters, das nach babylonischer Zeitrechnung etwa 1934 n. Chr. begann. Die Übergangsphase vom Fische- zum Wassermannzeitalter dauert rund 168 Jahre, welche nach sumerischer Mythologie in die „Drei Doppelschritte Marduks" eingeteilt wird. Jeder Schritt beträgt folglich 56 Jahre. Der Prophezeiung folgend hält man eine Manifestation des Dritten Sargon im mittleren Doppelschritt für wahrscheinlich, was zwischen den Jahren 1990 und 2046 christlicher Zeitrechnung wäre.[484] Als rechnerischer Mittelwert ergibt sich das Jahr 2018, welches verblüffend nahe an dem jüdisch-messianischen Jahr 5777 bzw. 2017 n. Chr. liegt und eine resonante Übereinstimmung anzeigen könnte.

Interessant ist hier des weiteren die Parallele zum Judentum, nach deren Vorstellung ebenfalls ein durch Nihilisten und Atheisten eingeleiteter gesellschaftlicher Verfall stattfinden soll, um dann *„die reine Lehre Luzifers"* empfangen zu können.[485] Jedoch führen die leitenden Kräfte des Judentums diesen Verfall bewußt herbei, so wie es aus dem in Kapitel 3.3.3.7 zitierten Schriftwechsel

483 Kaltmeister, 2009, S. 103–123
484 Kaltmeister, 2009, S. 8
485 Siehe das Kapitel 3.3.3.7

der beiden Hochgradfreimaurer Guiseppe Mazzini und Albert Pike hervorgeht, um die Voraussetzungen der Wiederkehr des Messias zu schaffen, wohingegen aus babylonischer Sicht dieser Verfall durchaus bedauernswert ist.

3.8.4 Islam

Wie in allen Religionen gibt es auch im Islam unterschiedliche Strömungen, und so scheint eine Orientierung am Koran hinsichtlich der Suche nach einer Ankündigung geboten, ob und wann eine messianische Wesenheit wiederkehrt.

Die Muslimen erwarten einen Glaubenserneuerer (Paraklet), der in der Endzeit von Gott bzw. Allah gesandt wird, um das Werk Mohammeds zu vollenden und die Ungläubigen zu bekehren oder zu vernichten. Sie nennen ihn den „Mahdi", den „Rechtgeleiteten".[486] Auch die schiitischen Ajatollahs, die als Vertretung des zwölften und letzten anerkannten Nachfolgers des Propheten Mohammed (Imam) auftreten und wohl von den meisten Muslimen anerkannt werden, erwarten ebenfalls die Wiederkehr des „Mahdi". Mit seiner Wiederkehr verbinden sie die Erwartung an die Errichtung einer Gottesherrschaft auf der Erde.[487] Hier fällt ins Auge, daß die Nachfolge Mohammeds mit der Zwölf beendet wird. Die 13, so scheint es, kann nur vom Erwarteten eingenommen werden. Das ergibt mit den Erkenntnissen aus der Zeitanalyse einen Sinn, weil die 13 schließlich den neugeburtlichen Wandel repräsentiert.

Welche Hinweise lassen sich im Koran im Hinblick auf eine Wiederkehr finden?

---

486 Vgl. Meyers GKL, 1907, B13, S. 103

487 Vgl. Eggert, 2008a, S. 438

Zunächst einmal ist bemerkenswert, daß sich auch der Koran bzw. Mohammed auf den *„Sohn Marias“* bezieht: *„Der Messias, der Sohn Marias, ist nichts anderes als ein Gesandter, und bereits vor ihm waren Gesandte. Seine Mutter war eine Wahrhaftige, […]“* (Koran, Sura 5, 79). Ebenfalls beeindruckt das Wissen, daß Jesus als Messias ein von Gott Gesandter war, der immer wieder zu kommen scheint. Die Muslimen scheinen sich also einer regelmäßigen Wiederkehr bewußt zu sein. Vergleichbar der in den anderen Religionen angekündigten Gottesherrschaft auf Erden, wird im Koran wiedergegeben: *„Und nach der Ermahnung schon schrieben wir in Psalmen: Die Erde erben werden meine Diener, die Rechtschaffenen. 106. Wahrlich, in diesem ist eine Ankündigung für ein gottverehrendes Volk.“* (Koran, Sura 21, 105 und 21, 106) Eine damit verbundene Auferstehung der Toten wird in Sura 22, 7 überliefert: *„Und daß kommen wird die Stunde, an der kein Zweifel ist, und daß Gott auferwecken wird, die in den Gräbern.“* Hinsichtlich einer Ankündigung der Wiederkehr des Messias schließlich bezieht sich der Koran bemerkenswerterweise auf Jesus: *„Und einst sprach Jesus, der Sohn Marias: O Kinder Israels, ich bin ein Gesandter Gottes an euch, Bestätiger dessen, was schon vor mir war von der Thora, und Verkünder eines Gesandten, der nach mir kommen wird, dessen Name Achmed. […]“* (Koran, Sura 61, 6) Achmed bzw. Ahmed heißt übersetzt „der Preisenswerte“[488], was wiederum der Bedeutung des erwarteten Messias entspricht. Es erscheint in diesem Zusammenhang nicht unwahrscheinlich, daß die beiden Namen „Mohammed“ und „Ahmed“ auf dieselbe Wurzel zurückgehen und „Mohammed“ aus „Ma Ahmad“ oder „Mo Ahmed“ entstand.

Eine präzise Zeitangabe für das Erscheinen des Mahdi und das Auftreten des Weltgerichtes, das auch die Muslime erwarten – *„Und wahrlich, das Weltgericht trifft sicher ein.“* (Koran, Sura 51, 6), – ließ sich bislang nicht finden.

488 Vgl. Meyers GKL, 1907, B1, S. 204

3.8.5 Überlieferungen der Tsalagi

Die Tsalagi-Indianer kennen aus ihren lebendigen Überlieferungen eine messianische Gestalt, die jedoch nicht als Erlöser gesehen wurde, sondern als Lehrer. Sie nennen ihn den ‚Fahlen'. Das letzte Mal kam er zu den Indianerstämmen im Jahre 873 v. Chr. und erinnerte an die grundlegenden Prinzipien der Schöpfung. Er begründete das Geschlecht der Ywahoo, deren Nachfahre die zitierte Dhyani Ywahoo ist.[489] Nach der Überlieferung der Tsalagi endete 1519 n. Chr. mit der Ankunft Hernan Cortes' in Südamerika eine Phase der 13 Himmel zu je 52 Jahren, gefolgt von einer Phase der 9 Höllen, ebenfalls zu je 52 Jahren. Ein neuer Zyklus von 13 Himmeln begann am 30.08.1987, was 13 Tage nach dem Ende der letzten Hölle und der Fünften Welt lag.[490] Dhyani Ywahoo schreibt:

> *„‚Der Fahle' ist ein zyklisch wiederkehrendes Wesen. Er erscheint, wenn die Menschen ihre heiligen Wege vergessen haben, bringt ihnen Erinnerungen an das Gesetz und ruft alle zu richtigen Beziehungen zurück. Er wird bald wieder erwartet und könnte bereits leben. Es ist gut."*[491]

So wird also auch nach den Prophezeiungen der Indianer die Ankunft einer reformierenden und lehrenden Persönlichkeit in der heutigen Zeit erwartet.

489 Vgl. Ywahoo, 1997, S. 20
490 Vgl. Ywahoo, 1997, S. 22–25
491 Ywahoo, 1997, S. 39

3.8.6 Prophezeiungen der Maya

Die wohl beeindruckendste Form der Prophetie wurde m. E. durch die Maya-Kultur betrieben. Sie hinterließen Bauwerke mit integriertem astronomischen Wissen, welches in den Anhängen 7.3 bis 7.5 beschrieben ist. Sie überlassen es dabei dem Entwicklungsstand des Betrachters, ob ihre Hinterlassenschaft, die darin verborgene Bedeutung und damit verbundene Zeitqualität erkannt wird.

Der konjunktionale Zyklus des Sonnenaufgangs der Wintersonnenwende vor dem galaktischen Zentrum gibt einen präzisen zeitlichen Anker für ein Neugeburtsstadium von 26.000 Jahren mit enormen Auswirkungen. Die Passage der Wintersonnenwendensonne über den galaktischen Äquator dauert in etwa von 1981 über 1999 bis 2018 christlicher Zeitrechnung.[492] Besonders interessant war das synchron stattfindende Ereignis der Sonnenfinsternis am 11.08.1999, deren Zentralschatten über Deutschland ging. Auch dieses Ereignis steht symbolisch für eine Neugeburt der Sonne und den Beginn einer neuen Zeitqualität und weist auf das übergeordnete galaktische Szenario der 26.000-jährigen Neugeburt hin. Bemerkenswert ist auch die Übereinstimmung des 11.08. der Sonnenfinsternis mit dem in Anhang 7.6 zurückberechneten Beginn der mayanischen Langzählung am 11.08.3114 vor Christus.

Als ob diese Synchronizitäten nicht schon genug wären, wird das Jahr 1999 zusätzlich numerisch markiert: Die vorhergehende Jahreszahl 1998 ergibt sich aus 3 · 666 Jahren. Wie in Kapitel 3.1.4 dargelegt, kann die Zahl 666 als Symbol für die verirrende Verstrikkung in der materiellen Daseinsebene verstanden werden. 1998 war damit das letzte Jahr eines dritten Abschnitts der Länge von 666 Jahren, 1999 das erste Jahr eines neuen Abschnitts. Das Schauspiel der Sonnenfinsternis – so könnte man es betrachten –, das mit der Phase der Verdunkelung der Sonne beginnt, zeigt also im

492 Siehe den Anhang 7.4

Zeitraffer, daß wir 3 · 666 Jahre immer weiter in die Dunkelheit des Vergessens unserer wahren Herkunft gegangen sind und nun eine Umkehr stattfindet. Die Umkehr wird durch die Jahreszahl 1999 repräsentiert. Die 999 in der Jahreszahl 1999 kann als numerischer Hinweis auf die Transzendenz der Zahl 666 als Repräsentant des Daseins auf niedrigster Ebene aufgefaßt werden. Die 1 in der Jahreszahl 1999[493] zeigt an, was die Transzendenz durch die Ziffern 999 bewirkt: Die 1 steht für Gott, das Eine, die Allverbundenheit, auf die sich nun zurückbesonnen wird.

Wie aus Kapitel 3.1.3 bekannt, kann man ein Neugeburtsstadium stets in 13 finale Reifestadien aufteilen: 13 x 2.000 Jahre. Das letzte finale Reifestadium mit 2.000 Jahren hat Jesus markiert. Er hat eine Entwicklung in Gang gesetzt, die es wahrscheinlicher machte, daß wir kollektiv die jetzt anstehende Neugeburt vollziehen können. Selbst mit Jesu enormem Einfluß ist es knapp geworden!

Aufgrund ihrer kosmologischen Kenntnisse zeigten die Maya darüber hinaus eine weitere astronomische Konstellation, die auf das aktuelle Neugeburtsstadium hinweist. Wie im Anhang beschrieben, markiert die Pyramide von Chichén Itzá eine zweihundertjährige Zenitkonstellation von Plejaden und Zenitsonne, die sich ebenfalls nur alle rund 26.000 Jahre wiederholt. Im Mai 2012 gesellte sich der Mond mit in den Zenit und markierte dieses Jahr! Und nicht nur das! Gleichzeitig teilt das halbjährliche Schattenspiel an eben jener Pyramide mit, daß die „gefiederte Schlange" zu diesem Zeitpunkt herabsteigt. Symbolisch bedeutet dies, daß eine höhere Wesenheit, denn nur eine solche vermag dies zu tun, aus höheren Daseinsebenen unter dem Zeichen der „gefiederten Schlange" auf die Erde herunter kommt. Dies deckt sich mit der Feststellung, daß wir uns in der materiellen Raumzeit auf der niedrigsten Daseinsebene befinden, wie es auch in den Zahlen des Global Scaling zum Ausdruck kommt.[494]

493 Auch die Quersumme der Zahl 1999 ist 1.

494 Siehe die Kapitel 2.2.3.4 und 3.1.4

Der Bezug zu den Plejaden, dem ***Siebengestirn***, den die Maya herstellten, ist insofern interessant, weil auch die Tsalagi ihre Wurzeln darauf zurückführen. Dhyani Ywahoo erzählt, daß die Philosophie ihres Volkes, ihre mündlichen Überlieferungen TSALAGI ELO, von dem Hauptvolk der Ani Yun Wiwa ausgeht, das im Sternbild des Siebengestirns entstand. Dort soll zuallererst der Funke des individuellen Denkens entstanden sein. Die von den Plejaden kommenden „Sieben Vor Dem Himmlischen Thron", die Adawees, verbanden sich mit den sog. Sonnenkindern auf der Erde, um die Entwicklung auf der Erde zu beschleunigen. Aus dieser Verbindung entsprangen die zwölf Stämme[495] der Tsalagi-Nation, von denen fünf Stämme verloren gingen, weil sie sich durch Triebhaftigkeit und Gier zu sehr in die materielle Welt verstrickten und die anderen zu unterwerfen und versklaven suchten. Wie man heute sehen kann, ist ihnen dies gelungen. Diese evolutionäre Zeit der Bedrängnis soll nun zum Ende kommen.[496]

Die Maya bringen mit ihrem Bezug zu den Plejaden zum Ausdruck, daß sie auf die gleichen Quellen des Wissens zurückgreifen und aus den gleichen Wurzeln stammen. Dhyani Ywahoo stellt auch einen direkten Bezug der beiden Völker zueinander her.[497]

495 Dies erinnert an die Erwähnung der zwölf Stämme Israels als ursprüngliche Völker; es darf vermutet werden, daß es sich dabei um dieselben Stämme handelt.

496 Vgl. Ywahoo, 1997, S. 27–31

497 Vgl. Ywahoo, 1997, S. 32

3.8.7 Synthese

So läßt sich zusammenfassend feststellen, daß sowohl jüdische, babylonische, indianische und mayanische Prophezeiungen den gleichen Zeitraum bzw. die heutige als Zeit des erneuernden Umbruchs markieren! Im Christentum und Islam erwartet man ebenfalls eine Zeit des Umbruchs mit gerichtlichem Charakter in Zusammenhang mit der Wiederkehr Gottes in Form einer einflußreichen Wesenheit. Während im Islam eine Zeitangabe nicht gefunden werden konnte, lieferte Jesus zumindest verschlüsselt eine Zeitangabe, die genau auf die heutige Zeit zutrifft. Allen sechs Prophezeiungen gemein ist, daß sie die Wiederkehr einer Persönlichkeit von erheblichem Einfluß ankündigen!

Daß dies auch nicht nur von irgendwelchen Randgruppierungen so gesehen wird, sondern bis in höchste politische Kreise reicht, wird, nur um ein Beispiel zu nennen, aus einer Antwort des damaligen US-amerikanischen Innenministers James Watt aus dem damaligen Stab von Präsident Reagan deutlich. Als er gefragt wurde, ob man nicht sparsam mit den natürlichen Ressourcen im Hinblick auf zukünftige Generationen umgehen sollte, antwortete er in einer Kongreßanhörung mit vollem Ernst: *„Ich weiß nicht, mit vielen zukünftigen Generationen wir bis zur Wiederkehr des Herrn überhaupt noch rechnen können."*[498]

Global Scaling hat es ermöglicht zu erkennen, daß ein 26.000-Jahr-Zyklus fraktalqualitativ mit dem Tzolkin, mit einem Neugeburtsstadium verglichen werden kann. Wir kennen heute also exakt die mit

498 Martin, William (Juni 1982). *The Growing Interest In Apocalyptic Prophecy.* Atlantic Monthly; Marsden, George (Juni 1981). *Lord Of The Interior.* Reformed Journal; zitiert nach Eggert, 2008, S. 55

diesem Umbruch verbundene Zeitqualität: **eine Neugeburt galaktischen Ausmaßes!**

Die Bandbreite an möglichen Verläufen einer menschlichen Geburt sind bekannt. Sie kann völlig unproblematisch und leicht vonstatten gehen. Sie kann aber auch zum Tode von Mutter und Kind führen. In jedem Fall ist sie zwingend! Es empfiehlt sich also, den Prozeß des Wandels und der Neugeburt zu umarmen, willkommen zu heißen! Der Leser wird vermutlich zustimmen, daß heute weltweit die Geburtswehen wahrzunehmen sind. An allen Stellen unserer Formen des Zusammenlebens wird deutlich, daß eine Veränderung notwendig ist, wollen wir nicht „an die Wand fahren" und als „moderne" Zivilisation scheitern.

Es stellt sich nun die Frage: Hat sich der *Messias*, der *Dritte Sargon*, der *Fahle* bzw. die *gefiederte Schlange* schon inkarniert oder gar zu erkennen gegeben? Sind die Prophezeiungen im Begriff einzutreten, sich zu verwirklichen?

Aus der Geschichtsanalyse wurde hergeleitet, daß besonders den deutschen Völkern eine Schlüsselrolle in diesem Transformationsprozeß zukommt. Der Dreißigjährige Krieg als ursprünglich konfessioneller Konflikt und Folge der Reformation tobte auf deutschem Boden mit weltweiten Auswirkungen, die Evangelisch-lutherische Kirche spaltete sich mit der Reformation von deutschem Boden ausgehend von der katholischen Kirche ab und fand fortan weltweit Anhänger. Mit Siebenjährigem, Erstem und Zweitem Weltkrieg setzte sich die Rolle Deutschlands als Kriegspartei und einer der zentralen Kriegsschauplätze fort. So folgt aus der globalen Bedeutung der Kriege auch eine Rolle von weltpolitischer Bedeutung für die deutschen Völker. Auch konnte gezeigt werden, daß die mit den Kriegen verbundenen Themen bis heute nicht abgeschlossen sind, besonders die Folgen des Ersten und Zweiten Weltkrieges machen dies deutlich. Aber auch die Machtkämpfe weltweiten Ausmaßes, wie sie schon im Siebenjährigen Krieg in Erscheinung traten, sind bis heute nicht abgeschlossen. Deutschland befindet sich immer noch im Zustand der Bevormundung und Uneigenständigkeit. Die Freiheit und Selbstbestimmung Deutschlands und deren Erlangung auf friedlichem Wege scheinen ein Schlüssel zum Weltfrieden zu sein. Ebenfalls wurde aus der Analyse der historischen Ereignisse die Verbindung zwischen Deutschland und Palästina als Brennpunkt von globaler Bedeutung klar: Erst mit der Freiheit und eigenverantwortlichen Selbstbestimmung der deutschen Völker kann der Friede im mittleren Osten entstehen!

Eine weitere bedeutende Markierung Deutschlands erfolgte durch den Verlauf des Kernschattens der Sonnenfinsternis vom 11.08.1999 quer durch Deutschland, der, wie in Kapitel 3.1.2.11 zu sehen war, eine Miniaturdarstellung des übergeordneten 26.000-jährigen Präzessionszyklus der Neugeburt war. Die Passage der aufgehenden Wintersonnenwendensonne über den galaktischen Äquator erreichte 1999 seinen Mittelpunkt. So sei erneut an die bemerkenswerte Bezugnahme des 11.08.1999 zum rückgerechneten Beginn der Langzählung am 11.08. erinnert.[499]

Schaut man auf die Bewegungen und Initiativen in Deutschland, die eine Erneuerung anstreben, fällt vor allen eine Initiative auf, die wie keine andere eine Rundumerneuerung anstrebt und bereits erfolgreich vorlebt: Die Gründung eines neuen deutschen Staates durch die Gründung des Königreiches Deutschland in der Lutherstadt Wittenberg am 16.09.2012.[500] Liest man die Verfassung dieses Staates[501], läßt sich der umfassende Reformansatz erkennen, der angesichts der massiven Probleme in ALLEN Bereichen des gemeinschaftlichen Zusammenlebens auch dringend notwendig ist. Genau darin unterscheidet sich diese Initiative von allen anderen, meist

499 Siehe das Kapitel 7.3

500 Der Verfasser war bei der Staatsgründung anwesend.

501 Der interessierte Leser kann sie hier nachlesen: http://koenigreich-deutschland.org/de/verfassung.html; [29.12.2016]

gut gemeinten, die nicht weit genug in die Tiefe gehen, weil nicht genug Wissen und Verstehen vorhanden ist, und kein Blick auf das große Ganze, die universelle Schöpfungsordnung, geworfen wird.

Der umfassende Reformansatz und der Ort des Geschehens in Deutschland sind also erste Indizien, die Aufmerksamkeit erregen. Auch Wittenberg ist gerade in diesem Zusammenhang eine außergewöhnliche Stadt. Zum einen war sie der Ausgangspunkt der Reformation, die durch Martin Luthers Thesenanschlag vom 31.10.1517 an der Schloßkirche eingeläutet wurde. Dieses Ereignis jährt sich in dem jüdisch-messianischen Jahr 2017 n. Chr. bzw. 5777 jüdischer Zeitrechnung zum fünfhundertsten Mal! Zum anderen weist sie geomantische Besonderheiten auf, die sie dafür zu prädestinieren scheinen, einen „Virus" ins System zu schleusen, wofür der Erfolg der Reformation sprechen würde: Die Kirche in der Fleischerstraße, die Stadtkirche, die Schloßkirche und die Christuskirche im Stadtteil Piesteritz liegen auf einer waagrechten Linie. Ebenso kann man die Kapellen der Friedhöfe in einer Linie verbinden. Hinzu kommt eine Verbindung zu Karlsruhe, in der die höchste juristische Instanz der BRD sitzt: Das Verwaltungsgebäude von Wittenberg hat eine dem Karlsruher Schloß (umgeben von 33 Strahlen aus Straßen und Wegen, wobei 33 = 13 + 20 ergibt, die universellen Umrechnungsfaktoren, wie sie in Kapitel 3.1.3 aufgezeigt wurden) sehr ähnliche Form. Beide Gebäude liegen zudem an der Spitze einer „Straßenpyramide". Bezüglich des Verwaltungsgebäudes und des Schlosses liegen die jeweiligen Gerichtsbarkeiten in sehr ähnlicher Position.

Ein interessanter **Zufall** – wobei das Wort „Zufall" hier synonym mit „Bestimmung" gleichgesetzt wird, weil etwas aufgrund universeller Gesetzmäßigkeit zufallen muß – ist des weiteren, daß das Ende der gegenwärtigen Phase und Zeitqualität im Zeitfraktal christlicher Zeitrechnung am 16.09.2031 liegt. Das Königreich Deutschland verfolgt den Zweck, den so dringend notwendigen Neuanfang einzuleiten, und wurde am 16.09.2012 gegründet! Damit steht die staatliche Neugründung im Besonderen für das Ende und die

Transformation der bisherigen Entwicklung. Ein weiteres interessantes Indiz ist die Wahl des Gründungszeitpunktes auch insofern, weil sie genau am 260. Tage des Jahres 2012 gregorianischer Zeitrechnung stattfand. Normalerweise fällt der 260. Tag des Jahres auf den 17.09. Weil 2012 aber ein Schaltjahr war, fiel er auf den 16.09.2012. So wurde auf wunderbare Weise die Staatsgründung, die ja selbst eine erfolgreiche (!) Neugeburt war, mit dem zentralen Neugeburtszyklus von 260 Tagen verknüpft mit der kraftvollen Symbolik der Neugeburt. Von dieser Warte aus gesehen wären auch die Jahre 2008 und 2016 in Betracht gekommen. Jedoch fand die außergewöhnliche astronomische Konstellation in Chichén Itzá nur in 2012 statt. Ebenso markierte die Langzählung der Maya die Wintersonnenwende des 21.12.2012 mit 13.0.0.0.0. Des weiteren ist durch die 260 Tage fraktalqualitativ Bezug genommen zum galaktischen Neugeburtsstadium von 26.000 Jahren, das gerade endet und dem nun ein neues folgt.

Die Aufgabe des wiederkehrenden Lehrers ist es, die göttliche Schöpfungsordnung auf der Erde zu manifestieren, sozusagen den Himmel auf die Erde zu holen. Das entspräche der Errichtung eines theokratischen Reiches. Die Organisation des gemeinschaftlichen Zusammenlebens läßt sich gut in einem Staat verwirklichen. Insofern ist der Akt der Staatsgründung mit einer Verfassung, die die Achtung der göttlichen Schöpfungsgesetze beinhaltet, an sich ein weiteres Indiz für das Übereinstimmen mit den Prophezeiungen. Eine besondere Eleganz dieses Ansatzes liegt auch darin, daß sozusagen ein neues „Spielfeld" neben dem bestehenden eröffnet wurde. Das verschafft viel weitreichendere Möglichkeiten zu handeln, als im bestehenden System Reformen durchzukämpfen. Gleichzeitig können jedoch beide Systeme friedlich nebeneinander koexistieren und erlauben einen sanften Umstieg.

Die treibende und führende Kraft hinter dem Reformprojekt ist Peter I., demokratisch gewählter Oberster Souverän und Treuhänder des neuen Staates. Treuhänder deshalb, weil ein König erst basisdemokratisch gewählt werden kann, wenn sich genügend Menschen dazu gefunden haben. Peter stammt aus der bürgerlichen Familie Fitzek und wurde am 12.08.1965 in Halle geboren. Das Datum des 12.08. könnte man als Anspielung auf den Beginn der Langzählung am 11.08.3114 v. Chr. ansehen; die durch die Ankündigung des künftigen Ereignisses des konjunktionalen Aufgangs der Wintersonnenwendensonne vor dem galaktischen Zentrum in den Vordergrund tretende Maya-Stätte Izapa hat ihren zweiten Zenitzeitpunkt der Sonne am 12.08. des Jahres.[502]

Peter zeigt aufgrund seiner Taten, wozu er im Stande ist. Die Früchte seines Handelns, die aus seinem beständigen Handeln für das Gemeinwohl erwachsen, ergeben ein Indiz, daß er das menschliche Wesen von erheblichem Einfluß ist, der, wie Dhyani Ywahoo so schön formulierte, an die grundlegenden Prinzipien der Schöpfung erinnert.[503] Er setzt sich dafür ein, das Recht wieder herzustellen, und zeigt auf, an wie vielen Stellen eklatantes Unrecht herrscht. Sein Mut, seine Tatkraft und seine Orientierung am Gemeinwohl suchen ihresgleichen. Natürlich ist Peter deshalb sehr umstritten. Aber das ist eher ein Indiz für Übereinstimmung denn dagegen. Es ist völlig klar, daß jemand mit weiterem Horizont und größerem Wissen auf Unverständnis stoßen muß. Würde er überall verstanden werden, wäre ja genügend Bewußtsein und Wissen in der Gemeinschaft vorhanden. Die Notwendigkeit eines Lehrers wäre dann nicht gegeben.

Natürlich stoßen sich viele mit ihrem Ego an einem fähigen Menschen, erst recht, wenn dieser als gelernter Koch eine Verfassung schreibt und einen Staat gründet. Auch Jesus wurde nur von wenigen verstanden. Und heute betet man ihn an und versteht ihn genauso wenig! Ginge Jesus heute während einer Messe in eine

502 Siehe dazu den Anhang 7.3

503 Siehe das Kapitel 3.8.5

christliche Kirche, würde er wohl als Spinner hinausgeworfen und kaum erkannt werden, oder doch? Übrigens wird überliefert, daß Jesus gelernter Zimmermann war!

Der erleuchtete Naturforscher und Künstler Walter Russell führt in seinem *Home Study Course* im Zusammenhang mit der Definition von Meditation aus:

> *„Meditation ist eine Vereinigung mit Gott zu dem Zweck, Wissen und Macht zu erlangen, um Gott als Mitschöpfer Seines Universums zu manifestieren. Mit anderen Worten, sie befähigt den Geist, Materie zu kontrollieren. In dem Maße, in dem Sie Wissen erlangen, erhalten Sie die Macht, Materie zu kontrollieren.“.*[504]

Der Verfasser konnte mit eigenen Augen beobachten, wie Peter verschiedene bewusste, willensgesteuerte Beeinflussungen von Materie demonstrierte.[505] Nach der Einsicht von Russell steht er damit in tiefer Verbundenheit mit Gott, der ihm entsprechend seiner Hingabe göttliche Fähigkeiten gibt, die die gewöhnlichen Fähigkeiten eines Menschen übersteigen. Damit ist ein weiteres, starkes Indiz gegeben, daß Peter die Rolle des Erwarteten erfüllen könnte.

---

504 Russel, 1950, S. 25; englischer Originaltext: *„Meditation is a communion with God for the purpose of acquiring knowledge and power to manifest God as Co-Creator of His universe. In other words it is to enable the Mind to control matter. To the extent that you acquire knowledge do you acquire the power to control matter. [...]“*

505 In einem Fall knickte ein aus Stahl geschmiedetes Schwert aufgrund leichtester Berührung mit dem Finger einfach ab, als ob es aus Gummi wäre. In einem anderen Fall war es nicht möglich, mit größter Kraftanstrengung ein großes Messer mit der Spitze in den Unterarm von Peter zu stechen, weil er die Beschaffenheit seines Fleisches durch willentliche Beeinflussung veränderte.

Gibt es eine Stelle in der Bibel, die speziell hinsichtlich Peter Hinweise geben könnte? Der Rufname Peter ist eine Abwandlung des Namens des Apostels[506] Simon Petrus[507]. Im Buch Matthäus 16, 18–19 wird ein Gespräch zwischen Jesus und Petrus überliefert, in dem es heißt:

> *„18 Ich aber sage dir: Du bist Petrus, und auf diesen Felsen werde ich meine Kirche bauen, und die Mächte der Unterwelt werden sie nicht überwältigen. 19 Ich werde dir die Schlüssel des Himmelreichs geben: was du auf Erden binden wirst, das wird auch im Himmel gebunden sein, und was du auf Erden lösen wirst, das wird auch im Himmel gelöst sein.“*[508]

Demnach würde Petrus also eine Gemeinde des Himmelreichs bauen. Entstanden ist daraus die römisch-katholische Kirche mit ihrem Stammsitz in Rom, deren Päpste sich als Nachfolger Petri bezeichnen. Der **Peter**sdom steht auf dem **Peter**splatz. Da ist es beinahe schon als Humor des Schöpfers zu betrachten, daß die Wesens- und Persönlichkeitskarte im Tarot mit dem Geburtstag von Peter am 12.08.1965 die Karte des Papstes ergibt. Im übrigen steht der Papst im Tarot für das Streben, ein guter und wohlwollender Mensch zu sein und großes Vertrauen gegenüber den Menschen und dem Leben zu haben. Als Träger der Papstqualität ist ein Mensch voll von ansteckendem Optimismus und ist besonders dazu berufen, überall dort tätig zu werden, wo andere Rat, Trost und Hilfe benötigen.[509]

---

506 Die zwölf Apostel waren: Simon Petrus, Andreas, Jakobus, Johannes, Philippus, Bartholomäus, Thomas, Matthäus, Jakobus Alphäi Sohn, Lebbäus, Simon, Judas Ischariot, an dessen Stelle später Matthias getreten ist; vgl. Meyers GKL, 1907, B1, S. 625

507 Von griech. *pétros* = Fels

508 DB, Neues Testament, 1980, Mt 16, 18-19; S. 55

509 Siehe die Internetseite von Hajo Banzhaf http://www.tarot.de/pers/index.php; letzter Zugriff 05.06.2016

Es ist schwer zu glauben, daß Jesus damals versehentlich diese Wahl traf, die diese Konsequenzen nach sich zog. All diese **Zufälle** – im wahrsten Sinne des Wortes – können als Hinweise verstanden werden. Auch wenn die Kirche von ihrem Wege abgekommen ist, bleibt sie dennoch mit Jesus verbunden. So hat Jesus auch hierüber Botschaften bis heute überliefert, die erkennbar sind.

Ließe sich Peter mit der „gefiederten Schlange" der mayanischen Prophezeiung in Einklang bringen? Der Geburtstag von Peter ergibt im chinesischen Horoskop das Tierkreiszeichen der Schlange. Damit wäre das Element der Schlange aus der oben beschriebenen, pyramidalen Ankündigung gegeben.[510] Die Schlange symbolisiert Lebenskraft und Erneuerung, sie häutet sich jährlich. Er verkörpert also die so notwendige kollektive Erneuerung. Ist die Schlange auch gefiedert? Was bedeutet gefiedert? Im übertragenen Sinne könnte dies bedeuten, daß es sich um eine Schlange mit Flügeln oder eine fliegende Schlange handelt. Stellt man sich eine Schlange mit Flügeln vor, erhält man das Bild eines Drachen. In dem von José Argüelles neu aufgelegten 13-Monde-Kalender trägt der 12.08.1965 die Qualität des Roten Elektrischen Drachen! Der elektrische Ton 3 steht darin für die Attribute „dienen, aktivieren, binden".[511] Peters Tätigkeit ist definitiv eine aktivierende, in jedem Falle ein Dienst am Gemeinwohl. Dienen ist genau das, was er konsequent tut, und ist an den Früchten seines Handelns zu erkennen. Der Rote Drache steht überdies für die Qualitäten der Nährung, der Geburt und des Seins. Die Gründung eines Staates entspricht einer Geburt, und dies in einer Zeit der kollektiven Neugeburt! Ein an den Schöpfungsgesetzen ausgerichteter Staat bietet die Grundlage der Nährung für die Menschen, einen Hort der Geborgenheit; so ist nicht nur für materielle Nährung gesorgt, son-

---

510 Vgl. Pauqué, 2015

511 Siehe den Anhang 7.2

dern auch für Liebe und Spiritualität. Und damit ergibt sich eine optimale Entwicklungsumgebung für ein sinnvolles Sein. Zudem ist der Drache das erste der 20 Siegel und steht auch deshalb für einen Neubeginn.

Das fliegende Element der „gefiederten" Schlange könnte dahingehend verstanden werden, daß es sich um die Inkarnation eines Engelwesens handelt, werden Engeldarstellungen ja meist mit symbolischen Flügeln versehen. Das könnte mit einer vermuteten Inkarnation eines Engels, des Erzengels Uriel in Zusammenhang stehen, weil Uriel, wie oben unter Kapitel 3.8.1 dargelegt, der Überlieferung nach die Rolle des obersten Richters bekleidet und über den Tartarus, die Hölle, die dunkle Seite wacht. Könnte es sich bei Peter demnach um eine Inkarnation Uriels handeln? Die Zeit wird es zeigen.

Auch die babylonische Prophezeiung, wie bereits weiter oben zitiert, könnte mit dem Dritten Sargon auf die Verkörperung einer Engelwesenheit hinweisen: „*...Er wird zum Himmel aufsteigen und fliegen, von eilenden Wolken getragen, zum Lande des Nordens hin.*"[512] Das Element des Fliegens ist also auch hier zu finden. Die Ankündigung des Dritten Sargon beinhaltet ferner, daß dieser niemanden fragen wird. Das kennzeichnet exakt das Auftreten Peters, der genau das tut, was er für richtig hält, unabhängig davon, ob man dies nach allgemeiner Auffassung tun dürfte oder nicht. Entgegen jahrelanger Bekundungen der Gegner der Initiative, seinen Aktivitäten ein Ende zu setzen, ist dies noch nicht geschehen. Bislang vier umfangreiche Razziaaktionen konnten dies nicht erreichen. Ob er alles weiß, wie es auch im Text der Sajaha heißt, ist schwierig zu sagen, jedenfalls beeindrucken seine veröffentlichten Schriftsätze, meistens juristischer Natur, an Wissen und der Art der Verwendung dieses Wissens ungemein. Die Wiederkehr des Dritten Sar-

512 Kaltmeister, 2009, S. 123

gon in einem Land des Nordens, nördlich von Chaldäa, würde mit Deutschland ebenfalls erfüllt. Nach Sajaha tritt der Dritte Sargon nicht nur als Richter, sondern sogar als Rächer auf.[513] Das Element des Richtens würde erneut auf eine Verkörperung Uriels hinweisen, sofern es sich um eine Erzengelinkarnation handelte.

Auf das Schicksal von Jesus im Vergleich zur heutigen Situation zurückkommend:

Die o.g. Prophezeiungen geben an, daß die heutige Zeit eine des Jüngsten Gerichtes sein wird. Das war zu Zeiten Jesu noch nicht der Fall. Wie oben dargelegt, soll Jesus selbst seine Wiederkehr als Richter angekündigt haben. Die Zeitqualität ist eine andere als bei Jesus vor 2.000 Jahren! 26.000 Jahre sind abgelaufen und ein neuer großer Neugeburtszyklus beginnt. Jesus hatte wohl den Auftrag der Beschleunigung, damit heute die Transformation stattfinden kann. Jesus kam um „12 Uhr", nach 12 Reifeperioden, heute ist es aber „13 Uhr". Deshalb gab es im Reifestadium des Reifestadiums, die letzten Jahrhunderte, so viele Kriege. Kommt man der notwendigen Entwicklung nicht freiwillig nach, muß es dazu kommen. **Deshalb wird diesmal niemand am Kreuze enden! Eher wird heute die gesamte Zivilisation untergehen!** Das legen die Erkenntnisse aus der fraktalen Zeitanalyse nahe.

So bleibt es nun dem Leser überlassen, den Indizien zu folgen, sie zu überprüfen oder sie zu verwerfen. Jedoch sei noch eine vielleicht passende Parallele aus der Religionsgeschichte zu ziehen gestattet: Die meisten der Mitmenschen des biblischen Noah hielten selbigen für einen Spinner, als er eine Arche zu bauen begann. Aufgrund mangelnder Unterscheidungsfähigkeit ertranken jene schließlich in der Sintflut. Könnte das Königreich Deutschland die Arche unserer Zeit sein?

513 Vgl. Kaltmeister, 2009, S. 123

3.8.8 Vision

Vision für eine erfüllende Zukunft

Der zwingende Charakter der heutigen Zeitqualität soll noch mit einer positiven Vision ausgestattet werden, um vor Augen zu führen, welch großartige Chancen der Erneuerung das gegenwärtige Neugeburtsstadium bietet, werden die Herausforderungen angenommen. Die aktuelle Zeitqualität bedeutet, daß der Leidensdruck so lange ansteigen wird – weil die Neugeburtsphase nun mal nicht aufzuhalten ist –, bis die Menschen diese und die Allverbundenheit in ausreichender Anzahl erkannt haben und dementsprechend handeln, also aktiv neue Rahmenbedingungen des Zusammenlebens schaffen, die diese Einsichten zum Wohle aller widerspiegeln. Sodann wird die Geburt gelingen und eine lange Periode des Friedens, der Erfüllung und unermeßlicher Errungenschaften verwirklicht!

Der Zugang zu frei verfügbarer Energie wird sich dann erst, mit genügender Reife, ergeben. Jetzt erst sind wir dabei, uns aus der Steinzeit herauszuentwickeln. Die Entwicklung des Bewußtseins für die Alleinigkeit, der Verbundenheit von allem mit allem sind das Wichtigste und die Grundvoraussetzung. Sodann werden sich technische Entwicklungen ergeben, von denen bislang nur zu träumen war. Wirtschaftliche Not, Mangel und ein zinsbehaftetes Geldsystem gehören dann endgültig der Vergangenheit an. Alle Wirtschaftskreisläufe werden mit Nachhaltigkeit geschlossen, sodaß nichts mehr den Planeten belasten könnte. Aus jedem Bach und Fluß wird man wieder trinken können. Die Erde kann aufatmen und wird in einen paradiesischen Garten verwandelt.

Das Prinzip des liebenden Gebens und des Überflusses ist das Prinzip, auf dem das Universum aufgebaut ist.

Der Mensch und seine Entwicklung werden als spielerische, liebevolle und neugierige Eigenschaft des Lebens im Mittelpunkt stehen. Von den vergangenen Wiederholungen der Leidenserfahrungen als Lektion wird man sich nur noch mahnend erzählen. Die Kontaktaufnahme mit höher entwickelten Zivilisationen in unserer Galaxie stehen dann ebenfalls auf dem Programm. Wir werden dann erst anfangen, schnell und ungebremst zu lernen.

Der konkrete Ablauf der Transformation könnte folgendermaßen aussehen:

Aller Voraussicht nach wird es eine erste Gemeinde geben, deren Bürger sich zum Wechsel in die Selbstverwaltung oder Verfassungsordnung des Königreiches Deutschland entscheiden. Dann eine zweite und eine dritte. Das Leben dieser ersten Regionen und Gemeinden, die sich von der alten Ordnung verabschieden, werden schon kurz darauf so deutliche Verbesserungen erfahren, daß in Kürze umliegende Gemeinden und Länder nachziehen. Diese Entwicklung wird in der Folge auch nicht an Landesgrenzen halt machen. Die Völker anderer Länder werden anfangen, diese Ordnung in ihrer Region einzufordern und einzuführen. Zwischen den ersten Regionen wird sich umgehend gegenseitige Unterstützung und Zusammenarbeit ergeben, was die Ausbreitung und Verbesserung der Lebensumstände stark beschleunigen wird. Infrastruktur und Kommunikationsmittel sind schon alle vorhanden. Sodann wird ein Punkt erreicht werden, an dem ein Wechsel des Ganzen noch im Alten verbliebenen Kollektivs ergeht. Danach wird die Weiterentwicklung richtig an Geschwindigkeit gewinnen. Die Dörfer und Städte erfahren umfangreiche Erneuerungen in der Gestaltung und im Bau von Häusern. Die Wohnformen werden darauf ausgerichtet werden, die Gesundheit, das Zusammenleben und die Gemeinschaft optimal zu fördern.

Als frohe Botschaft wandert die Erneuerung um die Erde. Auf der neuen Grundlage kann sich ein neuer internationaler Staatenbund entwickeln, in dem die Länder gleichberechtigt nebeneinander stehen und gegenseitige Hilfe gegeben wird.

Alle alten Wunden der Menschen können in den Heilungsprozeß eintreten, viele Tränen der Heilung werden fließen können.

Das Bewußtsein der Allverbundenheit wird dazu führen, daß jeder Mensch ein gesundes, ausgeglichenes Gefühl für das Geben und Nehmen entwickeln wird. Der Zahlungsverkehr mit Geld wird nach und nach überflüssig werden. Jeder ist erfüllt, geben zu dürfen, was er kann, und bekommt mehr, als er braucht! Die Erfüllung wird man im Geben erkennen!

4 ANALYSE VON KURSVERLÄUFEN

Angesichts der aufgezeigten Zusammenhänge, die aus der Analyse der Geschichte zu erschließen waren, hat sich vielleicht schon der ein oder andere Leser gefragt, ob es für das Analyseverfahren nach Global Scaling auch andere Anwendungsmöglichkeiten in zeitlicher Hinsicht gibt. Ein durchaus interessanter Bereich ist die Analyse und Prognose von Kursverläufen. So erfolgt an dieser Stelle eine kurze Analyse des Goldkursverlaufes und ein Aufzeigen der damit verbundenen Möglichkeiten. Der interessierte Leser möge die Kürze der Darstellung nachsehen, er findet in diesem Buch das notwendige Handwerkszeug, selbst in die fraktale Kursanalyse einzusteigen.

Bei der Analyse der Kursentwicklung eines Rohstoffes oder Edelmetalls ist es von Bedeutung, welche Währung man zugrunde legt. Nachdem der US-Dollar (noch) eine Weltleitwährung darstellt, bezieht sich die Analyse auf diesen.

Einführend in das Zeitfraktal wurde erläutert, daß es von großer Bedeutung ist, einen guten Startzeitpunkt für die Analyse zu finden. Dazu dient regelmäßig ein besonderes, herausragendes Ereignis. Ein besonderes Ereignis geht immer mit einer bestimmten Qualität einher, unter deren Einfluß der weitere Verlauf eines Prozesses letztlich steht. Bei Kursverläufen ist dies denkbar einfach: Man sucht nach bemerkenswerten Kurssprüngen! Im Zusammenhang mit einem Kurssprung verraten die Begleitumstände, welcher Art dieser ist.

Betrachtet man den Verlauf der Goldpreisentwicklung, fällt während der letzten 20 Jahre ein Ereignis ins Auge:

Am 26.09.1999 beschloß der Internationale Währungsfonds (IWF) die jährlichen Goldverkäufe der Zentralbanken auf 500t zu beschränken. Das Signal war also, daß künftig eher mit einer Verknappung denn mit einer Zunahme der Goldverfügbarkeit zu rechnen sei. Leicht zu erkennen ist als Folge ein Kurssprung des Goldpreises je Feinunze[514] von etwas über 250 \$ auf 326 \$. Man kann beobachten, daß der Kurs bereits kurz vor der entscheidenden Sitzung zu steigen begann. Zeichnete der Kurs am 20.09.1999 bei etwa 255 \$, wanderte er bereits bis zum 26.09.1999 auf rund 275 \$. Prozentual entspricht das einer Zunahme von 7,8%. Aufmerksame Marktteilnehmer hatten wohl im Vorfeld schon Wind von der anstehenden Entscheidung bekommen.

Nach der Entscheidung am 26.09.1999 kletterte der Kurs weiter bis auf 326 \$ am 05.10.1999, eine Zunahme um rund 18% seit dem 26.09. und um rund 28% seit dem 20.09.1999.

So ist der 26.09.1999 der Startzeitpunkt, der für die Analyse verwendet wurde. Sicher wäre es auch vertretbar, den 21.09.1999 zu wählen, weil der Anstieg dort ausreichend markant begann. Aufgrund der Anbindung an das Ereignis der IWF-Sitzung fiel die Entscheidung jedoch zugunsten des 26.09.1999.

Wie bereits bekannt, bewirken Knoten mit hoher Wahrscheinlichkeit jeweils eine Trendwende. War der Kurs vor einem Hauptknoten beispielsweise insgesamt eher steigend, ist danach mit einem Kursfall zu rechnen. Gleichzeitig ist in Betracht zu ziehen, daß in Knotennähe immer hohe Fluktuationswahrscheinlichkeit vorherrscht. Es ist also mit starken Kursbewegungen zu rechnen.

Zunächst seien die Hauptknoten analysiert. Dabei kommen die Hauptknoten [72] mit rund 151 Tagen, [72+3/2] mit rund 676 Tagen und [75] mit rund 3031 Tagen in Betracht. Was passierte zu diesen Zeitpunkten?

514 1 Unze = 31,103g

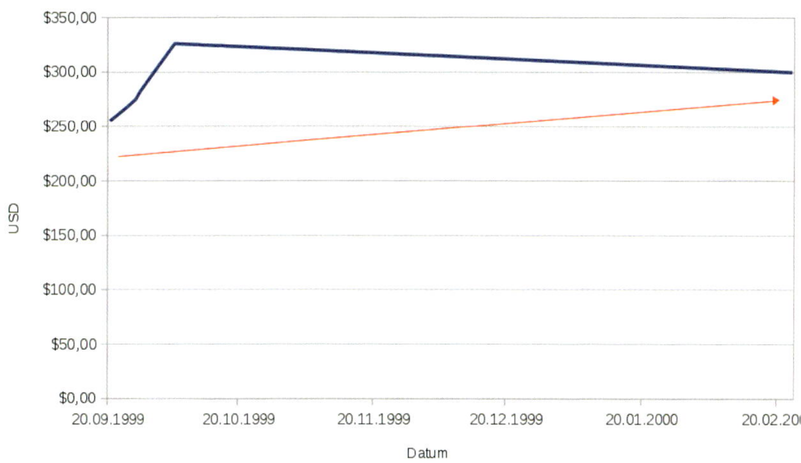

Abb. 90 – Goldkursentwicklung über 151 Tage nach 26.09.1999

Nach 151 Tagen, um den 23.02.2000, lag der Kurs bei ca. 300 $. Insgesamt gesehen war der Kurs also über den betrachteten Zeitraum gestiegen. Folglich war angesichts des Trendwechseleinflusses eines Hauptknotens weiterhin eher mit fallendem Kurs zu rechnen. Außerdem ist Knoten [72] aufgrund seiner Teilbarkeit durch 9 von höherer Priorität als die anderen Hauptknoten und ist stets scharf zu beobachten. Er gibt wertvolle Erkenntnisse über den gesamten Prozeß. Der Kursfall stellte sich ein und hielt in etwa bis Anfang April 2001 an, bevor wieder ein Anstieg begann. Der Goldkurs erreichte praktisch wieder Ausgangsniveau.

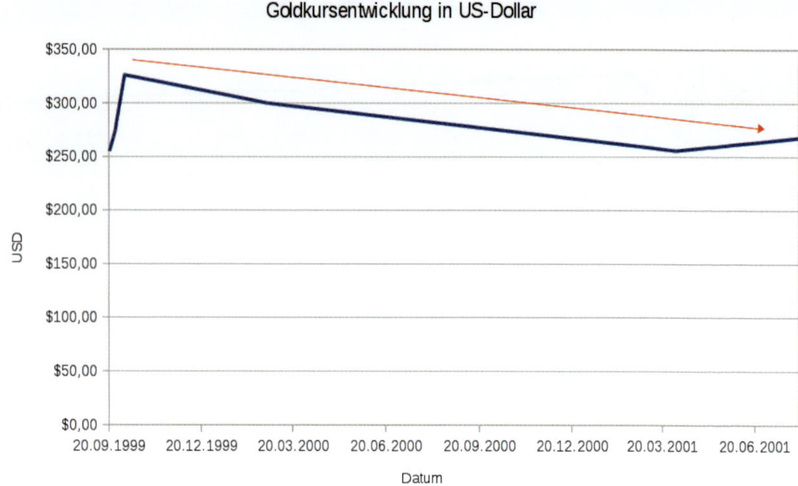

Abb. 91 – Goldkursentwicklung über 676 Tage nach 26.09.1999

Sieht man sich den Verlauf der ersten 676 Tage nach der IWF-Entscheidung an, um den 02.08.2001, liegt der Kurs in etwa bei 267 $. Gerechnet ab dem 26.09.1999 hatte der Kurs auch in etwa seinen Ausgangswert. Trotzdem herrschte, zeitlich betrachtet, aufgrund des steilen anfänglichen Anstieges überwiegend fallende Tendenz. So konnte man mit hoher Wahrscheinlichkeit damit rechnen, daß sich ab August 2001 ein steigender Trend einstellen würde. Genau so kam es.

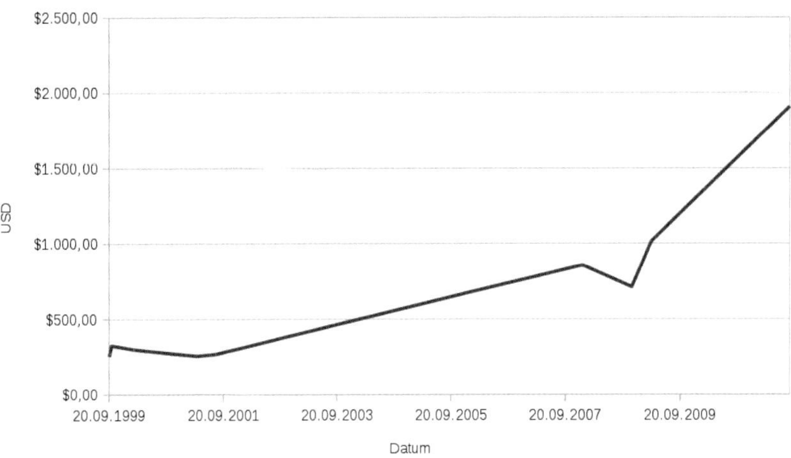

Abb. 92 – Goldkursentwicklung über 3031 Tage nach 26.09.1999

Der nächste große Trendwechsel liegt schon um einige Tage weiter in der Zukunft, nämlich 3031 Tage. Das ergibt in etwa den 13.01.2008. Nach diesem Datum war also wieder mit hoher Wahrscheinlichkeit eine große Trendwende zu erwarten. Gleichzeitig mußte man aufgrund des Hauptknotens mit hoher Fluktuationsintensität rechnen. Wie sieht der Kursverlauf um den 13.01.2008 aus?

Der Goldpreis je Feinunze war bereits auf rund 860 $ angestiegen! Für Spekulanten mit diesem Wissen war dies eine extrem heiße Phase. Warum? Schließlich mußte man mit einer Trendumkehr rechnen. Andererseits waren hohe Schwankungen sehr wahrscheinlich. Wie hoch würden diese Schwankungen ausfallen? Für limitgebundene Spekulationen eine Frage von Bedeutung! Trotz Trendumkehr stieg der Kurs noch auf rund 1.014 $ bis 16. März 2008, bevor er die prognostizierte Talfahrt antrat. Wer sich als Investor hier nicht an seinen Anlagefahrplan hält, kann leicht „baden" gehen. Die erwartete Kursabnahme dauerte nur bis zum 12.11.2008 an mit einem Kurs um die 711$.

Ab hier begann nun eine besonders interessante und heikle Phase, weil die Weltmarktsituation nicht dafür sprach, daß es zu einem längeren Goldpreisfall kommen würde: weiterhin zunehmende Staatsverschuldung, Erhöhung der Geldmenge und keine wirklich tragfähigen Konzepte für eine dauerhafte Lösung der Finanzkrise. Dies hatte zur Folge, daß der Abwärtstrend nach oben durchbrochen wurde.

So ist ein Analyst mit dem Zeitfraktal darauf angewiesen, seine Prognose in die Subknoten zu verlegen, wo kurzfristige Prognosen möglich sind.

Das kann z. B. bedeuten, daß vor einem Hauptknoten in den Subknoten auf Ebene n_1 sich die übergeordnete Entwicklung fraktal wiederholt. Ist der generelle Trend ein steigender, der sich mit hoher Wahrscheinlichkeit nach dem Hauptknoten in einen fallenden verwandeln wird, kann sich im Subknoten ebenfalls vor der Subknotentrendwende ein steigender und danach ein fallender Trend zeigen. Nach dem Hauptknoten kann sich dies in den Subknoten jedoch genau umkehren. Als Beispiel seien hier die Subknoten [75; -9] und [75; +9] angeführt.

[75; -9] verläuft ab 13.03.2006 über 19.05.2006 bis 12.07.2006. Der Goldkurs zu jenen Zeitpunkten betrug in etwa 546 $, 657 $ und 647 $. Blickt man in eine Kursgrafik[515], sieht man den steilen Anstieg bis in etwa zum Subknoten am 19.05.2006, kurz zuvor liegt der Kurs sogar bei 716 $. Nach der Trendwende fällt der Kurs wieder stark bis auf etwa 554 $ am 14.06.2006, um sich dann wieder zu erholen. Auf den Subknotenzeitraum bezogen kann man also folgenden Trend finden: steigend – Trendwende – fallend.

[75; +9] verläuft ab 08.11.2009 über 30.01.2010 bis 17.05.2010. Der Goldkurs zu jenen Zeitpunkten betrug in etwa 1.097 $, 1.080 $

515 Der interessierte Leser kann dies auf vielen Internetportalen von Banken tun, die heute sehr genaue Kursabfragen ermöglichen

und 1.223 $. Blickt man in eine Kursgrafik, sieht man zunächst einen steilen Anstieg, der jedoch schnell in einen Fall übergeht, um unter dem Ausgangswert zu enden. Das Tief in diesem Intervall findet sich kurz nach der Trendwende mit rund 1.062 $. Nach der Trendwende steigt der Kurs wieder stark bis auf etwa 1.236 $ am 12.05.2010 und endet im Intervall mit 1.223 $. Auf den Subknotenzeitraum bezogen kann man also folgenden Trend finden: fallend – Trendwende – steigend.

So kann es vorkommen, daß der Hauptknotentrendwechsel auch die Trendwenden in seinen Subknoten umkehrt.

Nachdem der Goldpreis nach der letzten großen Trendwende im Januar 2008 den Abwärtstrend nach oben durchbrach, ist mit hoher Wahrscheinlichkeit damit zu rechnen, daß bis zu dessen finalem Reifestadium keine niedrigen Goldpreise mehr zu sehen sein werden. Das schließt natürlich nicht aus, daß es zu einschneidenden Währungsreformen kommen kann, die das Finanzwesen auf nachhaltig gesunde Beine stellen. Sodann wäre der Goldkurs nicht mehr von großer Bedeutung. Gegenwärtig (im Jahr 2017) ist das jedoch nicht der Fall.

Das Reifestadium mit [75; +3] begann am 01.06.2013, erfährt eine Trendwende am 24.11.2015 und endet schließlich am 17.04.2022. Der erste Teil des Intervalls bis zur Trendwende zeigt wieder eindrucksvoll einen insgesamt fallenden Trend, der Kurs am 02.06.2013 betrug 1.394 $, am 24.11.2015 rund 1.075 $. So lautete meine Prognose, daß mit einer Umkehr und steigendem Goldkurs erst nach dem 24.11.2015 zu rechnen sei. Genau dies ist eingetreten. Am 06.07.2016 war ein Kurs von rund 1.370 $ zu verzeichnen, eine Zunahme um ca. 27,4%.

Trotzdem ist Vorsicht geboten. Denn der sog. Grüne Bereich, in dem sich die Goldpreisentwicklung befindet, besteht aus vielen, sich überlagernden Subknoten mit teilweise entgegengesetzten

Trendeinflüssen. Mit dem 01.06.2013 begann eine Neugeburt auf höherer Ebene und bereits der Wirkungsbereich des zukünftigen Hauptknotens [75+3/2] am 04.12.2036. Dieser zeigt mit [75+3/2; -3] am 30.10.2018 erneut eine nicht unerhebliche Trendwende an. Bis dahin kann es also insgesamt gesehen eher zu einer Seitwärtsbewegung kommen, wo sich Abwärts- und Aufwärtstrend „streiten". Ab 30.10.2018 stünden dann beide Fraktalteile eher auf Anstieg. Nach der bisherigen Entwicklung wäre demnach bis 2022 eine Stabilisierung des Goldkurses auf hohem Niveau zu erwarten. Diese Prognose basiert ferner auf der Annahme, daß bis dahin keine Währungsreformen durchgeführt werden.

5 ANALYSE VON LEBENSLÄUFEN

Im folgenden wird ein kurzes Beispiel für eine Analyse beschrieben, wie sie hilfreich im persönlichen Bereich, für eine Firma oder ein sonstiges Projekt eingesetzt werden kann.

Hier handelte es sich um einen Ausbildungsleiter, der in einer Firma mit ca. 5000 Arbeitnehmern beschäftigt war und dort einen Ausbildungsbereich leitete. Durch Umstrukturierungen war der Ratsuchende plötzlich mit einem neuen Vorgesetzten konfrontiert, der aufgrund mangelnder Kompetenz keine oder schlechte Entscheidungen traf. Durch die fortwährende Durchführung und Planung der Ausbildung war dies für den Ratsuchenden eine besonders belastende Situation. Einerseits trug er die Verantwortung für den Erfolg, die Durchführung und die Organisation, andererseits aber war er durch die Entscheidungskompetenz des neuen Vorgesetzten gehemmt. Hinzu kam eine problematische zwischenmenschliche Beziehung zwischen dem Ratsuchenden und dem Vorgesetzten. Der Vorgesetzte zeichnete sich durch mangelnde soziale und fachliche Kompetenz aus und legte einen autoritären Führungsstil an den Tag, um seine Inkompetenz zu überspielen. Für den Ratsuchenden war die Gesamtsituation auch insofern äußerst schwierig, weil er es als eigenständig arbeitender Organisator gewöhnt war, Schwierigkeiten aktiv anzugehen und zu lösen.

Des weiteren stand eine Erweiterung und Auslagerung der vom Ratsuchenden durchzuführenden Ausbildung im Raum. Eine Zuspitzung fand die Situation darin, daß der Vorgesetzte vom Ratsuchenden eine Unterschrift unter einen neuen Arbeitsvertragszusatz forderte, der eine Verschlechterung der vertraglichen Bedingungen bedeutet hätte. Im Ergebnis fühlte sich der Ratsuchende unsicher und genötigt, eine neue Arbeitsstelle zu suchen, obwohl der Bedarf der Ausbildung an sich nicht in Frage stand. So bat der Ratsuchende um eine zeitanalytische Einschätzung.

Die Problemstellung ergab klar erkennbar, daß für den beruflichen Bereich ein Zeitfraktal zu erstellen war. So wurden als nächstes Informationen über die berufliche Laufbahn des Betroffenen eingeholt und in diesem Fall ein Zeitfraktal ab dem Beginn der Beschäftigung in der genannten Firma berechnet, der zum gegebenen Zeitpunkt etwas mehr als 13 Jahre zurücklag. Ergänzend wurde das Lebensfraktal herangezogen, das ab dem Geburtstag des Ratsuchenden erstellt wurde.

Das Zeitfraktal für die Tätigkeit in der Firma zeigte folgende Prozeßphase an:

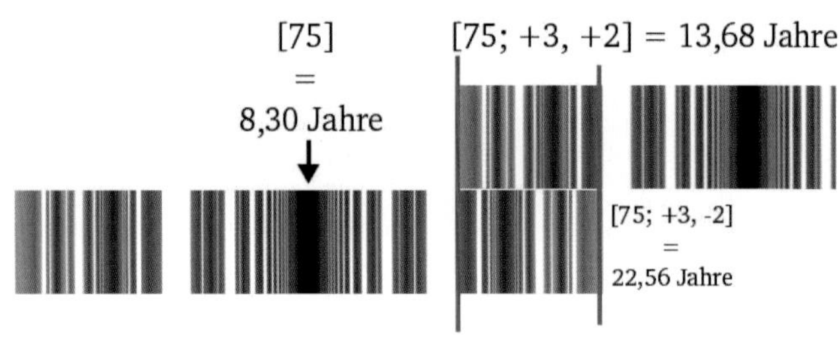

Abb. 93 – Berufsfraktal

Daraus war zu erkennen, daß sich der berufliche Prozeß des Betroffenen in dieser Firma seit kurzem in einer Neugeburtsphase befand, die mit rund 13 Jahren und 8 Monaten beginnt. Diese Neugeburtsqualität betraf auch den von ihm geleiteten Ausbildungsbereich, da er schon als Ausbilder eingestellt wurde und seitdem durchgängig als solcher zum Einsatz kam. Somit bedeutete das auch für den Ausbildungsbereich, den der Betroffene leitete, eine Neugeburt auf höherer Ebene. Außerdem hat ein fast 14 Jahre alter Prozeß schon eine gewisse Mächtigkeit erreicht.

Daraus kann man einerseits schließen, daß diese Phase eines Prozesses kein besonderes Zutun des Beteiligten erfordert. Als Analogie: Eine schwangere Frau weiß, daß ihr Kind auf die Welt kommen wird. Der Prozeß ist nicht aufzuhalten. Abgesehen von möglichen Komplikationen, braucht sie nichts weiter zu tun, als die Geburt geschehen und das Kind kommen zu lassen. Die Mutter nimmt dabei mehr die Position eines Beobachters denn eines aktiv Handelnden ein. Und genau diese Empfehlung wurde dem Ratsuchenden gegeben.

Jedoch ist es in solchen markanten Wandlungsphasen wichtig, aufmerksam und präsent zu sein, damit die „Geburt" gelingt. So erging die weitere Empfehlung, er solle konzentriert und präsent seiner Arbeit nachgehen, brauche jedoch nichts weiter zu unternehmen. Warum diese Aufmerksamkeit besonders wichtig sein kann, zeigte folgende Entwicklung in diesem Prozeß: Die Ausbildungsgänge hatten bestimmte Starttermine, zu denen natürlich alle Teilnehmenden und Kostenträger informiert werden mußten. Mitunter kam es vor, daß aufgrund geringer Teilnehmerzahl ein Kurs um eine Periode verschoben oder mit Sondergenehmigung trotzdem durchgeführt wurde. Genau in dieser Lage befand sich der Ratsuchende. Der Vorgesetzte wußte Bescheid, äußerte sich jedoch nicht dazu, obwohl die Entscheidung darüber diesem oblag. So war es in dieser Situation wichtig, den Vorgesetzten nochmals verbindlich unter Angabe eines spätesten Entscheidungstermins zu informieren, damit dieser nicht danach die Verantwortung hätte abschieben können, zum Nachteil des Ratsuchenden mit vielleicht beruflichen Konsequenzen. Ein evtl. möglicher Vorwurf, wie „Warum haben Sie mich nicht informiert, Sie sind doch für die Ausbildung verantwortlich?", war damit verhindert.

Seine Ängste hinsichtlich einer Kündigung oder sonstigen Beendigung des Arbeitsverhältnisses im Zusammenhang mit der angespannten Situation mit seinem Vorgesetzten konnten ebenfalls durch die Fraktalbilder zerstreut werden. Die Mächtigkeit eines fast 14 Jahre alten Prozesses konnte nicht so leicht von einem Vorgesetzten ernsthaft bedroht werden, der erst seit so kurzer Zeit in dieser Funktion tätig war und dessen Kompetenz besonders in fachlicher Hinsicht weit unter der des Ratsuchenden angesiedelt war. Im übrigen zeigte sich die Neugeburtsqualität schließlich auf erstaunliche Weise: Die gesamte Ausbildung inklusive des ratsuchenden Ausbildungsleiters wurde aus der Firma ausgelagert und mit entsprechender vertraglicher Regelung nun unter dem Dach einer Universität geführt. Die Teilnehmerzahl stieg ebenfalls in etwa auf das Doppelte. Der Ratsuchende war auch seinen lästigen Vorgesetzten los.

Zur genaueren Einschätzung der Situation war ebenfalls ein Blick in das Zeitfraktal ab Geburt des Ratsuchenden zu werfen.

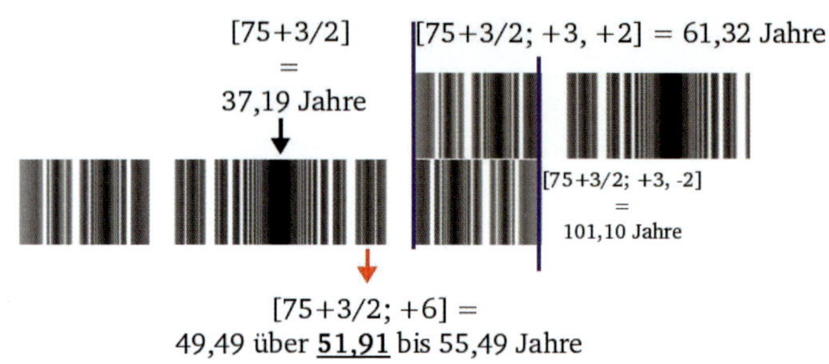

Abb. 94 – Lebensfraktal ab dem Geburtstag

Er befand sich zum Zeitpunkt der Fragestellung ca. elf Monate vor der Trendwende im Subknoten [75+3/2; +6] mit 51,91 Jahren. Da dieser Knotenbereich schon mit 49,49 Jahren begann, war mit einer Trendwende und Qualitätsänderung vor der angezeigten, in elf Monaten, nicht zu rechnen. Eine Kündigung oder ein Arbeitsplatzwechsel wären erhebliche Veränderungen gewesen, die beispielsweise nach einer Trendwende eintreten und diese repräsentieren können. Diesbzgl. Ängste konnten mithin deutlich reduziert werden.

So wurde also die Neugeburt im beruflichen Bereich von einer gleichbleibenden Entwicklung im Lebensfraktal begleitet. Auch das Lebensfraktal deutete damit an, daß besondere Anstrengungen vom Ratsuchenden nicht zu unternehmen waren.

Im Ergebnis konnte der Ratsuchende viel besser mit der Situation umgehen, weil kurzfristige Veränderungen in der Firma gelassener und distanzierter betrachtet werden konnten. Seine Suche nach einem anderen Arbeitsplatz stellte er ein. Auch war er nicht mehr so anfällig für Gerüchte, die natürlich in Firmen kursieren.

6 SCHLUSSWORT

Hat der Leser bis hierher durchgehalten und sich die vielen aufgezeigten Analyseergebnisse angesehen, wird er dem Verfasser vermutlich beipflichten, daß die Ergebnisse über eine versehentliche Übereinstimmung hinausgehen.

So ist an dieser Stelle die Feststellung begründet, daß mit der Entdeckung des Phänomens der logarithmischen Skaleninvarianz und der Möglichkeit, diese mit Global Scaling mathematisch zu beschreiben, ein mächtiges Instrument gewonnen wurde.

Die logarithmisch-fraktale Zeitanalyse gewährt ungeahnte, spannende Einblicke in bislang verborgene Prozeßdynamiken und Zusammenhänge. Man erhält ein vertieftes Verständnis für das Phänomen Zeit und für die Entwicklung von Prozessen in der Zeit. Dabei konnte gleichzeitig festgestellt werden, daß sich damit vieles in der Geschichte nicht mehr verbergen läßt.

Des weiteren ermöglicht die bessere Einschätzung und Bewertung von Entwicklungsstadien die gezielte Wahl günstiger Zeitpunkte, sei es für die Einflußnahme auf einen Prozeß oder nur das geduldige Abwarten. In der Folge sollte man in die Lage versetzt sein, zusätzliche Belastungen vermeiden zu können. Insbesondere konnte man sich die Bedeutung des Wortes „Geduld" wieder in Erinnerung rufen, denn das Zeitfraktal zeigt deutlich, daß alles seine Zeit hat. Es bringt nichts, etwas erzwingen zu wollen, wenn die Zeit dafür nicht reif ist. Für den hektischen Zustand unserer gegenwärtigen Gemeinschaft kann dies nicht genug betont werden.

Wie bei allen mächtigen Instrumenten ist der Anwender aufgerufen, dieses bemerkenswerte Werkzeug **Global Scaling** zum Wohle der Gemeinschaft einzusetzen. Daß die gesetzten Ursachen ihre dementsprechenden Auswirkungen haben, dürfte nun klar sein!

Auch soll eine Schlußfolgerung hinsichtlich der weltgeschichtlichen Bedeutung und Rolle der deutschen Völker unter Bezugnahme auf die Kapitel 3.2.3 und 3.3.5 nochmals herausgehoben werden. Die Ergebnisse der Geschichtsanalyse zeigen m. E. klar, daß der Schlüssel zum Frieden und Fortschritt in der Welt im Erwachen und in der Emanzipation der deutschen Völker liegt. Mitnichten ist damit ein imperialistischer Ausdehnungsanspruch gemeint, den die Führungen mancher ausländischer Staaten immer wieder so gerne unterstellen, um von den eigenen Schandflecken abzulenken. Nein, eine Befreiung aus der Fremdherrschaft ist damit gemeint, der man sich immer noch unterordnet. Dies geschieht immer noch, weil die Deutschen nicht bereit sind, Eigenverantwortung zu übernehmen und die eigene Bequemlichkeit zu überwinden. Die Aufgabe der Deutschen ist es, in freier Selbstbestimmung den Fortschritt in allen Lebensbereichen voranzubringen und dem Frieden in der Welt zu dienen. So kann dies über eine Vorbildfunktion Nachahmer in anderen Nationen finden.

Des weiteren müßte klar geworden sein, wie bedeutend die Zeitrechnung einer Kultur ist. Sie ist ein ganz grundlegendes, vereinendes Instrument. Die Verwendung sorgt dafür, daß man zur ganzen damit verbundenen Geschichte einer Kultur in Resonanz geht. Meines Erachtens ist das ein bislang völlig unterschätzter Faktor. Die Analyseergebnisse haben gezeigt, wie mächtig die Vergangenheit über das Zeitfraktal „zuschlägt". Daraus folgt m. E. unweigerlich, daß eine Kultur, die neue Wege gehen möchte, auch eine neue Zeitrechnung braucht! Deshalb wird in Anhang 7.9 ein Vorschlag für einen neuen Kalender vorgestellt.

Und damit schließen diese Ausführungen mit dem Aufruf zu einer umfassenden Kalenderreform und dem Beginn einer neuen Zeitrechnung für eine neue friedvolle Zeit des erfüllten und glücklichen Miteinanders auf einem wunderbaren Planeten!

7 ANHANG

7.1 Berechnungsbeispiele zum Fundamentalen Zeitfraktal

An den folgenden Beispielen kann die Vorgehensweise beim Rechnen mit dem Zeitfraktal nachvollzogen werden.

7.1.1 Umrechnung ins Fundamentale Fraktal

Als Beispiel wird hier der Zeitraum bzw. die Schwingungsperiode eines Tages in einen Kettenbruch umgerechnet, der danach im Fundamentalen Zeitfraktal gefunden und dargestellt werden kann. Dazu ist zunächst die Umrechnung eines Tages in eine universelle Zeiteinheit, hier die Anzahl der Schwingungsperioden eines Protons, erforderlich. Von der dimensionslosen Anzahl der Schwingungsperioden eines Protons wird sodann der natürliche Logarithmus berechnet, womit man schließlich in den abstrakten, eindimensionalen Bereich der Maßstäbe des Fundamentalen Zeitfraktals gelangt ist. Als Wert für die Schwingungsdauer des Protons nimmt man den höchsten und niedrigsten bekannten Wert, wie er in Kapitel 2.2.4 dargestellt ist, und berechnet damit einen Minimal- und Maximalwert. Dort, wo unter Verwendung des gefundenen Minimal- und Maximalwertes die Kettenbruchdarstellung schließlich beginnt, unterschiedliche Teilnenner vorzuweisen, beendet man die Kettenbruchentwicklung; sie geht also bis zu jenem Teilnenner, bis zu dem die Teilnenner der Kettenbruchentwicklung von Minimal- und Maximalwert identisch sind. Für die hier angestellten

Berechnungen genügt es jedoch, für die Schwingungsdauer des Protons den folgenden Wert zu verwenden: $T = 7{,}01515 \cdot 10^{-25}$ s.

1. Umrechnung des Tages in Sekunden:
1 Tag = $24 \cdot 60 \cdot 60$ s = 86.400 s.

2. Umrechnung in die Anzahl von Schwingungsperioden des Protons:
86.400 s / $7{,}01515 \cdot 10^{-25}$ s = $1{,}23162 \cdot 10^{29}$; so oft schwingt ein Proton im Laufe eines Tages.

3. Berechnung des natürlichen Logarithmus:
$\ln (1{,}23162 \cdot 10^{29}) = 66{,}98330$. (66,983298184)

4. Entwicklung des Kettenbruchs:
Aus dem gefundenen Wert ergibt sich n_0=66. Dieser Wert ist durch 3 teilbar, womit der maßgebliche Hauptknoten gefunden wurde. Der Rest von 0,98330 liegt sehr nahe an 1, weshalb hier bereits die Nähe zum rechten Rand des rechten Grünen Bereichs zu ersehen ist. Nun tastet man sich an den rechten Rand des Grünen Bereichs heran:

[…; +3, -3, +3, -3] = 2÷(3+2÷(–3+2÷(3+2÷(–3)))) = 0,967741935
[…; +3, -3, +3, -3, +3] = 2÷(3+2÷(–3+2÷(3+2÷(–3+2÷3)))) = 0,984126984

Hier ist man auf Ebene n_5=+3 angelangt. n_5=+3 ergibt ein Intervall von 0,978723404 über 0,984126984 bis 1 und beinhaltet 0,98330. Man könnte an dieser Stelle weiter in die maßstäbliche Tiefe gehen und weitere Teilnenner, die immer Vielfache von 3 sein müssen, bestimmen, bis man noch exakter an dem Zielwert 66,98330 angelangt ist. Ab einem Wert […; +3, -3] kann man von der Zeitqualität eines finalen Reifestadiums sprechen, weshalb dies erst recht für die Schwingungsperiode eines Tages erfüllt ist.

5. Der Kettenbruch wurde hier bis zur Ebene n_5 entwickelt: [66; +3, -3, +3, -3, +3, …]

7.1.2 Umrechnung aus dem Fundamentalen Fraktal

Nun geht man den umgekehrten Weg bei der Berechnung. Als Beispiel soll der Kettenbruch [72; +3, +3] aus dem Zeitfraktal in eine Schwingungsdauer in der Raumzeit umgerechnet werden.

1. [72; +3, +3] = 72 + 2/(3+2/3) (= 72,545454545…)

2. Umrechnung in die Raumzeit:
72 + 2/(3+2/3) ist der Logarithmus zur Basis e. So ist bei der Umrechnung $e^{72 + 2/(3+2/3)}$ mit der Schwingungsdauer des Protons zu multiplizieren:

$$e^{72 + 2/(3+2/3)} \cdot 7{,}01515 \cdot 10^{-25}\text{s} =$$
$$= 3{,}20693824 \cdot 10^{31} \cdot 7{,}01515 \cdot 10^{-25}\text{s} =$$
$$= 2{,}249715279 \cdot 10^{7}\text{s}.$$
$$2{,}249715279 \cdot 10^{7}\text{s} / 86400\text{s/Tag} =$$
$$260{,}38 \text{ Tage}.$$

Der Kettenbruch [72; +3, +3] repräsentiert somit im Fundamentalen Fraktal der Schwingungsperioden einen Zeitraum von 260,38 Tagen. Er repräsentiert den Tzolkin-Zyklus.

7.2 Kalendersystem mit 13 Monaten und Tzolkin

Der 13-Monde-Kalender des Friedens von José Argüelles greift in seiner Komposition auf wichtige Maya-Zyklen zurück. Er besteht u.a. aus einem 13-, 20- und dem Vielfachen der beiden, einem 260-Tage-Zyklus (Tzolkin[516]), die mit dem Sonnenjahr mit seinen 365 Tagen kombiniert werden. Der 13-Tage-Zyklus wird mit sogenannten Tönen in Form von Zahlensymbolen beschrieben. Der 20-Tage-Zyklus wird anhand von 20 sogenannten Siegeln wiedergegeben. Die in einem 13- und 20-Tage-Zyklus liegenden Zeitqualitäten wurden in Kapitel 3.1.2.3 und 3.1.2.4 beschrieben. Den Tönen und Siegeln wird jeweils eine vorrangige Qualität zugeschrieben. Sie ergeben in ihrer Kombination einen 260-Tage-Zyklus, der den einzelnen Tagen eine gewisse Qualität aus Ton und Siegel verleiht. Die Sinnhaftigkeit dieses Zyklus wurde durch den Bezug zum Schwangerschaftszyklus nähergebracht. Tatsächlich beträgt das statistische Mittel für die Dauer einer Schwangerschaft 260 Tage.[517] Besonders beeindruckte, daß die Kombination der unterschiedlichen Zyklen einen fraktalen[518] Aufbau ergab und einen Bezug von längeren zu kürzeren Zeiträumen und umgekehrt herstellte. So kann beispielsweise ein Tag in komprimierter Form die Qualität eines ganzen Jahres in der Vergangenheit sowie gleichzeitig in der Zukunft widerspiegeln.

Die Form des 13-monatigen Kalenders kann in Anhang 7.9 betrachtet werden, lediglich mit dem Unterschied, daß der 01.01. des 13-Monde-Kalenders dem jetzigen 26.07. entspricht. Der sogenannte Tag außerhalb der Zeit als 365. Tag ist bei Argüelles demnach

516 Siehe das Kapitel 3.1.2.2

517 Siehe das Kapitel 3.1.2.2

518 von lat. *fractus* = gebrochen, *frangere* = brechen, zerbrechen; weitere Erklärung des Begriffs „fraktal" siehe das Kapitel 2.1

der 25.07. des Jahres.[519] Den Aufbau des Tzolkin mit seiner Kombination der 20 Siegel und den 13 Tönen wird in der nachfolgenden Abbildung deutlich. Die durch die Siegel und Töne repräsentierten Qualitäten, wie sie José Argüelles angab, sind auch darin angeführt.

Die Kombination aus 365-Tage- und 260-Tage-Zyklus ergibt einen Zyklus von 52 Jahren, die Kalenderrunde, wie sie in Kapitel 3.1.2.10 besprochen wird.

519 Zwischen Peru und Honduras findet man heute die Chorti Maya, die in der Nähe der Maya-Stätte Copán leben. Alljährlich begehen sie eine Zeremonie, in der sie die Erschaffung der Welt nachempfinden. Dieses Ritual nennen sie „Erhebung des Himmels"; es verfolgt die jährliche Bewegung der Milchstraße, die bei den Chorti „Jakobsweg" heißt. Ihr jährlicher Feiertag ist deshalb am 25. Juli, weil an diesem Tage die Kreuzung von Ekliptik und Äquator der Milchstraße im Zenit über ihnen steht; Jenkins, 1998, S. 55

Tzolkin

Drache	1	21	41	61	81	101	121	141	161	181	201	221	241	**nähren,** Geburt, Sein
Wind	2	22	42	62	82	102	122	142	162	182	202	222	242	**kommunizieren,** Geist, Atem
Nacht	3	23	43	63	83	103	123	143	163	183	203	223	243	**träumen,** Überfluss, Intuition
Samen	4	24	44	64	84	104	124	144	164	184	204	224	244	**zielen,** Erblühen, Bewusstsein
Schlange	5	25	45	65	85	105	125	145	165	185	205	225	245	**überleben,** Lebenskraft, Instinkt
Weltenüberbrücker	6	26	46	66	86	106	126	146	166	186	206	226	246	**ausgleichen,** Tod, Gelegenheit
Hand	7	27	47	67	87	107	127	147	167	187	207	227	247	**wissen,** Vollendung, Heilung
Stern	8	28	48	68	88	108	128	148	168	188	208	228	248	**verschönern,** Eleganz, Kunst
Mond	9	29	49	69	89	109	129	149	169	189	209	229	249	**reinigen,** Universelles Wasser, Fluss
Hund	10	30	50	70	90	110	130	150	170	190	210	230	250	**lieben,** Herz, Loyalität
Affe	11	31	51	71	91	111	131	151	171	191	211	231	251	**spielen,** Magie, Illusion
Mensch	12	32	52	72	92	112	132	152	172	192	212	232	252	**beeinflussen,** freier Wille, Weisheit
Himmelwanderer	13	33	53	73	93	113	133	153	173	193	213	233	253	**erkunden,** Raum, Wachsamkeit
Magier	14	34	54	74	94	114	134	154	174	194	214	234	254	**verzaubern,** Zeitlosigkeit, Aufnahmefähigkeit
Adler	15	35	55	75	95	115	135	155	175	195	215	235	255	**erschaffen,** Vision, Geist
Krieger	16	36	56	76	96	116	136	156	176	196	216	236	256	**fragen,** Intelligenz, Angstlosigkeit
Erde	17	37	57	77	97	117	137	157	177	197	217	237	257	**entwickeln,** Orientierung, Synchronizität
Spiegel	18	38	58	78	98	118	138	158	178	198	218	238	258	**reflektieren,** Endlosigkeit, Ordnung
Sturm	19	39	59	79	99	119	139	159	179	199	219	239	259	**beschleunigen,** Selbst-Verwirklichung, Energie
Sonne	20	40	60	80	100	120	140	160	180	200	220	240	260	**erleuchten,** Universelles Feuer, Leben

Töne:

1	HUN	Magnetisch	**Bestimmung,** vereinen, anziehen
2	CA	Lunar	**Herausforderung,** polarisieren, stabilisieren
3	OX	Elektrisch	**Dienen,** aktivieren, binden
4	CAN	Eigenständig	**Form,** definieren, messen
5	HO	Oberton	**Ausstrahlen,** ermächtigen, führen
6	UAC	Rhythmisch	**Gleichheit,** organisieren, ausgleichen
7	UC	Resonant	**Einstimmen,** kanalisieren, anregen
8	VAXAC	Galaktisch	**Einheit,** harmonisieren, gestalten
9	BOLON	Solar	**Absicht,** pulsieren, erkennen
10	LAHUN	Planetar	**Manifestation,** perfektionieren, produzieren
11	HUN LAHUN	Spektral	**Befreiung,** auflösen, freisetzen
12	CA LAHUN	Kristallen	**Kooperation,** widmen, verallgemeinern
13	OX LAHUN	Kosmisch	**Präsenz,** ertragen, erweitern

Abb. 95 – Tzolkin als Kombination von 20 Siegeln und 13 Tönen[520]

520 In Anlehnung an Argüelles, 1984, S. 99

7.3 Astronomische Zusammenhänge von Izapa

Allen voran konnte John Major Jenkins feststellen, daß in der frühen Maya-Stätte in Izapa im heutigen Grenzgebiet von Mexiko zu Guatemala während der frühklassischen Mayaperiode bereits auf eine wichtige Konjunktion hingewiesen wurde. Er ist einer der ersten, der nach dem Forscher Aveni[521] astronomische Zusammenhänge in den Bauwerken entdeckte und entschlüsselte. Während andere Maya-Stätten mit imposanten Bauwerken beeindrucken, sucht man in Izapa vergeblich nach Pyramiden oder Ähnlichem. Das beeindruckende Wissen liegt dort im Detail. Eine Stele aus Stein mit entsprechender Symbolik blickt genau an den Punkt am Horizont, an dem die Sonne der Wintersonnenwende aufgeht.

521 Vgl. Jenkins, 1998, S. 143

Abb. 96 – Izapa, Stele 11 –
Zeichnung des Verfassers mit farblichen Hervorhebungen

Die Symbolik auf der Stele gibt aber ebenfalls einen Hinweis auf das galaktische Zentrum. Jenkins konnte zeigen, daß damit der konjunktionale Aufgang der Wintersonnenwendensonne mit dem Zentrum unserer Galaxie gemeint ist.[522] Dieses Ereignis spielt sich in einem Zeitraum von rund 19 Jahren ab und wiederholt sich aufgrund der Präzession erst wieder in 26.000 Jahren. Die Stele ist also eine rund 2000 Jahre alte Aufzeichnung des für die Erde bedeutsamen Präzessionszyklus von 26.000 Jahren.[523]

Besonders bemerkenswert ist auch die geografische Lage der Stätte auf dem Breitengrad 14,8° nördlicher Breite. Die Lage innerhalb der Wendekreise wurde so gewählt, daß die Sonne zweimal pro Jahr im Zenit steht, was am 30.04. und 12.08. geschieht.[524] So ergibt sich einmal ein Abstand der Zeitpunkte von 260 Tagen und 105 Tagen, die in Summe wieder das Jahr mit 365 Tagen ergeben. 260 Tage sind dabei eine Anspielung auf den wichtigen Tzolkinkalender.

Außerdem erinnert der 12.08. an das Beginndatum der Langzählung[525] am 11.08.3114 vor Christus.[526] Geteilt werden die Zeiträume von Sommer- und Wintersonnenwende. Die Wintersonnenwende erinnert dabei regelmäßig an das Enddatum der Langzählung am 21.12.2012.

---

522 Vgl. Jenkins, 1998, S. 111–114, 284

523 Siehe Kapitel 3.1.2.11

524 Dabei hat man bei der Wahl des Zenittages einen Spielraum von einigen Tagen, wenn man das Kriterium verwendet, daß ein senkrecht in der Erde befestigter Stab zur Mittagszeit keinen Schatten wirft. Rein rechnerisch erhält man den 30. April und 12. August als Zenittage.

525 Siehe Kapitel 3.1.2.12

526 Berechnung siehe Anhang 7.6

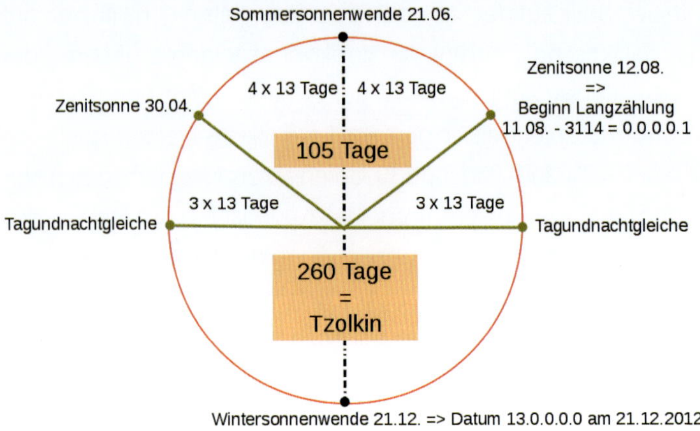

Abb. 97 – Astronomiebezogene Lage Izapas

Diese Erkenntnisse erstaunen, besonders im Kontrast zu unserer heutigen Herangehensweise, fast alles nur im Lichte einer Kosten-Nutzen-Abwägung zu betrachten. Es drängt sich die Frage auf, mit welchen Menschen, welcher Kultur man es hier zu tun hat. Wie haben sie gelebt, wie verbrachten sie ihren Alltag? Warum bauten sie aufwendige Bauwerke, die keinen wirtschaftlichen Nutzen haben, im Gegensatz zu uns?

7.4 Wintersonnenwende in Izapa

Denkt man sich eine Ebene, auf der die Umlaufbahn der Erde um die Sonne liegt, erhält man die sogenannte Ekliptik. Die Erdachse steht nicht senkrecht auf der Ekliptik, sondern neigt sich mit 23,44° zu dieser hin. Eine Folge dieser Neigung sind die vier Jahreszeiten und die vier Eckpunkte des Jahres mit Frühjahrstagundnachtgleiche, Sommersonnenwende, Herbsttagundnachtgleiche und Wintersonnenwende. Mit dem Zeitpunkt der Wintersonnenwende kann man also auf der Ekliptik einen Punkt markieren. Projiziert man nun die Ekliptik hinaus ins All, so stellt man mit Erstaunen fest, daß sie fast das galaktische Zentrum schneidet. Astrophysiker betrachten dies eher als Zufall, vermutlich steckt aber ein physikalischer Zusammenhang dahinter. Jedenfalls ist es diesem Umstand geschuldet, daß sich nun der Punkt auf der Ekliptik, der mit der Wintersonnenwende markiert wurde, aufgrund der präzessionalen Bewegung der Erdachse langsam dem galaktischen Zentrum nähert. Nach rund 26.000 Jahren ist eine Runde vollendet, und alle vier Eckpunkte des Jahres haben diese Konjunktion einmal durchlaufen.

An der nachfolgenden Grafik kann man erkennen, daß die Sonne in rund 200 Jahren sogar noch etwas näher am galaktischen Zentrum sein wird als zum gegenwärtigen Zeitpunkt. Zum einen jedoch kann man diesen geringfügigen Unterschied vernachlässigen und zum anderen ergeben sich noch weitere Anhaltspunkte, die den aktuellen Zeitpunkt als Konjunktionszeitpunkt qualifizieren. Die Wintersonnenwendensonne ist gegenwärtig etwa 3° vom galaktischen Zentrum entfernt, was als Konjunktion betrachtet wird. Des weiteren wird die größte Nähe in rund 200 Jahren auch lediglich 2°45′ betragen.

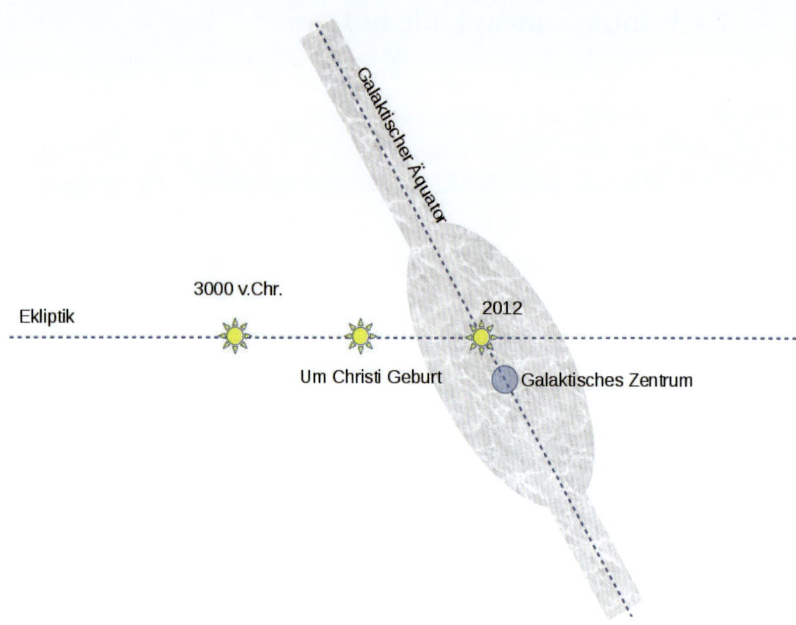

Abb. 98 – Präzessionale Wanderung der Wintersonnenwendensonne vor das galaktische Zentrum

Bei großzügigster Betrachtung könnte man bereits dieses Szenario mit der ersten Berührung der Sonne des östlichen Randes der Milchstraße beginnen lassen. Damit erhielte man einen Zeitraum vor rund 450 Jahren. Bis zum Auslauf am westlichen Ende des Bandes der Milchstraße vergingen dann insgesamt rund 900 Jahre. Hinzu kommt, daß das galaktische Zentrum selbst aus einigen verschiedenen Gravitations- und Magnetzentren zu bestehen scheint, die nicht nur einen Punkt, sondern eine ganze Region betreffen. Insofern kann man guten Gewissens die Auffassung vertreten, daß gegenwärtig eine Konjunktion von Wintersonnenwendensonne und galaktischem Zentrum vorliegt. Des weiteren wird diese Annahme von der astronomischen Gegebenheit gestützt, daß die Wintersonnenwendensonne zur Zeit den galaktischen Äquator passiert! Ende des Jahres **1999** war die erste Hälfte dieser Passage erledigt. Aufgrund der Breite der Sonne, ca. ½°, dauert es noch bis ins Jahr **2018**, bis die Sonne der Wintersonnenwende den galaktischen Äquator vollständig überquert hat.[527] Demnach begann die Passage in etwa im Jahr **1981**.

527 Vgl. Jenkins, 1998, S. 105–114

7.5 Astronomische Zusammenhänge von Chichén Itzá

Die Stätte von Chichén Itzá liegt im heutigen Mexiko auf der Halbinsel Yucatan. Das zentrale Bauwerk dieser Stätte, die Pyramide des Kukulkan, wird mit seiner Fertigstellung auf das Jahr 830 n. Chr. datiert und gibt damit gut den Höhepunkt kulturellen Lebens in Chichén Itzá wieder.[528]

Abb. 99 – Die Pyramide des Kukulkan bzw. Quetzalcoatl, der „gefiederten Schlange"

Man zählt es zur spätklassischen Maya-Periode.[529] Das letzte in der Stadt verzeichnete Datum der Langzählung mit 10.8.10.11.0[530] entspricht meinen Berechnungen zufolge dem 12.05.998 n. Chr.

528 Vgl. Jenkins, 1998, S. 76
529 Vgl. Dunning/Grube, 2006/2007, S. 323
530 Vgl. Grube und Martin / Grube, 2006/2007, S. 169

Das Symbol der Schlange spielt in der Ikonografie Chichén Itzás eine wesentliche Rolle. Schlangenbänder standen symbolisch für die Verbindung zur übernatürlichen Welt, galten symbolisch auch als Nabelschnur und darüber hinaus als Verbindung zu den Göttern.[531] So hatten z. B. auch große und kleine Zepter die Form einer Klapperschlange. Heute weiß man, daß Zepter Zenitkonstellationen symbolisieren, zu denen einflußreiche Persönlichkeiten inthronisiert wurden. Könnte Chichén Itzá also auf eine wichtige Zenitkonstellation hindeuten?

Auch an der Pyramide selbst findet man die Schlangensymbolik. Sie ist u.a. der Grund, warum jeden Frühling zur Tagundnachtgleiche hunderte Menschen dorthin pilgern und einem mittlerweile berühmten Schattenspiel beiwohnen wollen. Die Treppen auf der Nordseite der Pyramide enden unten mit einem Schlangenkopf (siehe roter Kreis auf Abbildung 98). Außerdem ragen die Treppen aus dem Rest der Pyramide hervor. Hinzu kommt eine Drehung der Pyramide im Uhrzeigersinn um ca. 7° aus einer exakten Ausrichtung nach den Himmelsrichtungen. Als Ergebnis dieser Anordnung wirft die späte Nachmittagssonne am Tag des Äquinoktiums (21./22.03. und 20.09.) über die Seitenkante der Pyramide einen Zick-Zack-Schatten auf die Mauer der hervorstehenden Treppe, so daß man in Zusammenhang mit dem Schlangenkopf am Ende der Treppe den Eindruck gewinnt, eine Schlange krieche die Pyramide herab:

531 Vgl. Masson/Grube, 2006/2007, S. 342

Abb. 100 – Herabkriechende Schlange[532]

Was hat nun dieses Schattenspiel zu bedeuten?

Die Antwort darauf fand John Major Jenkins[533] in dem Wort „tzab" aus der Sprache der Yucatec Maya, das zwei Bedeutungen trägt. Es bezeichnet zum einen die Klapper der Schlange und zum anderen auch das **Sieben**gestirn Plejaden.[534] Hinzu kommt, daß die Schlange an sich und die Klapperschlange im besonderen mit der Sonne in Verbindung gebracht wird, weil sie sich jährlich häutet und der Klapperschlange jährlich ein Element ihrer Klapper hinzuwächst. Außerdem findet man gelegentlich auf dem Rücken der in Yucatan vorkommenden Klapperschlange Crotalus durissus durissus ein Kreissymbol kurz vor der Klapper, das man als Symbol für die Sonne interpretieren kann.[535]

Gibt es dort also eine Zenitkonstellation mit den Plejaden?

Um das herauszufinden, bemühte Jenkins Astronomiesoftware und suchte nach der Stellung der Plejaden über Chichén Itzá. Des weiteren interessierte Jenkins, zu welchen Zeitpunkten die Son-

532 Lokale Postkarte; bearbeitet durch Verfasser
533 http://johnmajorjenkins.com/
534 Vgl. Jenkins, 1998, S. 144
535 Vgl. Jenkins, 1998, S. 72

ne dort im Zenit steht. Die Ergebnisse seiner Recherchen waren umwerfend:

Er konnte feststellen, daß ca. seit dem Jahr 1999/2000 die Plejaden um die Mittagszeit im Zenit über der Pyramide stehen. Die Zenitstände der Sonne waren schnell herausgefunden. Der Zeitpunkt des senkrechten Sonnenstandes hängt vom Breitengrad des Ortes ab. Nur innerhalb der Wendekreise können Zenitstände der Sonne beobachtet werden. Während am Äquator genau jedes halbe Jahr die Sonne senkrecht steht, geschieht dies auf den Wendekreisen nur einmal im Jahr. Der Breitengrad von Chichén Itzá sorgt gegenwärtig für Zenitstände um den 23. Mai und den 19. Juli eines jeden Jahres.[536]

Das heißt also, an diesen Tagen stehen seit dem Jahr 1999/2000 **die Plejaden und die Mittagssonne im Zenit über der Pyramide und das jährliche Schattenspiel erinnert im Halbjahresrhythmus an dieses Ereignis!** Diese Konstellation wiederholt sich erst in rund 26.000 Jahren und bleibt für etwa 100 Jahre in Kraft. Die Maya errichteten also vor rund 1.200 Jahren einen riesigen Wecker aus Stein, der jedes Jahr zweimal zu den Äquinoktien „klingelt" und auf eine damals 1.200 Jahre in der Zukunft liegende Konstellation hinweist!

Hinzu kam im Jahre 2012 eine vollständige Sonnenfinsternis in Zentral- und West-Nordamerika am 20.05.2012, die in Chichén Itzá noch zu ca. 80% zu sehen war. Am 20.05.2012 standen also der **Mond, die Zenitsonne und die Plejaden** senkrecht über der Pyramide![537]

Warum hinterließen die Maya einen solchen Wecker aus Stein, der architektonisch und an integrierter Astronomie seinesgleichen sucht?

Nun, sie wiesen damit auf eine bedeutende Wandlungsphase hin. Die herabkriechende Schlange bringt zum Ausdruck, daß von

536 Siehe dazu auch Fußnote 524

537 Vgl. Jenkins, 1998, S. 69–80

oben, also vom Himmel, aus höheren Ebenen des Daseins, eine „Schlange" kommt. Dies ist auch wiederum als Symbol zu verstehen. Was verkörpert eine Schlange? Sie häutet sich jährlich und repräsentiert damit Erneuerung und Neugeburt, passend zur oben beschriebenen Qualität eines 26.000-Jahr-Zyklus. Die angekündigte Wandlungsphase ist also eine der Erneuerung und Neugeburt. Außerdem könnte damit zum Ausdruck gebracht worden sein, daß jemand aus höheren Daseinsebenen (oder einer starken Verbindung zu diesen) kommt, der die erneuernde Bewegung verkörpert.

7.6 Korrelation zwischen Langzählung und gregorianischer Zeitrechnung

Bei der Umrechnung von Langzählungsdaten in unsere Zeitrechnung werden folgende Daten zugrunde gelegt:

- mittlere Jahreslänge von 365,2422 Tagen
- am 21.12.2012 waren mit dem Langzählungsdatum 13.0.0.0.0 genau 1.872.000 Tage vergangen
- der gregorianische Kalender wird zurückgerechnet; dabei wechselt er vom 31.12. im Jahre 1 v. Chr. zum 01.01. im Jahre 1 n. Chr.

Damit kann man die Tage seit Christi Geburt bis 21.12.2012 berechnen: 2011 Jahre, 11 Monate, 21 Tage.

2011 · 365,2422 Tage	= 734.502,0642 Tage
11 Monate bis 30.11.	= 334,8054 Tage[538]
21 Tage	= 21,0000 Tage
	734.857,8696 Tage

Als nächstes kann berechnet werden, wann die Langzählung in der gregorianischen Zeitrechnung begann:

	1.872.000,0000 Tage
	- 734.857,8696 Tage
	1.137.142,1305 Tage vom Beginn der Langzählung bis Christi Geburt
/365,2422 Tage pro Jahr	3.113,3920 Jahre

538 Da die 2011 Jahre zuvor als mittlere Jahre verwendet wurden, werden die verbleibenden 11 Monate ebenfalls auf ein mittleres Jahr bezogen: 11/12·365,2422 = 334,8054 Tage.

Rechnet man dies zurück erhält man:

3.113 volle Jahre, 143,1619 Tage vor Christus. Damit befindet man sich im Jahre 3114 v. Chr.. Für Dezember, November, Oktober und September sind 122 Tage abzuziehen. Es verbleiben 21 ganze Tage und ein angebrochener Tag, die in Abzug zu bringen sind, womit sich der **10.08.3114 v. Chr. als Beginn der Langzählung** ergibt. Der **11.08.3114 v. Chr.** ist der erste vergangene Tag mit **0.0.0.0.1**.

Beispielhaft sei hier noch das **Datum der Stele 2 von Chiapa de Corzo** berechnet, die das Langzählungsdatum 7.16.3.2.13 trägt:

7.16.3.2.13 ≙ 1.124.333 Tagen seit Beginn der Langzählung = 3.078,3217 Jahre. 3.113,3920 Jahre – 3.078,3217 Jahre = 35,0702 Jahre vor Christus. Man befindet sich also im Jahre 36 v. Chr.. 0,0702 Jahre ergeben 25,65 Tage. 31 – 25,65 = 5,35. Es sind also schon 5 Tage vergangen, der 6. Tag ist angebrochen an dem das Ereignis stattfand, womit man den 06.12.36 v. Chr. erhält.

7.7 Die Faktoren $^3/_2$, 3, $^9/_2$, 7, 13 und 20

In Kapitel 3.1.3 wurde beschrieben, wie anhand einfacher Faktoren wichtige Zyklen bestimmter Zeitqualität in andere Zyklen umgerechnet werden können, ohne den Logarithmus anwenden zu müssen. Natürlich funktioniert das nicht nur für Zeitzyklen, sondern für alle anderen Meßgrößen auch, die man im Fundamentalen Fraktal (FF) darstellt. Die gefundenen Faktoren sind **universelle, dimensionsunabhängige Faktoren**. Die mathematischen Grundlagen sollen hier kurz dargelegt werden.

Um im FF von einer bestimmten Stelle zur nächsten zu gelangen, muß man bestimmte Abstände zurücklegen. Ein Grüner Bereich ist z. B. 0,5 logarithmische Einheiten, ein Hauptknotenbereich 2 logarithmische Einheiten breit. So beträgt beispielsweise der Abstand vom linken zum rechten Grünen Bereich innerhalb eines Hauptknotenbereiches 1 logarithmische Einheit. In der dreidimensionalen Wirklichkeit bedeutet dies einen Abstand der beiden Bereiche von e^1, weil das logarithmische Spektrum nur Exponenten abbildet.

Vor diesem Hintergrund ist es faszinierend, daß es bestimmte einfache Faktoren gibt, die den Anwender durch Multiplikation von einem Schlüsselbereich in einen nächsten Schlüsselbereich eines komplexen logarithmischen Spektrums befördern.

Faktor 20

Durch Multiplikation oder Division mit 20 erhält man einen Zyklus identischer Zeitqualität, weil sich Haupt- und phasenverschobenes Fraktal jeweils alle drei logarithmischen Einheiten (= Wellenlänge 3, deshalb e^3) wiederholen. Da ln 20 = 2,9957… oder $e^3 \approx 20{,}09$, erhält man 20 als einen sehr genauen Umrechnungsfaktor, der nur um 0,426% von e^3 abweicht.

Faktor 13

Durch die Anwendung des Faktors 13 gelangt man z. B. von einem Zyklus am rechten Rand (finales Reifestadium) eines Grünen Bereiches zu einem Zyklus am linken Rand (Neugeburtsphase) des übernächsten Grünen Bereiches.
$e^{2,5} = 12{,}18$, reicht nicht aus, um in den GB zu kommen (noch Lücke);
$e^{2,6} = 13{,}46$, reicht aus, jedoch schwierig zu rechnen;
$\ln 13 = 2{,}5649\ldots$; mindestens 2,5 logarithmische Einheiten sind erforderlich.
Damit ergibt sich 13 als ein guter Faktor, mit dem man vom rechten Rand eines Grünen Bereichs in den nächsten Grünen Bereich gelangt.

Faktor 7

Durch Anwendung des Faktors 7 gelangt man von einem Zyklus am linken Rand (Neugeburtsphase) eines Grünen Bereiches zum rechten Rand (finales Reifestadium) des nächsten Grünen Bereiches. Der genaue Abstand der bezeichneten Ränder beträgt genau 2, also im Dreidimensionalen e^2.
$e^2 = 7{,}389\ldots$ Dieser Wert geht zu weit und wäre schon in der Lücke;
$e^{1,9} = 6{,}685\ldots$ reicht aus, Aufrundung auf 7 ergibt bessere Randnähe und ist einfacher zu rechnen; $\ln 7 = 1{,}94591\ldots$

Damit ergibt sich 7 als ein guter Faktor; 7 Neugeburtsstadien ergeben 1 finales Reifestadium.

Faktor 9/2

Der Faktor 9/2 ergibt 4,5 und damit beinahe $e^{1,5} = 4{,}481689\ldots$ Multipliziert oder dividiert man mit diesem, so gelangt man an die gleiche Stelle im nächstgelegenen Hauptknotenbereich, der um die halbe Wellenlänge 3/2=1,5 verschoben ist, in der der Ausgangszyklus lag. Nimmt man beispielhaft einen Zyklus, der am linken Rand eines Grünen Bereiches liegt und multipliziert diesen mit 4½, so erhält man wieder einen Zyklus am linken Rand des unmittelbar nächsten Grünen

Bereiches. Wie beim Faktor 20 liefert also auch der Faktor 4,5 einen Zyklus gleicher Zeitqualität, jedoch in halber Wellenlänge Entfernung.

Faktor 3

Durch Anwendung des Faktors 3 gelangt man von einem Zyklus am rechten Rand (finales Reifestadium) eines Grünen Bereiches zum linken Rand (Neugeburtsphase) des nächsten Grünen Bereiches. Der Abstand der bezeichneten Ränder beträgt genau 1 logarithmische Einheit, also in der dreidimensionalen Raumzeit e^1.
$e^1 = e = 2{,}718281828459\ldots$
$\ln 3 = 1{,}0986123\ldots$ bzw. $e^{1{,}1} = 3{,}0041$.

Der Faktor 3 befördert folglich etwa 1,1 logarithmische Einheiten weiter und damit in den nächsten Grünen Bereich.

Faktor 3/2

Dieser Faktor ermöglicht z. B. die Berechnung des nachfolgenden finalen Reifestadiums, wenn man es mit einem Neugeburtsstadium zu tun hat. Man gelangt also vom linken Rand eines Grünen Bereiches zu dessen rechten Rand. Der Grüne Bereich ist 0,5 logarithmische Einheiten breit. $e^{0{,}5} = 1{,}6487\ldots$ So ermöglicht der Faktor 3/2 den Verbleib innerhalb des Grünen Bereiches. Bsp.: Neugeburtsphase 13 Tage x 3/2 = 19,5 Tage als finales Reifestadium.

7.8 Korrelation zwischen christlicher und jüdischer Zeitrechnung

In ihrer Zeitrechnung beziehen sich die Juden auf die Erschaffung der Welt, wobei nach Hillel das erste Jahr im Herbst 3761 v. Chr. begann.[539] Das bürgerliche Jahr beginnt mit dem Monat Tischri im September oder Oktober der christlichen Zeitrechnung, um die Herbsttagundnachtgleiche.[540] Der jüdische Monat beginnt mit Neumond bzw. mit dem ersten sichtbaren Erscheinen des Mondes nach Neumond.[541] Demnach ändert sich der Jahresbeginn von Jahr zu Jahr, je nach erstem Neumond nach der Herbsttagundnachtgleiche. Der jüdische Tag endet mit Sonnenuntergang.

Auf genaue Kalenderdetails wird hier verzichtet, weil sie für die in diesem Buch angestellten Berechnungen unerheblich sind. Der interessierte Leser kann dazu umfangreiche Literatur finden. Für die Analysen ist vor allem die Jahreslänge und der Bezug der beiden Zeitrechnungen zueinander von Bedeutung. Aus Vereinfachungsgründen genügt es, mit einem 12-monatigen Kalender zu rechnen, der aus zwölf gleichlangen Monaten besteht. Darunter leidet die Präzision lediglich im Tages- und Wochenbereich, was bei einem Prozeßalter von über fünfeinhalbtausend Jahren akzeptabel ist.

So wird für die Berechnungen ein durchschnittliches, gleichbleibendes Jahr mit stets gleichem Jahresanfang verwendet, auch wenn es in der jüdischen Kultur anders praktiziert wird.

Die Herbsttagundnachtgleiche findet ca. am 20.09. des Jahres nach gregorianischem Kalender statt. Der Neumond für den Beginn des Tischri kann sich also nur im Zeitraum vom 21.09. bis 20.10.

539 Vgl. Meyers GKL, 1906, B10, S. 458; Bertelsmann UL, B9, S. 86

540 Vgl. Meyers GKL, 1907, B14, S. 55

541 Vgl. http://www.jewishencyclopedia.com/articles/3921-calendar; [15.01.2016]

befinden. Als durchschnittlichen Jahresanfang wird deshalb der 20.09. + 15 Tage +1 Tag (für das erste Sichtbarwerden des Mondes) verwendet, folglich den 06. Oktober christlicher Zeitrechnung. Demnach liegt den Berechnungen der Abend des 06.10.3761 v. Chr. als Beginn der jüdischen Zeitrechnung zugrunde.

7.9 Vorschlag für einen neuen Kalender

Nach dem Plädoyer des Verfassers für die Reform und Einführung eines neuen, besseren Kalenders soll hier ein Vorschlag dafür gegeben werden. Der vorgeschlagene Kalender besteht aus 13 gleich langen Monaten zu je 28 Tagen mit je vier gleich langen Wochen zu je sieben Tagen. Der letzte Tag des Jahres ist der Tag der Wintersonnenwende, der gleichzeitig der alljährliche 365. Tag ist, der weder zu einem Monat, noch zu einer Woche gehört, denn $4 \cdot 7 \cdot 13 = 13 \cdot 28 = 4 \cdot 91 = 364$. Er ist deshalb ein **globaler Feiertag des Friedens** und auch ein **Tag außerhalb der Zeit** (TadZ). Er soll daran erinnern, daß der Kalender nur ein mentales Gerüst ist. In Schaltjahren wird diesem Tag ein weiterer Feiertag angehängt.

Es läßt sich erkennen, daß sich auch vier Quartale zu je 91 Tagen harmonisch einfügen lassen. Eine schöne mathematische Beziehung zwischen Woche und Monat ergibt sich aus

$$1 + 2 + 3 + 4 + 5 + 6 + 7 = 4 \cdot 7 = 28.$$

Eine schöne mathematische Beziehung zwischen Zahl der Monate des Jahres und den vier Quartalen mit je 13 Wochen ergibt sich aus

$$1 + 2 + 3 + 4 + 5 + 6 + 7 + 8 + 9 + 10 + 11 + 12 + 13 = 7 \cdot 13 = 91.$$

Die vier Eckpunkte des Jahres, Frühjahrstagundnachtgleiche, Sommersonnenwende, Herbsttagundnachtgleiche und Wintersonnenwende fallen relativ genau mit den Quartalsenden bzw. -anfängen zusammen:

07./08. 04.	Frühjahrstagundnachtgleiche,	91./92. Tag,
14./15. 07.	Sommersonnenwende,	182./183. Tag,
21./22. 10.	Herbsttagundnachtgleiche,	273./274. Tag,
28.13./TadZ	Wintersonnenwende,	364./365. Tag.

Aus den Erkenntnissen der Maya-Zeitrechnung ergibt sich die Empfehlung, des weiteren einen 260-Tage-Zyklus, bestehend aus einem 13- und 20-Tage-Zyklus, zu integrieren, der mit Rücksicht auf den auch darin auszulassenden Schalttag einen 52-Jahreszyklus[542] bzw. einen halben Mond-Sonne-Venus-Tzolkin-Zyklus abbildet.

Als Jahreszählung wäre die Fortführung der jetzigen mit Bezug zu Jesus Christus einerseits durchaus beibehaltenswert. Andererseits spricht der Ausstieg aus den Zeitfraktalen, die so viel Krieg und Leid beinhalten, dafür, eine neue Zeitrechnung auch in Form einer neuen Jahreszählung beginnen zu lassen. Des weiteren ist der Beginn eines neuen platonischen Jahres ein Grund für den Neubeginn der Jahreszählung. Damit wird Anlehnung an das astronomische Ereignis des konjunktionalen Aufganges der Wintersonnenwendensonne[543] genommen, das sich als Anker für einen 26.000-Jahr-Zyklus als geeigneter Zeitpunkt für einen Neustart anbietet.

Als Beginn mit dem 01.01. des Jahres 1 für die neue globale Zeitrechnung wird deshalb der 22.12.2012 n. Chr. vorgeschlagen.

542 Siehe das Kapitel 3.1.2.10

543 Siehe den Anhang 7.4

Monatstag	Wochentag	1. Monat	2. Monat	3. Monat	4. Monat	5. Monat	6. Monat	7. Monat	8. Monat	9. Monat	10. Monat	11. Monat	12. Monat	13. Monat	TadZ
1	**1**	22.12.2012	19.01.2013	16.02.2013	16.03.2013	13.04.2013	11.05.2013	08.06.2013	06.07.2013	03.08.2013	31.08.2013	28.09.2013	26.10.2013	23.11.2013	
2	**2**	23.12.2012	20.01.2013	17.02.2013	17.03.2013	14.04.2013	12.05.2013	09.06.2013	07.07.2013	04.08.2013	01.09.2013	29.09.2013	27.10.2013	24.11.2013	
3	**3**	24.12.2012	21.01.2013	18.02.2013	18.03.2013	15.04.2013	13.05.2013	10.06.2013	08.07.2013	05.08.2013	02.09.2013	30.09.2013	28.10.2013	25.11.2013	
4	**4**	25.12.2012	22.01.2013	19.02.2013	19.03.2013	16.04.2013	14.05.2013	11.06.2013	09.07.2013	06.08.2013	03.09.2013	01.10.2013	29.10.2013	26.11.2013	
5	**5**	26.12.2012	23.01.2013	20.02.2013	20.03.2013	17.04.2013	15.05.2013	12.06.2013	10.07.2013	07.08.2013	04.09.2013	02.10.2013	30.10.2013	27.11.2013	
6	**6**	27.12.2012	24.01.2013	21.02.2013	21.03.2013	18.04.2013	16.05.2013	13.06.2013	11.07.2013	08.08.2013	05.09.2013	03.10.2013	31.10.2013	28.11.2013	
7	**7**	28.12.2012	25.01.2013	22.02.2013	**22.03.2013**	19.04.2013	17.05.2013	14.06.2013	12.07.2013	09.08.2013	06.09.2013	04.10.2013	01.11.2013	29.11.2013	
8	**1**	29.12.2012	26.01.2013	23.02.2013	23.03.2013	20.04.2013	18.05.2013	15.06.2013	13.07.2013	10.08.2013	07.09.2013	05.10.2013	02.11.2013	30.11.2013	
9	**2**	30.12.2012	27.01.2013	24.02.2013	24.03.2013	21.04.2013	19.05.2013	16.06.2013	14.07.2013	11.08.2013	08.09.2013	06.10.2013	03.11.2013	01.12.2013	
10	**3**	31.12.2012	28.01.2013	25.02.2013	25.03.2013	22.04.2013	20.05.2013	17.06.2013	15.07.2013	12.08.2013	09.09.2013	07.10.2013	04.11.2013	02.12.2013	
11	**4**	01.01.2013	29.01.2013	26.02.2013	26.03.2013	23.04.2013	21.05.2013	18.06.2013	16.07.2013	13.08.2013	10.09.2013	08.10.2013	05.11.2013	03.12.2013	
12	**5**	02.01.2013	30.01.2013	27.02.2013	27.03.2013	24.04.2013	22.05.2013	19.06.2013	17.07.2013	14.08.2013	11.09.2013	09.10.2013	06.11.2013	04.12.2013	
13	**6**	03.01.2013	31.01.2013	28.02.2013	28.03.2013	25.04.2013	23.05.2013	20.06.2013	18.07.2013	15.08.2013	12.09.2013	10.10.2013	07.11.2013	05.12.2013	
14	**7**	04.01.2013	01.02.2013	01.03.2013	29.03.2013	26.04.2013	24.05.2013	**21.06.2013**	19.07.2013	16.08.2013	13.09.2013	11.10.2013	08.11.2013	06.12.2013	**21.12.2013**
15	**1**	05.01.2013	02.02.2013	02.03.2013	30.03.2013	27.04.2013	25.05.2013	22.06.2013	20.07.2013	17.08.2013	14.09.2013	12.10.2013	09.11.2013	07.12.2013	
16	**2**	06.01.2013	03.02.2013	03.03.2013	31.03.2013	28.04.2013	26.05.2013	23.06.2013	21.07.2013	18.08.2013	15.09.2013	13.10.2013	10.11.2013	08.12.2013	
17	**3**	07.01.2013	04.02.2013	04.03.2013	01.04.2013	29.04.2013	27.05.2013	24.06.2013	22.07.2013	19.08.2013	16.09.2013	14.10.2013	11.11.2013	09.12.2013	
18	**4**	08.01.2013	05.02.2013	05.03.2013	02.04.2013	30.04.2013	28.05.2013	25.06.2013	23.07.2013	20.08.2013	17.09.2013	15.10.2013	12.11.2013	10.12.2013	
19	**5**	09.01.2013	06.02.2013	06.03.2013	03.04.2013	01.05.2013	29.05.2013	26.06.2013	24.07.2013	21.08.2013	18.09.2013	16.10.2013	13.11.2013	11.12.2013	
20	**6**	10.01.2013	07.02.2013	07.03.2013	04.04.2013	02.05.2013	30.05.2013	27.06.2013	25.07.2013	22.08.2013	19.09.2013	17.10.2013	14.11.2013	12.12.2013	
21	**7**	11.01.2013	08.02.2013	08.03.2013	05.04.2013	03.05.2013	31.05.2013	28.06.2013	26.07.2013	23.08.2013	**20.09.2013**	18.10.2013	15.11.2013	13.12.2013	
22	**1**	12.01.2013	09.02.2013	09.03.2013	06.04.2013	04.05.2013	01.06.2013	29.06.2013	27.07.2013	24.08.2013	21.09.2013	19.10.2013	16.11.2013	14.12.2013	
23	**2**	13.01.2013	10.02.2013	10.03.2013	07.04.2013	05.05.2013	02.06.2013	30.06.2013	28.07.2013	25.08.2013	22.09.2013	20.10.2013	17.11.2013	15.12.2013	
24	**3**	14.01.2013	11.02.2013	11.03.2013	08.04.2013	06.05.2013	03.06.2013	01.07.2013	29.07.2013	26.08.2013	23.09.2013	21.10.2013	18.11.2013	16.12.2013	
25	**4**	15.01.2013	12.02.2013	12.03.2013	09.04.2013	07.05.2013	04.06.2013	02.07.2013	30.07.2013	27.08.2013	24.09.2013	22.10.2013	19.11.2013	17.12.2013	
26	**5**	16.01.2013	13.02.2013	13.03.2013	10.04.2013	08.05.2013	05.06.2013	03.07.2013	31.07.2013	28.08.2013	25.09.2013	23.10.2013	20.11.2013	18.12.2013	
27	**6**	17.01.2013	14.02.2013	14.03.2013	11.04.2013	09.05.2013	06.06.2013	04.07.2013	01.08.2013	29.08.2013	26.09.2013	24.10.2013	21.11.2013	19.12.2013	
28	**7**	18.01.2013	15.02.2013	15.03.2013	12.04.2013	10.05.2013	07.06.2013	05.07.2013	02.08.2013	30.08.2013	27.09.2013	25.10.2013	22.11.2013	20.12.2013	

Abb. 101 – Vorschlag für einen neuen Kalender

8 QUELLEN- UND LITERATURVERZEICHNIS

Ahlheim, Karl-Heinz (1984). *Wie funktioniert das? Der Mensch und seine Krankheiten*. 3. überarbeitete Auflage. Mannheim: Bibliographisches Institut

Attensperger, Xaver (1869). *Der gregorianische Kalender*. Würzburg und Neustadt a. d. Saal: Kommissionsverlag von Julius Kellner's Buchhandlung

Argüelles, José (1984). *Earth Ascending. An illustrated treatise on the law governing whole systems*. Rochester, USA: Bear&Company

Argüelles, José (1987). *The Mayan Factor – Path Beyond Technology*. Rochester, USA: Bear&Company

Argüelles, José (2002). *Time & The Technosphere – The Law of Time in Human Affairs*. Rochester, USA: Bear&Company

Bertelsmann Universallexikon in 20 Bänden (1993). Gütersloh: Bertelsmann Lexikon Verlagsgruppe GmbH

Black, Edwin (2009). *The Transfer Agreement. The Dramatic Story of the Pact between the Third Reich and Jewish Palestine*. Washington: Diaolg Press

von Bülow, Andreas (2015). *Die deutschen Katastrophen. 1914 bis 1918 und 1933 bis 1945 im Grossen Spiel der Mächte*. Rottenburg: Kopp Verlag

Chislenko, Leonid L. (1981). *The structure of the fauna and flora in connection with the sizes of the organisms*. Moskau, Rußland: Moscow University Press 1981

Cobajo GmbH (o.J.). *Made in Germany*. Verfügbar unter: http://www.cobajo.de/made_in_germany.html [24.04.2016]

Depenheuer Otto, Grabenwarter Christoph (2016). *Der Staat in der Flüchtlingskrise. Zwischen gutem Willen und geltendem Recht*. Paderborn: Verlag Ferdinand Schöningh

Deutsche Bibelgesellschaft (1980). *Neues Testament. Ökumenisch verantwortete Einheitsübersetzung der Heiligen Schrift*. Stuttgart: Katholische Bibelanstalt GmbH

Dunning, N. P. (2006/2007). *Langsamer Niedergang oder Neubeginn? Der Wandel der klassischen Maya-Zivilisation in der Puuc-Region.* In: Grube, N. (2006/2007). *Maya. Gottkönige im Regenwald.* Potsdam: Tandem Verlag

Encyclopaedia Britannica (2016). *Richter scale.* Online-Enzyklopädie; verfügbar unter: https://www.britannica.com/science/Richter-scale [15.08.2016]

Eggert, Wolfgang (2004). *Im Namen Gottes. Israels Geheimvatikan als Vollstrecker biblischer Prophetie.* Band 1. München: Chronos Medien Vertrieb GmbH

Eggert, Wolfgang (2001). *Im Namen Gottes. Israels Geheimvatikan als Vollstrecker biblischer Prophetie.* Band 2. München: propheten! Verlag

Eggert, Wolfgang (2008a). *Im Namen Gottes. Israels Geheimvatikan als Vollstrecker biblischer Prophetie.* Band 3. München: Chronos Medien Vertrieb GmbH

Eggert, Wolfgang (2008b). *Erst Manhattan – Dann Berlin. Messianisten-Netzwerke treiben zum Weltenende.* München: Chronos-Medien Vertrieb GmbH

Flemming, Joh. und Radermacher, L. (1901). *Das Buch Henoch.* Leipzig: Kirchenväter-Kommission der Königlich Preussischen Akademie der Wissenschaften

von Flocken, Jan (2013). *200 Jahre Völkerschlacht bei Leipzig: Ein deutsch-russischer Sieg.* Historiker Jan von Flocken im Gespräch mit Prof. Dr. Michael Vogt, 2013, https://www.youtube.com/watch?v=_n7g9YptHMY, ab Minute 5:21 [20.04.2016]

Foschepoth, Josef (2013). Im Interview bei den Tagesthemen am 15.07.2013 zum Abhören ausländischer Geheimdienste; verfügbar unter: https://www.youtube.com/watch?v=h5tQIDVC-eQ [20.04.2016]

Foschepoth, Josef (2014, 2012). *Überwachtes Deutschland. Post- und Telefonüberwachung in der alten Bundesrepublik.* Göttingen/Bristol: Vandenhoeck&Ruprecht Verlag

Friedman, George (2015). *Europe: Destined for Conflict?* Vortrag im Rahmen des „The Chicago Council on Global Affairs“ in 2015.

Verfügbar unter: https://www.youtube.com/watch?v=QeLu_yyz3tc; ab Minute 53:50 [20.04.2016]

Gantmacher, F. R. und Krein, M. G. (1950, 1960). *Oszillationsmatrizen, Oszillationskerne und kleine Schwingungen mechanischer Systeme.* Universität Leningrad, Leningrad und Berlin

Goldstein, Yosef (2001). *Judaism and Zionism.* Vortrag vom 23.12.2001, verfügbar unter: http://www.inminds.co.uk/rabbi-goldstein-judasim-and-zionism.html [01.03.2016]; Hinweis durch Eggert, 2008b, S. 31

Google Maps (2016a). *Ansicht von Sand Diego.* Verfügbar unter: https://www.google.de/maps/@32.8242389,-117.3760468,81870m/data=!3m1!1e3?hl=de [29.02.2016]

Google Maps (2016b). *Vergrößerte Ansicht von Sand Diego.* Verfügbar unter: https://www.google.de/maps/@32.8242389,-117.3760468,81870m/data=!3m1!1e3?hl=de [29.02.2016]

Grube, Nikolai (2006/2007). *Maya. Gottkönige im Regenwald.* Potsdam: Tandem Verlag

Hasenburg, A. (2002). *Geschlechtsorgane.* In E. Bierbach (Hrsg.) *Naturheilpraxis Heute.* Lehrbuch und Atlas. (2. Aufl.) 800–849. München: Urban und Fischer

Hoffmann, Thomas (2015). *Mein Besuch in einer besseren Welt.* Döbeln: Julia White Publishing

Hubble Teleskop (2001). *Whirlpool Galalxy.* Verfügbar unter: http://imgsrc.hubblesite.org/hu/db/images/hs-2001-10-a-print.jpg [30.03.2016]

Jenkins, John M. (1998). *Maya Cosmogenesis 2012. The true meaning of the calender end date.* Rochester, USA: Bear&Company

Jenkins, John M. (2009). *The 2012 Story. The Myths, Fallacies, an Truth Behind the Most Intriguing Date in History.* London, England: Penguin Books Ltd.

Jungholt, Thorsten (2015). *Die Welt kollabiert. Strategie dringend* gesucht. In: Internetausgabe der DIE WELT (2015). Berlin; verfügbar unter: http://www.welt.de/politik/ausland/article137249875/Die-Welt-kollabiert-Strategie-dringend-gesucht.html vom 08.02.2015 [22.04.2016]

Jewish Virtual Library (o.J.). *Orthodox Judaism: Lubavitch and Chabad*. Verfügbar unter: http://www.jewishvirtuallibrary.org/jsource/Judaism/Lubavitch_and_Chabad.html [24.04.2016]

Kaltmeister, Max (2009). *Sajaha. Die Prophezeiungen für ein Neues Zeitalter. Babylon, Nebukadnezar und der Dritte Sargon*. Salenstein, Schweiz: Unitall Verlag

Kieffer, Paul (2004). *Ein antiker Kalender in einer modernen Welt*. Intern, 9 (11), S. 1–4. Verfügbar unter: http://www.gutenachrichten.org/PDF/IN/in200411.pdf [02.03.2016]

Köhlmann, Michael (2003). *Kosmische Zyklen des Maya-Kalenders*. raum&zeit 126/2003, S. 93–100

Komossa, Gerd-Helmut (2007). *Die deutsche Karte*. Graz: Ares Verlag

Maier, Johann (2005). *Jüdische Geschichte in Daten*. München: C.H. Beck

Meyers Großes Konversations-Lexikon (1907). Band 1. (6. Aufl.) Leipzig und Wien: Bibliographisches Institut

Meyers Großes Konversations-Lexikon (1906). Band 2. (6. Aufl.) Leipzig und Wien: Bibliographisches Institut

Meyers Großes Konversations-Lexikon (1905). Band 3. (6. Aufl.) Leipzig und Wien: Bibliographisches Institut

Meyers Großes Konversations-Lexikon (1905). Band 4. (6. Aufl.) Leipzig und Wien: Bibliographisches Institut

Meyers Großes Konversations-Lexikon (1905). Band 5. (6. Aufl.) Leipzig und Wien: Bibliographisches Institut

Meyers Großes Konversations-Lexikon (1905). Band 6. (6. Aufl.) Leipzig und Wien: Bibliographisches Institut

Meyers Großes Konversations-Lexikon (1906). Band 10. (6. Aufl.) Leipzig und Wien: Bibliographisches Institut

Meyers Großes Konversations-Lexikon (1907). Band 13. (6. Aufl.) Leipzig und Wien: Bibliographisches Institut

Meyers Großes Konversations-Lexikon (1907). Band 14. (6. Aufl.) Leipzig und Wien: Bibliographisches Institut

Meyers Großes Konversations-Lexikon (1907). Band 17. (6. Aufl.) Leipzig und Wien: Bibliographisches Institut

Meyers Großes Konversations-Lexikon (1908). Band 18. (6. Aufl.) Leipzig und Wien: Bibliographisches Institut

Meyers Großes Konversations-Lexikon (1908). Band 19. (6. Aufl.) Leipzig und Wien: Bibliographisches Institut

Müller, Hartmut (1982). *Scaling in the statistical distribution of particles in dependence of their masses.* II. Sovjet Biophysical Congress. Vol. 2. Moskau/Pushchino, VINITI, 3808-84 (in russischer Sprache)

Müller, Hartmut (2004a). *Gravitation ist ein allgegenwärtiges Medium.* raum&zeit special 1, S. 6–11

Müller, Hartmut (2005a, September). *Ausbildung zum Raum-Energie-Berater Global Scaling – Einführung*. Unveröffentlichtes Skriptum, Ausbildung zum Raum-Energie-Berater, Institut für Raum-Energie-Forschung GmbH in memoriam Leonard Euler, Wolfratshausen

Müller, Hartmut (2005b, September). *Ausbildung zum Raum-Energie-Berater Global Scaling-Vertiefung*. Unveröffentlichtes Skriptum, Ausbildung zum Raum-Energie-Berater, Institut für Raum-Energie-Forschung GmbH in memoriam Leonard Euler, Wolfratshausen

Müller, Hartmut (2005c, September). *Ausbildung zum Raum-Energie-Berater Global Scaling-Perfektion*. Unveröffentlichtes Skriptum, Ausbildung zum Raum-Energie-Berater, Institut für Raum-Energie-Forschung GmbH in memoriam Leonard Euler, Wolfratshausen

Müller, Hartmut (2006). *Global Scaling*. Powerpoint-Präsentation, Wissenschaftlicher Förderverein Global Scaling, Wolfratshausen

Müller, Hartmut (2009a). *Global Scaling Theorie Kompendium.* Verfügbar unter: http://www.global-scaling-institute.de/50-0-Publikationen.html [04.04.2010]; heute verfügbar in englischer Sprache unter: www.anr-institute.com/wp-content/uploads/2011/09/gscompv18_en.pdf [02.03.2016]

Müller, Hartmut (2009b). *Global Scaling – Die Macht des Zeitfraktals.* In: Wissenschaftlicher Förderverein Global Scaling e.V. (2009). Global Scaling. Basis eines neuen wissenschaftlichen Weltbildes. München: FQL Publishing. S. 79–85

Müller, Hartmut (2009c). *Global Scaling Grundlagen.* In: Wissenschaftlicher Förderverein Global Scaling e.V. (2009). Global Scaling. Basis eines neuen wissenschaftlichen Weltbildes. München: FQL Publishing. S. 31–63

Müller, Hartmut (2009d). *Die Melodie der Schöpfung.* In: Wissenschaftlicher Förderverein Global Scaling e.V. (2009). Global Scaling. Basis eines neuen wissenschaftlichen Weltbildes. München: FQL Publishing. S. 67–78

NASA (2003a). *Hurricane Isabel north of Puerto Rico.* Verfügbar unter: http://visibleearth.nasa.gov/view.php?id=68484 [23.05.2016] Mit ausdrücklicher Genehmigung der NASA, Frau Gwen Pitman, Telefonat am 23.05.2016, 20.18 Uhr MESZ

NASA (2003b). *The Sun Goes Haywire. Solar maximum is years past, yet the sun has been remarkably active lately. Is the sunspot cycle broken?* Verfügbar unter: http://science.nasa.gov/science-news/science-at-nasa/2003/12nov_haywire/ [18.04.2016]

NASA (2011). *Solar Cycle Primer.* Verfügbar unter: https://www.nasa.gov/mission_pages/sunearth/news/solarcycle-primer.html [15.04.2016]

NASA (2013). *Supermassive Black Hole Sagittarius A*.* Verfügbar unter: http://www.nasa.gov/mission_pages/chandra/multimedia/black-hole-SagittariusA.html [18.04.2016]

NASA (2015). *Solar Rotation Varies by Latitude.* Verfügbar unter: http://www.nasa.gov/mission_pages/sunearth/science/solar-rotation.html [18.04.2016]

NASA (2016). *Eclipses and the Moon's Orbit.* Verfügbar unter: http://eclipse.gsfc.nasa.gov/Sehelp/moonorbit.html [18.04.2016]

Nuzzi, Gianluigi (2010). *Mafia, Mord und Milliardenbetrug. Journalist enthüllt erstmals die dunkle Seite des Vatikans.* Interview mit der Zeitung raum&zeit, 29. Jahrgang, Ausgabe 167, September/Oktober 2010, S. 11

Osho International Foundation (1993). *Osho Neo-Tarot* (4. Auflage). Köln: Osho Verlag

Particle Data Group (2015). *The Review of Particle Physics. Particle Listings.* Verfügbar unter: http://pdg.lbl.gov/2015/listings/rpp2015-list-p.pdf [30.03.2016]

Particle Data Group (2014). *The Review of Particle Physics. Particle Listings.* Verfügbar unter: http://pdg.lbl.gov/2014/listings/rpp2014-list-electron.pdf [30.03.2016]

Pauqué, Matthias (2009). *Global Scaling Analyse der kalendaren Zeitrechnung.* In: Wissenschaftlicher Förderverein Global Scaling e.V. (2009). Global Scaling. Basis eines neuen wissenschaftlichen Weltbildes. München: FQL Publishing. S. 233–243

Pauqué, Matthias (2015a). *Hat sich die Prophezeiung der Maya erfüllt?* Verfügbar unter: http://krd-blog.de/hat-sich-die-prophezeiung-der-maya-erfuellt/ [18.04.2016]

Pauqué, Matthias (2015b). *Prognose der Goldpreisentwicklung.* Abgerufen unter: http://www.fraktale-zeit.de/index.php?option=com_content&task=view&id=182 [24.04.2016]; derzeit nicht verfügbar, jedoch bald wieder auf neu gestalteter Internetseite fraktale-zeit.de abrufbar.

Plichta, Peter (2000, erstmalig 1991). *Das Primzahlkreuz. Band I. Im Labyrinth des Endlichen.* (3. Aufl.) Düsseldorf: Quadropol

Plichta, Peter (1991). *Das Primzahlkreuz. Band II. Das Unendliche.* (3. Aufl.) Düsseldorf: Quadropol

Plichta, Peter (2015). *Das Primzahlkreuz und die Zahl 24. Das Geheimnis der Atome.* Verfügbar unter: http://www.plichta.de/plichta/home/das-primzahlkreuz-und-die-zahl-24/das-geheimnis-der-atome [11.05.2015]

Pschyrembel *Klinisches Wörterbuch* (2004). (260. Aufl.) Berlin: de Gruyter

Russell, Walter (1974, erstmalig 1926). *The Universal One.* Swannano, Waynesboro, Virginia, USA: The University of Science and Philosophy

Russell, Walter (1971, erstmalig 1948). *THE MESSAGE OF THE DIVINE ILIAD.* Swannano, Waynesboro, Virginia, USA: The University of Science and Philosophy

Russell, Walter (1989, erstmalig 1953). *A NEW CONCEPT of the UNIVERSE.* Swannano, Waynesboro, Virginia, USA: The University of Science and Philosophy

Russel, Walter und Russel, Lao (1950). *UNIVERSAL LAW, NATURAL SCIENCE AND PHILOSOPHY. A Home Study Course.* Swannano, Waynesboro, Virginia, USA: The University of Science and Philosophy

Schachtschneider, Karl Albrecht (2012). *Die Souveränität Deutschlands. Souverän ist, wer frei ist.* Rottenburg: Kopp Verlag

Schmidt-Nielsen, Knut (1984). *Scaling. Why is the animal size so important?* Cambridge, England: Cambridge University Press

Schmieke, Markus (2008). *Global Scaling vor 5000 Jahren in der vedischen Kosmologie.* Vortrag auf dem Genesis Symposium am 21.06.2008, München. Verfügbar unter: https://www.youtube.com/watch?v=NDufT6ym4Qs [30.03.2016]

Scholz, Jörg (2006-2011). Bibliothek des Neuen Testaments. Band 8: *Die Offenbarung des Johannes* (4. Auflage). Norderstedt: Books on Demand GmbH

Schönberger, Martin (2000, erstmalig 1973). *Weltformel I Ging und genetischer Code.* Aitrang: Windpferd Verlag

Schultze-Rhonhof, Gerd (2012). *Der Krieg, der viele Väter hatte.* München: Olzog Verlag

Shnoll, Simon E. et al. (1998). *Realization of discrete states during fluctuations in macroscopic processes.* Physics Uspekhi, Vol. 41 Nr. 10, S. 1025–1035. Moskau, Nauka: Russische Akademie der Wissenschaften. Verfügbar unter: http://ufn.ru/en/articles/1998/10/d/ [19.04.2016];

Stiftung Weltbevölkerung (2016). Verfügbar unter: http://www.weltbevoelkerung.de/uploads/pics/Historische_Entwicklung_Weltbevoelkerung_01.jpg [16.08.2016]

Voß, Alexander W. (2006/2007). *Astronomie und Mathematik.* In: Grube, N. (2006/2007). Maya. Gottkönige im Regenwald. Potsdam: Tandem Verlag. S. 131–143

WELT ONLINE (2008). *Das sagte die Kanzlerin Angela Merkel vor der Knesset.* Abdruck der Rede am 18.03.2008. Verfügbar unter: http://www.welt.de/politik/article1814071/Das-sagte-Kanzlerin-Angela-Merkel-vor-der-Knesset.html [24.04.2016]

Wolfe, Robert (2005). *Zionism as Judaism*. Verfügbar unter: http://www.jewishmag.com/89mag/zionism/zionism.htm [22.04.2016]

Ywahoo, Dhyani (1997). *Am Feuer der Weisheit. Die mündlichen Überlieferungen der Cherokee Indianer*. Zürich, München, Berlin: Theseus Verlag

Ywahoo, Dhyani (2000). *Medicine Wheel Mandala Text and Commentary*. Bristol, Vermont, USA: Sunray Meditation Society

Weiterführende, nicht zitierte Literatur

Achieser, N.I. (1961). *The classic problem of the momenta and some questions of the analysis which are connected*. Moskau (in russischer Sprache)

Bjorken, James D. (1969). *Asymtotic sum rules at infinite momentum*. Physical Review, Vol. 179, S. 1547–1553

Corral, A. *Universal local versus unified global scaling laws in the statistics of seismicity*. arXiv: condmat/0402555

Euler, Leonard. *De oscillationibus fili flexilis quotcunque pondusculis onusti*. Opera omnia, II–10, S. 35–49

Feynman, Richard P. (1969). *Very high-energy collisions of hadrons*. Physical Review, Vol. 23, 1415

Gutenberg, Benno, Richter, Charles F. (1954). *Seismicity of the Earth and associated phenomena*. (2. Aufl.), Princeton, New Jersey: Princeton University Press

Khintchine, Alexander Jakowlewitsch (1964). *Continued fractions*. University of Chicago Press, Chicago

Lagrange, J.L. (1798). *Additions aux elements d'algebre d'Euler*

Markov, A.A. (1948). *Selected work on the continued fraction theory and theory of functions which are minimum divergent from zero*. Moskau und Leningrad (in russischer Sprache)

Müller, Hartmut (1984). *Evolution of matter and the distribution of properties of stable systems*. Moskau, VINITI (in russischer Sprache)

Müller, Hartmut (1987). *General theory of stability and evolutional trends of technology. Evolutional trends of technology and CAD applications.* Volgograd: Volgograd Institute of Technology (in russischer Sprache)

Müller, Hartmut (1989). *Superstability as evolutional law of technology. Orders of technology and their applications.* Volgograd-Sofia (in russischer Sprache)

Perron, Oscar (1950). *Die Lehre von den Kettenbrüchen*

Plichta, Peter (1998). *Das Primzahlkreuz. Band III. Die 4 Pole der Ewigkeit.* (2. Aufl.) Düsseldorf: Quadropol

Plichta, Peter (2004, erstmalig 1998). *Das Primzahlkreuz. Band III. Die 4 Pole der Ewigkeit.* (Teil 2) Düsseldorf: Quadropol

Skorobogatko, V.Ya (1983). *The theory of branched continued fractions and mathematical applications.* Moskau, Nauka

Stieltjes, Thomas Jean (1895). *Recherches sur les fractions continues.* Annales de la Faculté des Sciences de Toulouse, VIII–IX

Terskich, V.P (1950). *The continued fraction method.* Leningrad (in russischer Sprache)

Zhirmunsky, Alexey V., Kuzmin, Viktor I. (1982). *Critical levels in developmental processes of biological systems.* Moscow, Nauka: Russische Akademie der Wissenschaften

DANKSAGUNG

Einige wunderbare Menschen in meinem Umfeld gaben mir wertvolle Impulse, für die ich von Herzen dankbar bin.

Hätte mich Johann in Zeiten des Zweifels nicht motiviert und bestärkt, meine Forschungsarbeit fortzusetzen, wäre dieses Buch nicht zustande gekommen, herzlichen Dank dafür.

Besonders danke ich auch Gabi für die wunderbar unterstützende Begleitung in der Zeit des Niederschreibens meiner Erkenntnisse in diesem Buch. Die Diskussionen mit ihr, ihre Anleitungen, scharfsinnigen Fragen und Impulse haben dieses Buch enorm bereichert.

Gabi und Karin danke ich auch herzlich für ihre bereichernde Arbeit als Lektoren.

Von enorm großem Wert war zudem die Lektoratsarbeit von Dr. Thomas Herb, der auch aus fachlicher Sicht so wichtige Impulse gab, großen Dank dafür.

Peter danke ich herzlich für ergänzende Impulse und Einsichten, die Erkenntnisse aus der Zeitanalyse in einen größeren Zusammenhang setzen konnten.

Dem novum Verlag danke ich für seinen Mut, dieses Buch mit diesem Wissen, das in einigen Bereichen nicht mit der bislang herrschenden Geschichtsschreibung konform geht, zu veröffentlichen.

Und von Herzen danke ich meiner Mutter, die immer wieder Vertrauen in meine Vorhaben aufbringt und mich bei diesen unterstützt.

Schließlich danke ich ALLEM-WAS-IST, daß mir immer zum richtigen Zeitpunkt die richtigen Bücher in den Schoß fallen.

Der Autor

Matthias Alexander Pauqué wurde 1973 in Bad Reichenhall geboren. Nach dem Abitur durchlief er die Offizierslaufbahn und absolvierte die Ausbildung zum Strahlflugzeugführer. Jedoch veranlaßten ihn zunehmende Einsichten dazu, schließlich den Kriegsdienst zu verweigern. Seit längerem arbeitet und engagiert er sich im sozialen Bereich und setzt sich für den Neuaufbau gemeinwohldienlicher Strukturen ein. Er hält Vorträge, berät und publiziert zur Zeit- und Geschichtsforschung im Zusammenhang mit logarithmisch fraktalen Analyseverfahren.